· 中华书局 ·
上海聚珍出品

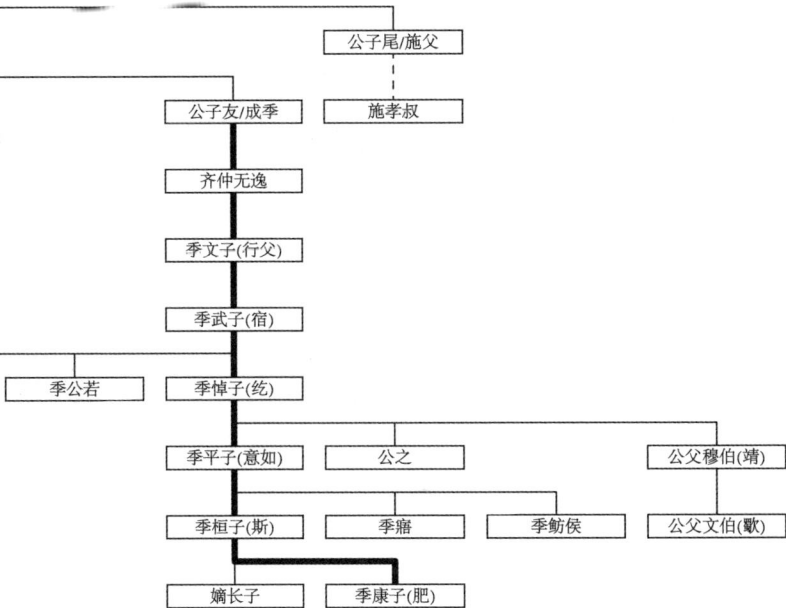

公子尾/施父

公子友/成季 施孝叔

齐仲无逸

季文子(行父)

季武子(宿)

季公若 季悼子(纥)

季平子(意如) 公之 公父穆伯(靖)

季桓子(斯) 季寤 季魴侯 公父文伯(歜)

嫡长子 季康子(肥)

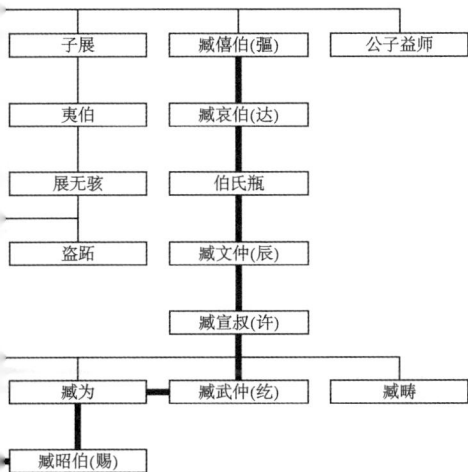

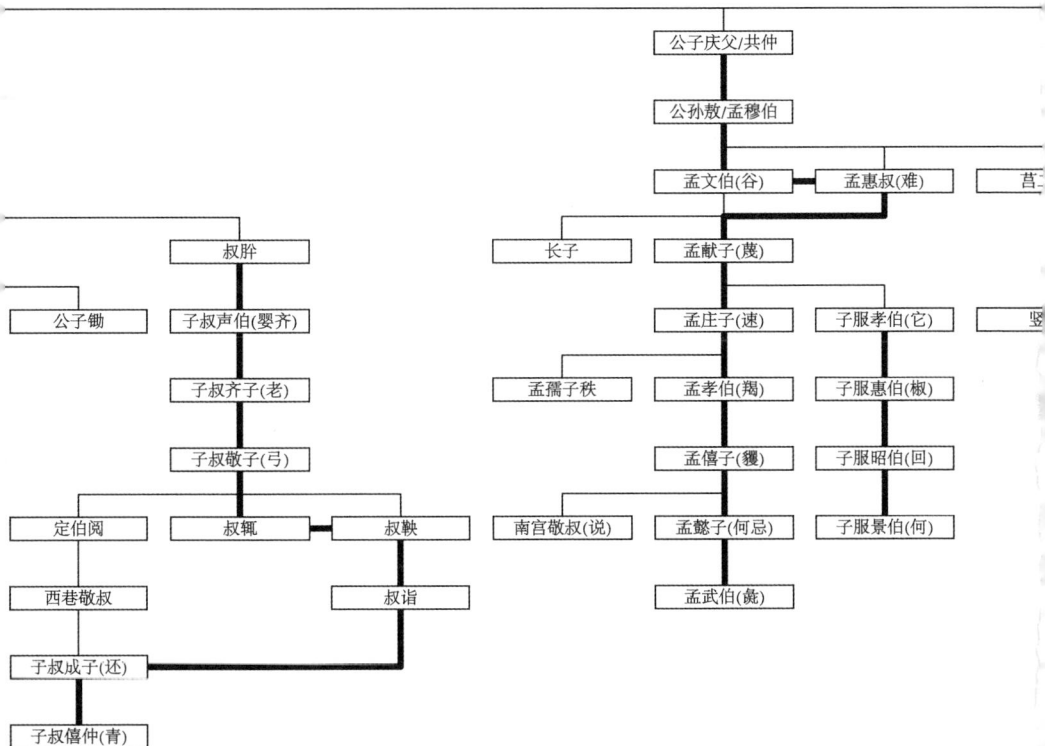

三桓世系图

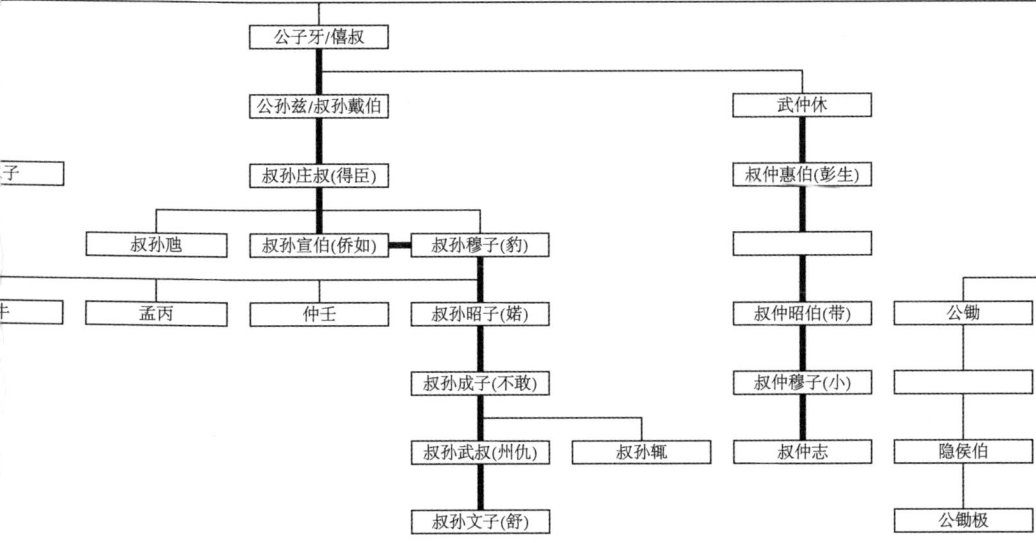

公子牙/僖叔

公孙兹/叔孙戴伯

武仲休

叔孙庄叔(得臣)

叔仲惠伯(彭生)

子

叔孙虺 — 叔孙宣伯(侨如) — 叔孙穆子(豹)

牛 — 孟丙 — 仲壬 — 叔孙昭子(婼)

叔仲昭伯(带)

公鉏

叔孙成子(不敢)

叔仲穆子(小)

叔孙武叔(州仇) — 叔孙辄

叔仲志

隐侯伯

叔孙文子(舒)

公鉏极

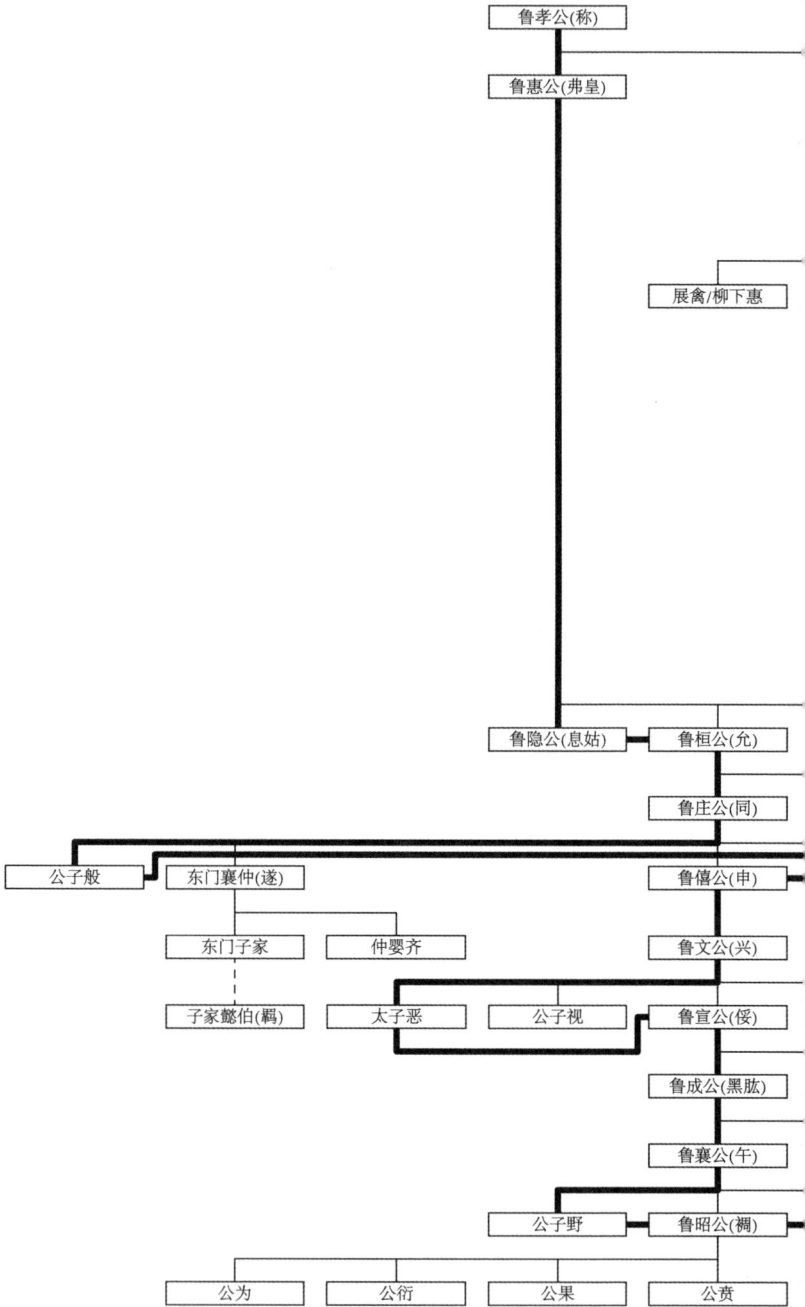

```
                                        鲁孝公(称)

                                        鲁惠公(弗皇)

                                                              展禽/柳下惠

                    鲁隐公(息姑)    鲁桓公(允)

                                    鲁庄公(同)

        公子般      东门襄仲(遂)                 鲁僖公(申)

              东门子家      仲婴齐           鲁文公(兴)

              子家懿伯(羁)    太子恶    公子视    鲁宣公(倭)

                                        鲁成公(黑肱)

                                        鲁襄公(午)

                    公子野      鲁昭公(裯)

        公为      公衍      公果      公贲
```

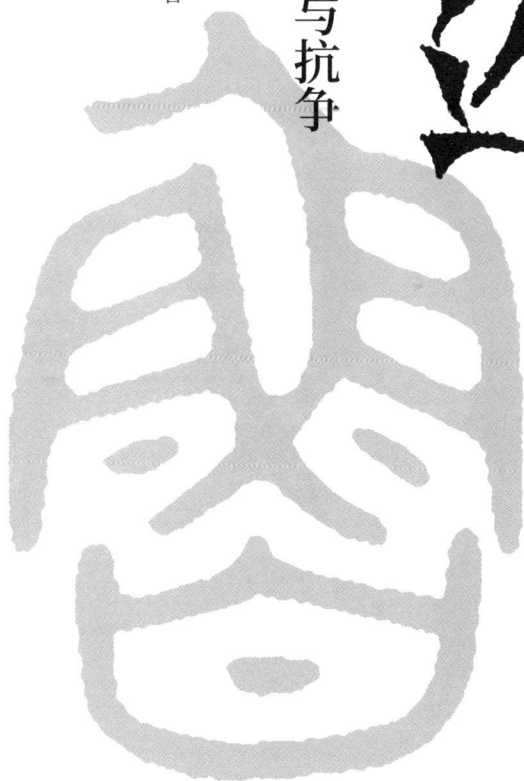

陵迟

鲁国的困境与抗争

刘勋 著

中华书局

图书在版编目(CIP)数据

陵迟:鲁国的困境与抗争/刘勋著. —北京:中华书局,2025.8. —ISBN 978-7-101-17253-9

Ⅰ.K225.09

中国国家版本馆 CIP 数据核字第 20257Z377E 号

陵迟:鲁国的困境与抗争

著　　者	刘　勋	
责任编辑	董洪波	
装帧设计	王铭基	
责任印制	管　斌	
出版发行	中华书局	
	(北京市丰台区太平桥西里 38 号　100073)	
	http://www.zhbc.com.cn	
	E-mail:zhbc@zhbc.com.cn	
印　　刷	天津裕同印刷有限公司	
版　　次	2025 年 8 月第 1 版	
	2025 年 8 月第 1 次印刷	
规　　格	开本/920×1250 毫米　1/32	
	印张 20⅝　插页 4　字数 470 千字	
印　　数	1-5000 册	
国际书号	ISBN 978-7-101-17253-9	
定　　价	88.00 元	

　　刘勋　牛津大学生物化学博士，上海科技大学综合办文书规划高级主管，上海国学新知传统文化学习中心创始理事，曾任上海科技大学人文科学研究院教学助理教授、教学副教授。2009年回国后长期从事《左传》研究和普及工作，编著有《〈左传〉全文通识读本》，著有《称霸：春秋国际新秩序的建立》《救世：子产的为政之道》《春秋十日谈》。

夫一仞之墙，民不能逾，百仞之山，童子登游焉，陵迟故也。今其仁义之陵迟久矣，能谓民无逾乎？

——孔子

扫码可阅读
地理示意图

扫码遇到问题，
可联系聚珍小助手

目　录

引言：
春秋天下格局与
中等国政治困境

如果我们从周代诸侯国的发展和分化角度来讲述西周和春秋时期的历史，一个粗线条的描述大概是这样的：

西周前期大分封结束后，周朝的邦国级政治实体有一千多个，大概可以分为三类：

第一类，就是作为周朝邦国体系中共主和顶层管控者的周邦。

所谓"周邦"，就是由周王室[1]加王廷卿大夫家族[2]构成的政权[3]。在周朝邦国体系的所有邦国中，只有周王领导的周邦承受天命统治整个天下，因此它是其他邦国的共主，也是整个邦国体系的顶层管控者。周邦的直辖疆域就是以西都宗周和东都成周为中心的周王畿，其总面积是"方千里"，大概相当于山东、江苏两省面积之和。[4]

第二类，就是构成周朝邦国体系主要节点的王畿外诸侯国。

1　所谓"周王室"，本义是指以现任周王和他未分封的直系近亲（公子、公孙）构成的狭义王族为核心的，包含妃嫔、直属官吏、直属百工、直属奴隶、府库财产、直辖土地（称县或公邑）、直辖军队在内的政治经济共同体。按照周礼的安排，周王室应该是周邦内部的最高统治实体，所以文献中又常用"周王室"来指代周邦。

2　所谓"王廷卿大夫家族"，就是以在周邦朝廷担任大夫的家主及其直系近亲构成的狭义卿大夫族为核心，包含妻妾、直属家臣、直属奴隶、府库财产、直辖土地（称为禄田或私邑）、直辖军队在内的政治经济共同体。这类政治共同体，严格来说应该叫"卿大夫家"，"室"与"家"严格对应，但是绝大多数学术论著都习惯称"卿大夫家族"，本文为了便于衔接也这样称呼。

3　西周时期的"周邦"有两重含义，第一重是与诸侯国并存的周邦，位于王畿；第二重是包含所有诸侯国在内的周邦，等于周朝。本书采用第一重含义。参见雷鹄宇（2014年）。

4　关于周朝邦国数量、周王畿面积、王畿外诸侯国面积、附庸国面积的估计参见吕文郁（2006年）。

所谓"诸侯国"，就是诸侯公室[1]加上诸侯卿大夫家族[2]构成的政权。王畿外诸侯国数量很多，其始封直辖疆域面积从"方五十里"到"方百里"，大概相当于河南省一个县的平均面积。诸侯国在参与周邦组织的诸侯会盟时作为独立代表出席。就其分封性质而言，诸侯国可以分为以下四类：

（一）周王内亲封国，全为姬姓，比如周文王后代封国蔡、郕、霍、鲁、卫、郜、雍、曹、滕、郇等，周武王后代封国晋、应、韩等，周公旦后代封国凡、蒋、邢、茅、胙等，以及周王旁支封国北燕、随、吴等。

（二）周王外戚封国，比如齐、纪、许、申、吕这些姜姓封国。

（三）先代之后封国，比如蓟（黄帝之后）、祝（唐尧之后）、陈（虞舜之后）、杞（夏禹之后）、宋（商汤之后）等。

（四）商朝既有方国，比如楚、徐、越等。

第三类，就是构成周朝邦国体系次要节点的王畿外附庸国。

王畿外附庸国数量非常多，其直辖疆域面积在方五十里以下。这类附庸国主要是当地既有方国，依附于邻近的诸侯国，无权作为独立代表出席周邦组织的诸侯会盟。比如说，鲁国周边的任、宿、须句、颛臾等风姓东夷小国，就是鲁国的附庸国。

1　所谓"诸侯公室"，本义是指以现任诸侯国君和他未分封的直系近亲组成的狭义公族为核心的，包含妻妾、直属官吏、直属百工、直属奴隶、府库财产、直辖土地（称公邑）、直辖军队在内的政治经济共同体。按照周礼的安排，诸侯公室应该是诸侯政权内部的最高统治实体，所以文献中又常用"诸侯公室"来指代诸侯政权。
2　所谓"诸侯卿大夫家族"，就是以在诸侯政权朝廷担任卿大夫的家主及其直系近亲构成的狭义卿大夫族为核心，包含妻妾、直属家臣、直属奴隶、府库财产、直辖土地（称为禄田或私邑）、直辖军队在内的政治经济共同体。

西周中期以后，王道政治不断衰败，周邦对于诸侯国的管控日渐松弛。宗周覆灭、平王东迁之后，周邦更是完全丧失了管控诸侯国的能力。因此，从西周晚期开始，诸侯国中的一部分国家就通过吞并周边附庸国甚至其他诸侯国以谋求发展。上述新动向导致周朝封国网络开始发生如下三点变化：

第一，周邦丧失了宗周王畿，而成周王畿的面积也显著缩小，周邦虽仍然是名义上的天下共主，但实际政治地位一落千丈，不再是整个网络的中央节点和顶层管控者。

第二，王畿外诸侯国数目开始减少，而存活下来的诸侯国疆域有了不同程度的扩大，诸侯国之间的差距也开始逐渐拉大。

第三，王畿外附庸国数目迅速减少，许多附庸国被其所属诸侯国吞并，成为诸侯国疆域的一部分。

从春秋初期开始，诸侯国中较为强大的一批国家试图建立一套以诸侯自治方式管控国际秩序的新模式，也就是霸道政治模式。到春秋早期齐桓公称霸时，以周邦为顶层管控者的王道政治模式已经彻底消亡，以大国霸主为顶层管控者的霸道政治模式正式确立，诸侯国成为国际政治的主角，也就是所谓的"礼乐征伐自诸侯出"。春秋时期的诸侯国，按照疆域规模可以分为三类：

第一类是大国。

所谓"大国"，就是在两周之际开疆拓土竞争中取得显著成就的四大诸侯国，即中原以北的晋国，中原以南的楚国，中原以东的齐国，和中原以西的秦国。

这四大诸侯国在霸道政治建立时就已经是大国，而且他们都位于中原地区外围，地缘形势优越，多个战略方向面对的是不受霸道政治规则保护的蛮夷戎狄，可以堂而皇之地打着"攘夷"的旗号继续开疆拓土，因此中等国与它们的领土面积的差距随着时间推移越来越大，它们的大国地位因此也越来越稳固，最终成为战国七雄中的六雄——赵（来自晋）、魏（来自晋）、韩（来自晋）、楚、齐、秦。

第二类是中等国。

所谓"中等国"，就是在两周之际开疆拓土竞争中取得一定成就的七个原诸侯国，即鲁、卫、郑、宋、曹、陈、蔡。不过，在文献中我们看不到"中等国"这个概念，因为当中等国面对大国时，它被称为"小国"；面对小国时，它被称为"大国"。

这些国家在霸道政治建立时就已经是中等国，而且他们都位于中原地区，地缘形势不利，周边要么是实力远超过自己的大国，要么是实力与自己相当的中等国，要么是受到霸道政治规则保护的小国，进一步大规模开疆拓土变得非常困难，除了偶尔利用霸主管控松弛的空档攻灭一两个附庸国或小国之外再无建树，因此一直停留在中等国的水平，没有一个成功晋级为大国。

第三类是小国，就是在两周之际开疆拓土竞争中没有取得成就甚至有损失的诸侯国，它们数量最多，随着时间的推移，有的小国和附庸国一样被邻近大国和中等国吞并，有的小国——比如鲁国周边的邾国、郑国周边的许国等——充分利用霸主提供的保护，坚持到了春秋晚期。

大国和中等国加起来，就是主导春秋时期国际秩序的主要诸侯国，也是《春秋》《左传》记载的主要对象。如果把春秋政治史比喻成一场大戏的话，那么四个大国——特别是晋国和楚国这两个超级大国——是这场大戏的主角，七个中等国是这场大戏的配角，而众多小国和附庸国则是这场大戏的群演[1]。在本书中，笔者关注的既不是热衷于称霸和称王的"主角"大国，也不是势单力薄、任人摆布的"群演"小国，而是"比上不足比下有余"的"配角"中等国。

中等国的内政和外交有什么特点？通过比对上述七个中等国的现有史料，我们可以发现，这些诸侯国的共性非常明显，它们都面临着两大政治困境：

第一，权力下移，君弱臣强。在西周分封时确立的诸侯国权力分配结构中，国君掌握最高权力，"君强臣弱""尊尊君为首"是常态。然而，在春秋时期，各中等国内部都发生了公室衰弱、卿族壮大、权力从国君下移至卿大夫的现象，"君弱臣强""尊尊执政卿为首"成为新常态。简而言之，"权力下移，君弱臣强"是中等国君主所面临的基本内政困境。

第二，沦为仆从，疲于奔命。在霸主管控的国际秩序中，中等国是霸主的主要仆从国，"事奉霸主、履行仆从国义务"是中等国外交事务中压倒性的主题，被霸主驱使、压榨和争夺是中等国的共同遭遇。简而言之，"沦为仆从，疲于奔命"是中等国君臣所面临的基本外交困境。

面对这两大困境，中等国的君臣绝不是无所作为、逆来顺受。一方面，中等国君臣在国内朝堂明争暗斗，国君试图夺回原本就属于他的权力，而卿大夫试图巩固既有成果、进一步侵夺君权。另一方面，中等国君臣在国际场合又往往采取一致立场，试图为本国尽

1　城濮之战前夕，四大国和六中等国的地理分布参见图六，扫目录前页二维码可下载查阅，下同。

可能地争取利益、避免欺凌。春秋时期各中等国的政治史，就是他们在这两大困境的泥潭中一面奋力抗争，一面越陷越深的历史。

在七个中等国之中，笔者选择了鲁国作为代表，主要有这样两个原因：

第一，鲁国是孔子的祖国。孔子是中华传统文化的灵魂人物，而他正是在春秋晚期的鲁国度过了自己人生的前55年以及最后5年。因此，深入探究春秋鲁国史，对于帮助我们深入理解孔子能够起到不可替代的作用。

第二，鲁国的历史记载最为丰富。记载春秋时期历史的主要著作《春秋》及其三传——《左传》《公羊传》《穀梁传》都是根据鲁国史书编纂而成，保存了鲁国外交内政的详细记录，其史料的完整性和可靠性是其他6个中等国所不能比拟的。

接下来，笔者将以"鲁国的困境与抗争"为主题，详细讲述鲁国这个典型中等国的政治史，而讲述的起点，就是发生在鲁庄公[1]时期的两个标志性事件：一个是鲁国公室衰弱、卿族壮大、君权下移的标志性事件——庆父之乱，另一个是鲁国沦为霸主仆从国的标志性事件——齐鲁柯之盟。

1　鲁庄公，姬姓，名同，谥庄。鲁桓公之子。参见《鲁国国君与三桓世系图》。

庄闵时期：
兄弟阋墙三桓形成，
争霸失败降为仆从

饮此则有后于鲁国，不然，死且无后！

——公子友

庆父之乱的背景：鲁庄公的复仇与隐忍

前662年，已经在位32年的鲁国[1]君主鲁庄公得了重病，自知命不久矣，准备要对悬而未决的君位继承问题作出最终安排。为了真正理解鲁庄公为什么要作出那样的安排，以及鲁庄公去世后鲁国为什么会发生内乱，我们需要仔细回顾一下他的一生。

前694年，鲁桓公[2]（鲁庄公生父）和夫人文姜（齐女，鲁庄公生母）一起去齐国[3]访问。先秦时期乃至于整个中国古代都没有国君携夫人一同出访的制度，因此笔者推测，此次鲁桓公与文姜前去的公开理由是不同的：鲁桓公是与齐襄公会面商议政事，而文姜应该是回母国省亲。即便这样，国君与夫人同行仍然十分怪异，因此引起了鲁国卿大夫群体内部的猜疑和议论，议论的焦点就是文姜在出嫁前曾与其亲哥哥齐襄公有乱伦奸情的传闻。

鲁桓公夫妇到达齐国都城之后，文姜与亲哥哥兼旧情人齐襄公再次通奸，鲁桓公得知后大骂文姜，文姜向齐襄公哭诉。当时齐襄公正在与鲁桓公为争夺中原小霸地位而明争暗斗，于是齐襄公很可能决定将消灭政敌和为妹妹兼情人出气合二为一，直接杀害鲁桓公。在随后的一天，大力士公子彭生驾车来到国宾馆接鲁桓公，他在"帮助"鲁桓公上车时将其拉杀（语出《史记》，即勒杀之意），这样做表面看不出伤口，但是里面脊柱已经断了。

1　鲁见图一、三、四、五。
2　鲁桓公，姬姓，名允，谥桓。鲁惠公之子。参见《鲁国国君与三桓世系图》。
3　齐见图一、三、四。

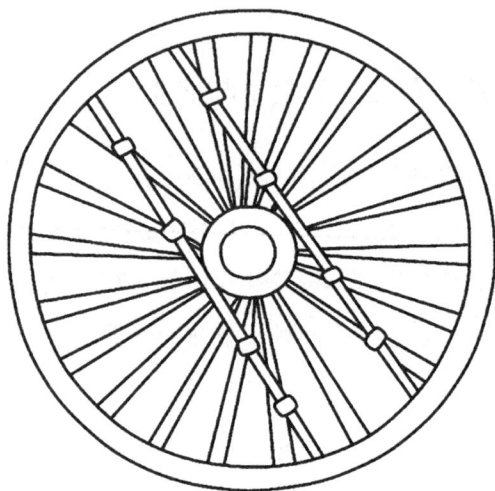

　　齐襄公之所以要这样杀害鲁桓公，就是要把整件事情伪装成一次"不幸事故"，甚至连公子彭生是否造成了鲁桓公的死亡都无法确认。后来，鲁国要求齐国采取实际行动消除鲁桓公之死在齐国造成的恶劣影响，齐人于是将"有过失杀人嫌疑"的公子彭生处死赔罪了事，而实力不足以讨伐齐国的鲁国也接受了这个处理结果。

　　从鲁国人的角度来看，鲁桓公之死的定性有两个层面：在公开层面，鲁桓公是在上车时意外身亡，有嫌疑的齐方人员已被处死，事情已经了结；在私下层面，包括太子同（后为鲁庄公）在内的不少鲁国贵族认为鲁桓公实际上是被齐襄公谋杀的，也就是说，齐襄公是太子同的杀父仇人。

　　鲁桓公去世后的第 2 年，也就是前 693 年，13 岁的太子同正式即位，就是鲁庄公。离奇的是，他的生母文姜在回到鲁国之后并没有躲在后宫做一个安分守己的"未亡人"，而是开始活跃在朝堂上，成了一个具有摄政君性质的实权派人物：她与齐襄公像两国君主那样多次公开会面，谋议如何改善关系、加强合作，而且每次文姜与齐襄公会面后，齐、鲁一定会开展联合行动以落实会晤达成的共识。比如说，前690年春两人会面之后，鲁庄公在同年冬就前往齐国与杀父仇人齐襄公一同狩猎；前689年夏两人会面后，鲁庄公在同年冬就参与了齐国主导的多国联军讨伐卫国[1]的行动。总而言之，在前686年冬十二月齐襄公被杀之前，齐鲁关系的表象是"两国亲善，齐唱鲁随"。

然而，背负着杀父之仇的少年鲁庄公一方面不得不参与文姜安排的齐鲁联合行动，另一方面也没有停止过抗争的努力。比如说，前691年冬，鲁庄公就曾经挣脱文姜的控制，率领军队来到郑国滑邑，想要联合郑人谋划救援马上要被齐襄公灭掉的纪国[2]。然而当时郑人正寄希望于齐襄公来平定自己国内的动乱，鲁庄公最终无功而返。又比如，前686年春正月，鲁庄公再一次挣脱文姜的控制，率领军队在鲁国郎地等待陈国、蔡国的军队，想要甩开齐、鲁联合讨伐郕国的原定计划，转而与陈国、蔡国一同讨伐郕国[3]。然而陈人、蔡人最终没有出现，鲁庄公又只能按照原计划与齐人一同讨伐郕国。

1　卫（卫1）见图一、二、三、五。前660年卫国都城迁至曹（卫2）。前658年卫国都城迁至楚丘（卫3）。前629年卫国都城迁至帝丘（卫4）。

2　郑见图一、二、三、五。滑见图三。纪见图四。

3　陈见图　、三、五。蔡（蔡1）见图一、三、五。前529年蔡国都城迁至新蔡（蔡2），前493年迁至下蔡（蔡3）。郕见图三。

在齐襄公去世、文姜失势之前，鲁国卿大夫基本上可以分为两派，一边是尊奉文姜的"亲齐派"，一边是尊奉鲁庄公的"仇齐派"，其中"亲齐派"得到齐襄公的支持，在势力方面处于上峰。比如，前692年冬十二月文姜与齐襄公会面之后，次年春正月，鲁卿公子溺就率领鲁军会同齐军共同讨伐卫国，这位公子溺很有可能就是"亲齐派"卿大夫之一，他奉文姜之命去执行这次由齐国主导的联合军事行动。

鲁庄公有三个同母亲弟弟，就是排行"仲"(老二)的公子庆父[1]，排行"叔"(老二和老幺之间)的公子牙[2]，以及排行"季"(老幺)的公子友[3]。如果不算鲁庄公，只算他三个没有当上国君的弟弟的排行，那么公子庆父排行"孟"(老大)。公子庆父、公子牙、公子友分别是鲁国卿族孟氏(仲氏)[4]、叔孙氏、季氏的始祖，而这个统称"三桓"(鲁桓公三个儿子后代形成的卿族)的卿族集团日后将长期把持鲁国朝政，也正是本书接下来叙事的主角。笔者认为，"仇齐派"卿大夫中，最重要的一位可能就是公子庆父。这个猜测的证据有二：

证据一：前692年夏，公子庆父率领军队攻打一个叫作于余丘[5]的小国。于余丘位于鲁国东南，远离位于北部的齐国，是当时鲁国开疆拓土的热点地区。这一年正是文姜开始强推"齐鲁亲善"

1　公子庆父，姬姓，名庆父，谥共，排行仲。鲁桓公之子。季氏始祖。参见《鲁国国君与三桓世系图》。
2　公子牙，姬姓，名牙，谥僖，排行叔。鲁桓公之子。叔孙氏、叔仲氏始祖。参见《鲁国国君与三桓世系图》。
3　公子友，姬姓，名友，谥成，排行季。鲁桓公之子。季氏、公父氏始祖。参见《鲁国国君与三桓世系图》。
4　《春秋》称"仲氏"，《左传》称"孟氏"，也就是说，"仲氏"是鲁国官方认可的称呼，而"孟氏"是这个家族实际上使用的称呼。
5　于余丘见图四。

的第一年，她不可能在这个时候指使自己手下的卿大夫率领军队攻打于余丘，因为这是在表明鲁国仍想开疆拓土、增强实力，这与文姜希望推动鲁国"做小霸齐国的好跟班"的路线是相冲突的。

因此，最有可能的解释是：鲁庄公希望继续推进他父亲鲁桓公未竟的小霸事业，因此指派支持自己的"仇齐派"卿大夫公子庆父率军攻打于余丘，一方面避免与当时十分强势骄横的齐国正面冲突，另一方面试图继续开疆拓土、增强实力。

证据二：前686年夏，鲁庄公在陈人、蔡人失约不来之后，被迫按照文姜和齐襄公商定的原计划，率军与齐军一同攻打郕国。然而，郕国在支撑不下去之后，只向齐军投降，不向鲁军投降，也就是完全把鲁国当作齐国的仆从国。当时公子庆父非常愤怒，向鲁庄公请求起兵攻打齐军。鲁庄公意味深长地说："不行。是我缺乏德行，齐国军队有什么罪？被郕国蔑视的罪过是由我而来的。《夏书》说：'皋陶勉力培育德行，德行具备，别人自然降服。'姑且致力于修治德行来等待时机吧！"秋天，鲁国军队低调回国。冬十二月，齐国发生内乱，齐襄公被杀。

对此最合理的解释是：公子庆父是"仇齐派"卿大夫的重要成员，一直以来就与兄长鲁庄公一样仇恨齐襄公，渴望继承父亲鲁桓公遗志继续与齐国竞争，因此在被郕国公开歧视之后抑制不住愤怒，要求和鲁庄公一起与齐人拼命。而鲁庄公很可能已经得到了齐国内部将有内乱的秘密消息，因此气定神闲地拒绝了公子庆父，声称自己将"致力于修治德行"，实际上是在为齐襄公死后一举成为新的小霸之君而预先塑造个人的德义形象。

在推测公子庆父是受到鲁庄公信任和重用的"仇齐派"卿大夫的基础上，笔者进一步推测，三桓的其他两位始祖——公子牙和公子友也都是"仇齐派"卿大夫。促使笔者作出这个推测的依据有两点：

第一，他们和鲁庄公一样，都是鲁桓公的儿子，共同背负着齐国杀父之仇，以及生母文姜干政之耻。

第二，鲁庄公在临终前为君位继承做安排时，召来询问意见的是公子牙和公子友，而没有《左传》里提到过的其他长辈群公子，例如公子偃、公子结等。

总而言之，公子庆父、公子牙、公子友三人作为"仇齐派"卿大夫的中坚力量，得到鲁庄公的信任和重用，他们三人所统领的家族在鲁庄公长达32年的在位期间也因此逐渐发展壮大起来，而这就为后来"三桓"的形成奠定了基础。

齐襄公被杀之后，鲁庄公完全暴露出他试图翻盘击败齐国、成为中原新小霸的真实志向：他一方面亲自率军讨伐齐国，试图将鲁女所生的齐公子纠立为齐国新君，另一方面派出公子纠师傅管仲截杀从莒国[1]归国夺位的齐公子小白。不幸的是，公子小白装死骗过管仲和鲁庄公，先行回国即位，就是齐桓公。

鲁庄公不愿承认失败，在"病急乱投医"的心态驱使下重用一位叫曹刿的民间军事奇才，依靠诈谋取得了长勺之战的胜利，然后鲁庄公就和曹刿一起，将鲁国拖入一场同时攻打齐国和宋国的争霸战争[2]。然而，鲁国实力远不如齐国，曹刿的谋略也远不及管仲，鲁庄公在对齐战争中三战三败，最终在前681年被迫与齐桓公结盟讲

1　莒见图四。
2　长勺见图四。宋见图一、二、三、四、五。

和，确认放弃争霸、尊奉齐桓公为霸主，这就是在本章最后一节要详细讲述的"柯[1]之盟"。

鲁庄公放弃与齐桓公争霸之后，一度沉寂的母亲文姜重出江湖，在前679年夏前往齐国会见齐桓公，应该是商议齐鲁联姻以加强友好的相关事宜。前673年文姜去世后，鲁庄公好像变了一个人，从"仇齐"一下子翻转成为"媚齐"：他在前672年亲自前往齐国送定亲彩礼，前671年夏前往齐国观摩土地神祭祀大典和阅兵仪式，同年冬及前670年春又超规格装修婚后要祭拜的鲁桓公庙。在这样一番极尽殷勤的准备工作后，前670年夏，庄公前往齐国亲迎新妇姜氏。

鲁庄公带着新妇姜氏到达鲁国都城郊外后，鲁庄公先入都城，过了几天才把姜氏接进都城。鲁庄公先进去的目的是什么呢？这还要从他迎娶姜氏之前干的一桩风流事说起。当时鲁庄公登上一座新建好的高台往下望，正好看见大夫党氏的女儿孟任。鲁庄公马上跑下高台尾随孟任，孟任逃回家中关上门。鲁庄公在门外哀求孟任开门，承诺说如果孟任愿意嫁给他，他就立孟任为夫人。孟任一听能做国君夫人就动了心，于是答应了鲁庄公。为了怕鲁庄公反悔，孟任还割破自己的手臂，与鲁庄公歃血盟誓。孟任于是住进了公宫，成为一位实际享受夫人待遇的嬖妾，后来为鲁庄公生下了庶长子公子般[2]。所以，鲁庄公这回娶了正牌嫡夫人回国，肯定要先进公宫做好孟任的思想工作，确保她不会闹事之后，才敢把姜氏接进来。

1　柯见图四。
2　公子般，姬姓，名般。鲁庄公之子。参见《鲁国国君与三桓世系图》。

　　鲁庄公娶来的这位齐女夫人，被后来的鲁人称
为"哀姜"。这个名称提示我们，她到鲁国后的生活
实际上是很不幸的。鲁庄公虽然在迎娶哀姜时非常
殷勤，但婚后在夫妻生活方面对哀姜却十分冷淡，
两人因此没有孩子。哀姜的陪嫁妹妹叔姜倒是比她
姐姐争气，和鲁庄公生下了一个叫作公子启方[1]的庶
子。然而，由于庶子公子启方的顺位继承权排在庶
长子公子般之后，所以，如果目前这种状况一直维
持到鲁庄公去世，而鲁庄公最后又根据周代宗法制
"有嫡立嫡，无嫡立长"的规定来确定太子人选的
话，那么公子般无疑将成为太子，进而成为下一任

1　公子启方，后为鲁闵公。姬姓，名启方，谥闵。鲁庄公之子。参
　　见《鲁国国君与三桓世系图》。

鲁国君主。

看到这里，我们大概可以猜到，鲁庄公在立太子问题上到底是怎么想的。鲁庄公隆重迎娶哀姜、叔姜，是为了表示对霸主齐桓公的恭顺，从而最大限度地保证鲁国在齐联盟体系里的利益。然而，鲁庄公其实从来没有忘记自己的父亲鲁桓公被母亲齐女文姜间接害死的深仇大恨，也从来没有忘记鲁桓公去世之后鲁国朝政长期被文姜把持的奇耻大辱，他想尽力避免下一任鲁国君主的母亲又是齐女。为了达到这个目的而又不激怒齐国，鲁庄公做了这样四件事：

第一，赶在迎娶齐女之前，与鲁大夫之女孟任生下庶长子公子般。

第二，刻意超规格隆重迎娶哀姜，表明自己特别重视哀姜。

第三，不与嫡妻哀姜进行有效的夫妻生活，以确保她不会生下嫡子。

第四，与陪嫁叔姜进行有效的夫妻生活，生下庶次子公子启方。

这样一来，等到鲁庄公去世时，根据宗法制的规定，继承君位的就应该是庶长子公子般，而公子般与齐国没有任何瓜葛。与此同时，齐人既不能指责鲁庄公不重视哀姜，因为鲁庄公可是超规格隆重迎娶哀姜；也不能嘲笑鲁庄公身体有问题，因为鲁庄公和叔姜生下了公子启方，明明是哀姜身体有问题。因此，齐人没有任何正当理由来干涉鲁国的君位继承。

如果真是这样的话，那么，鲁庄公刻意追求孟任的行为本身就非常可疑。从传世文献记载来看，春秋时期诸侯国君主娶嫡夫人这件事绝对不是一件私事而是国事，一般来说，国君会选择与本国有结盟关系的友邦君主之女，或者本国希望巴结讨好的大国君主之女。在这样的背景下，鲁庄公死皮赖脸地追求一个国内大夫的女儿，而且直接许诺给她夫人待遇，这已经完全超出了"一见钟情"可以解释的范畴。最合理的解释是，鲁庄公即位后，受到文姜逼迫娶齐女以恢复齐鲁联姻关系，他追求孟任并且许诺夫人待遇的行动，并不是被孟任美貌迷倒后的一时冲动，而是他反抗文姜系列行动的一部分。

不过，哀姜可是齐国公室女子，绝不是逆来顺受的角色。她在丈夫鲁庄公这里得不到关爱，也无法生下嫡长子以稳固自己的地位，为了报复丈夫，就和丈夫的大弟弟公子庆父勾搭成奸，并且想要帮助公子庆父成为下一任国君。公子庆父之所以会走上谋求自立为君的道路，除了哀姜的怂恿之外，主要有下面两个原因：

第一，"兄终弟及"是鲁国君位继承的特殊传统。

如果我们梳理一下从西周建国到庄公时的鲁君世系，会发现公子牙说的"一继一及"并非空穴来风：

伯禽—考公：父死子继

考公—炀公：兄终弟及

炀公—幽公：父死子继

幽公—魏公：兄终弟及（弟弑兄而立）

魏公—厉公：父死子继

厉公—献公：兄终弟及

献公—真公：父死子继

真公—武公：兄终弟及

武公—懿公：父死子继

▶ 图3 禽簋,西周盛食器,中国国家博物馆藏。铭文记载成王征讨奄侯之前,周公旦训导其子大祝伯禽,伯禽以脤器致祭,成王赏赐大祝伯禽金百守,禽用作宝彝以资纪念,兼告慰祖先。

懿公——(伯御)——孝公:兄终弟及 [1]

孝公——惠公:父死子继

惠公——隐公:父死子继

隐公——桓公:兄终弟及 (弟弑兄而立)

桓公——庄公:父死子继

有学者认为,"一继一及"是西周时期鲁国的特殊君位传承制度,是商周之际"父死子继""兄终弟及"两种制度斗争的孑遗,并源于鲁国始封君周公旦的政治作为 [2]。也有学者认为,自西周初年周礼奠定之后,鲁国君位继承制度的正统就是嫡长子继承制,或者至少是"父死子继"制,而"兄终弟及"大多源于非正常事件 (比如弟弟杀了哥哥而自立为君等) [3];正因为如此,所以公子友宣称要以死捍卫鲁庄公之子即位。不可否认的是,"一继一及"是西周至春秋早期鲁国

---

1 懿公侄伯御弑懿公而立,周宣王伐鲁杀伯御,立懿公弟称,是为孝公。

2 参见尉博博、土向辉(2010年)。

3 参见杨朝明(1996年)。

君位传承的"既成事实",而按照这个政治传统来推论的话,既然从鲁桓公到鲁庄公是"父死子继",那么从鲁庄公到他的嗣君就应该是"兄终弟及"。如果兄终弟及的话,那么大弟弟公子庆父自然是第一顺位继承人。下面我们会看到,在《公羊传》版本中,公子牙就是把"一继一及"传统作为支持公子庆父继位为君的理由。

第二,公子庆父的年龄和才干都比较合适。

如前所述,鲁庄公在位期间,公子庆父在《左传》中出现两次,一次是率军讨伐于余丘（鲁庄公二年）,一次是陪同鲁庄公率军讨伐郕国（鲁庄公八年）；弟弟公子牙一次都没有出现过；弟弟公子友出现两次,都是出使陈国,一次是为公事（鲁庄公二十五年）,一次是为私事（鲁庄公二十七年）。很明显,公子庆父年龄最大,在鲁庄公执政早期就已经开始崭露头角,而且又有比外交出使更高难度的统兵之才,是鲁庄公三个弟弟中最有国君之才的一位。我们会看到,在《左传》版本中,公子牙就是把"庆父有才干"作为支持公子庆父继位为君的理由。

在鲁庄公的后宫里,为了改变命运而勾搭实权派卿大夫的女子不止哀姜一个。据《左传》记载,公子友将要出生时,鲁桓公命掌卜大夫楚丘的父亲来占卜这孩子的前途命运,占卜结果显示,这孩子是个男孩,他的名字应该叫"友",将成为鲁君的股肱之臣,而且他的后代形成的家族叫作"季氏",这个家族将与鲁国同在,季氏灭亡,鲁国也将随之衰落。等到公子友出生以后,手上的掌纹果然像"友"字,于是"友"就成了他的名。鲁庄公有一个贱妾叫成风,生有一个叫公子申[1]的庶子。成风听说了公子友出生前的这段

1　公子申,后为鲁僖公。姬姓,名申,谥僖。鲁庄公之子。参见《鲁国国君与三桓世系图》。

预言，于是主动勾搭公子友并"事奉"他，并且把公子申嘱托给他照顾。

对此，笔者有两点分析：第一，卜楚丘的这段占卜预言大概率不是春秋早期的真事，而应该是战国时期占筮行业江河日下之时由占筮专家倒编出来以证明自身价值的"软文"；第二，成风"事奉"公子友应该真有其事，而她选择公子友的原因是他的地位和才干。不过，成风当时所想的可能只是确保公子申长大后能顺利成为卿大夫，因为在公子申前面至少有公子般、公子遂（即东门襄仲）两人，公子申成为国君的可能性是微乎其微的。

鲁庄公虽然一方面通过前面分析的三步操作来确保庶长子公子般继位，但另一方面又迟迟不公开确立公子般为太子，这大概是因为他害怕如果过早确立，会暴露自己试图抵制齐国"通过联姻来继续干涉鲁国内政"的图谋，从而遭到齐桓公的怪罪甚至干涉。他打算到临终前再顺理成章地立公子般，让齐桓公没有干涉的机会。

然而，由于太子/嗣君人选长期悬而不绝，这就使得卿大夫群体中逐渐形成了两股主张不同君位继承方案的政治势力：

一、"父死子继派"，主张立鲁庄公诸子中顺位继承权排第一的庶长子公子般为太子/新君。这股势力可考的成员是鲁庄公三弟公子友，此外在卿大夫群体中也有一批支持者。

二、"兄终弟及派"，主张立鲁庄公诸弟中年龄最大、才干出众

1　东门襄仲，又称"公子遂"。姬姓，东门氏，名遂，谥襄，排行仲。鲁庄公之子。参见《鲁国国君与三桓世系图》。

的公子庆父为新君。这股势力可考的成员除了公子庆父本人以外，还有鲁庄公、二弟公子牙和内宫中的公子庆父情人哀姜，卿大夫群体中也有一批支持者。

两派之中，"父死子继派"秉持的是周代正礼，支持的候选人也是鲁庄公想要立为嗣君的公子般，在卿大夫群体中是主流。

庆父之乱的过程：亲人相残与鲁君废立

在梳理完这些背景情况之后，让我们回到鲁庄公的病榻前。据《左传》的记载，鲁庄公先召来二弟公子牙，问他对君位继承人有什么看法，公子牙回答说："庆父是人才。"也就是说，公子牙认为鲁庄公应该立他的大弟公子庆父为君。

庄公又召来公子友，问了他同样的问题。公子友回答说："臣下将拼死命尊奉公子般为君主。"这时庄公意味深长地说："先前牙说'庆父是人才'。"

公子友领会了庄公的旨意，在秋七月四日下令强迫公子牙留在鍼巫氏家里，派鍼巫拿着毒酒逼他说："把这喝了自尽，你家在鲁国还能有后代。不然的话，你将被国家处死，而且你家会被灭族。"公子牙喝完后往家走，走到逵泉就死了。

《公羊传》对于这段历史的记载与《左传》有所不同：

> 鲁庄公生病快死了，以病重为由召来公子友，公子友一到，庄公就把国政托付给他，说："寡人就要死在这病上了，我

▼ 图4 内史亳丰同，西周
早期酒器。

将把鲁国的君位传给谁呢？"公子友说："有您的
儿子般在，君主忧虑什么呢？"庄公说："难道真
能这样吗？牙曾对我说：'鲁国的君位传承是一
代父亲传给儿子，下一代哥哥传给弟弟，君主
您是知道的。现在庆父还在啊！'"公子友说：
"他怎么敢！这是要作乱吗？他怎么敢！"

　　不久，公子牙弑君的武器都已经准备好了。
公子友先下手为强，兑好毒药强迫公子牙喝下
去，说："公子听从我的话把这喝下去，那么一
定可以不被天下人耻笑，而且在鲁国必定会有
后代；不听从我的话，一定会被天下人耻笑，
而且在鲁国没有后代。"于是公子牙喝下毒药，
在无傋氏喝下，走到王堤就死了。

《左传》版本和《公羊传》版本最关键的不同点，在于公子牙支持公子庆父继承君位的理由。《左传》版本里，公子牙的理由是庆父很有才能。如果只是这个理由，肯定是站不住脚的，因为宗法顺序是古代选择君位继承人的首要考虑，而春秋时期的宗法制度是以"父死子继"为正统的。而在《公羊传》版本中，公子牙的理由是：鲁国的君位传承是"父死子继"和"兄终弟及"交替进行的，也就是所谓的"一继一及"。既然从桓公到庄公是"父死子继"，那么从庄公再往下传就应该是"兄终弟及"。其实这两个版本的理由并不互相矛盾，如果将他们合并起来就是：庆父很有才能，又是庄公最年长的弟弟，而鲁国君位继承又轮到"兄终弟及"，所以应该立庆父为君。

公子友杀公子牙为什么不用刀刺绳勒，而要用鸩毒？公子牙为什么服毒之后没有在缄巫氏/无傔氏家里坐以待毙，而是走到逵泉/王堤才倒毙身亡？

笔者认为，和齐襄公杀鲁桓公要用没有外伤口的"拉杀"一样，公子牙的这种死法背后其实有公子友的精细盘算。从《左传》本处及其他地方的记载可知，鸩毒的致死快慢是可以通过改变浓度来调节的，缄巫逼公子牙喝下的应该是稀释过的毒药，因此公子牙没有在缄巫家中立即死去，而是行走一段之后，在与缄巫家有相当一段距离的逵泉才死去。公子牙服毒之后出门行走应该也是公子友的刻意安排，因为这样公子友一党才可以撇清与公子牙之死的关系，掩盖公子牙死于鸩毒的真相，而是用"在逵泉游玩时突发疾病身亡"来解释公子牙的死亡。也正因为如此，公子友一党才能在公子牙死后以"秋七月癸巳，公子牙卒"这样用来描述卿官正常死亡的体例向各国发情况通报，而不是以"秋七月癸巳，鲁杀其大夫公子牙"这样用来描述国家依法诛杀罪臣的体例向各国发通报。

既然公子牙并非因有罪而被刑杀，他的家族自然也可以如公子友所承诺的那样，在鲁国继续存在下去。与通报写法相一致的是，公子牙死后得到的谥号是"僖"，这是一个偏褒义的谥号[1]，应该是公子友用来掩盖公子牙罪行、确保公子牙家族日后生存发展空间的配套措施。

仔细想来，公子友在鲁庄公弥留之际及去世之后的所作所为，体现了他严守周礼的端正政治立场：

第一，公子友誓死拥护鲁庄公立庶长子公子般为太子/嗣君的遗命。他这样做，遵循的是周礼"父死子继""无嫡立长"原则。

第二，在鲁庄公隐晦但确定地发出镇压公子牙叛乱的指示之后，公子友坚决执行君命，果断控制并杀死企图拥立公子庆父的乱党骨干公子牙。他这样做，遵循的是周礼"尊尊"原则，"尊尊"的核心内容自然是尊君。

第三，公子友设计并实施了逼迫公子牙服毒并出走至逵泉身亡的处决行动，并给公子牙定了"僖"的谥号，保证了二哥公子牙的家族可以在鲁国正常生存和发展，其子公孙兹能继承父亲的卿官地位。他这样做，遵循的是周礼"亲亲"原则，"亲亲"的重要内容就是亲爱兄弟。

总而言之，公子友遵行周礼、坚持原则、行事果决、恩威并

1　《逸周书·谥法解》："有伐而还口僖，质渊受谏曰僖，慈惠爱亲曰僖。"又《春秋左传正义》孔颖达疏："小心畏忌曰僖。"

施，体现出远远超过他的兄弟公子庆父、公子牙的德行和能力，这为他的后代季氏在"三桓"中长期处于领袖地位埋下了伏笔。

公子友采取断然行动毒杀公子牙后，在这场斗争中暂时处于上风。秋八月五日，鲁庄公寿终正寝，公子般即位为君，但是不敢住在公宫，而是住在母家党氏那里。

到了冬十月二日，形势反转，公子庆父指使圉人荦在党氏杀了公子般，公子友出逃到陈国。据《公羊传》的记载，圉人荦在干完"脏活"之后被公子庆父当作替罪羊诛杀。

公子庆父杀了公子般后，也没有一直留在国都内，而是前往齐国求见齐桓公，估计是希望说服齐桓公拥立他自己为嗣君。然而，齐桓公拒绝了公子庆父的要求，公子庆父无功而返。

前662年冬，霸主齐桓公拒绝支持公子庆父之后，面对失控的鲁国局势，决定果断介入，派使者进入鲁国都城，支持"父死子继派"卿大夫，立了鲁庄公的庶子公子启方为新君，就是鲁闵公。值得指出的是，哀姜在前670年嫁到鲁国，她的陪嫁妹妹叔姜应该是随行的。即使叔姜当年即怀孕，生公子启方也不可能早于前669年。因此，当前661年鲁闵公正式即位之时，至多不过8岁。这意味着，新君即位之后，完全是个摆设，鲁国实际上是被"父死子继派"卿大夫控制的，"兄终弟及派"卿大夫处于被压制的地位，不过这两派政治势力还没有到公开对抗的地步。

前661年秋八月，鲁闵公与齐桓公在齐地落姑会面，请求齐国帮助召回公子友。齐桓公答应了鲁闵公的请求，派人从陈国召回了公子友，闵公在国都附近的郎地迎接他。鲁闵公此时是不到8岁的孩子，真正主导此事的应该是支持公子友、反对公子庆父的"父死子继派"卿大夫们。

同年冬，齐卿仲孙湫代表霸主前往鲁国视察其国内祸难情况。仲孙回国后，说："不除掉公子庆父，鲁国的祸难就不会停止。"[1]

齐桓公问："怎么才能除掉他？"

仲孙回答说："祸难不终结，公子庆父将自取灭亡，君主就等着吧。"

这时，齐桓公突然问："鲁国可以趁机夺取吗？"

仲孙马上回答说："不可以。鲁国仍然秉持周礼。周礼，是立国的根本。我听说，'国家将要走向灭亡时，如同一棵大树，根本必然先行颠覆，然后枝叶跟着掉下'[2]。鲁国不抛弃周礼，是不能动的。君主应当致力于安定鲁国的祸难并且亲近它。亲近有礼的国家，依靠稳重坚固的国家，离间内部涣散的国家，颠覆昏暗动乱的国家，这是霸主乃至王者所应秉持的利器[3]。"

齐桓公听从了仲孙湫的劝谏，决意顺应鲁国内部局势的走向，促使公子庆父倒台，而扶植公子友安定鲁国。

前660年秋八月二十四日，不愿坐以待毙的公子庆父再开杀戒，派大夫卜齮在寝宫旁门杀死了不到9岁的鲁闵公。

鲁闵公被杀之后，公子友带着鲁庄公庶子公子申（贱妾成风所生）前往紧邻的邾国[4]避难。接下来，占据朝堂主导权的"父死子继派"

---

1 《左传·闵公元年》："不去庆父，鲁难未已。"
2 《左传·闵公元年》："国将亡，本必先颠，而后枝叶从之。"
3 《左传·闵公元年》："亲有礼，因重固，间携贰，覆昏乱，霸王之器也。"
4 邾（邾1）见图四。前614年，邾国都城从邾1迁至邾2。

卿大夫可能对公子庆父施加了很大压力，迫使他出逃到较远的莒国。公子庆父出逃之后，公子友抓住机会又回到国都，拥立公子申为君，就是鲁僖公。

鲁国局势初步稳定后，鲁人派出使者带着财货去莒国请求送回公子庆父，莒人照办了。公子庆父到达鲁地密之后，派公子鱼（字奚斯）进入都城向当局求情。当局不答应赦免，公子鱼哭着回来复命。公子庆父说"这是奚斯的哭声"，知道没有希望了，于是上吊自杀。

公子庆父死后，他得到的谥号是"共"，也就是"恭"，这是一个褒义的谥号[1]，甚至比公子牙的谥号"僖"还要正面。从公子庆父得美谥、其子公孙敖日后成为卿官这两项事实来推断，公子友对公子庆父的处置方式可能是与公子牙类似的：他没有将公子庆父杀公子般、杀鲁闵公的罪行公之于众，也没有将其记入正史《春秋》，并且给了公子庆父"恭"的美谥，从而保证公子庆父的家族不仅在鲁国生存了下来，还保住了卿族的地位。

至此，鲁国政局在"父死子继派"卿大夫的努力和霸主齐桓公的干预下恢复了稳定。齐桓公又派遣正卿高傒来到鲁国，与鲁僖公盟誓。据《公羊传》的记载，高傒此次带着军队前来，目的是代表霸主稳定鲁僖公的君位，并帮助修筑鲁都城墙。直到多年以后，当其他国家的人到鲁都游览时，当地人还会介绍说："从鹿门到争门这一段，就是高子当年修建的。"又有人说："从争门到吏门这一段，就是高子当年修建的。"鲁人之间还把这件事作为美谈，说："还希望高子再来呀！"

---

1 《逸周书·谥法解》："敬事供上曰恭，尊贤贵义曰恭，尊贤敬让曰恭，既过能改曰恭，执事坚固曰恭，爱民长悌曰恭，执礼御宾曰恭，芘亲之阙曰恭，尊长让善曰恭，渊源流通曰恭。"

庆父之乱的意义：鲁国内政君权下移的转折点

庆父之乱是鲁国政治史中的标志性事件之一，是卿族壮大、君权下移的历史性转折点。

庆父之乱的第一层历史意义，是端正了鲁国的君位继承制度。

这次内乱平息之后，鲁国直到战国灭亡时，除了鲁昭公、鲁定公之时由于内乱而出现一次"兄终弟及"，其余的君位传承都是"父死子继"。也就是说，在以公子友为首的鲁国卿大夫的努力和霸主齐桓公的支持下，鲁国抛弃了自西周以来的"一继一及"独特传统，确立了以嫡长子继承制为正统、以"父死子继"为底线的君位继承制度。前510年晋国太史蔡墨评价说"公子友对鲁国有大功"，应该就是指他在平定此次内乱、确立鲁国君位继承制度中所起到的关键作用。

庆父之乱的第二层历史意义，是导致了"三桓"这个日后长期把持鲁国朝政的卿族集团的形成。

庆父之乱就其本质而言，就是以季氏始祖公子友为代表的"父死子继派"卿大夫，与以孟氏始祖公子庆父、叔孙氏始祖公子牙为代表的"兄终弟及派"卿大夫之间的政治斗争。不过，与我们一般理解的政治斗争结局很不一样的是，公子友在先后杀死（逼死）了他的两个哥哥公子牙和公子庆父之后，并没有斩草除根，而是"杀其人而救其族"：公子友没有将两位哥哥的罪行公之于众，还确保他们得到了"僖"甚至"共（恭）"的美谥，使得他们的儿子和其他族人得以作为卿族在鲁国继续发展。公子友的这一系列超乎寻常的举动催生了季氏、孟氏、叔孙氏这样一个具有一定合作结盟性质的卿族集团，并且奠定了季氏在这个卿族集团中的领袖地位。

实际上，公子友在公子庆父之乱中"杀其人而救其族"，为日后季氏族长处置类似事件设定了一个范例，这个范例所体现的政治理念，就是叔孙穆子所总结的"相忍为国"。在接下来的叙述中，我们会看到季氏在季文子时期长期坚持了"相忍为国"的政治理念，这也是季氏在季文子时期历经挑战最终坐稳鲁国卿族领袖地位的重要因素。

庆父之乱的第三层历史意义，是引发了一次较长时间的君权下移至卿大夫的事件。

鲁闵公之前的三位鲁国君主，鲁隐公[1]、鲁桓公和鲁庄公，虽然各有自己的特殊情况，但从整体上说仍然属于有能力行使君权，也的确在行使君权的"正常国君"：

鲁隐公在即位之时已经接近中年，他的特殊情况在于，将自己定位为摄政君，因此在公开场合经常作出谦退的姿态，但在内政外交各方面，他仍然是一位积极有为的领导者，其在位期间没有发生严重的君权下移至卿大夫的事件。

鲁桓公在即位之时已经成年，他的特殊情况在于，通过谋杀鲁隐公的非正当手段而上位。但是在坐稳君位之后，鲁桓公率领鲁国积极参与中原争霸，是一位非常强势的君主，其在位期间也没有发

---

1 鲁隐公，姬姓，名息姑，谥隐。鲁惠公之子。参见《鲁国国君与三桓世系图》。

生严重的君权下移至卿大夫的事件。

鲁庄公即位之时13岁，已经超过了当时诸侯君主可以行成年礼的最低年龄12岁。鲁庄公的特殊之处在于，在他即位后的前8年，鲁国政权被文姜所控制，他的权力受到严重限制。然而在齐襄公去世之后，鲁庄公突然发力黜退文姜，率领鲁国与齐桓公争霸，在争霸失败之后又率领鲁国长期服从齐桓公，与此同时还试图抵制齐国对于鲁国内政的渗透，仍然是一位正常行使权力的君主，在其在位期间没有发生严重的君权下移至卿大夫的事件。

然而，庆父之乱期间即位的鲁闵公，其在位的两年里，只是个八九岁的孩子，根本没有行使君权的能力。因此，在这段时间里，鲁国的实际最高领导人无疑是处于卿官领导班子首位的执政卿。这位执政卿到底是谁？在前662年冬鲁闵公即位至前661年秋八月公子友回国之间的执政卿人名已不可考，但应该不是公子庆父，而是"父死子继派"的某位卿官；在前661年秋八月公子友回国之后至鲁僖公即位期间，应该就是"父死子继派"卿大夫从陈国迎回的公子友。

齐鲁柯之盟：鲁国外交降为仆从的转折点

《春秋》在前681年（鲁庄公十三年）有这样一条记载：

> 冬天，鲁国君主与齐国君主在柯邑举行会盟。

《春秋》三传中的《左传》，对这条《春秋》经文给出了极为简短的解读：

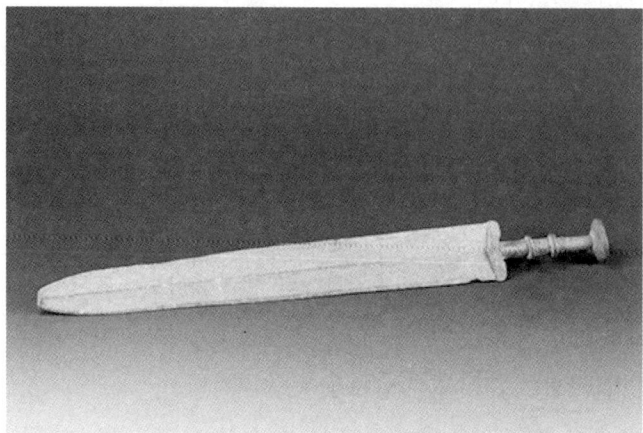

▼ 图5　厚格圆茎有箍式铜剑，周朝，孔子博物馆藏。

冬天，"在柯邑举行会盟"，鲁国开始与齐国讲和修好。

然而，《春秋》三传中的《公羊传》，对柯之盟的记载却要详细得多：

鲁庄公将要与齐桓公会面，曹刿进见，问："君主对此次会面有什么看法？"庄公说："如果就这样去会面，一定会被齐侯欺凌，那寡人活着还不如死了好。"曹刿说："那么君主请去对付他们的君主，臣下去对付他们的臣下。"庄公说："好。"

于是与齐桓公会见。鲁庄公登坛后，曹刿抽出剑，跟随着登坛。管仲上前说："贵国君主有什么要求？"曹刿说："我国边邑城墙被毁压在国境线上，贵国君主不再考虑一下吗？"管仲说："既然这样，贵国君主有什么要求？"曹刿说："希望请贵国归还汶阳之田[1]。"管仲回头对齐桓公说："君主答应吧。"齐桓公说："好。"曹刿请求盟誓，齐桓公下坛和他盟誓。盟誓结束，曹刿便把剑一丢，离开齐桓公。

《春秋》三传中的《穀梁传》，对《公羊传》所记载的故事有所补充：

> 这次盟会就是著名的"曹刿之盟"，它彰显了齐桓公的诚信。

柯之盟在鲁国政治史上的地位非同小可，因为它是鲁国沦为霸主仆从国的历史性转折点。为了透彻地理解这个"历史性转折点"的含义，下面我们来回顾一下，鲁国外交从春秋初期到柯之盟之时的演变情况：

一、鲁隐公时期（前722年—前712年）

这个时期，中原地区的国际形势是：齐、鲁、卫、宋、郑等各主要诸侯国逐渐走出西周国际旧秩序崩溃后的"迷茫期"，开始探索由霸主管控的国际新秩序，也就是由一个负责任大国作为周邦[2]的代理人，统领其他各诸侯国，来共同维护中原地区的和平稳定。

"小霸中原"最早的尝试者是齐僖公和郑庄公，而标志性事件

1　山南水北为阳。汶阳之田，就是汶水以北的土地。
2　周见图一、二、三、五，春秋初年周邦都城在王城（周1），前509年迁至成周（周2）。

则是前716年齐僖公在周王畿主持瓦屋[1]之盟调停诸侯争端，同年郑庄公带领齐僖公朝见周王。有趣的是，齐僖公和郑庄公之间并没有展开争霸，而是一直保持了一种携手合作的关系，颇有点"G2共治中原"的意味。

作为鲁国的摄政君，鲁隐公没有谋求打破齐、郑小霸共治中原的态势，而是采取了一种以"稳中求进"为基调的外交战略，主要做了这样三件事：

（一）与周边邻国，比如齐、宋、戎[2]、莒、邾的君主会面盟誓，发展睦邻友好关系。

（二）在齐郑小霸形势尚未形成之前，抓住国际管控"空窗期"出兵吞并周边小国极国，开疆拓土。

（三）在齐郑小霸形势形成之后，服从齐僖公、郑庄公的管控，跟随齐、郑率军讨伐不尊王命的宋国、许国[3]。

在鲁隐公时期，鲁国就其国家定位而言还是一个独立自主的中原主要诸侯国，其外交行动的性质是"自主外交"而不是"遵命外交"，即使鲁隐公在其执政晚期率军参与小霸组织的讨伐行动，也是为了增进自身利益的正常举动，而不是服从霸主命令的"义务劳动"。比如说，在前713年讨伐宋国的行动中，鲁国就得到了郑人赠送的郜、防[4]两个宋国城邑作为酬谢。

---

1 瓦屋见图三。
2 戎见图四。
3 许（许1）见图三、五。前576年，许国都城从许1迁至许2。前533年，许国都城从许2迁至许3。前531年，许国都城从许3迁至荆山地区。前529年，许国都城从荆山地区迁至许4。前524年，许国都城从许4迁至许5。前506年，许国都城从许5迁至许6。
4 郜、防（西防）见图三。

二、鲁桓公时期（前711年—前694年）

根据《逸周书·谥法解》的说法，鲁桓公的谥号"桓"是"开疆拓土，征服远方国家"的意思，和春秋第一位正牌霸主齐桓公是同一个谥号。从其政治事功来看，鲁桓公的确是春秋鲁国十二君中最积极有为的一位。前701年，小霸双雄中的郑庄公去世，郑国随后陷入长达二十多年的君位争夺内乱中，从此退出争霸。

鲁桓公看准这个时机，将鲁国的外交战略从"稳中求进"升级到"积极争霸"，主要做了下面几件事：

（一）在郑厉公在位期间（前701年—前697年），鲁桓公与郑厉公结盟，讨伐敲诈郑国的宋国，并与齐僖公领导的齐、宋、卫、燕[1]联盟交战，正式加入争霸行列之中。

（二）前698年齐僖公去世、齐襄公继位之后，鲁桓公更加积极地投入争霸事业之中：

1. 鲁桓公与其竞争对手齐襄公保持了一种合作与冲突并存的竞争关系：前697年，鲁桓公与齐襄公在齐鲁边境的艾地会晤，谋求稳定许国局势；前695年，又与齐襄公在齐地黄会晤，试图解救齐国想要灭掉的纪国[2]；前695年，鲁桓公指示边境守军，坚决打退齐国发动的武装挑衅。

2. 鲁桓公与宋、卫、陈、蔡等国君主3次联手讨伐郑国，试图将前697年出奔的郑厉公送回都城恢复君位。第一次联合行动时，齐襄公也参与其中，而后面两次由于没有齐襄公的竞争，鲁桓公得以发挥更加重要的作用。

1　燕（南燕）见图三。
2　艾见图四。

然而，鲁桓公对于齐襄公的底线做出了完全错误的判断。前694年鲁桓公带着夫人文姜访问齐国，文姜与旧情人兼亲哥哥齐襄公通奸，最终导致齐襄公派人杀死了鲁桓公。

在鲁桓公时期，鲁国不仅是一个独立自主的中原主要诸侯国，而且积极谋求成为霸主国，奉行的完全是独立自主的外交战略。然而，从鲁桓公被杀后鲁人接受齐国潦草处理而没有进行报复的事实来看，此时的鲁国在实力层面已经明显弱于齐国。也就是说，在齐鲁关系中，齐国的定位已经是"大国"，而鲁国的定位已经是"小国"。

三、鲁庄公时期（前693年—前662年）

鲁庄公时期有两个重要节点，一个就是前686年齐襄公去世，还有一个就是前681年齐鲁柯之盟。根据这两个节点，可以把鲁庄公时期分为三段。

（一）服从齐襄公时期（前693年—前686年）

鲁桓公在齐国遇害之后，他的夫人文姜并没有躲在齐国，而是回到了鲁国，并且在齐襄公的支持下开始扮演一种类似于摄政大臣的角色，成为鲁国朝堂上"对齐亲善派"政治势力的领袖，基本上每年都会代表鲁国与齐襄公在齐国或者鲁国会面，每次会后鲁国都会派人参与齐国牵头组织的联合行动。这个阶段的鲁庄公，年龄在13岁（前693年）到20岁之间，他一方面被母亲文姜所压制，被迫参与了两次齐国组织的联合军事行动，还曾在齐国境内与齐人一同狩猎；另一方面又已经显露出继承父亲遗志继续争霸的苗头，曾经两次试图摆脱文姜势力束缚，独立参与国际事务，但均以失败告终。

这一时期的鲁国，从其外交行为模式上看完全成为齐国的仆从国，第一次坠入"遵命外交"的困境之中。不过，由于此时鲁国的实际领导人不是正常国君而是先君夫人，鲁国卿大夫们都清楚，这

图6 山东嘉祥武氏祠石刻"管仲射小白"画像

种局面不会长久持续下去，少主总会长大夺回权力。

（二）冒进争霸时期（前686年—前681年）

前686年齐襄公在内乱中被杀之后，鲁庄公抓住机会一跃而起，试图重新启动父亲鲁桓公未竟的称霸事业。他在第2年果断出手，武力干涉齐国君位继承大事，试图将自己掌控的齐公子忽送回齐国即位，从而翻转成为齐国新政权的恩主，进而开启称霸中原的伟业。不幸的是，公子小白（齐桓公）抢先进入国都成为新君，而鲁庄公的军队在齐国都城附近被击败。不过，此时的鲁庄公已经被"报仇""称霸"的雄心壮志牢牢攫住，在民间奇才曹刿的怂恿和辅佐下，他在前684年至前683年先后取得了对齐、对宋战争的胜利，从而将鲁国带上了与齐宋两国同时开打的冒进争霸道路。从前686年到前681年这六年，应该是鲁国在国际政治层面最为激进高调的时期。

然而，曹刿在后来的对齐战争中再也没能复制前684年长勺之战的奇迹，鲁国三战三败，最终鲁庄公被迫在前681年与齐桓公在齐国柯地会盟。正如《公羊传》所描述的那样，在盟誓现场，曹刿突然发难，暴力劫持齐桓公，逼迫齐国退还了侵占鲁国的土地。但是，齐桓公由于听从管仲劝谏，遵守承诺退还了土地，使得齐国的霸主声誉进一步高涨，而鲁国长期以来积累的"敦厚守礼"国际形象受到严重损害，从而失去了与齐国争霸的最后一点政治资本。

（三）服从齐桓公时期（前681年—前662年）

柯之盟后，鲁庄公正式抛弃争霸理想，对待齐国的态度发生一百八十度大转弯：

前679年，在冒进争霸期销声匿迹的文姜重出江湖，前往齐国访问，应该是在柯之盟基础上商议如何进一步改善齐鲁关系，其中很可能包括了鲁庄公娶齐女之事。

前678年冬，鲁庄公率鲁国代表团参与齐桓公组织的幽之盟，从此成为齐桓公霸业中的"全勤积极分子"。

前672年春，鲁庄公在文姜去世后罕见地大赦重罪犯，荡涤先前与齐国的恩怨。

前672年冬，鲁庄公超越礼制规定，在母亲丧期还没结束时就急忙去齐国送订婚彩礼。前671年冬，鲁国超越礼制规定装修鲁桓公庙，为迎娶齐女做准备。前670年夏，鲁庄公超越礼制，亲自到齐国迎娶哀姜为夫人。鲁国具有深厚的守礼传统，而鲁庄公正是抓住这一点，用频繁超越礼制的做法向齐桓公表示恭顺。

如何理解鲁庄公态度的急剧转变？前653年一段郑国君臣的对话有助于我们走进鲁庄公的内心世界：

鲁僖公七年春天，齐人讨伐郑国。郑卿孔叔劝谏郑文公说："谚语里有这样的话：'既然心气赢不过对手，又为什么要害怕屈辱？'如果我们既不能真的强大抵抗住齐国的攻打，又不能真的示弱来避免齐国的攻打，而是处在一种不强不弱的状态，那就会导致失败。国家已经很危险了，请求下定决心向齐国屈服来拯救国家。"[1]

如前所述，齐国在鲁桓公时期就已经是中原最强大的国家，前686年迎回奇才管仲启动内政改革后又进一步扩大了领先优势，而且齐国又是与鲁国山水相连的邻国。鲁庄公在拼尽全力争霸失败之后，终于认清了鲁国"既不能强"的现实，在这个时刻，他表现出了一个政治家的清醒和务实，没有为了自己的颜面而坚持"又不能弱"，而是果断地选择了"下齐以救国"，那就是紧跟在齐桓公身后，不仅要率领鲁国做齐国的仆从国，而且要做齐国仆从国中的"积极分子"，因为只有这样明确坚决的"示弱"，才能赢得齐桓公的充分信任，满足齐桓公的称霸欲望，从而最大限度地维护鲁国的安全和利益。

当然，正如我们在"庆父之乱的背景"那一节详细讲述过的那样，在鲁庄公恭顺的表面下，仍然潜藏着一颗不愿屈服的内心，而他继续抵抗的方式就是不让嫡夫人哀姜生下孩子成为嫡长子，从而让自己亲身经历过的、齐国通过先君夫人摄政控制鲁国内政的状况有重演的机会。

---

1 《左传·僖公七年》："谚有之曰：'心则不竞，何惮于病？'既不能强，又不能弱，所以毙也。国危矣，请下齐以救国。"

正如我们在本节开始所说的那样，柯之盟是鲁国外交的历史性转折点。从这一年开始，一直到本书叙事结束的前495年（鲁定公[1]十五年），鲁国再也没能够摆脱"霸主仆从国"的国家地位，而大国称霸/争霸造成的地缘政治乱局，成为鲁国在外交层面无法摆脱的困境。这种困境包含如下两个层次的压力：

一、履行仆从国义务带来的压力。

齐国和晋国[2]这两个鲁国曾经臣服过的霸主国，出于管控国际秩序、实现自身战略利益的需要，定期或不定期地要求鲁国以贡赋的形式交纳大额财物，并且要求鲁国君臣率领使团/军队出国参与霸主组织的国际外交/军事行动。履行这些仆从国义务，无疑会对鲁国的政治体制、财政体制和军队体制造成前所未有的压力，这也就是所谓的"小国外交决定内政"。

履行仆从国义务带来的压力是大国霸政给鲁国带来的最主要压力，几乎贯穿了整个春秋时期。在本书接下来的章节我们会看到，这种压力是如何推动鲁国君权下移至卿大夫的进程。

二、大国战争破坏带来的压力。

虽然从整体上说，鲁、卫、郑、宋等中等诸侯国都是大国战争的受害者，但具体到每个国家，由于地缘形势的不同，其实际受害程度还是很不一样的。具体说来：

（一）在齐国称霸中原时期，由于齐国既是霸主又是邻国，因此鲁国一直是齐国的忠实仆从国。因为争霸大国——齐国和楚国[3]

1　鲁定公，姬姓，名宋，谥定。鲁襄公之子。参见《鲁国国君与三桓世系图》。

2　晋（1、2）见图一、二、三、五。前585年，晋国都城从绛（晋1）迁至新田（晋2）。

3　楚见图一、五。据《楚居》记载，春秋时期楚国都城迁徙了十几次之多，大多数位于荆山以东、汉水以西的楚国核心区，即本书标注"楚"处。

是围绕远离鲁国的郑国进行争夺，所以鲁国除了履行仆从国义务派出军队参与讨伐郑国、楚国之外，没有遭受直接的战争破坏。

（二）在晋国称霸中原时期，从表面上看，长期武力争斗的大国晋、楚都远离鲁国，而且两个大国又是围绕同样远离鲁国的郑国展开拉锯，鲁国似乎不会受到大国战争波及，然而事实并不是这样。

问题就出在齐国身上。齐桓公去世之后，齐国失去了霸主地位，接力棒交到了晋国手上，而且齐国在春秋时期再也没能成为公认的中原霸主。然而，在"既不能强"，也就是不能打败晋国夺回霸主地位的情况下，仍然具备大国实力、距离晋国又遥远的齐国"又不能弱"，也就是不能一心一意顺服晋国；这个旧日霸主一直没有放弃东山再起的战略愿景，至少也要重新成为东土的区域性霸主。

因此，我们在下文会看到，一旦晋国因为内乱而出现霸政衰弱的状况，齐国就会跳出来挑战晋国的霸主地位，而齐国挑衅晋国的第一步棋往往就是攻打晋联盟成员鲁国，试图让鲁国叛离晋国，而加入自己组建的区域性联盟。除了前589年楚国远征讨伐鲁国之外，鲁国本土受到的军事攻打全部来自齐国。

僖公时期：
事奉霸主疲于奔命，
君权下移引发反击

小人恐矣，君子则否。

——臧文仲

即位初期：肃清内乱遗留问题，赢得国际承认

前659年鲁僖公正式即位之后，在拥立功臣公子友等卿官的指导和辅佐下，为了在国际和国内层面稳定自己的君位，消除公子庆父之乱对鲁国造成的伤害，做了这样几件事：

第一，妥善处理哀姜后事，稳定国内政局。

公子庆父事败之后，哀姜逃到了邾国。齐桓公派人在邾国逮捕了她，于前659年秋七月二十六日在夷国境内把她杀了，将她的尸体带回齐国。鲁僖公得知后，立即向齐国请求送回哀姜的尸体，同年冬十二月十八日，哀姜的尸体被齐人送回鲁国。前658年夏五月十四日，鲁人安葬了哀姜。

《春秋》将这三件事分别记载为"夫人姜氏薨于夷，齐人以归""夫人（姜）氏之丧至自齐""葬我小君哀姜"，说明当时鲁国官方仍然认定哀姜就是鲁庄公的嫡夫人，在正史记载中尽量掩饰了她因为参与内乱而被母国派人杀死的丑事，并且以夫人之礼将其安葬。鲁僖公通过善待和厚葬哀姜，传达了新政权既往不咎、息事宁人的宽宏态度，塑造了新君"孝敬嫡母"的正面形象，从而达到稳定国内政局、增强民众对新君认同感的效果。

第二，参与诸侯会盟，获得国际承认。

春秋时期周王室衰微，已经失去了通过册命确认新君合法性的权威，因此新上台的诸侯君主，无论是通过何种手段获得的权力，如果能被批准参与由主要诸侯国君主出席的国际会盟，与其他诸侯

君主同列，那就意味着他的君位已经获得国际承认。鲁僖公在前659年正式即位后，当年秋八月就参加了霸主齐桓公组织的柽之会，参会的其他国家代表有宋桓公、郑文公、曹昭公[1]和邾大夫。此次会盟的目的是谋划如何救助被楚国讨伐的郑国，不过对于鲁僖公来说，君位得到国际承认才是他最在意的成果。

第三，打击趁内乱敲诈勒索鲁国的周边小国，理顺地缘政治关系。

鲁内乱期间，邾国曾为公子友、公子申（即鲁僖公）提供短暂庇护，莒国曾在收取鲁人财礼后送回内乱首恶公子庆父，两国都对鲁僖公有恩。邾人可能在此时出兵戍守邾、鲁边境地区的鲁邑虚丘[2]，表面上是协助鲁国平定动乱，实际上可能有了赖着不走、侵占虚丘的迹象；莒人则可能在财礼数量上与鲁人有分歧，认为自己有权利讨要更多财礼。鲁僖公即位后，对邾、莒二国实有不满，但在君位尚未稳定之时不敢有所行动。

在妥善处理哀姜后事、成功参与柽之会后，鲁僖公的君位在国内和国际层面已经得到稳固，于是他接下来就开始清算鲁内乱期间与周边小国的纠纷。前659年秋九月，鲁僖公率领会盟所带的鲁军在偃地[3]与从虚丘撤回的邾军交战，击败邾军，惩罚邾人试图趁鲁内乱霸占虚丘、扩张领土的举动。冬十月，公子友率领鲁军在郦地击败前来求赂的莒人，惩罚莒人的趁火打劫、贪得无厌。对邾、对莒两场反击战胜利后，鲁僖公可以说摆脱了鲁国内乱时求靠周边小

1　柽见图三。曹见图一、二、三、四、五。
2　虚丘见图四。
3　偃见图四。

国的阴影，使鲁邾、鲁莒关系回到正常轨道。

在公子友击败莒国之后，鲁僖公将位于当时鲁、齐边境的汶阳之田和位于当时鲁、莒边境的费邑[1]分封给公子友，以奖赏他拥立鲁僖公、击败莒国的大功。从这时起，到战国时期鲁国被灭时止，费邑都一直是公子友家族及后来的季氏的根据地。公子友本来就是执政卿，又得到费邑作为根据地，这使得他所领导的卿族，也就是后来的季氏，进一步发展壮大起来。

服从齐桓公时期：君臣疲于奔命，淮之会遭遇扣押

在外交战略方面，鲁僖公完全继承了鲁庄公在柯之盟后的选择，那就是顺服既是霸主又是强邻的齐国。此外，下面我们先列举一下鲁僖公和他的卿官们在这一时期参与的全部外事行动，让各位读者先从感性上体会一下鲁国君臣为了事奉霸主齐国而全情投入、疲于奔命的感觉。

前659年秋八月，鲁僖公参与齐桓公组织的柽之会。参与此次峰会的还有宋、郑、曹国君主，以及邾国卿大夫。

前657年秋，齐桓公组织阳谷[2]之会，谋划讨伐楚国的相关事宜。此次会面，齐桓公通知了鲁国，但是鲁僖公未能参会。阳谷之会结束后，齐桓公亲自来到鲁国都城，传达阳谷之会的商议成果，并且与鲁僖公盟誓。同年冬，鲁执政卿公子友回访齐国，与齐人盟

1　汶水、费见图四。
2　阳谷见图三。

誓，进一步巩固齐、鲁关系。

前656年春正月，鲁僖公参与齐桓公主导的诸侯联军入侵蔡国，参与此次联合军事行动的还有宋、陈、卫、郑、许、曹等国的君主。蔡国溃败后，联军讨伐楚国，与楚方代表屈完在召陵[1]盟誓。

前656年十二月，公子牙的儿子公孙兹，也就是叔孙戴伯[2]，率领鲁军参与齐国为首的联军，一同入侵伐楚期间对盟主齐桓公态度不老实的陈国，迫使陈国认罪求和。参与此次联合军事行动的还有宋、卫、郑、许、曹等国的卿大夫。

叔孙戴伯是第一任以"叔孙"为氏的族长（以后代追认为准），他的名氏出现在鲁史《春秋》之中，说明他已经是鲁国诸卿之一。这是叔孙戴伯作为卿官第一次出现在春秋史时间轴中，距离前任族长公子牙去世（前662年）6年。

前655年夏，鲁僖公参与齐桓公组织的首止[3]之会，商议如何平定周王室内部的君位继承危机。参与此次峰会的还有宋、陈、卫、郑、许、曹等国的君主。秋八月，诸侯在首止举行盟誓，郑文公听信周惠王挑拨，从会场逃回郑国都城。

前654年夏，鲁僖公参与齐桓公领导的诸侯联军攻打郑国，惩罚郑文公从首止之盟逃走的罪行。参与这次联合军事行动的还有宋、陈、卫、曹等国的君主。

前653年秋七月，鲁僖公参与齐桓公组织的宁母[4]会盟，谋划如

1　召陵见图五。
2　叔孙戴伯，又称"公孙兹"。姬姓，叔孙氏（应为后代追认），名兹，谥戴，排行伯。公子牙之子。参见《鲁国国君与三桓世系图》。
3　首止见图三。
4　宁母见图三。

何让郑国真心顺服。参与此次会盟的还有宋国君主以及陈、郑两国的太子。同年秋晚些时候，执政卿公子友前往齐国访问。

前652年春正月，鲁僖公参与齐桓公组织的洮[1]会盟，谋划稳定周王室政局。参与此次会盟的还有宋、卫、许、曹等国的君主，以及陈国太子。

前651年夏，鲁僖公参与标志着齐桓公霸业达到巅峰的葵丘[2]会盟。参与此次会盟的还有宋、卫、郑、许、曹等国的君主。

前650年春正月，鲁僖公前往齐国朝见齐桓公。

前649年夏，鲁僖公携夫人声姜前往齐国，与齐桓公在齐邑阳谷会面。

前647年夏，鲁僖公参与齐桓公组织的咸之会，谋划如何救援被东淮夷侵扰的杞国[3]，以及稳定周王室政局。参与此次峰会的还有宋、陈、卫、郑、许、曹等国的君主。同年冬，公子友前往齐国访问。

前645年春正月，鲁僖公前往齐国朝见齐桓公。

前645年春三月，鲁僖公参与齐桓公组织的牡丘会盟，重温葵丘会盟的誓言，并且为救援徐国集结军队。参与此次会盟的还有宋、陈、卫、郑、许、曹等国的君主。随后，公子庆父的儿子公孙敖，也就是孟穆伯[4]，和其他诸侯国的卿大夫一起率领军队救援徐

1　洮见图三。

2　葵丘见图三。

3　咸见图三。东淮夷在图四"潍水"附近，靠近杞。杞（杞1）见图四。前646年，杞国都城从杞1迁至杞2。

4　孟穆伯，又称"公孙敖"。姬姓，孟氏（应为后代追认），名敖，谥穆，排行伯。公子庆父之子。参见《鲁国国君与三桓世系图》。

国[1]。同样也是在这一年，齐桓公的股肱之臣管仲去世，齐桓公开始任用奸臣堂巫、易牙、竖刁、卫公子开方等人，朝政日渐紊乱。

孟穆伯是第一任以"孟"为氏的族长（以后代追认为准），他的名氏出现在鲁史《春秋》之中，说明他已经是鲁国诸卿之一。这是孟穆伯第一次作为卿官出现在春秋史时间轴中，距离前任族长公子庆父去世（前660年）已经15年。

前644年对鲁国来说是一个多事的年份。首先，春三月二十五日，执政卿公子友去世。公子友去世后，他的儿子齐仲无逸[2]应该即位成为族长，并且代表家族担任卿官。齐仲从未出现在《春秋》《左传》记载中，似乎是一位比较弱势的卿官。齐仲的一个儿子是季文子[3]。季文子是第一位以"季"为氏的族长，在他担任卿官期间，季氏重新成为三桓中掌握政权的卿族。

同年秋七月十九日，另一位卿官叔孙戴伯去世。他的儿子叔孙庄叔[4]应该在此后继位成为叔孙氏族长。

同年冬十二月，鲁僖公参加齐桓公组织的淮之会，谋划如何救援被南淮夷侵扰的鄫国，以及向东用兵威慑南淮夷。参与此次峰会的还有宋、陈、卫、郑、许、邢[5]、曹等国的君主。然而，在前643年夏天，就在鲁僖公仍在淮之会现场的时候，新上任的鲁国执政卿

---

1 牡丘见图三。徐见图一、三、五。
2 齐仲无逸，姬姓，名无逸，谥齐，排行仲。公子友之子。参见《鲁国国君与三桓世系图》。
3 季文子，姬姓，季氏，名行父，谥文。齐仲无逸之子。参见《鲁国国君与三桓世系图》。
4 叔孙庄叔，姬姓，叔孙氏，名得臣，谥庄，排行叔。叔孙戴伯之子。参见《鲁国国君与三桓世系图》。
5 淮水、南淮夷、鄫见图五。邢见图三。

自作主张，违背齐桓公所制定的国际行为准则，出兵攻灭了位于鲁国附近的小国项国。齐桓公认为鲁僖公要为这件事负领导责任，于是扣留了鲁僖公，不让他回国。

诡异的是，当时鲁国都城里的看守政府并没有按照正常的处理方式，马上派出卿大夫级别的使者到齐国来商议释放鲁僖公的事宜。也就是说，看守政府的诸卿并不打算通过官方认罪的方式来换取鲁僖公的释放，而鲁僖公也就这样一直被齐国扣留。

到前643年秋，鲁国看守政府出了一个奇招，那就是派鲁僖公夫人声姜出都城，和她的父亲齐桓公在鲁国卞邑[1]会面。声姜出面，意味着这不是国事而是家事，是一个女儿恳求她的父亲放过她的丈夫；地点选在鲁国，可能是因为鲁国在文姜之后内部有了禁令，不允许国君夫人再出国境。不过，鲁国君主被抓，求齐国放人，竟然敢将会面地点放在鲁国，让垂垂老矣的齐桓公走远路，无论如何都是怪异之举。幸运的是，声姜的恳求起到了作用，会面之后，同年九月，鲁僖公被释放回到鲁国都城。在后文"鲁国君权下移机制探究（十）"这一节，笔者将会详细分析此次外交事故的内幕。

总结上文所列举的外交行动，鲁僖公在位期和齐桓公活跃期重合的17年里（前659年—前643年），鲁国外交的主题有两个，都与齐国相关：

第一，面对齐国是霸主这一现实，履行仆从国义务，参与齐国霸政相关的外事活动。

1　卞见图四。

正如笔者在《称霸：春秋国际新秩序的建立》一书中所总结的那样，霸主要管控国际秩序，就要推行霸政，也就是组织一系列旨在"尊王""攘夷""会商""平乱""救患""讨罪""裁决""立约"的国际外交和军事行动，而参与这些霸主组织的国际行动就是仆从国要履行的主要义务。作为霸主齐国的仆从国之一，鲁国君臣积极参与霸主组织的各项国际政治和军事行动，与霸主和其他成员国一道共同维护中原国际秩序。

在履行仆从国义务这方面，鲁僖公是绝对的主角，他参与了八次齐桓公组织的国际会盟，两次齐桓公组织的联合军事行动；卿官叔孙戴伯和孟穆伯是配角，他们各参加了一次齐国卿大夫组织的军事行动。鲁国君臣之所以呈现出这样的行为模式，完全是由霸主齐国的行为模式决定的：在"对等原则"的约束下，如果国际行动的组织者是国君齐桓公，则包括鲁国在内的各仆从国派出的首席代表在原则上必须是国君；如果组织者是卿官，则仆从国派出的首席代表在原则上必须是卿官。如果日理万机的霸主齐桓公都能安排出时间亲自参加，这些仆从国的国君有什么理由不亲自参加？由于鲁国从前681年柯之盟后已经丢掉幻想，决定要紧跟霸主齐国，所以鲁国君臣不出意外地拿出了一张"全勤"的"优秀成绩单"，而联盟中最远离齐国的陈国、郑国，则都发生了国君"实在没空"、由太子代为参加的状况。

第二，面对齐国是强邻这一现实，不定期地访问齐国，保持双边战略沟通，维护齐鲁友好关系。

这其中，鲁僖公和执政卿公子友平分秋色：鲁僖公前往齐国都城朝见齐桓公两次，前往齐国城邑会见齐桓公一次；公子友前往齐国都城访问三次。

齐桓公去世：齐国大乱，鲁君臣出兵搅局

前643年冬十月七日，被奸臣围困在一个小屋子里的齐桓公饥渴而死。奸臣易牙拥立了长子公子无亏为君，而齐桓公生前立的太子昭出奔到宋国，投靠齐桓公生前嘱托保护他的"模范诸侯"宋襄公。

前642年春正月，宋襄公率领宋、曹、卫、邾联军讨伐齐国，试图拥立太子昭。此时齐国内部应该有三股政治势力：

第一股是"四公子派"，由齐桓公的其他四个儿子公子元、公子潘、公子商人、公子雍的党羽组成，他们一方面各怀鬼胎，都想趁此机会成为下一任国君，但是另一方面又有拒绝太子昭回国的共同利益，因此暂时团结了起来，试图抵抗宋襄公。

第二股是"太子昭派"，由倾向于遵照齐桓公和管仲的意愿立太子昭为君的卿大夫组成，但是现在这一派被"四公子派"所压制。

第三股是"公子无亏派"，此时虽然占据君位，但是遭到"四公子派"和"太子昭派"的共同敌视。三月，公子无亏被"齐人"所杀。宋襄公率诸侯讨伐齐国，应该是以声讨公子无亏篡立为理由，而无论是"四公子派"还是"太子昭派"都有除掉公子无亏的可能。

前642年夏，鲁人派出军队救援"齐人"，但不久之后就撤军回国。宋襄公讨伐齐国，而鲁人救援齐国，很明显鲁人与宋襄公是

对抗关系。所以，鲁人所救的"齐人"应该主要是与宋襄公对抗的"四公子派"。也就是说，鲁僖公和诸卿虽然长期以来对齐桓公领导下的齐国俯首帖耳，但是看到齐国出现与当年齐襄公去世后相似的内乱局面后，竟然又有了类似当年鲁庄公的雄心壮志，打算帮助"四公子派"打退宋襄公领导的诸侯联军，成为齐国新政权的恩主，从而在齐鲁关系中重新占据上风。然而，鲁军到达齐国之后，应该是发现自身实力不足以战胜宋军，于是不得不放弃幻想，撤军回国。

在这时的齐国都城内部，"太子昭派"虽然想要拥立太子昭为君，但被强势的"四公子派"所压制，最终"四公子派"以保家卫国为名义胁迫"太子昭派"共同率领一支军队出都城与宋军交战。这样一支军队内部必然不能团结一致。不出意外，齐军在齐国甗地被宋军打得大败。宋襄公随后进入齐国都城，兑现了当年他对齐桓公和管仲的承诺，拥立他所保护的太子昭为君，就是齐孝公。

然而，"四公子派"并不甘心失败，他们在齐孝公上位之后又曾发动武装叛乱。为了取得成功，"四公子派"甚至派人请来了齐桓公在世时一直坚决打击的赤狄来助阵。不过此次叛乱没有成功，齐国局势终于稳定下来。秋八月，停棺待葬将近一年的齐桓公终于入土为安。

后齐桓公时期：大国争霸，鲁君臣浑水摸鱼

正如上节所说，前643年齐桓公去世后，齐国围绕君位发生内乱，先前俯首帖耳的宋、曹、卫、邾等国组成联军，在"模范

诸侯"宋襄公的率领下攻入齐国，都城地区成为"四公子派"及"太子昭派"与外国干涉军搏杀的战场，中间还有鲁国、赤狄前来搅局，齐国自前679年鄄[1]之会始霸以来一直维持的霸主形象轰然倒塌。

比内乱影响更加深远的是，齐孝公上位后，无力将四公子和依附他们的卿大夫赶尽杀绝，除公子雍出逃之外，公子潘、公子商人、公子元三族继续留在齐国发展壮大，而且都对君位虎视眈眈。齐国内部人心涣散，无力重振霸业，于是中原霸主宝座空了出来，引诱着有称霸志向的诸侯国君展开新一轮的争夺。

在鲁国和其他中原主要诸侯国的视野里，齐国退场后的争霸大擂台上有两位主要选手，一位是商王后裔宋襄公，他深信天命抛弃新王（周王）眷顾旧王（商王），实力不济但信心爆棚[2]；一位是楚武王后裔楚成王，他深信天命抛弃北王（周王）眷顾南王（楚王），实力强大且稳扎稳打。至于日后成为中原霸主的晋国，此时没有任何参与中原争霸的迹象，完全不在中原诸侯考察的范围内：前644年，晋惠公刚经历了韩之战的惨痛失败，被秦国[3]开恩放回晋国后一直听命于秦穆公；正在齐国流亡的晋公子重耳（日后的晋文公），此时已经丧失斗志，只想着在齐国过安乐的小日子。

前641年，宋襄公以"复古兴商"为旗号的称霸闹剧正式开场。春三月，宋襄公扣押滕国[4]君主滕宣公，并罗织其罪状通告诸

1　鄄见图三。
2　关于宋襄公称霸理念的分析，详见刘勋（2019年）。
3　韩见图二。秦见图 、二。
4　滕见图四。

侯。夏六月，宋襄公纠集曹国、邾国这两个小国的卿大夫在曹国都城南部举行盟誓。收到了会盟通知的鄫国君主鄫子没有及时赶到，于是到达邾国，想与邾国君主邾文公会盟以示弥补，没想到宋襄公竟然指使东夷小国君主邾文公杀了华夏小国君主鄫子做祭品来祭祀睢水[1]边的妖神，想以此来吸引信奉此妖神的东夷部族尊奉自己为霸主。

宋襄公这套复活违背周人价值观的商朝人祭、崇拜不被周朝祀典所承认的"妖神"、不但不"攘夷"反而"媚夷"的称霸努力，在中原诸侯看来就是大逆不道。前641年冬天，在陈穆公的倡议下，齐、鲁、陈、蔡、郑、楚等国代表在齐国都城举行会盟，纪念霸主齐桓公的大恩大德。楚国代表的出现说明，楚国谋求洗刷"蛮夷"标签、成为"正常国家"的努力已经取得阶段性胜利，接下来可以名正言顺地北上中原谋求称霸了。

不过，在此时中原各国君臣的心中，恐怕有着这么一系列重大疑问：长期与北方周王并立的南方楚王，如果日后真的成功入主中原，难道能够自降身份成为接受周王任命、尊崇周王的霸主[2]吗？如果他的目标不是"称霸"而是"统一天下"，也就是取代周王、迁移九鼎到南方成为天下新王的话[3]，那么自己在新的"楚朝"封国体系里会处于什么位置呢？楚成王会怎样对待自己呢？

在旧霸主退场、新霸主/新王尚未明确的"管控空窗期"，与

1　睢水见图三。
2　周邦任命齐桓公的正式称号不是霸主，而是"侯伯"，也就是代表周邦管控天下的诸侯之长。"霸"是"伯"的通假字，"霸主"是非正式的称呼。
3　楚成王的后代楚庄王在全盛期时，就曾经派人到周邦询问九鼎的大小、轻重，以为迁移九鼎做准备。

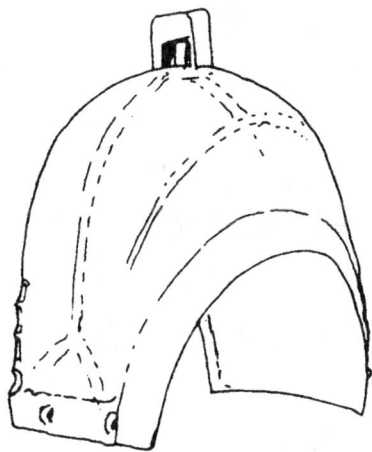

齐、楚等大国比起来已是小国的鲁国虽然没有胆量参与争霸，但也受到当时国际氛围的怂恿，想要趁乱过一把"迷你霸主"的瘾。前639年冬天，鲁僖公以惩罚邾国攻灭须句国[1]为由攻打邾国，恢复须句国，这明显是在学习前霸主齐桓公"存亡继绝"的路数，只不过规模小了很多。前638年秋八月八日，邾人出兵攻打鲁国进行报复，鲁僖公因为先前的胜利而轻视邾国，不设战备就出兵抵抗，两军在升陉交战，结果"大国"鲁军被"小国"邾军打得大败，邾人抢得了鲁僖公的头盔，挂在邾国都城的城门上炫耀。

楚成王也意识到了中原诸侯对其称霸目标的猜疑。前639年秋，楚成王顺应诸侯意愿，在盂[2]之会

---

1 须句见图四。
2 盂见图五。

当场抓捕了"称霸狂人"宋襄公，并押解着宋襄公讨伐宋国，希望用事实迫使其恢复理智。同年冬，就在鲁僖公再次讨伐邾国取得胜利之后，楚成王派卿官斗宜申来到鲁国进献讨伐宋国的战利品。楚成王这样做的目的，是在通过模仿前663年齐桓公北伐山戎胜利后前往鲁国进献战利品的先例，希望让包括鲁国在内的中原主要诸侯国相信：他要走的是"称霸"路线，将像齐桓公那样放低姿态、善待诸侯；在周朝封国体系里地位尊贵的国家（比如周公旦封国鲁国），在未来楚成王称霸之后将得以保持旧日的尊严。

楚成王在讨伐宋国以立威、向鲁国献捷以立德之后，称霸中原的事业更加顺利地向前推进。前638年冬十一月初一，楚军在泓水[1]岸边大败宋军，宋襄公身负重伤，"复古兴商"的称霸闹剧黯然落幕。八日，郑文公派夫人芈氏（楚女）、姜氏（齐女）到楚军营帐中慰劳楚成王，郑国正式尊奉楚国为霸主。前636年秋，宋国与楚国讲和，宋成公前往楚国朝见楚成王，宋国也尊奉楚国为霸主。

就在楚成王认为自己在可预见的未来将成为中原霸主（也许接下来还能进一步成为天下新王）时，前636年春，在外流亡19年的晋公子重耳回到晋国夺权成功，就是晋文公。

公子重耳在流亡过程中，得到了有称霸经验或称霸雄心的各国英主的赏识和支持。风烛残年的霸主齐桓公给予公子重耳20辆马车级别的生活待遇，还把自己一个非常贤淑的女儿嫁给了他；泓水之战后重伤在床的"称霸狂人"宋襄公送给公子重耳20辆马车，

1　泓水见图五。

与齐桓公给公子重耳的待遇相当。然而，在归国夺权问题上给予公子重耳实质性帮助的还是楚成王和秦穆公。北上争霸正势如破竹的楚成王认为公子重耳得到天命护佑，必成一代晋国英主，于是他用款待国君的享礼来接待公子重耳一行，并且把他们护送到最有可能助他归国夺权的秦国；有心参与中原争霸的秦穆公把五位公室女子嫁给公子重耳作为妻妾，以确定未来秦晋之间的联姻关系，然后出兵护送公子重耳一行归国夺权成功。

楚成王、秦穆公这样大手笔帮助公子重耳，当然不是为了让公子重耳成为霸主，而是模仿齐桓公实施一次"平乱"霸政行动，希望通过拥立公子重耳，来帮助长期内乱的晋国恢复稳定。基于对公子重耳团队的研判，楚成王和秦穆公都认为这次霸政行动将会取得成功。这样一来，他们就都可以把这次行动算作自己谋求称霸中原的霸政业绩。

与齐桓公、宋襄公、楚成王、秦穆公这些有称霸经验或雄心之英主的态度相比，卫、曹、郑这几个长期事奉霸主的中等国君主都没看出重耳有什么过人之处，对他不加礼遇，曹共公甚至做出偷看他洗澡的下流行为。因此，假设公子重耳真的过境鲁国的话，鲁僖公对他的态度大概率也会是较为冷淡的。

不过，无论是当时的大国英主还是小国庸主，如果有人问他们这样一个假设性的问题："你们认为公子重耳在归国之后4年内有可能成为中原霸主吗？"所有人的回答应该都是否定的。当时中原人士心目中最有可能成为下一位霸主的，无疑是已经收服郑国、宋国的楚成王。

前636年冬，在内乱中被迫逃出王城的周襄王向各国派出使者报告祸难，希望诸侯能起兵勤王。使者来到鲁国，鲁卿臧文仲[1]回答说："天子在外蒙受风尘，我们岂敢不派人跑去慰问？"言下之意是：我们鲁国是没有能力出兵救援的，派个使者去看看就不错了。当时中原没有霸主组织鲁国这样的小国出兵勤王，而鲁国君臣当时也已经决定要转而顺服楚国，所以鲁人在应对周王告难使者时，自然也就敷衍了事了。

然而，同样接到使者告难的秦国、晋国却认为，平定周王室内乱是积攒称霸政绩的绝佳机会，最终晋文公使诈甩开秦穆公，在前635年独自率军南下平定叛乱，独吞勤王大功。周襄王为了答谢晋文公，将周王室一直难以实际控制的南阳地区赏赐给晋国，使得晋国拥有了一块南下争霸中原的"前进基地"。

当晋文公即位仅一年就南下勤王大获全胜的消息在天下传开之后，中原各诸侯国的反应是不大相同的，大致可分为如下三类：

一、鲁国、卫国。鲁僖公、卫成公并不认为晋文公的出现会改变楚成王称霸中原的进程，他们已经归顺楚国，并两次不请示齐国就直接举行鲁、卫、莒三国会盟，来解决鲁国、莒国之间的外交争端。

二、齐国。齐孝公仍然以拥有周王室任命（虽然周王室任命的是他的父亲齐桓公）的现任中原霸主自居，对于鲁、卫公开蔑视自己、私自组织会盟大为不满，两次亲自率军讨伐鲁国以示惩罚。

三、宋国。据《春秋》记载，宋国发生了一次细节不明的杀卿官案。此后，宋国叛离楚国，倒向晋国。笔者推测，被杀的卿官应该是宋国高层中的"亲楚派"骨干。此人被杀后，宋成公在"亲晋

1　臧文仲，姬姓，臧氏，名辰，谥文，排行仲。伯氏瓶之子。参见《鲁国国君与三桓世系图》。

派"卿大夫的引导/胁迫下叛楚服晋。

前634年夏，两位鲁国卿官东门襄仲、臧文仲到达楚国，他们向楚令尹成得臣控诉齐国、宋国不臣服于楚国的罪状，引导楚国发兵讨伐二国。

东门襄仲就是公子遂，是鲁庄公的庶子之一。这是东门襄仲作为卿官第一次出现在春秋史时间轴中，距离其父鲁庄公去世（前662年）28年。东门襄仲一直活到了鲁文公[1]时期，并且在鲁文公去世后做出了一件塑造鲁国历史走向的大事（参见第153页）。

前634年冬，鲁僖公、臧文仲在前头带路，引领楚军讨伐齐国，夺取了谷邑[2]，把先前出逃到楚国的齐桓公之子公子雍安置在此，让前643年内乱的祸首易牙辅佐他，并且由楚大夫申公叔侯率领楚军在此戍守。谷邑本来是齐桓公霸业元勋管仲的采邑，楚军攻占这个城邑并派兵戍守，很可能想要表明，齐国连境内的管仲采邑都保护不了，足见其霸业已经衰落，而占领谷邑的楚国将取代齐国成为新霸主。

至此，西周建国元勋周公旦之后、曾经被齐桓公贤大夫仲孙湫称赞为"守礼模范"的鲁国，已经摇身一变成为引领楚人称霸中原甚至颠覆周朝的急先锋，说这时的鲁国君臣是"周奸"恐怕并不为过。有趣的是，就在28年前（前662年），那时的鲁庄公为了巴结齐桓公和管仲，觉得送一般的礼物还不够有诚意，于是专门派出一支工程队到齐国，主动承担修筑谷邑城墙的任务。当鲁僖公、臧文仲带

1　鲁文公，姬姓，名兴，谥文。鲁僖公之子。参见《鲁国国君与三桓世系图》。
2　谷见图四。

着楚军到达谷邑城下时，如果回想起这段往事，恐怕会感慨万千。

鲁僖公及诸卿之所以要这样做，很可能是基于这样一个战略性判断：楚成王在不久的将来就会成为中原新霸主，甚至可能迁移周王室九鼎到南方（就像后来的楚庄王打算做的那样），建立"楚朝"，成为天下新王。如果这样的话，在楚国的主导下，一个全新的诸侯等级体系很可能会随之建立起来。在这个新体系中，楚国这个周爵低（子爵）、名声差（"蛮夷"）的国家必然会"逆袭"成为最尊贵的国家，郑、陈、蔡这些在齐楚之间长期首鼠两端、在楚成王争霸进程中最先归服的国家很可能会成为次一等的国家，而鲁国这样在旧体系中地位尊贵、长期稳定服从齐国的国家很可能会成为垫底的国家。鲁僖公及诸卿可能正是因为预见到了这些，所以决定不再留恋旧日尊荣，而是抓住机会勇立新功，从而为鲁国博取一个更加光明的前景。

前633年春，杞国君主杞桓公来到鲁国朝见鲁僖公，鲁僖公认为杞桓公行礼时不够恭敬。于是在秋九月四日，东门襄仲受命率军攻入杞国都城，责罚杞国对鲁国的无礼。从这里可以看出，鲁国君臣自从向楚国献了投名状之后，自认为后台很硬，于是开始对区域里更小的国家摆"大国"的谱。无独有偶，认准楚国为新霸主后的郑国，在前636年与周王室因为滑国起了争端时也是一反常态，完全忘了前任霸主齐桓公谆谆教诲的"尊王"大义，而是直接逮捕了周襄王派出为滑国请命的两位大夫，逼得周襄王引入狄人攻打郑国以泄愤。鲁、郑两国"小人得志便猖狂"的情状，可以说跃然纸上。然而，鲁国君臣猖狂了没多久，就被接下来形势的发展给打脸了。

晋楚城濮之战：晋文称霸，鲁君臣叛楚服晋

前633年冬，楚成王及陈、蔡、郑、许国君主率领联军包围宋国。冬十二月五日，迟到的鲁僖公也率领军队赶到了宋国，参与了楚集团诸国的会盟。到这个时间节点，楚国已经收服了郑、鲁、卫、曹、陈、蔡、许诸国，河水以南的中原地区还没有倒向楚国的，就只剩下仍然以霸主自居的齐国，以及大胆"押宝"晋国而叛楚的宋国。楚国此时气焰之盛，在春秋时期可以说是空前的。因此，直到此时，在鲁僖公看来，这次他所参与的不过就是一场"准霸主"楚国惩戒"反水"宋国的行动，大获全胜毫无悬念。

然而，前632年春，晋文公率军渡过河水，入侵曹国，讨伐卫国，然后与齐国结盟。当时，鲁国派了一支由公子买率领的军队帮助卫国戍守都城，而鲁国投靠的新盟主楚国也从包围宋国的军队中分出一支救援卫国，但是这支楚军没能打退晋军。鲁僖公看到与自己一同归顺楚国的邻国曹、卫在晋军的攻打下岌岌可危，同样与自己接壤的齐国已经与晋国联手，而楚国的救援并不能拯救卫国，突然感到非常恐惧。鲁僖公担心，来势汹汹的晋国在收拾完卫国、曹国之后，马上会来攻打鲁国，因为正是鲁国先前主动引导楚军攻打齐国、宋国，才引发了眼下这场战事。

摆在鲁僖公面前的是一个两难的境地：一方面，晋国的威胁迫在眉睫，必须马上采取讨好晋国的行动；另一方面，楚国和晋国还没有决战，如果贸然转投晋国而晋国在决战中失败的话，鲁国在晋军败退后又会受到楚国的惩罚。经过缜密的盘算，鲁僖公派杀手到卫国刺杀了公子买，然后向楚国、晋国提供了不同的解释：鲁国对

楚国的说法是，杀公子买是因为他戍守卫国的期限还没到就擅离职守回国；对晋国的说法应该是，杀公子买是因为他欺蒙国君，一手谋划并实施了出兵戍守卫国的行动。

就这样，为了形势明朗前在晋、楚之间维持一种"两边不得罪"的骑墙状态，鲁僖公不得不牺牲公子买的生命，虽然公子买完全是遵照君命戍守卫国，本身没有任何罪过，正所谓"我要杀你，与你无关"。幸运的是，公子买没有白死，鲁国这个挑起战端的"周奸"竟然没有遭到晋军讨伐。

夏四月初一，晋、齐、秦、宋、群戎联军与楚、郑、卫、陈、蔡、群蛮夷联军在中原腹地的城濮相遇。二日，两军决战，晋军大败楚军，取得了城濮之战的历史性胜利。二十七日，晋军在践土[1]为前来慰劳的周襄王修筑了行宫。

夏五月十日，晋文公向周襄王进献楚国战俘。十二日，周襄王任命晋文公为"侯伯"(诸侯之长)，也就是通常说的"霸主"。二十六日，周王卿士王叔文公、晋文公、齐昭公、宋成公、鲁僖公、蔡庄公、郑文公、卫夷叔、莒兹丕公在践土会盟，意味着以晋国为首的中原诸侯联盟正式形成。

鲁、卫、郑、陈、蔡这些中等诸侯国为什么在一次大战之后就集体叛楚服晋？或许有两个方面的原因：

一方面，晋国和齐国一样，是周王室封国体系里的华夏诸侯国，而且晋国是周王宗亲，比齐国还更要"根正苗红"。更重要

1　城濮、践土见图三。

的是，晋文公即位之后，先是成功"尊王"平定王子带之乱，接着又成功"攘夷"在城濮之战中击败楚国。如果拥戴晋文公为霸主，可以期待他将不会僭越称王，而遵循齐桓公所确立的"尊王攘夷""崇德守礼"基本原则，保持齐桓公开创的中原国际秩序的稳定。

另一方面，楚国君主在春秋早期已经自立为王，长期与周王处于并立、敌对的状态。虽然楚成王先前向鲁国献捷惺惺作态，但他如果真的入主中原的话，不大可能反而自降身份成为周王之下的霸主，也不大可能继续维持"二王并立"的状况，最有可能的就是取代周王成为天下新王。这样一来，就像前面所说的那样，整个天下的国际秩序可能会发生重大变化，各诸侯国都将面临巨大的不确定性。

因此，中原各主要诸侯国虽然先前迫于楚国的硬实力而与它结盟，但一旦看到晋国有能力与楚国正面对抗、有意愿接替齐国管控中原国际秩序，就纷纷"弃暗投明"去拥戴能给他们更确定未来的晋文公。

服从晋文公：鲁君臣积极参与，臧文仲屡立功劳

城濮之战后，鲁国结束了齐桓公去世之后的迷茫骚动期，追随新霸主晋国，回到一个霸主仆从国的常态，也就是服从霸主所倡导的各项国际政治行为原则（比如"尊王"），积极参与霸主组织的各项联合外交/军事行动。当然，在做好规定动作的同时，鲁国君臣仍然在积极地寻找机会维护和增进本国利益。

前632年践土之盟后，鲁僖公专门朝见周襄王。同年秋，东门

襄仲前往齐国访问。冬，鲁僖公参加晋文公组织的温[1]会盟，会后再次专门朝见周襄王，然后参与诸侯联军包围仍不服晋的许国。此时的鲁僖公积极践行霸主倡导的"尊王"大义，这与四年前周襄王派使者到鲁国告难时鲁国君臣的敷衍了事形成了鲜明的对比。

前631年夏六月，鲁僖公参与晋国组织的翟泉[2]会盟，重温践土之盟的誓言，并且谋划如何讨伐仍不专心服晋的郑国。

前632年温之会时，在霸主晋国主持下，卫成公和卫卿元咺之间进行了一场诉讼，最终结果是卫成公败诉，于是晋文公将卫成公关押在周王室的监狱里，卫卿宁武子主动要求照顾卫成公的狱中生活起居。前630年，晋文公想要执行温之会期间"国际法庭"裁决的结果，于是派一名叫衍的医生到周王室监狱里给卫成公下毒，准备暗地里将他杀死。不料医衍下毒的举动被贴身照顾卫成公的宁武子识破，后者于是向医衍行贿，请他仍旧下毒，但要减少鸩毒的剂量，从而一方面保证卫成公出现中毒的症状，另一方面能确保卫成公不死。这样一来，宁武子达到了保全卫成公性命的目的，而医衍也能以卫成公身体耐受力强、常规剂量未能将其毒死来为自己开脱。

在帮助卫成公躲过来自晋文公的夺命一击之后，宁武子感到形势已经非常凶险，于是将卫成公差点中毒身亡的事情透露给了卫国的长期友邦鲁国。鲁卿臧文仲得知后，对鲁僖公说：

"卫君大概是没有可以正大光明地说出来的罪的。

"刑不过五种，其中没有隐秘毒杀，隐秘毒杀就是因为有所忌

1　温见图三。
2　翟泉见图三。

讳。大刑是用甲兵讨伐,其次是用斧钺斩首;中刑是用刀锯断肢或去势,其次是用钻笮刺字;最轻的是鞭打体罚,都是用来威慑民众的。所以大刑在野外执行,中刑、小刑在集市、朝堂执行,五种刑罚三个场所,都不是隐蔽地执行的。

"现在晋人毒杀卫侯不成功,也没有责罚他们派出的使者(指医衍),是有所忌讳而且厌恶担上擅杀诸侯的罪名。如果有诸侯出面替卫国君主求情,晋人一定会赦免卫君。

"臣下听说,'爵位班次相同的人互相体恤,所以能够关系亲近'。诸侯有了患难,其他诸侯去体恤他,这样才能训导民众互相帮助。君主何不替卫君求情,以在诸侯间显示亲近,并且以此感动晋国呢?晋国刚刚得到诸侯的拥护成为霸主,让它也说:'鲁国不背弃亲近的诸侯君主,我们也不可以恶劣地对待他。'"

鲁僖公悦服,于是派使者送了十对玉给周襄王,十对玉给晋文公,为卫成公说情。最终,在周襄王的劝说下,前630年秋,晋文公同意释放卫成公。经过这次事件,鲁国和卫国的关系更为密切,而这就为前626年晋襄公将卫国土地分给鲁国以离间鲁卫关系埋下了伏笔。

前630年冬,周襄王派周公阅到鲁国访问,鲁国遵守"尊王"原则,派出东门襄仲前往周王室回访,然后又去了晋国访问。

前629年春,晋国通知曹国的各个邻国,宣称将瓜分先前攻打曹国时攻占的土地。鲁僖公派遣卿官臧文仲前往参与领取土地的会议,臧文仲按照正常速度赶路,有一天在鲁国重地[1]官方客馆居住。

1　重见图三。

一位客馆工作人员听说了臧文仲的使命后，建议他说："晋国刚刚称霸，想加固诸侯对它的拥戴，所以划分有罪曹国的土地赐给诸侯。诸侯没有不希望分到更多土地的，并且都想亲近晋国，因此都会争先恐后地前去；晋国未必按照诸侯固有的爵位班次来分配，而且必定亲近先去的诸侯而分给他们更多土地，您不可以不火速前去。鲁国的爵位班次本来就排在前面，如果又能抢先到达，诸侯谁还敢期望与鲁国相比？倘若您稍稍歇息，恐怕就来不及了。"

臧文仲听从了工作人员的建议，不辞劳顿加紧赶路先到了会议地点，最终鲁国所分土地比其他诸侯要多。鲁僖公随后派东门襄仲前往晋国，拜谢晋国分给鲁国土地。

前628年冬十二月，晋文公去世。当时鲁僖公的健康状况恐怕也已经不好，但是他仍然振作精神，抓住晋国正居国丧、无暇管控中原诸侯的空窗期，在前627年夏亲自率军讨伐邾国，夺取了訾娄邑[1]，作为对前638年升陉之战的报复，并且试图夺取更多的邾国土地。同年秋，东门襄仲率军再次讨伐邾国。

前627年冬十月，鲁僖公前往齐国，朝见齐昭公，并且慰问齐国遭受狄军攻打的事。这个举动提示我们，鲁国可能已经在为晋国霸业在晋文公去世后衰落做准备，因为如果晋国一旦不再管控中原国际秩序，那么齐鲁关系又将重新变为鲁国最重要的外交关系。然而，就在这一年，晋国在殽[2]之战中大败另一个争霸对手秦国，巩固了自己的中原霸主地位。这也就意味着，鲁国在鲁文公时期需要

1　訾娄见图四。

2　崤山见图二。

事奉的霸主国仍然是晋国。

冬十二月，健康状况已经非常糟糕的鲁僖公从齐国返回，十一日去世。

总而言之，鲁僖公从前643年淮之会被扣留之后就一直坚持不懈地打压三桓诸卿，直到前627年自己去世。一方面，这当然使得三桓诸卿不再具有鲁僖公前期的权势，在诸卿政治博弈中处于下风；但另一方面，共同的遭遇也使得三桓诸卿变得更加团结，结成一个更紧密的政治同盟，这就为三桓诸卿在鲁文公前期的再度兴起埋下了伏笔。

附录1：鲁国君权下移机制探究

一、问题的提出

　　孔子说："天下有道，则制礼作乐和出征讨伐都出自天子；天下无道，则制礼作乐和出征讨伐都出自诸侯。出自诸侯，大概传到十代很少有不丧失的；出自大夫，传到五代很少有不丧失的；大夫的家臣把持国家政令，传到三代很少有不丧失的。天下有道，则政权不在大夫之手。天下有道，庶人就不会议论政事。"[1]

　　孔子这段非常有名的论述，指出了贯穿周代的一个标志性政治进程，那就是治权的下移。如果以孔子所在的鲁国作为参照系的话，这个治权下移的政治进程可以分为三个层次：

　　第一个层次，是在周朝的范围内，治权从周邦逐渐下移至诸侯国。

　　这个层次的治权下移发生在西周时期，在西周后期逐渐变得显著，最终导致西周政权在前771年被外戚诸侯申国及其盟友所毁灭，周平王在晋、郑等中原诸侯国的护送下从西都宗周逃亡到东都成周。平王东迁之后，周邦的经济军事实力遭受腰斩式打击，国际政治格局从"周邦作为顶层管控者的王道政治"向"大国霸主作为

1　《论语·季氏》："孔子曰：'天下有道，则礼乐征伐自天子出；天下无道，则礼乐征伐自诸侯出。自诸侯出，盖十世希不失矣；自大夫出，五世希不失矣；陪臣执国命，三世希不失矣。天下有道，则政不在大夫。天下有道，则庶人不议。'"

顶层管控者的霸道政治"转变。

第二个层次，是在各诸侯国的范围内，治权从该国公室逐渐下移至该国卿大夫家族，特别是卿大夫家族集团中地位最高的卿族。

这个层次的治权下移发生在春秋时期，在不同诸侯国的下移程度不同，导致的最终结局也不同：

（一）在楚、秦这两个大国，治权下移的程度最浅，国君一直掌握着最高权力，能够有效驾驭诸卿。

（二）在鲁、郑、宋、卫等中等国，治权下移的程度居中，最终导致国家进入一种"数个卿族掌控国政，傀儡公室继续存活"的稳定态，也就是所谓的卿族政治形态。

（三）在晋、齐这两个大国，治权下移的程度最深，国家不仅经历了卿族政治形态，而且进一步发展，最终导致晋国被赵、魏、韩三大卿族瓜分，而齐国政权被卿族陈氏所篡夺。

第三个层次，是在某些诸侯国卿族的范围内，治权从族长家主下移至家臣。

这个层次的治权下移发生在春秋中晚期，但并不普遍，在鲁国确有发生，但在晋国就基本没有出现过。就鲁国情况而言，虽然曾在阳虎专政时期短暂出现过"陪臣执国命"的极端状态，但随后有所逆转，并没有最终导致"家臣专政，族长傀儡化"的情况。

与周代治权下移平行发生的，是周代分封制的发展。周代分封制也可以分为三个层次：

第一个层次是周邦在王畿外分封诸侯国。

这个层次，也就是周邦将王畿外的广大领土以及领土上的人民分封给同姓宗亲贵族、异姓外戚贵族，以及先代之后贵族，建立诸侯国。

分封诸侯后的周朝天下，是由周邦直辖的王畿和高度自治的王畿外诸侯国集团组成。从权力政治的角度看，周邦分封诸侯国，导致的结果就是形成了一个周邦和诸侯国分享天下治权的分权式权力结构。

第二个层次是周王室在王畿内分封私邑。

这个层次，也就是周王室将王畿内的部分土地以及土地上的人民分封给在王室朝廷任职的卿大夫作为他们的俸禄，建立高度自治的私邑。与私邑相对应的，就是由周王室直接派官吏治理的公邑。

因此，分封私邑后的王畿，是由周王室直辖的公邑和高度自治的各家族私邑组成。从权力政治的角度看，周王室分封私邑，导致的结果就是形成了一个周王室和王廷卿大夫家族分享王畿治权的分权式权力结构。

第三个层次是主要诸侯国公室在国内分封私邑。

这个层次，也就是除开楚国、秦国的主要诸侯国公室将国内的部分土地以及土地上的人民分封给在公室朝廷任职的卿大夫作为他们的俸禄，建立高度自治的私邑。与私邑相对应的，就是由主要诸侯公室直接派官吏治理的公邑。

因此，分封私邑后的主要诸侯国，是由公室直辖的公邑和高度自治的各家族私邑组成。从权力政治的角度看，主要诸侯国公室分封私邑，导致的结果就是形成了一个诸侯公室和诸侯卿大夫家族分享诸侯国治权的分权式权力结构。

这三个层次的分封并不是同时发生的。简单来说：

第一，周邦在王畿外分封诸侯国。这个层次的分封主要发生在西周前期的大分封时期，当然在西周中期、后期也偶有发生，比如周宣王时期在南土分封申、吕二国。

第二，周王室在王畿内分封私邑。这个层次的分封在西周早期作为王室卿大夫的俸禄制度开始实施，然后整个西周时期都在持续性地发生，这主要是因为随着周朝的发展，周王室的卿大夫队伍不断扩大，因此需要分封新的私邑给这些新的卿大夫。此外，某个王廷卿大夫家族的族长如果立了大功，王室也会在其原有私邑基础上加封新的私邑作为赏赐。

第三，主要诸侯国公室在诸侯国内分封私邑。这个层次的分封在整体上说是从西周末期随着主要诸侯国的对外扩张开始的，在春秋时期一直持续性地发生。由于诸侯国分封私邑与本书主题直接相关，接下来将就此进一步论述。

在西周前中期，由于周王室严格管控诸侯国规模，主要诸侯国的规模大概只有今河南省一个县那么大，统治机构也相对简单，因此基本上不分封私邑给卿大夫，而只是拿出少量土地赏赐给卿大夫作为俸禄来源。

西周末年，周王室对于诸侯国的控制已经相当松弛，各主要诸侯国利用其既有的实力优势，开始用各种方式吞并周边小国和戎狄居地。正如上节所说，不同诸侯国在这场开始于西周末期的开疆拓土竞争中的命运很不相同：晋、楚、齐、秦四国升级成为大国，而且随着时间的推移越来越大；鲁、卫、郑、宋等国升级成为中等国，而且在霸道政治建立后不再有大规模的开疆拓土；而小国有的被周边大国或中等国吞并，有的则顽强生存到春秋晚期。

大国和中等国获得了新占领土之后，除秦国、楚国之外，都采取了周王室在王畿内的做法，那就是开始分封私邑给卿大夫。不过，诸侯国的私邑分封各自呈现出不同的形态：

（一）正如下一节会详细叙述的那样，晋国公室在春秋早中期就主动将全部领土——包括边境新占领土和内地存量公邑——分封给有功劳的卿大夫作为私邑，公室不再拥有直辖土地，完全依靠卿大夫家族的贡赋生存。随着晋国持续性地开疆拓土和分封私邑，每个卿族都获得了多个具有中心城邑的大型私邑。

（二）正如下一节会详细叙述的那样，鲁国公室在春秋早中期将部分领土——主要是边境新占领土——分封给卿大夫作为私邑，但公室仍然保留了大量的公邑，主要位于内地。由于鲁国的开疆拓土在春秋前期霸道政治建立之后就已经陷入停滞，因此每个卿族拥有的私邑并没有持续增长，一直都只有一个具有中心城邑的大型私邑。这样一来，公室在很长一段时间里仍然是最大的地主，这一"君强臣弱"的土地分配格局直到春秋晚期三桓瓜分公室公邑之后才宣告终结。

本节第一小节所说的"治权从周邦下移至诸侯国"，就是在周邦-诸侯国分权式权力结构中发生的政治进程。导致这一政治进程的动因，就是王畿内分封私邑的不断发展。

从西周早期到西周晚期，由于受到周边戎狄和诸侯国的挤压，以及"周邦要带头遵守领土规模规定"的约束，周邦无法持续扩大王畿的总面积。由于王畿土地总量保持稳定，因此持续性分封私邑的结果就是王畿内的公邑逐渐转变为私邑，公邑越来越少，而私邑越来越多。由于周邦从直辖公邑抽取赋税的强度远大于从私邑抽取赋税的强度，而且公邑的可控性远远强于私邑，因此随着公邑私有化进程的不断推进，周邦中央财政收入的数额越来越少，可控性越来越差。

到了西周晚期，周厉王为了改善周邦的财政状况，又不敢公然违背先王之制收回分封给卿大夫的私邑，于是打算收回原本就属于周王室、被卿大夫非法侵占的山林川泽，然而即便是这样试图避免正面冲突的反制行动，也遭到了卿大夫既得利益集团的疯狂抵制，最终王都内的贵族发动政变，周厉王被驱逐出王都。厉王之后，周宣王、周幽王先后试图在王畿内增收赋税，也都没有成功，周幽王更是遭遇了身死骊山、政权倾覆的悲惨结局。

由于周邦中央财政状况的不断恶化，以及周王室对于王廷卿大夫家族控制力的不断削弱，导致周邦对王畿外诸侯国的管控能力在西周晚期不断下降，在春秋时期更是跌到了谷底，这直接促成治权从周邦下移至诸侯国。

本节第一小节所说的"治权从主要诸侯国公室下移至卿大夫家族"，就是在诸侯公室-诸侯卿大夫家族分权式权力结构中发生的政治进程。比照上文对于治权从周邦旁落诸侯国的解释，我们很容易"照葫芦画瓢"地给出一个看似非常合理的解释，那就是：导致治权从主要诸侯国公室下移至卿大夫家族的动因，就是主要诸侯国内分封私邑的不断发展。

然而，大国和中等国内部的分封进程是很不一样的，鲁国这样的中等国在春秋晚期之前的治权下移，是很难用"分封私邑的不断深化"来解释的。在接下来的几节里，笔者将从比较晋国和鲁国开始，探究春秋时期治权从鲁国公室下移至卿大夫家族的机制。为了叙述简洁，接下来笔者会用"君权下移至卿大夫"的表述来代替

"治权从主要诸侯国公室下移至卿大夫家族"。

二、作为参照对象的晋国

在春秋时期，晋、齐这两个大国，以及鲁、卫、郑、宋等中等国，都发生了治权从国君下移至卿大夫（特别是卿官）的情况，然而其具体发生机制是非常不同的。本书中所探讨的治权结构如下：

首先，国君或卿大夫的治权可以分为"政事决策权"和"领土统治权"两大块，以国君为例：

（一）"政事决策权"可以细分为"内事决策权"和"外事决策权"，是指君臣在决策国家内政外交事务时，国君有多大的决策权。

（二）"领土统治权"可以细分为"领土直接治权"和"领土间接治权"，其中"领土直接治权"是指国君可以直接派遣官吏治理某片领土的权力，而"领土间接治权"是指国君将某片领土分封给卿大夫建立高度自治的私邑后，通过管控卿大夫间接治理某片领土的权力。由于"领土直接治权"的力度远远强于"领土间接治权"，为了简明起见，本书中说到的"领土统治权"约等于"领土直接治权"。

根据春秋时期的文献记载，春秋时期君权下移的过程大概可以分成下面两种"殊途同归"的类型：

A型：领土统治权下移驱动。这是指国君为了达到迅速称霸等战略目标，主动将绝大多数土地资源封赏给卿大夫建立高度自治的私邑，也就是将领土统治权下放至卿大夫，从而造成"君极小臣极大"的土地分配格局，也就是"君极弱臣极强"的领土统治权分配格局。在此基础上，卿大夫集团仗恃其领土统治权绝对优势，主动在内政外交实践中夺取原本属于国君的政事决策权，从而造成"臣极弱而君极强"的政事决策权分配格局。至此，无论是领土统治权还是政事决策权，都已经落到了卿大夫集团手中，最终导致"国君成为傀儡，所有治权由卿大夫集团掌控"的权力分配稳定态。

B型：政事决策权下移驱动。这是指国君在土地分配格局仍然是"君大臣小"，也就是领土统治权格局仍然是"君强臣弱"的情形下，由于各种不受自己掌控的政治情势所逼迫，不得不将政事决策权常态化地下放给卿大夫集团，以维持国家正常运转，而权力膨胀的卿大夫集团随后也主动巩固自己获得的政事决策权，挫败国君发起的夺回权力的行动，从而形成"君极弱臣极强"的政事决策权分配格局。在此基础上，卿大夫集团仗恃其政事决策权的绝对优势，主动夺取国君仍然占据强势的领土统治权，也就是设局以正当理由瓜分公室直辖的公邑，从而导致领土统治权分配格局也变为"君极弱臣极强"。至此，无论是领土统治权还是政事决策权，都已经落到了卿大夫集团手中，最终导致"国君成为傀儡，所有治权由卿大夫集团掌控"的权力分配稳定态。

本书的一个基本观点是：晋国的君权下移机制是A型"领土统治权下移驱动"，而鲁国的君权下移机制是B型"政事决策权下移驱动"。在切入本书的研究对象鲁国之前，让我们先来简单分析一下参照对象晋国的情况。

在拙著《称霸：春秋国际新秩序的建立》里，笔者详细叙述了在春秋时期的晋国，君权下移至卿大夫的历史进程是如何在晋献公时期发端，在晋惠公时期酝酿，并在晋文公时期正式启动的，在这里简要回顾如下：

（一）晋献公时期：弃"亲人"，用"外人"，将新占领土封赏给有功卿大夫

从西周晚期到春秋早期，晋国公族[1]小宗曲沃氏经过曲沃桓叔、曲沃庄伯、曲沃武公三代人的努力，篡夺了大宗的君权，曲沃武公成为晋武公。

晋武公的儿子晋献公即位之后，为了防止小宗篡权的惨剧再次发生，先是杀光了对他形成威逼之势的长辈近亲，也就是他祖父辈和父辈的群公子，然后又听信骊姬谗言逼死了他自己的儿子太子申生，驱逐了另外两个儿子公子重耳和公子夷吾。

在认定"亲人就是祸害"之后，晋献公发布了改变晋国历史进程的"不蓄公族"禁令：除了太子可以留在国内之外，所有在世的公子都必须到其他国家去做客卿。"亲人"被驱逐之后，他们原本根据宗法制占据的卿大夫职位就逐渐被"外人"所占据，这些"外人"有的来自与国君只有很远亲缘关系的远支公族，有的来自与国君没有任何亲缘关系的非公族。

这些"外人"卿大夫不是靠和国君的宗法血缘关系，而是靠贤能、功劳得到任命并向上晋升的，他们和国君的关系就是：他们为国君开疆拓土、建功立业，国君用官爵俸禄奖赏他们。当时晋国正在非常积极地攻灭周围小国和戎狄，这些新占领土往往就被封赏给作战有功的"外人"卿大夫，作为他们俸禄的来源，激励他们更加努力地率军征战。总而言之，晋献公通过推行一种"无亲"＋"尊贤尚功"的政策，急剧缩小了公族的规模，并积极培育一个热衷于

1　公族，指国君为族长的家族。

建功立业、壮大家族实力的"外人"卿大夫群体。

这一时期，从土地角度看，公室拥有的土地（公邑）增长不多，但卿大夫家族拥有的土地（私邑）则随着新占土地的分封而迅速增长，公室与卿大夫家族之间的硬实力差距显著缩小；从权力角度看，君臣之间的领土统治权分配格局仍然是"君强臣弱"，但君臣之间的差距在迅速缩小。

（二）晋惠公时期：继续任用"外人"，将存量公邑临时封赏给卿大夫

晋惠公即位之后，继续执行晋献公"不蓄公族"的禁令，任用"外人"为卿大夫。前645年秦晋韩之战中晋军大败，晋惠公被秦穆公虏获带回秦国。为了在前往秦国谈判之前获得更多筹码，晋惠公的国内谋臣吕甥假传晋惠公的君命，宣称公室将大量现有公邑封赏给国内的卿大夫们（也就是"作爰田"），以换取他们对"全民皆兵"改革（也就是"作州兵"）的支持。

这一时期，从土地角度看，公室拥有的公邑数量进一步减少，君臣之间的土地分配格局可能已经是"君小臣大"；从权力角度看，君臣之间的领土统治权分配格局可能已经是"君弱臣强"。

（三）晋文公时期：将所有土地封赏给有功卿大夫，领土统治权下移率先完成

晋文公即位之后，为了迅速稳定国内政局，并且激发卿大夫们积极参与争霸事业，不仅继续执行"不蓄公族"的禁令，还将晋献公和晋惠公时期封赏土地给卿大夫的政策确定为国家制度，也就是说，从此之后，公室将属于存量的现有公邑和属于增量的边境新占领土都封赏给有功劳（特别是军功）的卿大夫，而公室本身则依靠卿大夫家族交纳的贡赋来供养。

在晋文公改革之后，晋国诸卿（也就是各卿族族长）积极开疆拓土、建功立业，依据晋文公时期确立的"先君之制"合法地获得私邑作为奖赏，卿族实力因此不断增强；公室再也没能夺回直属的公邑，一直靠卿族贡赋生存。

这一时期，从土地角度看，君臣之间的土地分配格局已经达到"君极小臣极大"；从权力角度看，君臣之间的领土统治权分配格局已经达到"君极弱臣极强"。也就是说，领土统治权的下移已经率先完成。

（四）晋文公之后：领土统治权下移驱动政事决策权下移，最终导致国家分裂

在晋文公之后，诸卿集团仗恃其领土统治权的绝对优势，在国家内政外交实践中主动夺取政事决策权，而想要靠暴力夺回君权的晋灵公、晋厉公都被卿官杀死。前573年晋厉公被杀之后，"国君成为傀儡，所有治权由卿族集团掌控"的卿族政治局面已经完全确立。前548年时，赵、魏、韩、范、中行、知六大卿族共治晋国的局面形成。前546年晋楚正式停战之后，六大卿族开始致力于"化家为国"事业。到战国初期，赵、魏、韩三大卿族瓜分晋国各自独立建国，"化家为国"取得最终胜利。

这一时期，从权力角度看，领土统治权下移驱动了政事决策权的下移，治权全面下移导致卿族政治局面形成，卿族政治不断深化最终导致晋国的分裂和灭亡。

接下来，在深入探讨春秋前期鲁国君权下移至卿大夫的机制之前，笔者将先试图分析一下鲁国和晋国的情况有什么不同之处。

从上文叙述可知，在春秋前期的晋国，推动君权下移至卿大夫

的关键机制，就是晋献公—晋惠公—晋文公持续性、大规模地将新占土地和存量公邑封赏给有功的"外人"卿大夫，"养壮"了这些卿大夫担任族长的家族，与此同时主动放弃公邑，削弱了公室，从而形成"领土统治权率先下移"的情况。然而，"晋国模式"并不是其他中原主要诸侯国能够轻易复制的。

第一，为什么晋国公室能够并且愿意把大量新占领土封赏给卿大夫？

分析起来，大概有客观和主观两方面的原因。

（一）客观原因：晋国的地缘形势十分优越[1]。

晋国地处中原腹地以北，南面是周王畿以及中原各主要诸侯国，两者之间有太行山-王屋山-中条山作为天然屏障。一方面，晋国在春秋前期没有足够实力能够翻越屏障南下，强行攻灭中原各国，但是另一方面，中原各国对于"山那边"的晋国也抱着绥靖主义的态度。晋国在其他三个方向——西面、北面、东面，近处是分布于临汾盆地和运城盆地平原地区的董、贾、荀、杨、霍、魏、冀、耿、虞[2]等一系列小国，没有重量级诸侯国能阻拦晋国攻灭它们；而远处则是广袤的戎狄居地，可以打着"攘夷"的旗号合法占领，这就为晋国在这三个方向上的大规模开疆拓土奠定了基础。

（二）主观原因：晋武公及以后的历代晋国君臣将"开疆拓土"奉为头号国家战略，稳扎稳打，不懈推进。

从晋武公开始的晋国，本来就是曲沃小宗通过长期暴力斗争推翻大宗之后建立的政权，正如虞国贤大夫宫之奇向国君虞公痛陈的

1　晋国的地缘形势参见图六。
2　董、贾、荀、杨、霍、魏、冀、耿、虞见图二。

那样，这样一个连宗亲都忍心消灭的政权，又怎么会不忍心侵略邻国？在晋武公、晋献公时期，晋国君臣南征北战，已经将上一段所说的小国全部消灭，将其领土全部并入晋国。在随后的晋惠公、晋文公时期，晋国君臣再接再厉，进一步向戎狄扩张，夺取更多领土。

由于"开疆拓土"是晋国公室长期推行的基本国家战略，为了激励卿大夫奋勇作战，晋国从晋武公开始就确立了"将新占领土封赏给征战有功的卿大夫"的制度，这种用赤裸裸的物质利益刺激卿大夫奋力侵略扩张的军国主义政策，也是开疆拓土空间有限、政治意识形态保守的中原各主要诸侯国难以模仿的。

第二，为什么晋国公室愿意将存量公邑封赏给卿大夫？

存量公邑是公室支撑自身权威的战略资源，在正常政治情势下，国君是不会愿意将其大规模封赏给卿大夫的。然而，晋国大规模封赏存量公邑给卿大夫，恰恰就是在不正常的政治情势下启动的做法。晋惠公战败被扣押在秦国后，他的心腹谋臣吕甥假传君命推行"作爰田"，将公邑分了下去，而晋惠公回国之后也不敢赖账要求卿大夫把分下去的土地再吐出来。晋文公时期，公室不仅没有废除"作爰田"政策，反而将其制度化，是因为晋文公担心废除晋惠公已经实行多年的"作爰田"政策会引起内乱，危及政权稳定，而且他也希望通过封赏土地激励卿大夫积极投身称霸事业。

总而言之，晋国将公邑封赏给卿大夫，是违背中原各主要诸侯国所遵循的"君大臣小"基本政治原则的，是一个靠造反上台、此后也一直"离经叛道"的政权才能干得出来的非常之举。

三、作为研究对象的鲁国

现在我们回过头来看鲁国的情况。

第一，鲁国在春秋前期没有进行大规模的开疆拓土行动，因此没有像晋国那样拥有大量可供封赏的新占领土。

（一）客观原因：鲁国的地缘形势远比晋国局促。[1]

如果说晋国是位于"金角银边"，那么鲁国就是位于"草肚皮"。鲁国地处中原东部，北有齐国，西有卫国，西南有宋国，这些诸侯国的体量和实力与鲁国处于同一个量级。春秋初期霸道政治还没有降临时，这些周边诸侯国也都谋求趁着"管控空窗期"扩大自己的领土，成了大国（齐）和中等国（宋、卫），形成相互制约的地缘政治格局，因此鲁国开拓的步子一旦迈得过大，就会遭到邻国的防御和反击。

让情况更加糟糕的是，春秋时期率先称霸的国家偏偏又是鲁国的近邻齐国。从齐僖公小霸开始，齐国作为霸主管控中原国际秩序，无论是为了践行霸道"存亡继绝"的大义，还是为了遏制邻国鲁国的发展，都会严格管控鲁国攻灭周边小国的行为，使得鲁国即使在没有主要诸侯国阻拦的南面和东面，也不敢像晋国那样肆无忌惮地攻灭小国。

（二）主观原因：鲁国君臣缺乏晋国君臣那样的野心和决心。

鲁国是周公之后，在各诸侯国之中长期是遵守周礼的模范，朝堂上的政治风气是各诸侯国之中最为正统和保守的。比如说，公子友为了践行周礼"尊尊"大义杀死了两位哥哥公子牙、公子庆父，后来又根据周礼"亲亲"大义保存了两人的家族，这种正派且仁慈的斗争手法是相互之间经常发生恶斗、失败者往往被灭族的晋国卿大夫不能想象的。

1　鲁国的地缘形势参见图六。

这样一个政治上矜持保守的中原诸侯国的君臣，在开疆拓土方面的执行力恐怕也是要遭到晋国君臣嘲笑的。比如说，鲁隐公、桓公、庄公、僖公时期，鲁国君臣一直在攻打位于南面的小国邾国，然而一直没能攻灭这个国家，最终竟然到了春秋末年的鲁哀公[1]七年才灭了它，然而后来这邾国竟然还能复国。如果鲁国君臣连自己家门口的一个小国都打不下来，又怎么可能攻灭更远的小国，从而大规模地开疆拓土呢？

第二，鲁国在春秋时期进行了规模有限的开疆拓土行动，将部分新占领土分封给了当时的新兴卿大夫家族。

从鲁隐公到鲁僖公时期的传世文献记载看，鲁国在春秋前期攻打过邾、莒、于余丘等周边小国，吞并了极[2]、费两个小国，从郑庄公手中获得了部、西防等他国城邑，在城濮之战后还获得了霸主晋国赏赐的济西田。总而言之，鲁国在这个与晋国相比规模相当有限的开疆拓土过程中也获得了一些新占领土。在同一时期，鲁国出现了季氏、孟氏、叔孙氏、臧氏、东门氏等一批新的卿大夫家族。

可以确定的是，季氏在春秋前期获得了新占领土作为私邑。如前所述，季氏始祖公子友因为平定内乱、击败莒国等功绩，在鲁僖公元年（前659年）获得了费邑，而费邑前身其实是被鲁国灭掉的嬴姓古费国。从此之后，费邑就成为季氏的主要私邑。此外，公子友在鲁僖公元年还获得了汶阳之田。不过，由于汶阳之田位于齐鲁之间，多次易手，稳定性比较差，因此并不是季氏的主要私邑。孟

1　鲁哀公，姬姓，名蒋，谥哀。鲁定公之子。参见《鲁国国君与三桓世系图》。
2　极见图四。

氏、叔孙氏、臧氏、东门氏在春秋前期获得私邑的情况没有文献记载，从常理推测，这几个僖公时期的重要卿族应该也获得了部分新占领土作为私邑。

与晋国六大卿族均有多处主要私邑不同，从《左传》记载来看，鲁国各大卿族最多只有一处主要私邑，比如说季氏的费邑、孟氏的成邑、叔孙氏的郈邑、臧氏的防邑[1]等。这一方面应该是因为鲁国新占土地规模较小，没有条件给每个卿族分封多个私邑；另一方面可能是因为鲁国公室分封私邑只是为了给卿族提供俸禄来源，而不是要激励这些家族进一步地开疆拓土，因此不会不断加封新占领土。

第三，鲁国公室在春秋前期没有大规模地将存量公邑封赏给卿大夫。

鲁国是从西周分封以来一直谨守周礼的"正常国家"，公室是高度认同包括"本大末小"在内的周代基本政治原则的，而且鲁桓公、鲁庄公时期的短暂称霸图谋也分别被齐襄公、齐桓公坚决扼杀，所以公室没有任何理由要将存量公邑大规模地封赏给卿大夫。

实际上，根据《左传》记载，三桓是在已经牢固掌控了鲁国政事之后，才在春秋晚期的鲁襄公[2]十一年（前562年）发动"三分公室"改革第一次尝试瓜分公邑，不过这一次做得很不彻底，三桓中的孟氏、叔孙氏都并没有将公邑转变成自家私邑。最终，在鲁昭公[3]五年（前537年），三桓发动"四分公室"改革第二次瓜分公邑，才最终

1　成、郈、防（东防）见图四。
2　鲁襄公，姬姓，名午，谥襄。鲁成公之子。参见《鲁国国君与三桓世系图》。
3　鲁昭公，姬姓，名裯，谥昭。鲁襄公之子。参见《鲁国国君与三桓世系图》。

将公邑在实质上转变成自己的私邑。

四、假说的提出和数据的初步分析

从上一节的分析可知，与春秋前期的晋国相比，鲁国不具备大规模侵略扩张的地缘政治条件，鲁国君主领导的公室也没有"将新占领土和存量公邑封赏给卿大夫来激励他们开疆拓土"的战略意愿。不过，在春秋前期各国普遍谋求发展的大背景下，鲁国在地缘政治条件允许的范围内也还是进行了规模有限的开疆拓土行动，公室将部分新占领土分封给当时新兴的卿大夫家族，分封的力度大概是一个家族分封一个主要私邑。这种分封虽然使得卿大夫家族的经济军事实力较西周时期有所增强。但是，由于公室所直接控制的公邑在规模上仍然远大于任何一个家族的私邑，所以仅从经济军事硬实力的角度来说，"君强臣弱"的基本态势并没有发生根本性的转变。

然而我们又明确知道，就在鲁国"君大臣小"的土地分配格局和"君强臣弱"的领土统治权分配格局并没有发生转变的前提下，鲁国在春秋前中期又的确发生了政事决策权持续性地从国君下移至卿大夫的政治进程。这个政治进程在前643年（鲁僖公十七年）量变引起质变，爆发了卿大夫公然侵夺政事决策权的事变——国内诸卿擅自行动导致鲁僖公被霸主齐桓公扣留；在前609年（鲁文公十八年）进一步从良性转变为恶性，爆发了卿大夫暴力侵夺政事决策权的事变——鲁卿东门襄仲杀嫡立庶，与继位的鲁宣公平起平坐。

到了前562年（鲁襄公十一年），已经掌控鲁国政事决策权的三桓第一次试图瓜分公室控制的公邑，从而从经济基础层面彻底架空公室，这就是所谓的"三分公室"；到了前537年（鲁昭公五年），三桓第二次瓜分公室控制的公邑，最终将公邑全部成功转变为三桓的私邑，这就是所谓的"四分公室"。至此，鲁国的土地分配格局转变为与晋国相似的"君极小臣极大"，也就是说，领土统治权也从国君下移至卿大夫。至此，鲁国的领土统治权分配格局和政事决策权分配格局终于重新达到一致。

简而言之，如果说晋国的模式是"公室主动分封公邑给卿大夫，导致领土统治权率先下移，而领土统治权下移驱动了政事决策权下移"，那么鲁国的模式就是"某种潜在原因驱动政事决策权率先下移，而政事决策权下移驱动领土统治权下移"。

那么，如果不是领土统治权下移驱动的话，到底是什么神秘的原因，驱动了鲁国出现政事决策权下移的现象？我们知道，与长期担任中原霸主、主导霸道政治的大国晋国不同，鲁国从春秋早期鲁庄公时期起就一直是中原霸主的仆从国。根据《春秋》《左传》的记载，从鲁庄公开始的鲁国君臣一直为履行仆从国义务而疲于奔命，而在春秋时期的通信和办公条件下，使得君主没有条件行使政事决策权的最常见情势，就是君主在都城之外参与国内或者国际事务。国君外出期间，国事自然就由留在国都内的诸卿领导班子代管，而班子里排首位的执政卿也就是实际上的国家领导人。也就是说，在国君外出期间，政事决策权自然下移至卿大夫，主要由执政卿来掌握。

从这个显而易见的事实出发，笔者提出这样一个初步假说，那就是：鲁国君主在春秋前期被迫外出履行仆从国义务，导致政事决策权在这一时期常态化下移至卿大夫。

为了检验这个假说，笔者构建了从《春秋》《左传》记载开始的鲁隐公元年（前722年），到记载结束的鲁哀公二十七年（前468年），共255年的鲁国君臣出都城记录数据集。这个数据集的每一条数据包括如下信息（以"前686年夏"这条数据为例）：

（一）起始年月。比如"前686年夏"。

（二）首席代表。可能是国君，也可能是卿官。比如"鲁庄公"。

（三）事由。比如"会合齐军包围郕国都城"。

（四）路途最短时间。路途最短时间（天）等于行进最短距离（千米）除以行进速度（每天行进千米数）。春秋时正常行军1日走30里[1]，1周里300步[2]，1步为8周尺，等于6秦尺[3]，而考古出土的秦代商鞅量尺长度约23厘米[4]。根据上面这些数据，可以推算出1周里约等于0.414千米。这个估算的结果，与另一个基于考古出土文物的估算结果（1周里约等于0.420千米）基本一致[5]。

既然1周里约等于0.4千米，那么春秋时正常行军一日能走约12千米，数据库构建即以12千米/日这个行进速度为标准。比如，鲁庄公从鲁国都城出发，最终到达郕国都城，不知道其他中间地点的位置，因此单程最短距离就是鲁国都城到郕国都城的直线距离27.7千米。考虑到往返，可以算出路途最短距离为27.7*2=55.4千米，由此可以得出路途最短时间为4.6天。由于真实旅程走的绝不是直线，而且路上还会有耽搁延误，到达目的地后执行外交军事任务还需要大量时间，因此路途最短时间是鲁国君臣每次出行总时间

1　参见杨伯峻《春秋左传注》僖公二十三年"其辟君三舍"注。
2　据《春秋穀梁传》宣公十五年记载，"古者，三百步为里"。
3　据《续文献通考》卷108《乐八》，"周以八尺为步"，"秦以六尺为步"，同时又引《律学新说》指出，二者是相等的。
4　参见陈梦家（1964年）。
5　参见吕文郁（2006年）。

不可突破的最底线。

（五）出行总时间。出行总时间主要是根据《春秋》《左传》的记载进行推算，必要时加上记载中漏掉路段的路途最短时间进行修正。比如，根据《左传》庄公八年记载，此次围郕，夏季出发，秋季归国。如果一个月按照30天计算，夏季取中值五月十五日，秋季也取中值八月十五日，那么文献记载的出行总时间约为90天。

接下来我们依据这个数据集，以及传世文献的记载，来详细探究从鲁隐公到鲁僖公时期，鲁国政事决策权下移至卿大夫政治进程背后的可能动力学机制。

我们先来看看，从鲁隐公到鲁僖公时期，国君外出的性质和强度都发生了哪些变化。对于数据整理和挖掘不感兴趣的读者朋友可以跳过下面的内容，直接阅读下一节。

为了最充分地挖掘数据中的信息，笔者综合考虑鲁国君主和当时鲁国面对的外部势力，将这段历史时期分为以下几段：

（一）鲁隐公时期：前722年—前712年，共11年

（二）鲁桓公时期：前711年—前694年，共18年

（三）鲁庄公—服从齐襄公时期：前693年—前686年，共8年

（四）鲁庄公—冒进争霸时期：前685年—前681年，共5年

（五）鲁庄公—服从齐桓公时期：前680年—前662年，共19年

（六）鲁闵公—服从齐桓公时期：前661年至前660年，共2年

（七）鲁僖公—服从齐桓公时期：前659年—前643年，共17年

（八）鲁僖公—后齐桓公时期：前642年—前633年，共10年

（九）鲁僖公—服从晋文公时期：前632年—前628年，共5年

（十）鲁僖公—后晋文公时期：前627年，共1年

（次）

25

20

15

13

10

4

8

13

10

3

1

3

4

12

3

15

13

0

13

5

4

9

3

0

1

1

隐公　桓公　庄公—服从齐襄　庄公—冒进争霸　庄闵公—服从齐桓　僖公—服从齐桓　僖公—后齐桓　僖公—服从晋文　僖公—后晋文

■ 国君国外活动次数
■ 国君国内活动次数

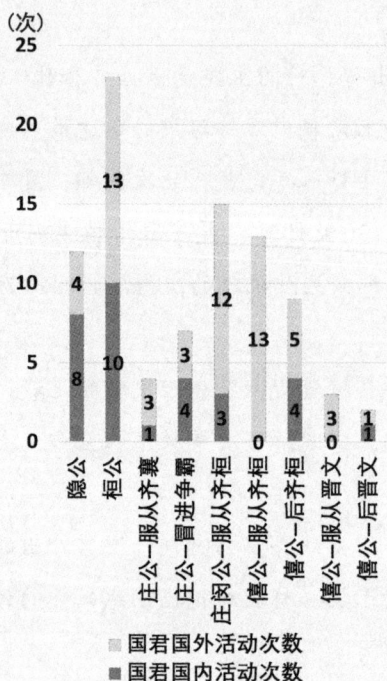

▼ 图8　鲁国国君国
内活动与国外活动次
数分时段统计图

（一）国君外出性质——国内 vs 国外

我们可以把鲁国君主或卿大夫外出的性质分为
"国内行动"和"国外行动"两类：

1. "国内行动"是指目的地为鲁国封疆内地点的
外事行动。特别需要指出的是，从地理形势可知，邾
国、极国、须句等小国的疆域是深度镶嵌在鲁国疆域
内的，甚至有可能是被鲁国疆域包围的。因此，与这
些小国有关的外事任务也被认定是"国内行动"。

2. "国外行动"是指目的地为其他主要诸侯国封
疆内地点的外事行动。

从图8可以看出，如果以国外行动作为观察目标的话，鲁国君主出都城行动的性质经历了如下变化过程：

1. 鲁隐公时期，国君外出的性质以国内行动为主，国外行动为辅，国外行动占比仅为33%。

2. 鲁桓公时期，由于鲁桓公积极谋求称霸，频繁出国参与国际事务，使得国外行动成为主流，占比升至57%。

3. 鲁庄公前期，国外行动占比前后发生震荡：

（1）在服从小霸齐襄公时期，少年鲁庄公被文姜所压制，外出事由主要是被迫参与齐襄公组织的国际行动，国外行动占比进一步上升至75%。

（2）在冒进争霸时期，鲁庄公率军与齐、宋争霸的几次战斗多在鲁国境内发生，导致国外行动占比降至43%。

4. 齐鲁柯之盟后，鲁国放弃称霸幻想，正式转型为霸主仆从国。在鲁庄公—鲁闵公时期以及鲁僖公前期，鲁国服从霸主齐桓公，国君积极参与齐桓公组织的国际外交和军事行动，并且频繁前往齐国朝见齐桓公，国外活动成为国君外出的压倒性事由。在庄闵公时期，国际活动占比就已经达到80%，在僖公前期更是达到100%。

5. 在后齐桓公时期，鲁国暂时摆脱了霸主管束，有回到独立自主国家的倾向。与之相应的是，鲁僖公开始频繁攻打镶嵌在本国疆域里的邦国，并且在国内组织会盟，使得国内行动占比上升，而国际行动占比降至56%。

6. 在服从晋文公时期，鲁国再次成为霸主仆从国，参与霸主组织的国际行动成为国君外出的压倒性事由，国际行动占比再次升至100%。

7. 晋文公去世之后，鲁国又想要过一把独立自主国家的瘾，鲁僖公再次率军攻打邦国，同时开始勾搭齐国，国际行动占比降至50%。

（二）国君外出性质——自主vs遵命

我们还可以把鲁国君主或卿大夫的外出行动分为"自主行动"和"遵命行动"两类：

1. "自主行动"是指鲁国君臣为了维护和拓展本国的国家利益，在没有霸主国命令或威慑下主动采取的行动，比如率军在国内修筑城邑，攻打境内或周边小国，和其他主要诸侯国举行多边会盟或联合军事行动等。

2. "遵命行动"是指鲁国君臣在霸主国命令或威慑下采取的行动，最主要的就是参与霸主国组织的会盟和联合军事行动，还包括到霸主国访问等。此外，在鲁庄公在位前期，由于文姜无疑是齐襄公在鲁国的代理人，所以文姜与齐襄公会面，以及会面后鲁国君臣参加齐鲁联合行动，都应该视为遵命行动。

从图9可以看出，如果以遵命行动作为考察点的话，鲁国君主出都城活动的性质经历了如下变化过程：

1. 鲁隐公、鲁桓公时期，霸道政治还没有正式降临，鲁国是一个独立自主的中原主要诸侯国，无论是以和平稳定为目标的鲁隐公，还是以积极争霸为方针的鲁桓公，其外出性质都是自主行动，遵命行动占比为0%。

2. 鲁庄公前期，国外活动占比发生震荡：

（1）在服从小霸齐襄公时期，少年鲁庄公被文姜所压制，外出事由主要是遵命参与齐襄公组织的国际行动，遵命行动占比骤升至75%。

（2）在冒进争霸时期，鲁国恢复到独立自主国家的状态，鲁庄公主动谋求与齐、宋同时交战，遵命行动占比再次降至0%。

3. 齐鲁柯之盟后，鲁国放弃称霸幻想，正式转型成为霸主仆从国。在鲁庄公-鲁闵公时期，以及鲁僖公前期，鲁国服从霸主齐

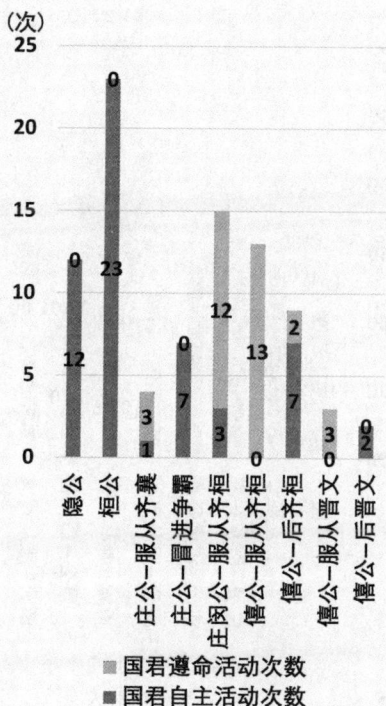

(次)

▶ 图9 鲁国国君自
主活动与遵命活动次
数与时段统计图

■ 国君遵命活动次数
■ 国君自主活动次数

桓公，国君积极参与齐桓公组织的国际外交和军事
行动，并且频繁前往齐国朝见齐桓公，遵命行动成
为国君外出的压倒性甚至是唯一事由。在庄闵公时
期，遵命活动占比就已经达到80%，在僖公前期更
是达到100%。

4. 在后齐桓公时期，鲁国重新获得了一定的独
立自主性，不过另一方面又开始接受来自"准霸主"
楚成王的指令。与之相应的是，遵命行动占比骤降
至22%。

5. 在服从晋文公时期，鲁国再次成为霸主仆从

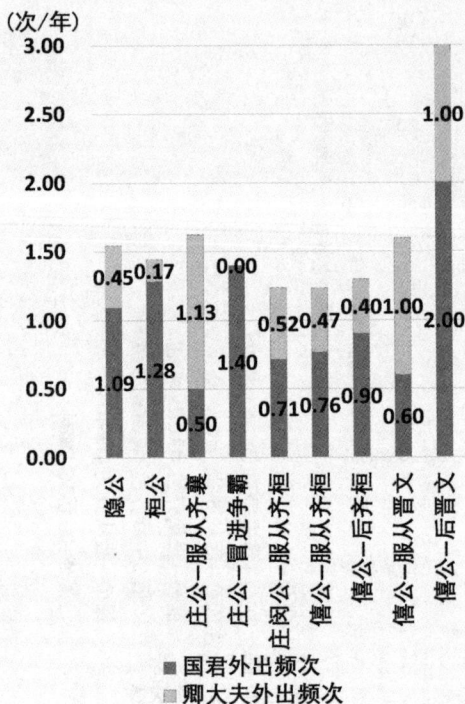

▼ 图10 鲁国国君与卿大夫外出频次分时段统计图

国，遵命行动再次成为国君外出的唯一事由，占比再次升至100%。

6. 晋文公去世之后，鲁国又想要过一把独立自主国家的瘾，遵命行动占比再次降至0%。

（三）国君外出强度——外出频次和平均路途最短时间

国君外出频次，也就是国君在位期间每年出都城的平均次数。同理，卿大夫外出频次，也就是卿大夫每年出都城的平均次数。

从图10可以看出，除开鲁僖公-后晋文时期之外（仅1年），从鲁隐公时期至鲁僖公-服从晋文公时期，鲁国君臣出都城总频次在1.24次/年至1.63次/年之间，也就是说，仅从频次而言，鲁国君臣所承担的外事任务总强度在鲁隐公-鲁僖公时期并没有显著的增长。在这个背景下，鲁隐公-鲁僖公时期，国君出都城频次的变化呈现出以下特点：

1. 在霸道政治还没有正式降临的鲁隐公、鲁桓公时期，鲁国君主出都城的频次分别为1.09次/年和1.28次/年，分别占君臣出都城总频次的71%和88%，很明显，国君是鲁国外事行动的主要承担者。

2. 鲁庄公前期是鲁国从独立自主国家过渡到霸主仆从国的关键时期，与之对应的是，国君出都城频次发生了剧烈的波动：

（1）在服从小霸齐襄公时期，少年鲁庄公与其母文姜关系紧张，被文姜所压制，出都城频次骤降到0.50次/年，占比降至31%，外事任务的主要承担者变成了文姜和其他卿大夫。

（2）在冒进争霸时期，鲁庄公亲自率军与齐国、宋国频繁交战，出都城频次报复性上升至1.40次/年，占比100%，外事任务完全由国君承担。

3. 齐鲁柯之盟后，鲁国放弃称霸幻想，正式转型成为霸主仆从国。在鲁庄公-鲁闵公时期以及鲁僖公前期，鲁国服从霸主齐桓公，国君出都城频次分别为0.71次/年，0.76次/年，占比分别为58%和62%，比鲁隐公、鲁桓公时期都有所下降。在这一时期，国君仍然是外事活动的主要承担者，但是卿大夫的作用有所增强。

4. 后齐桓公时期，鲁国暂时摆脱了霸主管束，有回到独立自主国家的倾向。与之相应的是，鲁僖公出都城频次上升至0.90次/年，占比上升至69%，与鲁隐公时期相差无几。

5. 服从晋文公时期，鲁国再次成为霸主仆从国，鲁僖公出都城频次骤降至0.60次/年，占比降至38%，卿大夫成为外事活动的主要承担者。

6. 晋文公去世之后，鲁国又想要过一把独立自主国家的瘾，一年之内国君两次出国、卿大夫一次出国，导致国君出都城频次飙升至2.0次/每年，占比为67%。

每一个时期的国君外出平均路途最短时间，是将所有外出行动的路途最短时间加在一起之后，再除以行动次数。由于路途最短时间的算法是用最短距离除以一个恒定的行进速度（12千米/天），所以平均路途最短时间反映的不仅是这一时期国君外出耗费时间的下限，其实还反映了这一时期国君外出路途最短距离的平均长度。

从图11可以看出，如果以平均路途最短时间作为观察点的话，鲁国君主外出活动的强度经历了如下变化过程：

1. 鲁隐公、鲁桓公时期，鲁隐公外出以国内行动为主，但在最后一年讨伐许国出了一趟远门；鲁桓公虽然出国活动多了许多，但都是在距离鲁国不远的地方，最后平均下来两人的平均路途最短时间竟然是一样的，都是19.7天。

2. 在鲁庄公-服从小霸齐襄公时期，少年鲁庄公被文姜所压制，外出事由主要是遵命参与齐襄公组织的国际行动，较远的目的地增加，平均路途最短时间增长到25.8天。

3. 在鲁庄公-冒进争霸时期，鲁国恢复到独立自主国家的状态，积极谋求称霸，但是鲁庄公实力不济，与齐、宋的几场战斗都发生在鲁国境内，平均路途最短时间回落到19.4天。

4. 齐鲁柯之盟后，鲁庄公放弃称霸幻想，鲁国正式转型成为霸主仆从国。在鲁庄公-鲁闵公时期，以及鲁僖公前期，鲁国服从

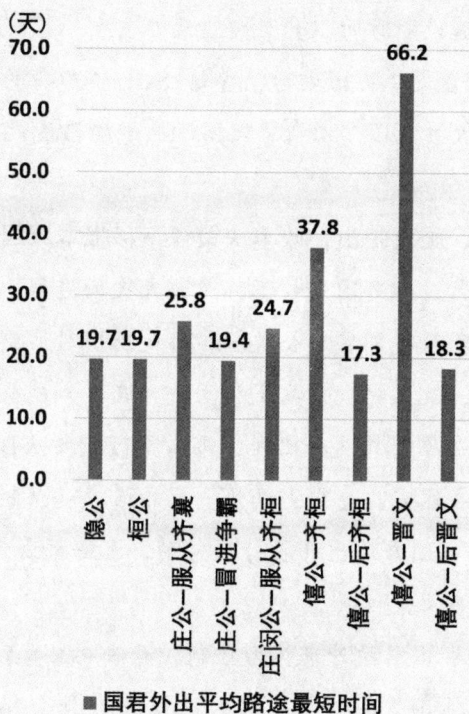

(天)

70.0	
60.0	
50.0	
40.0	
30.0	
20.0	
10.0	
0.0	

隐公 19.7　桓公 19.7　庄公—服从齐襄 25.8　庄公—冒进争霸 19.4　庄闵公—服从齐桓 24.7　僖公—齐桓 37.8　僖公—后齐桓 17.3　僖公—晋文 66.2　僖公—后晋文 18.3

■ 国君外出平均路途最短时间

▶ 图11　鲁国国君外出活动平均路途最短时间分时段统计图

霸主齐桓公，国君积极参与齐桓公组织的国际外交和军事行动，并且频繁前往齐国朝见齐桓公，平均路途最短时间又开始增长，在庄闵公时期已经达到24.7天，在鲁僖公前期更是达到37.8天。

5. 在鲁僖公—后齐桓公时期，鲁国不再需要履行仆从国义务，鲁僖公的活动目的地主要是国内地点，平均路途最短时间下降至17.3天。

6. 在鲁僖公—服从晋文公时期，位于今山东省的鲁国成为远在今山西省的新霸主晋国的仆从国，需要前往远离鲁国的地点参与晋文公组织的国际行动，平均路途最短时间飙升至66.2天。

7. 晋文公去世之后，鲁僖公在前627年的两次外出，一次去邾
国，一次去齐国，都在鲁国附近，平均路途最短时间回落到18.3天。

五、国君外出，政事决策权下移根本原因

春秋时期鲁国君权下移至卿大夫的进程，从春秋初期就已经开
始，到春秋晚期鲁昭公被三桓驱逐出境时达到比较彻底的状态。如
前所述，既然导致君权下移至卿大夫的A型机制"领土统治权下移
驱动"在鲁国并没有出现，那么就可能要从B型"政事决策权下移
驱动"去探究。分得更具体一些的话，可以分为：

B1：国君外出开展外事行动，无法（充分）行使政事决策权，尤
其是内事决策权。

B2：国君被外部势力控制，无法（充分）行使全部政事决策权。

B3：国君年纪太小，无法（充分）行使全部政事决策权。

B1：国君外出开展外事行动

此种情势是最为普遍的：对于一个西周或春秋时期的诸侯国来
说，每次国君率领使团或军队出都城之后，他就无法行使政事决策
权（尤其是内事决策权），也就是无法作为国家最高领导人临朝听政，以
及退朝后在寝宫与卿大夫议政。然而，需要商议和决策的政事每天
都在产生，而当时的通讯条件又不可能做到远程办公，因此在国君
外出期间，国内必须有一个看守政府来代行君权中的政事决策权，
处理日常政务。这个看守政府的权力中枢，就是由诸卿组成的领导
班子。在领导班子中，排第一的执政卿拥有最大的权力，是最后的
决策者，其地位与正常情况下的国君相当。

实际上，本书下面想要证明的核心假说就是：

春秋前期导致鲁国君权下移至卿大夫的最重要政治情势，就是从鲁隐公时期开始，历经鲁桓公、鲁庄公直到鲁僖公时期，国君因为要作为独立自主国家的元首，与其他诸侯国的君臣进行跨国博弈；或者因为要作为霸主仆从国的元首，服从霸主命令参与各项多国联合霸政行动，不得不常态化地出国都开展外事活动，导致国家常态化地由诸卿领导的看守政府来运营，也就是被迫允许政事决策权常态化地从国君下移至卿大夫，进而催生出一个"强化诸卿，虚化国君"的新内政运行体制。

B2：国君年纪太小

就春秋时期而言，此种情势出现过两次：

（一）春秋前期的鲁闵公时期（前661年—前660年）。鲁闵公正式即位时最多不过8岁，根本没有执政能力，因此当时鲁国的内政外交其实是被"父死子继派"卿大夫完全接管的。不过鲁闵公即位不满两年就被刺杀，因此这一局面没有持续很久。

（二）春秋中晚期的鲁襄公时期。鲁襄公即位时仅3岁，根本没有能力行使君权，以季文子为首的三桓诸卿因此以"国君年纪太小"为正当理由长期掌控朝政，并且在鲁襄公年满14岁、初步具备亲政能力的时刻推行了"三分公室""作三军"改革，从基本面进一步加强了三大卿族的实力，削弱了公族的实力，巩固了三桓专权、国君傀儡化的局面。

因此，第二种政治情势对于春秋前期政事决策权下移至卿大夫的进程作用是有限的，而对春秋中晚期鲁国君权下移至卿大夫的进程则起到了相当重要的促进作用。

B3：国君被外部势力控制

就春秋时期而言，此种情势对应的是鲁庄公前期（前693年—前686年），那时鲁庄公生母文姜在小霸齐襄公的支持下担任鲁国的摄政大臣，作为"对齐亲善派"卿大夫的领袖掌控鲁国的内政外交，鲁庄公的君权受到严重限制。然而，齐襄公去世之后，文姜迅速被打入冷宫，鲁庄公重新掌控内政外交权力，带领鲁国投入到争霸战争之中。

通观春秋时期的鲁国历史，鲁国君主被外部势力控制仅此一回，故而这种非常特殊的政治情势应该不是导致鲁国君权下移至卿大夫的主要原因。

六、周礼设定，政事决策权下移偶一为之

下面我们将以梳理B1型"国君外出"情势的发展变化情况为主线，试图探究"国君外出"情势在鲁国是如何使得政事决策权常态化下移至卿大夫，并且先后引发鲁庄公十九年及鲁僖公十七年的卿大夫主动夺权事件。在这一节，我们先来探讨一下"负对照组"的情况，也就是西周时期鲁国君主外出的情况。

前529年平丘之会期间，晋贤大夫叔向在与齐人辩论之时，说了这样一段话："因此圣明先王的制度是这样规定的：诸侯每年派卿大夫到周王室聘问周王来记住自己交纳贡赋、遵从王命的事业，诸侯国君间隔一次聘问到周王室朝见周王来讲习礼制，两次朝见后周王召集诸侯国君举行包含朝见的大会以展示王室的威仪，两次大会后周王召集诸侯国君举行含朝见、大会在内的盟誓以彰显对神的昭告明信。"[1]

---

1 《左传·昭公十三年》："是故明王之制，使诸侯岁聘以志业，间朝以讲礼，再朝而会以示威，再会而盟以显昭明。"

▼ 图12　开成石经《礼记》拓片，京都大学
人文科学研究所藏。

　　这段话里所说的"明王之制"，就是西周王道政治昌明之时包括
鲁国在内的各诸侯国需要遵守的制度，也就是我们探寻"国君在外"
情势发展变化情况的起点。按照《春秋左传正义》孔颖达疏，如果
以12年为一个周期，则在此周期内鲁国外事活动安排如下表所示：

一	二	三	四	五	六	七	八	九	十	十一	十二
大夫聘	大夫聘	国君朝	大夫聘	大夫聘	诸侯之会（含国君朝）	大夫聘	大夫聘	国君朝	大夫聘	大夫聘	诸侯之盟（含国君朝）

　　也就是说，按照周礼规定，鲁国君主在12年里应外出4次，包
括到周王室朝见2次，参加周王组织的会盟2次，由此可以计算出鲁
国君主合于礼制的外出频次应该是4/12=0.33次/年，也就是3年1次。

在这3年1次的规定动作之外，西周时期的鲁国君主还有哪些可知的外出任务？根据《周礼·大行人》的记载，"诸侯国之间的外交往来，每年派出使者相互问候，隆重的时候派出卿大夫相互聘问，国君世代更替时新君到友邦朝见"。也就是说，每代鲁国君主在其刚即位的时候会到友邦朝见友邦君主。根据《礼记·曲礼下》孔颖达疏的说法，西周时期天下太平之时，诸侯国君不得自行组织会盟，只有周王巡守到该国所在大区的名山之下时，才能召集本大区的诸侯参加会盟。

也就是说，除了上面所说的3年1次的规定动作、新君即位到友邦朝见1次、周王偶尔巡守时参与诸侯会盟之外，西周时期的鲁国君主没有什么正当理由出都城。

由此可见，在西周时期，鲁国君主就需要出都城参与外事行动，也就是说，由国君外出引起的政事决策权临时性下移至卿大夫，是从西周时期起就内置在诸侯国政治体制里的。不过，由于国君外出频次低，连1年1次都远没有达到，而且是很有规律的常规操作，因此这种临时性的政事决策权下移是可逆的，并没有对君权造成累积性的损害。

七、诸侯自治，政事决策权下移成为常态

在本节，我们探究鲁隐公和鲁桓公时期，鲁国的政事决策权下移进程是如何发生的。

（一）鲁隐公时期（前722年—前712年）

西周灭亡后，周王室虽然成功地从西都宗周逃亡到东都成周，但是其实力已经只相当于中原地区的一个小国，无力再管控中原地区各诸侯国，使之和睦相处，也无力再向各国提供驱逐戎狄、平定

内乱、赈济灾患等"公共服务"。此前，由于周王室的长期管控，即使是齐、鲁、卫、郑、宋、陈、蔡、曹这样已经有所壮大的主要诸侯国也都不具备消灭其他各国一统天下的实力，因此，各主要诸侯国并没有进入相互厮杀的"战国模式"，而是一方面趁机攻灭实力远逊于自己的周边小国以继续壮大自身实力，另一方面开始自行组织会盟以调停主要诸侯国之间的争端，自行组织多国联军来抗击戎狄、讨伐有罪国家，以维持国际秩序的总体和平稳定。

如前所述，西周王室强盛时，它在经济军事实力方面对于所有诸侯国都具有碾压性的优势，相当于诸侯国网络中的一个中央管控节点，因此只要3年分别听取1次各诸侯国君的工作汇报，6年召集诸侯国君重新展示一次王室威力、重申1次周礼规矩，就足以维持整个诸侯国网络的稳定。到了春秋早期，诸侯国网络失去了周王室这个中央管控节点，主要诸侯国开始探索集体自治的形式，这时各主要诸侯国节点的权重相差不大，没有哪个节点具备号令整个网络所有其他节点的能力，因此各节点之间需要进行更多次的双边和多边博弈，才有可能使得整个网络达到暂时的稳定局面，而且这种稳定远比周王管控时期的稳定程度要脆弱。

在这样的国际形势下，各主要诸侯国君主的外出频次明显提高。比如说，鲁国君主外出的频次，从西周时期的3年1次，上升到鲁隐公时期的差不多1年1次（1.09次/年），在前721年甚至出现了1年两次与戎国君主会面的情况。在鲁隐公在位的11年里，除开前720年鲁隐公全年待在都城里，在其他10年中，鲁国每年都要出现一段国君不在都城、国家由执政卿领导的看守政府来运营的状况，政事决策权下移至卿大夫的状况从几年出现1次的例外，变成了几乎每年都发生的常态。

不过，在鲁隐公时期，国君外出还完全是鲁国自主安排的行动（遵命外交占比0%），而且外出的目的地大部分是距离较近、无需通关的国内地点（国外行动占比33%），因此看守政府虽然每年都会运行一段时间，但是国君仍然有自由度可以把重大事务处理完了再走，而且政事决策权下移的时间也不长（平均路途最短时间仅为19.7天/次）。

（二）鲁桓公时期（前711年—前694年）

随着各主要诸侯国探索诸侯自治模式走向深入，各国都逐渐意识到，一个没有中央管控节点的诸侯国网络要靠各节点各自为政地进行博弈，效率太低，而且达到的稳定状态非常脆弱。因此，在中原出现一个能够在一定程度上"模拟"周王室这个中央管控节点的霸主国，逐渐成为各国高层共同的愿望。

在这样的背景下，齐僖公领导的齐国和郑庄公领导的郑国向前一步站了出来，开始尝试称霸中原。实际上在鲁隐公后期时，齐僖公和郑庄公已经结成了一个"G2"核心联盟，并在鲁隐公十年（前713年）组织了首场联合武力讨罪行动，联合鲁隐公改打"不尊王命"的宋国。当然，小霸齐僖公、郑庄公还没有后来齐桓公、晋文公那样强的话语权，比如说，鲁隐公参与讨罪行动之后，小霸郑庄公马上送给他两个城邑作为酬谢，这样看起来反而像是郑庄公求着鲁隐公出席了。

到了鲁桓公时期，鲁桓公十一年（前701年）郑庄公去世，郑国在当年就发生了争夺君位的内乱，郑昭公被驱逐出国，郑厉公即位。鲁桓公抓住郑国无力争霸的时机开始谋求称霸，积极调停宋国和郑国之间的争端，阻止齐国吞并近邻纪国，会合诸侯讨伐郑国，然而他错误地判断了争霸对手齐襄公的底线，最终在齐国都城被齐襄公谋杀。

回顾来看，在鲁桓公时期，齐国虽然已经成为中原小霸，但还没有迎来齐桓公－管仲改革，其国家实力虽然强于鲁国，但还没有形成碾压性的优势，这的确是鲁国试图避免沦为霸主仆从国的最后机会。在这一时期，鲁国君主外出活动的性质都是自主行动，外出频次从1.09次/年上升至1.28次/年，国外行动的占比从33%上升至57%。不过，由于鲁桓公称霸成效不显著，所谓"出国"主要是在周边邻国转悠，因此平均路途最短时间与鲁隐公竟然是持平的，都是19.7天。

如果观察数据细节的话，鲁隐公时期只有1年出现了国君同1年内出都城两次的情况，而在鲁桓公时期有7年都出现了这种情况。其中最令人印象深刻的是前701年秋天至前700年冬十二月，在这段时间里，鲁桓公前后与宋庄公举行了5次会晤，与杞国、莒国君主举行了1次会盟，与郑厉公举行了1次会盟，还联合郑厉公一起讨伐了1次宋国，可以认为，在大概1年半的时间里，鲁国绝大部分时间都是由诸卿领导的看守政府来运营的。

总而言之，在鲁桓公在位的18年里，除开前707年、前705年、前703年这3年之外，在其余的15年里，国家每年都有一段时间由诸卿领导的看守政府运营，而且在不少年份看守政府运营的时间比鲁隐公时期进一步拉长（因为国君出国两次及以上），政事决策权"合法合规"地下移至卿大夫的进程又向前推进了一步。

八、沦为仆从，政事决策权下移不断发展

在本节，我们探究鲁庄公、鲁闵公和鲁桓公时期，鲁国的政事决策权下移进程是如何不断发展的。

（三）鲁庄公——服从齐襄公时期（前693年—前686年）

在这一时期，鲁国第一次尝到了成为霸主仆从国的滋味：国君

外出行动中遵命行动占比达到75%，而鲁君遵命的对象，就是当时的小霸齐襄公。鲁国这次成为霸主仆从国，服从的还是一种特别屈辱的方式，也就是小霸齐襄公支持他的情人/妹妹文姜以一种介乎于摄政卿和摄政君之间的身份掌控鲁国内政外交。

在这种情况下，鲁庄公的君权，无论内事权还是外事权，都受到极大的限制。虽然鲁庄公的外出频次从1.28次/年降到了0.50次/年，换句话说，鲁庄公在8年内有4年都是全年待在国内，但这并不意味着政事决策权中的内事权下移至卿大夫的状况得到了缓解——因为鲁庄公待在国内也只是个被母亲文姜压制的傀儡，而是反映出政事决策权中的外事权也受到了严重限制。

这一时期，鲁国卿大夫（含文姜）的外出频次骤升至1.13次/年。我们不能将这等同于君权中的外事权下移至卿大夫，因为在全部9次卿大夫外出活动中，5次是文姜这个介乎摄政卿和摄政君之间的尴尬人物贡献的。然而，这的确是一个信号，预示着政事决策权中的外事权也将成为卿大夫蚕食的对象。

（四）鲁庄公——冒进争霸时期（前685年—前681年）

在这一时期，实际上已经无力回天的鲁国对大国霸道政治进行了最后一次激烈的反抗，鲁庄公率领军队与齐国、宋国武力争霸，国君外出频次从0.50次/年飙升至1.40次/年，而且所有外出活动均为国君率领的自主行动，卿大夫外出频次降到了零。

然而，鲁庄公虽然暂时摆脱了"国君被外部势力控制"导致的政事决策权下移情势，但又掉入到"国君外出开展外事行动"导致的政事决策权下移情势中：在5年中，有4年鲁庄公都至少有1次外出，前684年甚至外出3次以上，这样一来，由诸卿领导的看守政府再次开始常态化的运作。

（五）鲁庄公——服从齐桓公时期 _{（前680年—前662年）}

齐鲁柯之盟后，鲁庄公抛弃幻想，一心一意地服从管仲辅佐下霸业蒸蒸日上的齐国，鲁国正式进入大国霸主仆从国时期。在这一时期，国君外出情况如下：

1. 国君外出的遵命行动占比达到79%，共11次，包括参与齐桓公组织的多国外交和军事行动（4次），与齐桓公单独会面或盟誓（4次），还有就是为了从齐国娶亲而多次前往齐国（3次）。从遵命行动的具体事由可以看出，齐桓公在这一时期还在"攒人气"，他花了不少时间精力和鲁庄公在进行效率低但是效果好的双边会谈，来进一步赢得鲁庄公对其霸主之德的认同。此时的齐桓霸业还在上升期，还没有进入到全盛阶段，也就是还没有进入到在远离鲁国的地点频繁组织多国会盟或军事行动的阶段。因此，虽然这一时期鲁庄公国外行动占比很高，但是平均路途最短时间也只有24.7天，与独立自主的鲁隐公时期（19.7天）、鲁桓公时期（19.7天）、鲁庄公冒进争霸时期（19.4天）相比仅有温和的增长。

2. 虽然君臣外出总频次为1.32次/年，比冒进争霸期的1.40次/年只是稍有下降，但是国君外出频次下降得比较厉害，从1.40次/年骤降至0.74次/年。相应地，卿大夫（含文姜）外出频次升至0.58次/年，卿大夫外出占比达到44%。一方面，国君更多时间待在国内，意味着由于"国君外出"而引起的内事权下移卿大夫现象有所收敛；另一方面，卿大夫开始更多地外出，承担原本由国君承担的外事任务，意味着卿大夫开始蚕食外事权。

在这一时期的11次卿大夫外出活动（含文姜3次）中，有一次"乌龙事件"特别值得注意。前675年秋天，卫国公室准备嫁女子给陈宣公做夫人，鲁国作为卫国的友好邻邦，派出卿官公子结送一名陪嫁女子给卫国，这名陪嫁女子到达卫国都城之后，将陪同卫国女子一起前往陈国。公子结到达卫国鄞地的时候，听闻齐桓公、宋桓公将要在鄞地举行会盟，竟然自作主张改变行程，让下属大夫继续送陪嫁女子去卫国都城，而自己直接代表鲁国"不请自来"地挤进了齐桓公、宋桓公的会盟。公子结的这一举动既惹怒了齐桓公、宋桓公这两位国君，也惹怒了最终接受滕妾的陈国，因此同年冬天，齐、宋、陈派出联军攻打鲁国西部边境地区以示惩戒。

公子结的行为本身虽然冒失可笑，却是一个明确的信号，提示我们鲁国政事决策权下移至卿大夫的进程已经发展到了一个新的阶段。在春秋初年以来，鲁国卿大夫，特别是诸位卿官，他们长期、常态化作为看守政府权力中枢来运营国家，代替国君行使政事决策权中的内事权；而且在鲁庄公即位以来已经在蚕食政事决策权中的外事权。在实际职权扩大的事实基础上，鲁国卿大夫，特别是卿官内心的自我定位已经在发生改变，他们认为，自己不仅有资格辅佐国君，而且有资格代替国君来主理内事和外事。公子结在国外自作主张代替国君与他国君主会盟的行为，无非是一个城府不深的卿官把他们这个政治精英集团普遍具有的想法付诸实践了而已。

特别重要的是，卿官们很可能知道自己有这样的想法在表面上是违礼的，但是他们很可能并不认为自己有这样的想法在实质上是邪恶的。如果笔者尝试着模仿一下某位卿官的内心独白，大概会是这样子的：鲁国面临的外部环境已经发生了翻天覆地的变化，天下已经没有"周王治下的太平"了，国际秩序需要由霸主带领各主要诸侯国共同来维护，国君因此每年都要一次或者多次外出，在这种情况下，我们卿官不成立看守政府代行内事权，国家的正常运转如何维持？既然我们卿官在最关键的内事方面都已经在常态化地代替国君做决定，在国君不能出都城或者不愿意出都城的情况下，我们为什么不能在外事方面代替国君做决定？不是我们心肠坏要夺国君的权，是世道乱了，事情多了，主意总得有人拿，活儿总得有人干啊！

（六）鲁闵公——服从齐桓公时期（前661年—前660年）

在这一时期，虽然鲁闵公的确有一次外出记录，也就是前661年秋八月在齐地落姑与齐桓公会盟，但现场真正与齐桓公交涉的不可能是不超过9岁的鲁闵公，而只可能是"父死子继派"卿大夫集团的临时执政卿。在主少国乱的危机时刻，这群卿大夫在霸主齐桓公的支持下，维持着国家机器的运转，迎回了他们真正的领袖公子友。在公子友的领导下，"父死子继派"最终杀死了罪魁祸首公子庆父，拥立了鲁僖公，使得鲁国政局重新恢复稳定。

在先前的正常情况下，执政卿领导的看守政府运行的时间一般不超过一个季度，但这一回，这个看守政府运行了大约两年时间，也就是两个完整的行政周期，而且政绩还非常不错。可以想见，在执政卿和他的同事心里，已经有了这样一种信心：国君的确是可有可无的，卿官集团完全有能力在没有国君领导的情况下长期执政。

九、霸主施压，政事决策权下移不断深化

本节我们探究在鲁僖公服从齐桓公时期，鲁国的政事决策权下移进程是如何不断深化的。

（七）鲁僖公-服从齐桓公时期（前659年—前643年）

在这一时期，鲁国继续扮演霸主仆从国的角色，服从已经得

到周王室正式任命的中原霸主齐桓公。在鲁僖公时期，齐桓公霸政逐步走向常态化、正规化，齐桓公基本上每年都亲自出马，召集整个联盟各仆从国的国君前往远离鲁国的目的地参加霸政相关的外事行动，可能是外交会盟，也可能是军事征伐，而且这些外事行动耗时往往都很长。齐桓公这样折腾自己和各国君主，其原因如下：

第一，齐桓公之所以几乎每年都要组织霸政相关的外事行动，是因为中原地区各国内部君臣之间有争端，国与国之间有争端，华夏和蛮夷之间有争端，上天还经常降下水旱灾害，每年都会出现一大堆危及国际秩序稳定的问题，需要霸主采取行动加以应对。

第二，齐桓公之所以每次都要拉上联盟所有仆从国的代表开会，达成共识后再以联合行动的方式维护国际秩序，有两个层面的原因：

1. 道义层面的原因。齐桓公是霸主而不是周王，无权像周王单方面采取行动。周王任命齐桓公的正式称谓是"侯伯"，"伯"是兄弟排行里的大哥，"侯伯"也就是"诸侯大哥"，也就是说，齐桓公和各主要诸侯国君主之间不是周王和诸侯那样的君臣关系，而是兄弟关系，因此必须充分尊重"诸弟"，也就是各主要诸侯国君主；必须坚持"大家的事要大家商量着办，大家一起来办"，也就是先开会达成共识，通过盟誓来确立共识，然后通过联合行动来践行共识，在这个过程中逐渐形成一个由齐国作为主心骨的"诸侯命运共同体"。

2. 实力层面的原因。齐国无力独自承担维持国际秩序的成本。西周时期的周王室具有碾压任何一个主要诸侯国的经济军事实力，在进行大规模军事征伐行动时尚且经常要拉上主要诸侯国分摊成本，而且最终因为王室财政支撑不住收入越来越少、支出越来越大的"放血"局面而崩溃了。有周王室的经验教训摆在这里，齐桓公当然不会去做凡事自己单干的"冤大头"，而是凡事都拉上仆从国一起，因为这样可以有效减低齐国需要支付的成本，从而实现齐国霸业的可持续发展。当然，由于齐桓公是第一任中原霸主，经验不足，齐国自身为维护国际秩序而付出的成本还是太高，所以齐桓公去世之后齐国霸业就衰落了。

第三，齐桓公之所以每次都要求国君作为首席代表出席，是因为根据周礼规定，只有国君（特殊情况下由太子代替）才能代表国家参加诸侯会盟，齐桓公既然尊崇周王室和周王室制定的周礼，当然也要继续要求国君出席。实际上，齐桓公自己就是带头遵守，以身作则。

第四，每次外事行动耗时都很长（详见下文分析），是因为各仆从国代表团前往会合地点以及从解散地点回国需要时间，各国共同商议各项议题达成协议需要时间，举行盟誓、阅兵等仪式需要时间，有时候会盟之后还要实施征伐军事行动也需要时间。

然而，正是齐桓公尽全力践行的这种全体国君参与、出勤频率高、行动耗时长的"高标准严要求"霸政模式，给包括鲁僖公在内的各仆从国君主带来了巨大的内政治理压力，而这种内政治理压力显著加速了各仆从国政事决策权下移至卿大夫的进程。细致分析起来，这种压力来自三个方面的实际困难：

1. 齐桓公霸政中对国君参与行动的硬性要求，以及几乎每年一次的行动频率，使得鲁僖公几乎每年都要离开都城一段时间。

在鲁僖公一服从齐桓公时期，从前659年到前643年共17年里，除开前658年、前648年和前646年，其余14年里，鲁僖公每年都要出国参加齐桓公组织的霸政相关外事行动。

2. 霸政相关行动举行时间的不确定性使得鲁僖公丧失了日程安排的自主性。

在鲁僖公一服从齐桓公时期，国君外出的遵命行动占比从79%进一步上升至100%，共13次，包括参加齐桓公组织的国际外交和军事行动10次，以及前往齐国朝见/会见齐桓公3次。仅就10次国际外交和军事行动而言，其举行时间分别是秋八月、春正月、夏、夏、秋、春正月、夏、夏、春正月、春三月、冬十二月。

这看起来没有什么规律可循的时间分布对鲁僖公来说意味着什么？我们知道，鲁僖公参加的这些外事行动全部是遵命行动。遵命行动与自主行动最大的区别在于，自主行动是鲁僖公根据自己的内政安排，找一个有空的时间出行；而遵命行动是霸主齐桓公根据自己的内政安排，来确定行动时间，然后通知包括鲁国在内的各仆从国，鲁僖公只能打乱自己的内政安排，按照霸主定下来的时间参加行动。也就是说，当鲁僖公的外出行动完全变成遵命行动之后，他也就完全丧失了日程安排的自主性，必须全年待命，随时准备按照齐桓公通知的行动时间出行。

3. 齐桓公霸政中遥远的目的地和冗长的行动日程使得鲁僖公在外逗留时间进一步延长。

这一时期的《春秋》《左传》记录了10次国际行动中6次的发生时间以及鲁僖公回到鲁国都城的时间，这使得我们能够推断出鲁僖公在外的总时间。这6次国际行动中，根据路途直线距离计算出的路途最短时间和根据文献记载推断出的在外总时间如下表所示：

年　份	事　件	路途最短时间	在外总时间	在外总时间/ 路途最短时间
前656年	伐　楚	62.7天	210天	3.3倍
前655年	首止之会	35.3天	125.3天	3.5倍
前654年	伐　郑	57.0天	180天	3.2倍
前651年	葵丘会盟	29.0天	149天	5.1倍
前645年	牡丘会盟	52.3天	190.6天	3.6倍
前644年	淮之会 （被扣留）	53.4天	296.7天	5.6倍

从这些数据我们可以得知，路途最短时间还真的只能用来估计在外总时间的最下限，因为在鲁僖公一服从齐桓公时期，鲁僖公在外总时间最少也能达到路途最短时间的3.2倍，多的能达到5.6倍。也就是说，每次鲁僖公出行参加齐桓公组织的这种目的地距离鲁国遥远、行程复杂冗长的国际行动，他要做好至少连续4个月在国外的准备，而且到底要多久才能回国是没有准数的。

国君几乎每年都要出行，出行时间不确定，在外时间长而且长度不确定，这些条件叠加在一起，即使放在现代国家也是足以让国君和政府机构难以应付的，何况是两千六百多年前的鲁国？一方面，国家内政的运行不能一天没有最高决策者，政务的处理流程不能总是变来变去；但另一方面，霸主齐桓公的"高标准严要求"又是鲁僖公所不敢违抗的，这两者之间的矛盾引发的内政治理压力，迫使鲁僖公不得不放手让诸卿更进一步构建一个"强化诸卿，虚化国君"的内政运行新体制。

在这个新体制里，无论国君是否在国都，政务的处理流程都保持基本不变：当国君不在都城的时候，国家政务自然是由诸卿领导的看守政府全权处理，具体领导者和最后决策者都是留守诸卿中排第一的执政卿。当国君在都城的时候，国家政务也仍然是由诸卿领导的政府处理，具体领导者也仍然是执政卿，国君虽然是名义上的最后决策者，拥有最后否决权，但在实际治理中，国君一般不会推翻执政卿做出的决定。

有读者可能会提出质疑：外出执行仆从国任务的并不只是国君，还有诸卿成员，诸卿领导制不是同样受到霸政任务的干扰吗？这里就显示出诸卿领导制对国君领导制的关键优势了：国君只有1个人，一旦出国在外，国君领导制就无法正常运作；诸卿一般认为有6个人，如果某位卿官出国在外，由剩下其他5卿组成的诸卿领导班子仍然可以正常运作。套用一句当代的科技术语，诸卿领导制的"鲁棒性"（robustness，指在异常和危险情况下系统生存的能力）远远超过国君领导制。

凑巧的是，此时鲁国六卿领导班子的执政卿又偏偏是值得鲁僖公托付国事的公子友。如前所述，公子友一方面坚定拥护周礼"尊尊"大义和"父死子继"宗法原则，忠于鲁庄公的遗命，最终平定公子庆父之乱，拥立自己长期照顾的鲁僖公即位，是鲁僖公的大恩人；另一方面他又坚定拥护周礼"亲亲"大义，在杀了自己的两个哥哥之后，又帮助他们的家族不仅在鲁国生存下来，还和他自己的家族季氏一起成为鲁僖公时期的三个卿族，因此也是孟氏、叔孙氏的大恩人。

一方面，鲁僖公迫于齐桓公霸政带来的压力，不得不允许政事决策权进一步下移；另一方面，公子友的拥立之恩、亲亲尊尊之德又使得鲁僖公没有理由不信任他。可以想见，无论鲁僖公在国内还是国外，公子友作为政府的具体领导者和实际上的最后决策者，理直气壮地全面领导鲁国各项工作，在国内不断地积累经验，建立功绩，拓宽人脉，树立威望。此外，公子友作为季氏族长，还利用各种职务之便给孟氏、叔孙氏的卿官族长提供机会，帮助他们建功立业（详见下段）。

分析完鲁僖公前期君权下移的不断深化，我们再来看看这一时期三桓势力的迅速发展。

在鲁僖公–服从齐桓公时期，国君外出频次为0.76次/年，与鲁庄公服从齐桓公时期（0.74次/年）大致相当；卿大夫外出频次为0.47次/年，占比为38%，也与鲁庄公服从齐桓公时期（0.44次/年，占比44%）大致相当。虽然从定量指标上看不出什么端倪，但如果我们观察一下这段时期从事外事活动的卿官，就会发现一个很不寻常的现象：他们全是季氏、孟氏、叔孙氏三个卿族的成员，其中执政卿、季氏族长公子友外出4次，孟氏族长孟穆伯外出1次，叔孙氏族长叔孙戴伯外出2次。

在春秋时期，卿大夫要想建立功勋，靠走勤勤恳恳处理国内政事这条路是非常慢的，最便捷的途径就是承担外交或军事任务这类有"显示度"的工作；根据《左传》的记载，当时卿大夫执行外交或军事任务完毕回国，国君都会在宗庙举行酒会庆祝，并且将他的功劳记录在册。因此，笔者认为，有显示度的外交/军事任务被季氏、孟氏、叔孙氏独占，这应该是执政卿公子友的刻意安排。也就是说，在这一时期，一个以季氏为首，孟氏、叔孙氏追随的三桓诸卿集团已经形成，三桓诸卿应该是鲁国诸卿领导班子中的实权集团。

在三桓族长之中，公子友的出行次数最多，而且事由比较整齐，除掉鲁僖公初年率军击败莒军那一次之外，其他3次都是前往齐国访问（前657年冬、前653年秋、前647年冬）。笔者认为，公子友的这3次访问说明，他不仅在内政运行方面常态化地成为鲁国的具体负责人，而且进一步获得了与这个内政地位相匹配的外事权，也就是作为鲁国政府的首席代表，在有重要需求的情况下与齐国内政的具体负责人管仲进行直接对话和商议。

十、僖公被扣，诸卿首次严重侵权

鲁僖公前期，政事决策权下移至卿大夫的情势不断发展，到齐桓公末年终于量变引起质变，引爆了一次比前675年公子结私自参加会盟更严重的侵夺政事决策权事故，那就是前643年夏鲁僖公在淮之会期间被齐桓公下令扣留的事。下面，我们就来详细分析一下此事的内幕。

第一，这次严重侵夺政事决策权事件之所以会发生，与1年前（前644年）执政卿公子友去世有直接关系。

在公子申（日后的鲁僖公）母亲成风"事奉"公子友之后，公子友一直就照顾保护着当时还只是一个贱妾所生公子的公子申；而当鲁庄公去世之后，公子友又拥立公子申为君。笔者认为，鲁僖公即位之后，他和公子友的关系很可能非常类似于明朝万历皇帝和张居正之间的关系，那就是鲁僖公充分尊重和信任执政卿公子友，"你办事我放心"，将政事决策权进一步地让渡给他；而公子友也坦然地扮演"股肱之臣"的角色，"我办事你放心"，逐渐打造出一个无论鲁僖公在不在都能正常运转的内政运行机制，让鲁僖公安心在外履行仆从国义务。

然而，在公子友担任首席的诸卿领导班子中，其他诸卿（比如孟穆伯和叔孙戴伯）对鲁僖公的忠心很可能比公子友要弱，他们的德行才能很可能比公子友要差，而他们想要通过建功立业上位的野心很可能又比公子友要强。公子友在世时，可以镇得住其他诸卿，保证各项政务的处理不出严重差错；然而当前644年公子友去世之后，继任执政卿（笔者怀疑是孟穆伯）一方面继承了鲁僖公赋予前任执政卿公子友的大权，另一方面又没有公子友那样稳妥执政以确保鲁僖公安全的忠诚，而包括出兵征战在内的重大政事决策权又已经由看守政府行使多年，在这样的情势下，出现淮之会这样的事故就是迟早的事。

第二，淮之会鲁僖公被扣，应该不是看守政府诸卿要故意坑害鲁僖公，而是一次"小人行险以侥幸"的失败事故。

回溯来看，由前643年冬十二月齐桓公去世，可以推知，在同年夏天鲁国看守政府悍然出兵攻打项国之时，齐桓公的身体状况和头脑清醒程度已经非常不乐观。齐国既是中原霸主，又是鲁国的邻国，因此，鲁国对于齐国内政情况，以及齐桓公本人身体状况的监控应该是非常严密的：根据春秋时期诸侯国之间交往的常态，这种监控既包括在出席齐桓公组织的国际行动时密切关注他的言谈举止，也包括在会盟、朝见等外交场合与齐国君臣会谈时打听齐国内政信息，还包括派出间谍潜伏在齐国都城和公宫内搜集情报。笔者认为，当时领导看守政府的执政卿和其他诸卿对于齐桓公年老昏聩、时日无多，齐国朝廷奸臣当道、朝政紊乱的状况应该是有很清晰的了解的。

春秋前期的战争，尤其是要攻灭小国的战争，一定要有一个表面上听起来正当的理由，何况是鲁国这个素有"谨守周礼"美誉的周公封国。笔者认为，在前643年夏天时，鲁国应该是抓住了一个比较合适的讨伐项国的借口。当时，看守政府的诸卿领导班子认为：

（一）讨伐时机很难得，机不可失时不再来，等不到鲁僖公回国了，而且鲁僖公有可能会反对，最好的处理方式就是"先斩后奏"。

（二）淮之会在去年（前644年）冬十二月时召开，到今年夏天时应该已经接近结束。等鲁国攻灭项国的消息传到齐桓公耳朵里时，很可能鲁僖公已经回到国内。

（三）齐桓公气数将尽，心力不济，即使他得知消息时鲁僖公仍在会场，应该也不会作出什么太激烈的行动，给自己造成不可收拾的局面。

在这样的考虑下，看守政府的执政卿下定决心"行险以侥幸"，在前643年夏天派出军队灭了项国。但是，诸卿错误判断了齐桓公的思路。齐桓公认为鲁国的行为是想趁着他气数将尽的机会来"行险侥幸"，让其他诸侯看到他已经无力管控国际秩序，甚至连一向最听话的鲁国都管不住了，这会让他近乎完美的霸业"晚节不保"。面对这样的形势，齐桓公决定出其不意地"示强以立威"，于是果断下令扣留了鲁僖公。齐桓公所预期的，是鲁国看守政府慑于自己通过扣留鲁僖公展现出来的威势，立即派出卿大夫使者到达淮之会现场，承认攻灭项国的罪过，以换取鲁僖公的释放。

第三，鲁国看守政府没有派出使者向齐桓公承认罪过，是诸卿在乎自己的团体利益胜过在乎鲁僖公的安危荣辱。

鲁国看守政府诸卿得知齐桓公的举动之后，肯定紧急开会商议对策。形势是非常明显的：由于这次出兵攻灭项国是鲁国诸卿趁着鲁僖公不在国内时自行做出的决定，所以，如果他们像齐桓公期待的那样派出使者到会场认错以换取鲁僖公的释放，鲁国诸卿就要为这场导致国君被扣押的鲁莽行动负全部责任。而且，齐桓公一定会将此事昭告同盟诸侯以树立自己的霸主威信，鲁国诸卿也就不可能隐瞒和遮掩自己在这件事上的过失。这样一来，被鲁国诸卿坑害的鲁僖公在回国之后，就有充分的理由夺回长期下放给诸卿的权力，而这是已经习惯了实际掌控朝政的诸卿绝不愿意接受的。

因此，继不顾国君安危而悍然出兵攻灭项国之后，鲁国诸卿再次做出了一个只顾自身利益、不顾国君安危的决定，那就是不派使者向齐桓公承认罪过，而任凭齐桓公扣押着鲁僖公。他们的盘算是：齐桓公将鲁僖公扣押得越久，其他仆从国君主对于齐桓公在国际会盟现场直接抓人而且不宽恕的做法微词就越多，就越不愿意再参与齐桓公组织的国际行动，形势反而会对齐桓公越来越不利。如果事情一直僵持下去的话，齐桓公有可能会带着"末年暴虐扣押诸侯国君"的恶劣名声去世，这才是真的"晚节不保"。于是，鲁国诸卿和齐桓公展开了"看谁先熬不住"的对峙，而鲁僖公就这样被夹在中间。

第四，鲁国派出声姜在鲁国下邑与齐桓公会面，标志着鲁国诸卿在与齐桓公的对峙中最终占了上风。

这一回，如鲁国诸卿所料，身体一天不如一天、手里又攥着"烫手山芋"（鲁僖公）的齐桓公先绷不住了。他知道自己不可能有气力组织诸侯联军攻打鲁国，也不愿意这样扣押着鲁僖公直到自己去世。笔者认为，在这样骑虎难下的境遇下，齐桓公派遣了密使与鲁国诸卿接触，商议尽早打破僵局的解决方案。

鲁国诸卿看到齐桓公先派人过来谈判，知道自己计谋得逞，在对峙中已经占了上风，自然更加不可能派使者向齐桓公认罪，而是提出了这么一个解决方案：由于鲁僖公的夫人声姜是齐桓公的女儿，所以齐桓公扣留鲁僖公，从国事角度讲是霸主跟仆从国君主之间发生了矛盾，从家事角度讲就是岳父和女婿发生了矛盾。鲁国诸卿建议，可以让声姜出面，请求父亲看在自己的份上饶恕女婿的罪过，而齐桓公也就可以借坡下驴释放鲁僖公。鲁国诸卿还提出，由于先前鲁桓公夫人文姜频繁出国抛头露面造成了很恶劣的国际影响，而这一回声姜的目的既然明显不是回国省亲，那就不能出境到齐国，而只能在齐鲁边境的鲁国一侧会见齐桓公。

齐桓公收到鲁国诸卿提出的方案之后，知道自己不可能跟他们再这样耗下去，不得已表示同意。然后就有了前643年秋天那怪异的一幕：已接近油尽灯枯的齐桓公竟然不顾旅途颠簸劳累，从齐国都城来到鲁国下邑，接受了女儿声姜的请求，随后释放了女婿鲁僖公。就这样，鲁国看守政府诸卿利用齐桓公寿数将尽又想要保住霸主晚节的心理，竟然成功地逼迫昔日不可一世的中原霸主来到仆从国境内表演了一出"宽宏大量饶恕女婿"的戏码，把一次"违背霸主命令，导致国君被扣"的严重事故扭转成了"灭小国开疆拓土，巧周旋霸主低头"的成功案例。

第五，鲁僖公回国之后，开始疏远和防备三桓诸卿，并且开始培植以东门襄仲和臧文仲为代表的亲国君派卿官。

如果我们比对淮之会前和淮之会后外出卿官的名单，会发现一个断裂式的转变，那就是：

（一）鲁僖公即位至淮之会前，所有外出的卿官都是三桓诸卿。

（二）淮之会后到鲁僖公去世，能够确定身份的外出卿官，除了一露面就被刺杀的公子买之外，一直就是两个人，一个是鲁僖公的兄弟东门襄仲（外出6次），另一个是有"圣人"美誉的贤臣臧文仲（外出2次）。三桓诸卿中的孟穆伯和叔孙庄叔在淮之会后一直担任卿官，但是他们再也没有得到哪怕一次外出的机会。

这个非常明显的断裂强烈地提示我们，淮之会期间被诸卿坑害的经历，导致鲁僖公对待诸卿的态度发生了一个重大转变。

笔者推测，前644年公子友和叔孙戴伯去世后，鲁国执政卿由三桓诸卿中最年长、资历最老的孟穆伯担任，接替叔孙戴伯担任卿官的是叔孙庄叔，而接替公子友担任卿官的有可能是季文子的父亲齐仲。孟穆伯担任执政卿，而且三桓诸卿结成一党，在鲁国诸卿（不超过6人）中总能成为多数派，因此三桓诸卿成为鲁国诸卿中实际掌权的小集团。淮之会期间悍然出兵灭项国，不派使者认罪而选择与齐桓公僵持，逼迫齐桓公来到下邑表演"赦免女婿"的戏码，上述这些行动的决策者应该都是以孟穆伯为首的三桓诸卿。

由于三桓诸卿灭项国为鲁国开疆拓土立了大功，而且最后还用计谋逼迫齐桓公释放了鲁僖公，因此鲁僖公回国之后，即使不给三桓诸卿记功，至少找不到什么过硬的理由可以惩治。但是从这以后，鲁僖公对三桓诸卿的态度发生了根本性的变化：他充分利用自己可以决定执行外事任务卿官人选的权力，再也不给他们任何利用外事立功的机会，而是把这样的机会都输送给了诸卿中排名靠后的兄弟东门襄仲和贤臣臧文仲，为他们两人在更高排位出现空缺时顺利递补奠定政绩基础。可以这么说，通过向东门襄仲和臧文仲持续输送立功机会和政治利益，鲁僖公希望在诸卿中培养出一个亲国君的卿官集团，来平衡三桓诸卿的势力。

十一、僖公反击，设法夺回政事决策权

本节我们来探究鲁僖公与三桓诸卿反目之后，如何设法遏止政事决策权下移卿大夫的进程，夺回内政外交权力。

（八）鲁僖公-后齐桓公时期（前642年—前633年）

齐桓公去世之后，齐国陷入君位争夺动乱之中。宋襄公平定齐国动乱、拥立齐孝公，认为天命已经转而眷顾自己这个商王后裔，于是在完全不具备大国实力的情况下开始强行称霸，最终在泓水之战中被楚人打得大败，伤重不治身亡。宋襄公称霸闹剧结束之后，楚成王获得大多数中原诸侯的归顺，这其中就包括鲁国。前634年时，鲁国派使者到楚国"告状"，引导楚国出兵讨伐齐国、宋国，最终引发了前632年的晋楚城濮之战。

在这一时期，由于中原处于霸主悬空的状态，鲁国君主外出的遵命行动占比从100%骤降至22%，2次遵命行动所遵从的是鲁国押宝会成为下一任中原霸主的楚成王。在其余7次自主行动中，鲁僖公一方面试图抓住"监管真空期"攻打邾国以开疆拓土（3次），另一方面接受卫国调停与莒国改善关系（2次），甚至在齐孝公仍以霸主自居惩罚鲁国之后奋起反抗齐国（1次），乃至引导准霸主楚国攻打齐国（1次）。从表面上看，鲁国似乎是回到了接近于鲁隐公、鲁桓公时期的独立自主状态，然而，鲁僖公心里清楚，这一时期不会持续多久，只不过是在旧霸主衰弱、新霸主尚未登场之间出来"放风"，

鲁国早晚要重新回到霸主仆从国的状态。

在这一时期，国君外出的频次从0.76次/年温和上升至0.90次/年，卿大夫外出频次从0.47次/年温和下降至0.40次/年。虽然从数字上来看变化不算大，但是仔细一分析，就能很清楚地看到鲁僖公夺回外事权的努力。在卿大夫外出的4次中，前2次没有明确记录，应该是大夫级别的官员，后2次是东门襄仲和臧文仲。笔者认为，鲁僖公夺回外事权的手段，就是一方面自己占住大多数的外出机会，另一方面把剩下的少数外出建功的机会全部定向输送给东门襄仲、臧文仲或者大夫级别的官员，一个都不留给三桓诸卿。

总而言之，在这9年里，鲁僖公一方面在外事方面沉重打击了三桓诸卿，另一方面通过定向输送立功机会扶植了一个亲国君的卿族集团，这就为接下来他进一步夺回内事权奠定了基础。

（九）鲁僖公-服从晋文公时期（前632年—前628年）

前632年城濮之战后，鲁国和其他曾经一度倒向楚国的中原主要诸侯国一起，迅速倒向了能给他们带来更加确定未来的晋国，鲁国君主外出的遵命行动占比重新回到100%。不过当时鲁僖公估计也没有料到，晋国这个先前基本不参与中原国际事务的"暴发户"，竟然会开创持续百年的霸业。

在这一时期，国君外出频次下降至0.60次/年，而卿大夫外出频次达到1.0次/年。在全部8次外出活动中，鲁僖公占3次，东门襄仲占3次，臧文仲占1次，公子买占1次。笔者认为，在这一时期，鲁僖公延续了后齐桓公时期的整体思路，那就是要加强对于内事权的掌控，但是他采用了不同的策略：一方面，更多地留在国内，直接主持朝政；另一方面，将更高比例的外事托付给他所扶植的亲国君诸卿——东门襄仲和臧文仲，继续"雪藏"三桓诸卿。

东门襄仲外出的次数远多于臧文仲，很可能与两人的年龄有关：臧文仲最早出现在《春秋》《左传》里的时间是在前683年，至前632年时至少已经71岁[1]，已是将近古稀的年纪；而东门襄仲到前601年才去世，此时还是壮年。虽然臧文仲在前617年才去世，享年至少八十六岁，但他在服从晋文公时期的年岁已经不适合外出奔波。实际上，在前629年之后，臧文仲再也没有见于传世文献记载的外出记录。

这一时期国君外出的另外一个显著特点，就是平均路途最短时间大幅度提升，从服从齐桓公时期的37.8天上升至66.2天。这显然是由于齐国和晋国的地理位置决定的：齐国是鲁国的邻国，齐桓公选择会盟地点自然会考虑不离齐国都城太远，而鲁国就搭了这个便车。即便鲁国君臣前往齐国都城，距离也不会远。晋国远在今山西省，选择会盟地点同样会考虑不离晋国都城太远，这样一来，晋国的邻国就搭了便车，而鲁僖公这样的东土国家君主就得在路上颠簸更长的时间才能到达。如果鲁国君臣要前往晋国都城访问，也要走很远的路（路途最短时间81.6天）。

既然要事奉远在山西的晋文公为霸主，就必须承受随之而来的更大外事活动压力。为了应对这种压力，鲁僖公和他所信任的东门襄仲似乎做了这样一种分工，那就是鲁僖公专注于参加最为重要的诸侯会盟（3次），东门襄仲则专注于路途更加遥远、重要性稍低一些

1　古代贵族男子正常二十岁可以行冠礼，然后可以从政。加上前683年至前632年的差值，所以至少是七十一岁。

的访问晋国（2次），而年近古稀的臧文仲则把他最后一次外事任务贡献给了前往曹国瓜分曹地。

（十）鲁僖公-后晋文公时期（前627年）

在晋文公去世后的短暂"放风期"，鲁僖公和东门襄仲打了一波很好的配合：鲁僖公在夏天率军攻打邾国夺取土地，东门襄仲同年秋天率军继续攻打邾国扩大战果，而鲁僖公则抽身出来前往齐国，为万一晋国霸业衰落、鲁国要重新开始事奉齐国做准备。然而，鲁僖公在这年年底去世，鲁国又进入到新一轮的君臣博弈之中。

文公时期：三桓东门此消彼长，君权下移恶性突变

舜有大功二十而为天子。今行父……于舜之功，二十之一也！

——季文子

三桓诸卿再度兴起，东门襄仲前景堪忧

前626年春正月，鲁僖公的嫡长子公子兴正式即位，就是鲁文公。鲁文公即位时，他所面临的国际国内形势是这样的：

国际局势方面，当时晋国仍然是中原霸主，一方面管控着中原国际秩序，一方面与南方大国楚国进行竞争；齐国仍然是东土地区最强大的国家，一旦晋国霸业出现衰落，就有可能谋求东山再起。鲁国既是霸主晋国的仆从国，又是齐国的邻国，因此鲁文公一方面要继续事奉好远方的霸主晋国，另一方面也要妥善处理好与强邻齐国的关系，从而确保一个相对和平稳定的国际环境。

国内局势方面，如前所述，鲁文公的父亲鲁僖公通过扶植东门襄仲和臧文仲，在诸卿领导班子内部建立起一种制衡关系。这个制衡关系的一边是三桓诸卿，以资历最老的孟氏族长孟穆伯为首，还包括叔孙氏族长叔孙庄叔以及季氏族长 (齐仲?)；另一边是亲国君诸卿，包括鲁文公的叔叔东门襄仲以及古稀之年的臧文仲，以年富力强的东门襄仲为首。鲁文公接下来要做的，是把控好这两个小集团之间的制衡关系，确保两派不联合起来侵蚀自己的权力。

前626年夏四月二十六日，鲁国安葬鲁僖公。周襄王派卿士毛伯卫到鲁国赐予鲁文公恩命，鲁文公派叔孙庄叔到周王室拜谢。这是叔孙庄叔第一次作为卿官出现在春秋史时间轴中，距前任族长叔孙戴伯去世 (前644年) 18年。

前630年卫成公死里逃生回到卫国之后，晋、卫关系破裂。卫成公再也没去过晋国朝见晋文公，还派卿官孔庄子入侵晋联盟中

的郑国。前626年晋襄公即位之后，夏五月出兵攻打卫国，包围了晋、卫边境卫国一侧的戚邑[1]。

同年秋天，晋襄公在戚邑主持会议，重新划定戚邑所属土地的疆界，鲁卿孟穆伯受命前往戚邑与晋襄公会面。鲁史《春秋》将此次会面记载成"公孙敖（即孟穆伯）会晋侯于戚"，这说明孟穆伯是唯一一位与晋襄公会面的诸侯国代表。从地图上看，戚邑位于晋、卫、鲁三国交界地区。综合上述信息，笔者怀疑，此次重新划界应该是缩小戚邑所属土地范围，将一部分指定土地划拨给东邻鲁国，而孟穆伯前去的目的是代表鲁国接收土地，与前630年臧文仲前往晋国接收曹国土地类似。

晋国为什么要将割取卫国的土地赠予鲁国？公开的理由应该是"赏罚分明"：鲁国紧跟霸主态度恭顺，因此有赏；卫国蔑视霸主侵略同盟国，因此有罚。然而，考虑到鲁国接受赐地后不但不感激，反而开始敌视晋国，所以晋国这样做很可能还有一层更为狡诈的理由，那就是晋国看到先前鲁僖公出手营救卫成公后两国关系密切，因此想要通过"损卫肥鲁"来离间两国关系，防止两国建立攻守同盟共同对抗晋国。所以，这次鲁国派人接受卫国土地，恐怕并不是欣然接受一片自己垂涎已久的领土，而是被迫接受一个霸主硬塞过来的烫手山芋。

作为三桓诸卿的叔孙庄叔和孟穆伯在鲁文公即位第一年先后出国执行外交任务，说明前644年淮之会后鲁僖公打压三桓诸卿的政策在鲁文公即位之后已经解除。这有可能是鲁文公主动采取的行动，其目的一是为了缓和他父亲造成的、国君与三桓诸卿之间的紧

1　戚见图三。

张关系，二是不仅利用亲国君诸卿来制衡三桓诸卿，也用三桓诸卿来制衡亲国君诸卿。也有可能是三桓诸卿抓住鲁文公刚即位需要息事宁人、稳定君位的利益需求，集体发难要求甚至逼迫鲁文公放弃其父亲的压制政策；而真实情况很可能是介乎于这两者之间的。当然，鲁文公这样的做法一定会遭到亲国君诸卿、特别是东门襄仲的怨恨，东门襄仲内心中对鲁文公的真实态度，很可能远不如像对鲁僖公那样感激和亲近了。

如上文所述，晋国挑拨鲁卫关系的行径很可能引起了鲁国君臣的反感，鲁文公因此一方面在即位之后迟迟不去晋国朝见晋襄公，另一方面在前626年冬天就派孟穆伯前往齐国进行友好访问。晋国意识到鲁国已有二心，于是在前625年春天派使者前往鲁国，责问鲁文公不朝见晋襄公是何居心。鲁国君臣知道无力与晋国对抗，于是鲁文公被迫前往晋国。夏四月十三日，与去年晋君（晋襄公）亲自与鲁卿（孟穆伯）会面正相反，这次晋人故意派出晋卿（阳处父）与鲁君（鲁文公）盟誓，以此来羞辱鲁国。

前625年夏六月，在鲁文公还没有回到鲁国都城的时候，晋人趁热打铁，由晋大夫士縠、鲁卿孟穆伯、宋成公、陈共公、郑穆公在郑地垂陇[1]会盟，要求各国统一思想、声讨卫国不服霸主的行径。最终，在陈共公的斡旋下，卫国向晋国求和。

前625年冬，鲁卿东门襄仲前往齐国访问，他此行的目的是为鲁文公娶现任齐侯齐昭公之女送定亲财礼。

前624年春正月，鲁卿叔孙庄叔参与晋国组织的诸侯联军讨伐

1　垂陇见图三。

南方的沈国[1]，原因是沈国归服了楚国。从这次行动可以看出，鲁国与霸主晋国之间的关系已经逐渐恢复正常。晋国也意识到先前对鲁文公做了无礼之事，于是请求重新与鲁文公盟誓。同年冬，鲁文公在权孙庄权的陪同下前往晋国。冬十二月二十二日，鲁文公与晋襄公在晋国都城举行盟誓。

前623年春，鲁文公回到鲁国都城。同年夏，鲁人派使者从齐国迎回鲁文公夫人姜氏。

前622年夏，鲁执政卿孟穆伯前往晋国访问。

前621年夏，鲁卿季文子到陈国都城访问，并且为自己娶妻。季文子是齐仲的儿子，公子友的孙子，也是第一位以"季"作为氏名的族长。这是季文子第一次作为卿官出现在春秋史时间轴中，距离其祖父公子友去世（前644年）23年。

同年秋，季文子将要去晋国访问，临行前派人找来倘若受聘国有丧事可供指导的礼仪文献带着上路。负责去找的人问："您找这个有什么用？"季文子说："为意料之外的事情早做准备，这是古代传下来的好教训。到时候万一真的需要临时去找却没有，这是真的麻烦，事先找好准备着，就算是准备得过度了一些，又有什么危害？[2]"孔子说季文子"三思而后行"[3]，这里就提供了一个很好的例证。

就在季文子访问期间，秋八月十四日，晋襄公果真去世了，季文子事先准备的礼仪文献真的派上了用场。由此可见，季文子很可

1　沈见图五。

2　《左传·文公六年》："备豫不虞，古之善教也。求而无之实难，过求何害？"

3　《论语·公冶长》："季文子三思而后行。子闻之曰：'再，斯可矣。'"

能在出行前就已经听闻晋襄公健康状况有问题，于是事先找来相应文献作为预备，但是又不便将这种会造成重大影响的机密消息明说出来，所以把上面这一套道理作为解释。

前621年冬十月，东门襄仲前往晋国，参加晋襄公的葬礼。

晋襄公去世之后，从前621年到前618年，晋国政局持续动荡，卿官体系内部斗争不断，可以称之为"襄灵内乱"。前620年春，鲁文公抓住霸主晋国无暇管控诸侯的时机，再次出兵讨伐邾国。春三月十七日，鲁文公又夺取了小国须句，将邾文公一个出逃到鲁国的儿子安置在那里，作为对邾国的威慑。鲁文公的这一做法，与他父亲鲁僖公在前634年引导楚师攻入齐国夺取谷邑、安置齐桓公之子以威慑齐国的做法可谓异曲同工。

前620年夏，位于晋国以东的赤狄入侵鲁国西部边境，鲁文公派使者到晋国投诉。同年秋八月，晋执政卿赵宣子与齐、宋、卫、陈、郑、许、曹国君主在扈地[1]盟誓，宣告晋灵公正式即位。当时晋灵公不到两岁，晋国的实际最高领导人是赵宣子。鲁文公这次迟到，没有赶上盟誓。

从前626年到前620年，孟穆伯承担外事任务4次，叔孙庄叔2次，季文子2次，东门襄仲2次。如果仔细分析4人的出行事由：

孟穆伯：与晋襄公会面；访问齐国；参加晋国组织的会盟；访问晋国。

叔孙庄叔：访问周王室；参与晋国组织的联合军事行动。

季文子：访问陈国；访问晋国。

1　扈见图三。

东门襄仲：到齐国为国君送定亲财礼；到晋国参加晋襄公葬礼。

从上述分析可见，在鲁文公在位期间的头7年（前626年—前620年），一方面，三桓诸卿作为一个整体承担了绝大多数（80%）的外事任务，其中资历最老的孟穆伯一人承担了40%；另一方面，亲国君诸卿活跃于外交舞台上的只剩下东门襄仲，他只承担了20%的外事任务。此外，三桓诸卿所承担的外事任务多是国事访问、会盟、征伐等比较重要的工作，而东门襄仲承担的都是礼仪性的工作。

卿官所承担外事任务的数量和质量是反映卿官在国内政治地位的一面镜子。笔者认为，上面说的这些数据说明，在鲁文公的宽纵之下，三桓诸卿摆脱了他们在鲁僖公后期的被压制状态，再度崛起成为鲁国诸卿中势力最大的集团，而亲国君诸卿与之相比已经势单力薄了。

实际上，从下文对于"逆祀"事件的分析，我们可以知道，臧文仲已经不再是东门襄仲的盟友，亲国君卿官其实已经只剩下东门襄仲一人，而且得不到鲁文公帮助的他对鲁文公也未必那么亲近。按照这个趋势发展下去，如果东门襄仲被三桓诸卿"收编"，或者东门襄仲去世后，三桓诸卿在诸卿领导班子中将没有对手，成为实际掌握权力的集团。然而，正如我们在下节看到的那样，这个大好的前景被三桓诸卿中居于领袖地位的执政卿孟穆伯亲手毁掉了。

三桓诸卿主张逆祀，东门襄仲无可奈何

如前所述，鲁僖公在前626年（鲁文公元年）夏四月下葬，但是前

面没有说的是，鲁僖公下葬之后，鲁人竟然一直没有为鲁僖公制作神主牌位，鲁僖公庙就这么一直空着。这种"牌位悬空"的奇怪状态一直延续到了前625年（鲁文公二年）春二月，在这之后，鲁僖公庙里总算是摆上了鲁僖公的牌位。

然而，围绕鲁僖公牌位的怪事还没有结束。到了前625年（鲁文公二年）秋八月时，鲁人计划在太庙合祭历代先君，而这就存在一个历代先君牌位摆放先后顺序的问题。按照祭祀正礼，既然鲁闵公去世在前，鲁僖公去世在后，那么牌位顺序就应该是鲁闵公在前，而鲁僖公在后，这是"顺祀"。

然而，在商议祭祀礼仪的筹备会上，负责宗庙祭祀的宗伯夏父弗忌突然发言，说他做了一个梦，在梦中梦见鲁僖公的鬼魂个头大，而鲁闵公的鬼魂个头小。夏父弗忌说："鬼魂个头大的放前面，鬼魂个头小的放后面，是顺乎事理的。而且，让圣哲贤能的鲁僖公排在前面[1]，是昭明圣哲贤能。昭明圣哲贤能，又顺乎事理，是合乎周礼精神的。"最终，夏父弗忌的意见得到了采纳，鲁人于是按照鲁僖公牌位在前、鲁闵公牌位在后的方式合祭先君，从祭祀正礼来说这是"逆祀"。

特别值得一提的是，孔子在事后评论时，将批评的火力对准了臧文仲，他说："臧文仲这个大家公认的圣哲之人，做了三件缺乏仁德的事，三件缺乏智慧的事。让贤人展禽（即柳下惠）[2]屈居下位，设置六关向行人收税，纵容家中小妾织蒲席贩卖与民争利，这是三件

1　鲁僖公被鲁人认为是圣哲贤能的君主，《诗经》中最长的诗《鲁颂·閟宫》的主题就是歌颂鲁僖公的功德。相比之下，鲁闵公只是一个年幼的傀儡，而且在位两年就被杀害。

2　展禽，姬姓，展氏，又为柳下氏，名获，字禽，排行季，私谥惠。展无骇之子。参见《鲁国国君与三桓世系图》。

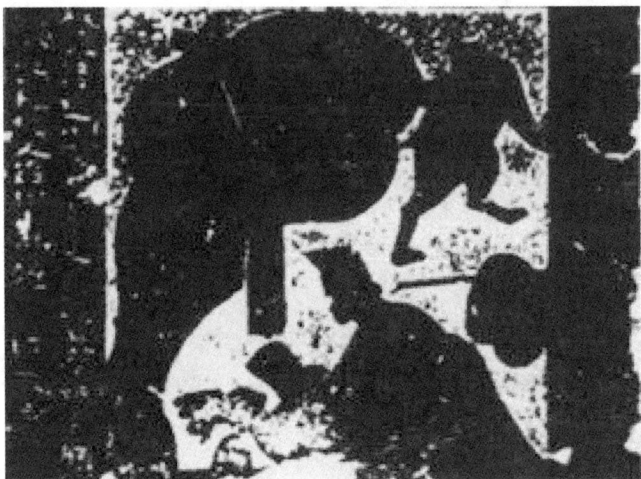

缺乏仁德的事。私下蓄养与自身地位不相称的大龟，纵容夏父弗忌主张的逆祀，祭祀不应当祭祀的海鸟爰居，这是三件缺乏智慧的事。"

这些看似无聊的礼制争议背后到底有什么内幕？笔者认为大概情况是这样：

> 在鲁僖公去世之后，鲁国卿大夫围绕鲁僖公牌位与鲁闵公牌位关系问题有重大争议，一派是"顺祀派"，坚持要按照"闵先僖后"的旧礼行事；一派是"逆祀派"，坚持要将次序调整为"僖先闵后"。这两派在鲁僖公去世之后就开始争执不下，鲁僖公牌位因此一直无法制作。到文二年春二月时，"逆祀派"已经基本控制局

势，于是鲁僖公牌位得以制作并放入庙中。鲁僖公二年秋八月太庙合祭时，鲁僖公牌位摆在了鲁闵公之前，标志着"逆祀派"的最后胜利。

结合上文所分析的鲁文公前期三桓诸卿重新崛起的整体形势，笔者认为，三桓诸卿就是"逆祀派"的主力，东门襄仲就是"顺祀派"的主力，而夏父弗忌不过是三桓诸卿的工具。这个推测的一个旁证就是，123年后的前502年，权臣阳虎在准备动手杀三桓领袖季桓子之前，先在太庙举行历代先君合祭，把祭祀顺序从"逆祀"改回到"顺祀"（参见第519页）。阳虎这样做的目的，应该是通过废止三桓支持的"逆祀"，来表明自己反三桓的政治立场。

三桓诸卿为什么要力推"逆祀"？笔者认为，三桓诸卿这样做的目的是为了刻意尊崇先君鲁僖公，从而在鲁文公时期一开始就营造出一种"三桓与先君鲁僖公关系和睦"的正面形象，进而在意识形态层面洗刷掉"三桓是受到先君鲁僖公仇视打压的恶势力"的污秽，为其在鲁文公时期的重新崛起扫清障碍。东门襄仲反对"逆祀"，就是反对三桓诸卿将自己"洗白"的企图。因此，"逆祀派"最终取得胜利，是鲁文公前期三桓诸卿开始重新崛起的标志性事件。

顺便说一下，东门襄仲之所以在"逆祀"问题上败给了三桓诸卿，很重要的原因可能就是臧文仲在鲁僖公去世后选择退出亲国君诸卿的行列，不再与东门襄仲站在一条战线上与三桓诸卿作对。孔子的基本政治立场是"张公室""反三桓"，因此他认为，纵容"逆祀"是臧文仲这个当时鲁国公认的"圣人"的重大污点之一。

三桓领袖为情痴狂，东门襄仲翻盘成功

前620年，一场绵延8年、对卿族孟氏和三桓诸卿集团造成反复伤害的孟氏家难开始了。这场家难的缘起，还要从孟穆伯的婚姻状况说起。

孟穆伯成年后，娶了莒国女子戴己为嫡夫人，生了嫡长子孟文伯[1]；戴己的陪嫁妹妹声己生了庶长子孟惠叔[2]。戴己去世后，孟穆伯又去了莒国为自己提亲，他的亲家以陪嫁声己还在为理由拒绝了孟穆伯[3]。孟穆伯见为自己提亲不成，又不愿意白跑一趟把提亲财礼原样带回去，于是临时起意，改成为自己的堂兄弟东门襄仲[4]提亲。根据当时婚礼的礼制，孟穆伯并没有见到他为东门襄仲娶的那位女子长什么模样。孟穆伯回到鲁国都城之后，把这件事告知了东门襄仲，东门襄仲也同意了。

看到这里，我们会觉得孟穆伯这一招非常高明。如前所述，三桓诸卿和亲国君诸卿之间的对立本来就是鲁僖公刻意挑拨构建起来的。前626年鲁文公即位之后，没有再刻意扶植亲国君诸卿，放任三桓诸卿重新得势。在亲国君诸卿这边，老迈的臧文仲最迟在前625年已经退出政争，重量级人物只剩下了东门襄仲，而势单力薄

1　孟文伯，姬姓，孟氏，名谷，谥文，排行伯。孟穆伯之子。参见《鲁国国君与三桓世系图》。
2　孟惠叔，姬姓，孟氏，名难，谥惠，排行叔。孟穆伯之子。参见《鲁国国君与三桓世系图》。
3　依照当时礼制，嫡夫人去世后，陪嫁女应该住进嫡夫人宫室，作为嫡夫人的继任者，叫作"继室"。
4　东门襄仲是鲁庄公之子，孟穆伯是鲁庄公弟弟公子庆父之子，所以两人是堂兄弟关系。参见《鲁国国君与三桓世系图》。

的东门襄仲恐怕也不再那么想要坚持"亲近国君、对抗三桓"的政治立场。到前620年时，鲁僖公构建起来的"两大卿族集团对立"政治格局已经摇摇欲坠。在此基础上，如今三桓诸卿的领袖孟穆伯主动向东门襄仲伸出橄榄枝，提出要为自己这位堂兄弟娶妻。这事如果办好了，基本上鲁国诸卿内部也就不再有什么矛盾对立，完全可以合并成一体来与鲁文公博弈了。

然而，孟穆伯接下来的举动把这个美好的前景彻底搞砸了。前620年冬天，徐国讨伐莒国，莒人派人到鲁国，请求与鲁国结盟，一同抵抗徐国。孟穆伯前往莒国参加盟誓，顺便为东门襄仲把新妇接回来。到了约定的接亲地点鄢陵邑[1]，孟穆伯站在城头，正好看到城下亲家送新妇的队伍，一下子被新妇己氏的美貌所震撼，然后他临时起意，把己氏据为己有。

孟穆伯这种替别人提亲、最终由于贪图新妇美貌而归为己有的案例，在春秋时期既不是第一次，也不是最后一次，《左传》《史记》有明确记载的就有三次：

第一次发生在春秋早期，而且就发生在鲁国，是父亲抢儿媳。鲁惠公[2]没有嫡子，他为迟早要成为太子的庶长子公子息姑到宋国娶妻，因为媳妇仲子长得太漂亮就抢过来直接归了自己，并将她升为嫡夫人。仲子跟鲁惠公生下了太子允（后为鲁桓公），而本来要成为仲子丈夫的公子息姑在鲁惠公去世后成了摄政君，就是鲁隐公。最终，权臣公子翚挑拨离间鲁隐公和太子允得逞，在太子允的允许

1　鄢陵见图五。
2　鲁惠公，姬姓，名弗皇，谥惠。鲁孝公之子。参见《鲁国国君与三桓世系图》。

下，公子翚杀了即将退休还政给太子允的鲁隐公。[1]

第二次发生在前696年前，也是父亲抢儿媳。当时卫国公子晋（后来的卫宣公）为儿子（后来的太子急）到齐国娶妻，因为新儿媳宣姜长得太漂亮就抢过来直接归了自己。这宣姜也是狠角色，她为了让自己和卫宣公生的儿子能当上太子，反过来害死了本来要成为自己丈夫的太子急。

第三次发生在前523年，还是父亲抢儿媳。当时楚平王为太子建到秦国娶妻，听信了奸臣费无极的教唆，因为新儿媳嬴氏长得漂亮就抢过来直接归了自己。费无极后来又接连设计挑拨楚平王和太子建之间的关系，最终导致太子建出奔，客死他乡。

正是基于这些案例，晋国贤大夫羊舌肸的母亲提出了这么一条会令当代女性感到被冒犯的"红颜祸水理论"：

> 夫有尤物，足以移人。苟非德义，则必有祸。

然而细细想来，羊舌肸母亲的话实际上并没有恶毒攻击或歧视女性的意思，因为她说得很清楚，"女子美到异常"只是诱因，真正会导致祸难的是男子的德义不足以匹配女子的美貌。综观上面三起类似事例的前因后果，以及羊舌肸母亲关于"尤物移人"的洞见，我们已经可以预感到接下来一场祸难将升腾而起。

孟穆伯回到鲁国都城之后，把自己的最终决定告诉了东门襄

1　此事《左传》《史记》记载迥然不同，此处描述依据的是笔者的综合分析，详见刘勋（2023年）(b)。

仲。东门襄仲勃然大怒，向鲁文公请示，要率领私家武装与孟穆伯拼命。东门襄仲的愤怒是很好理解的：孟穆伯不是一个情欲泛滥的毛头小伙，而是一个已经有妻有妾、步入中年的成熟政治家。[1]从常理推测的话，孟穆伯先提出要替东门襄仲提亲娶妻，然后反悔将这个女子据为己有，这样做的理由只可能有一个：孟穆伯想要故意羞辱如今已经处于劣势的东门襄仲。

鲁文公打算同意东门襄仲的请求。这时卿官叔仲惠伯[2]劝谏说："臣下听说，'武斗起于内部叫作乱，起于外部叫作寇。外寇前来，两军交战，至少还会伤到敌人，而内乱只能是自己人受害了'[3]。现在臣下在内部作乱而国君不加禁止，如果因此启动了外寇发泄仇怨的入侵，该怎么办？"鲁文公听从了叔仲惠伯的意见，于是出面阻止东门襄仲。叔仲惠伯劝说双方各退一步，也就是东门襄仲不再强求得到己氏，而孟穆伯则将己氏送回莒国母家，双方在表面上重新恢复先前堂兄弟的友好关系。

可以想见，当鲁文公打算支持东门襄仲之时，他心里的盘算很可能是以主持正义之名，行削弱卿族之实，让三桓诸卿和东门襄仲互相残杀、两败俱伤，从而巩固自己的君权。然而，叔仲惠伯的提醒让他意识到，暴力内乱一旦兴起，发展到什么地步是很难控制的，如果到时候东门襄仲以"国君批准自己报仇"为理由强迫鲁文公选边站队，搞不好会引火烧身，因此最好的策略还是继续秉持"一碗水端平"的原则息事宁人，然后静观其变。

1　孟穆伯在前645年第一次出现在春秋史时间轴中时已能率领军队，则当时年纪至少应该十六岁。因此，到前620年私奔莒国时，孟穆伯已经至少四十一岁。

2　叔仲惠伯，姬姓，叔仲氏，出自叔孙氏，名彭生，谥惠，排行伯。武仲休之子。参见《鲁国国君与三桓世系图》。

3　《左传·文公七年》："兵作于内为乱，于外为寇。寇犹及人，乱自及也。"

前619年时，晋人派使者来到鲁国，责问鲁文公为何在参加前620年扈地会盟时迟到。同年冬十月三日，东门襄仲与晋国执政卿赵宣子在郑地衡雍[1]会面，对此事作出解释，并举行盟誓表明鲁国没有二心。

大概就在东门襄仲完成使命往回赶路的时候，去年与他就娶妻闹剧达成和解的孟穆伯又一次做出了一件击穿所有人想象力界限的荒唐事。前619年秋八月二十八日周襄王驾崩，孟穆伯作为鲁国代表，在东门襄仲之后带着财货前往周王室吊丧。然而，孟穆伯出了鲁国都城之后向西行进，在还没有到达位于今天河南洛阳的周王畿时，突然放弃了自己的使命，带着财货折返向东，出奔到莒国，和去年一见钟情的己氏同居。

孟穆伯出奔之后，他的儿子孟文伯继位成为孟氏族长，并且代表孟氏在朝廷担任卿官。

孟穆伯的娶妻闹剧和第一次出奔（是的，还有第二次！）扭转了鲁国诸卿领导班子内部的权力斗争局势。一方面，三桓诸卿失去了资历最老、功劳最大的领袖人物，作为一个整体实力受到沉重打击；另一方面，与三桓诸卿对立的东门襄仲具备了成为执政卿的所有条件：

第一，东门襄仲在鲁桓公后代诸卿中辈分最高。东门襄仲是鲁桓公的孙子，而季文子、叔孙庄叔、孟文伯/孟惠叔、叔仲惠伯都是鲁桓公的曾孙，上下相差一辈。

第二，东门襄仲在当时的鲁国诸卿中资历最老。如前所述，东门襄仲开始担任重要职务是在鲁僖公后期，而季文子等人都是在鲁

1　衡雍见图三。

文公时期。

第三，东门襄仲在当时的鲁国诸卿中功劳最大。如前所述，东门襄仲在鲁僖公后期被委以重用，承担了大部分重要外事任务，而唯一可以与他比拼的孟穆伯又已经出局。

第四，东门襄仲是孟穆伯闹剧的受害者，更受到人们的同情和认可。

由于三桓诸卿根本推举不出可以与东门襄仲抗衡的人选，于是东门襄仲顺理成章地成为执政卿。这样一来，执政卿东门襄仲在权力方面居于优势，但是他形单影只，人数上处于劣势；三桓诸卿叔孙庄叔、季文子、孟文伯虽然在权力方面居于下位，但是他们是一个集团，在人数上有优势。也就是说，东门襄仲和三桓诸卿之间再次形成一种制衡关系，而这对于鲁文公来说是最有利的。如果我们从回溯性的角度来看，鲁文公在前620年时听从叔仲惠伯的建议，没有支持东门襄仲与孟穆伯发生武斗，而是促进两人和解，在道义方面无可挑剔，在利益方面仅一年之后就坐收孟穆伯出局、东门襄仲翻盘、两派重新对立的渔翁之利，可以说是最为明智的选择。

叔孙氏领衔三桓，孟穆伯客死异乡

前618年春二月，叔孙庄叔前往周王畿。二十四日，他作为鲁国代表参加了周襄王的葬礼。同年春三月，楚穆王率军讨伐郑国，东门襄仲参与晋国组织的诸侯联军救援郑国。

前617年春三月二十一日，臧文仲去世，他的儿子臧宣叔[1]嗣位

1　臧宣叔，姬姓，臧氏，名许，谥宣，排行叔。臧文仲之子。参见《鲁国国君与三桓世系图》。

成为臧氏下一任族长。臧文仲首次作为卿大夫出现在《左传》记载中是在前683年，期间嘉言善行多见于史书记载，为国事奔忙至少66年之久，被春秋晚期的鲁卿叔孙穆子[1]盛赞为"立言不朽"的贤大夫，在鲁国享有非常高的声望。

前616年夏，晋卿郤成子和鲁卿叔仲惠伯在宋地承匡[2]会面，商议如何应对陈、郑、宋先后倒向楚国的严峻形势。同年秋，东门襄仲到宋国访问，说服宋国允许先前出奔到鲁国的宋卿荡意诸回国，并且庆贺宋国由于主动顺服楚国而没有遭受兵祸。同年冬十月三日，叔孙庄叔率军在鲁国咸地击败了以身材高大著称的长狄部落，抓获了部落首领长狄侨如。为了纪念这次胜利，叔孙庄叔把自己的嫡长子命名为"侨如"，也就是后一任族长叔孙宣伯[3]。

前615年冬，季文子率军修筑诸邑和东郓邑[4]的城墙。

前614年冬天，鲁文公前往晋国朝见晋灵公，而且重温前619年的衡雍之盟。在途经卫国沓地时，卫成公与鲁文公会面，请求鲁文公从中斡旋，促成卫国与晋国讲和。鲁文公到达晋国以后促成了此事。鲁文公结束访问回国，在途经郑国棐地[5]时，郑穆公又与鲁文公会面，请求鲁文公再回一趟晋国，促成郑国与晋国讲和。最终，鲁文公答应了郑穆公的请求，又折返来到晋国都城，促成了晋国和郑国的和解，到前613年王正月才回到鲁国都城。

1　叔孙穆子，姬姓，叔孙氏，名豹，谥穆，排行叔。叔孙宣伯之子。参见《鲁国国君与三桓世系图》。

2　承匡见图五。

3　叔孙宣伯，姬姓，叔孙氏，名侨如，谥宣，排行伯。叔孙庄叔之子。参见《鲁国国君与三桓世系图》。

4　诸、东郓见图四。

5　棐见图三。

前614年五月邾国君主邾文公去世之后，鲁文公派使者前去吊唁，使者态度很不恭敬。邾人不满，前613年春出兵讨伐鲁国南部边境。作为回应，鲁卿叔仲惠伯随后率军讨伐邾国。同年夏六月，鲁文公参与晋国执政卿赵宣子组织的新城[1]会盟，在会上先前服从楚国的陈国、郑国、宋国表示转服晋国，而且诸侯还探讨了如何惩罚邾国的问题。

在前618年到前614年这段时间，衔命出国都的鲁国卿官有东门襄仲 (2次)、叔孙庄叔 (2次)、叔仲惠伯 (2次)、季文子 (1次)。这其中，叔孙庄叔和叔仲惠伯都是公子牙的孙子，叔孙氏是大宗，叔仲氏是小宗。不妨仔细分析这些行动的性质：

东门襄仲：率军参与救郑 (外交)，访问宋国 (外交)。

叔孙庄叔：参加周襄王葬礼 (外交)，率军在国内打败长狄 (内政)。

叔仲惠伯：与晋卿郤成子会面 (外交)，率军讨伐邾国 (外交)。

季文子：修筑国内城邑城墙 (内政)。

从上述概述可以看出，在东门襄仲成为执政卿之后：

第一，东门襄仲执政卿地位稳固，在外交方面占据主导地位。东门襄仲参与的都是出国征伐、出访诸侯等最有分量的外交行动，这与他的执政卿地位相匹配。当然，他并没有独霸所有外交任务，在六卿中人数占一半的三桓诸卿还是能分一杯羹。

第二，三桓内部的权势地位排序有所变化。叔孙庄叔不仅自己承担重要外交内政任务，还得到与自己同宗的叔仲惠伯的策应，权势地位跃升至三桓诸卿之首；孟文伯在孟穆伯出奔之后虽然继

1　新城见图五。

任卿官，但由于父亲孟穆伯仍然健在，处境尴尬，因此没有得到任何重要外交内政任务的机会，权势地位跌至三桓诸卿之末；季文子年龄资历尚浅，得到一次内政任务机会，权势地位居于三桓诸卿中间。

前619年孟穆伯第一次出奔莒国之后，他的折腾和对孟氏的折磨并没有结束。孟穆伯在莒国和己氏生了两个儿子之后，又传递消息给孟氏，说自己想要回国。儿子孟文伯于是向执政卿东门襄仲请求，东门襄仲最终同意让孟穆伯回国，但提出了一个苛刻的前提条件，那就是孟穆伯不准上朝参与政事。孟穆伯表示愿意接受东门襄仲的条件，于是回到鲁国，闭门不出。然而，三年后，孟穆伯又带上全部家财，第二次出奔到莒国，与己氏团聚。

在孟穆伯第二次出奔之后不久，孟文伯生了重病，再次向东门襄仲请求说："谷（孟文伯）的儿子年纪还小，请求立难（孟惠叔）为族长。"东门襄仲答应了他的请求。孟文伯去世后，他的弟弟孟惠叔成为孟氏下一任族长，同时也代表孟氏在朝廷担任卿大夫。

孟惠叔当上族长后不久，孟穆伯又从莒国送很重的财礼到孟氏，请求回鲁国。孟惠叔于是也请求东门襄仲让自己的父亲回国，东门襄仲同意了。然而，就在孟穆伯取道齐国回鲁国的半路上，前613年秋九月，孟穆伯在齐国去世了，他的这场晚年闹剧也终于画上了句号。

孟穆伯去世之后，孟惠叔向东门襄仲报告父亲的死讯，请求允许运回父亲的遗体在鲁国安葬，东门襄仲没有答应。有个齐人为跟随孟穆伯在齐国的孟氏族人谋划，说："鲁国，是你们的宗亲之国。

你们就装饰好棺柩[1]，然后把它放在齐国边境城邑堂阜[2]，鲁国肯定会派人来取的。"这些孟氏族人照此去做了。

鲁国卞邑与齐国堂阜邑接境，卞邑的官员得到了消息，派人向朝堂上的卿大夫做了汇报。孟惠叔向东门襄仲请求允许让父亲的灵柩回国安葬，每天都悲伤憔悴地站在朝堂上等着，东门襄仲最终答应了他。孟惠叔于是把孟穆伯的灵柩接回家中停棺待葬。

按照当时礼制的规定，孟穆伯的灵柩被安置在堂上，平时四周围上帷幕，早上、晚上亲属为他哭泣时则撤去帷幕。此时孟穆伯的嫡夫人戴己已死，陪嫁妹妹声己还活着，声己在每天早晚为亡夫哭泣时坚持不撤去帷幕，而是隔着帷幕在外面哭，一眼都不愿意看见孟穆伯的灵柩。将心比心可以想见，声己虽然也在那里哭泣，但她的泪水恐怕都是为自己、为姐姐流的怨恨之泪，而没有一滴是为亡夫流的悼念之泪。

东门襄仲作为孟穆伯的堂兄弟，应该穿着丧服，每天按时在堂下北面哭泣。如果说声己还有怨恨之泪可以流，东门襄仲从内心真实感受来说，是真的不愿意为这个混账堂兄弟流一滴眼泪。当初劝东门襄仲和孟穆伯和解的叔仲惠伯知道之后，再次劝他说："丧事，是亲情的终结。虽然没能有个好的开始，能够有个善意的终结总是好的。史佚[3]曾经说过：'兄弟之间应尽力做到美好。'救助困乏、庆贺好事、慰问灾祸、祭祀时相互尊敬、丧事时表达哀伤，内心真实的情感虽然不可能完全一样，但是总归不要断绝了相互的友爱，这

1　古人按照死者身份地位，在棺柩外会加上相应装饰，从而不让其他人直接看到亲人棺柩而产生厌恶感。根据鲁史《春秋》对此事的记载，孟穆伯的棺柩应该是按照卿的级别进行装饰的。

2　堂阜见图四。

3　史佚，周武王时太史。

是对待亲人的正道。您只管自己不要丧失了正道，为什么要怨恨别人丧失正道呢？"[1]东门襄仲悦服，于是率领其他堂兄弟按时为孟穆伯哭泣。

经过诸卿和孟氏的协商，最终孟穆伯按照父亲公子庆父的礼数下葬，父子二人的葬仪都比卿官正常去世的礼数有所降低。"不肖子孙"的"肖"原本是"像"的意思，从这一点上说，孟穆伯倒还真是公子庆父的"肖子"。

季文子崭露头角，东门襄仲杀嫡立庶

前613年齐昭公去世后，齐国公子商人杀了继位的齐昭公之子，自立为君，就是齐懿公。齐懿公即位后，试图抓住霸主晋国霸业中衰的机会谋求再度崛起，而他争霸战略的第一步就是试图制服目前仍是晋国仆从国的鲁国。

前612年秋，齐军入侵鲁国西部边境。季文子立即前往晋国控诉齐国，同年冬，晋灵公（实际主事者是赵宣子）组织诸侯在扈地会盟，谋划讨伐齐国。然而，在会议期间，齐人向晋国交纳了丰厚的贿赂，此次会盟遂不了了之。

齐懿公确认晋国无心无力保护盟国之后，加紧了对邻国的侵略和压迫。前612年冬，齐懿公首先率军入侵鲁国西部边境，然后又以"曹文公即位后到鲁国朝见鲁文公是蔑视齐懿公"为由，大张旗鼓地讨伐曹国，攻入了曹国都城的外城。季文子说："齐侯恐怕不

---

1 《左传·文公十五年》："丧，亲之终也。虽不能始，善终可也。史佚有言曰：'兄弟致美。'救乏、贺善、吊灾、祭敬、丧哀，情虽不同，毋绝其爱，亲之道也。子无失道，何怨于人？"

会免于祸难吧！自己对邻国无礼，还讨伐遵守邻国之礼的国家，说什么'你为什么要行礼！'行礼以顺从上天，这是上天的常道[1]。自己违逆上天，还以此为由讨伐他人，这样就难以免于祸难了。《诗》说：'为什么不互相敬畏？因为不敬畏上天。'君子之所以不虐待幼弱和低贱，是因为畏惧上天。《周颂》说：'畏惧上天的威严，这样才能保有福禄。'不畏惧上天，能保住什么？齐侯靠着作乱夺取了国家政权，即使一直尊奉礼制来试图保住君位，还应该害怕会不得善终；像现在这样做了这么多无礼的恶事，是不可能善终的了！"季文子关于齐懿公的预言在三年后得到应验，说明季文子这位兼具端正政治理念和出色政治智慧的卿官开始崭露头角，成为三桓诸卿中最有实力与东门襄仲抗衡的灵魂人物。

前611年春正月，鲁国被迫与齐国讲和。当时鲁文公卧病在床，派季文子与齐懿公在阳谷相会。季文子请求与齐懿公盟誓，齐懿公不肯，说："请等到贵国君主病好了，我再和他盟誓。"从春天到夏天，鲁文公的病一直不见好，他又派东门襄仲向齐懿公送贿赂，齐懿公终于松口。六月四日，东门襄仲和齐懿公在齐国郪丘会盟。从这以后，虽然鲁国希望服从的大国仍然是晋国，但实际上不得不服从的大国已经变成了齐国。

前611年冬，宋昭公被他的祖母宋襄夫人派人杀害，宋襄夫人的情人公子鲍即位，就是宋文公。晋卿中行桓子率领诸侯联军讨伐宋国，声称要惩处弑君的罪人。然而，晋人又接受了宋人的贿赂，最终还是确认宋文公为君，无功而返。齐懿公进一步受到鼓舞，于

---

1 《左传·文公十五年》："礼以顺天，天之道也。"

是在前610年夏单方面破坏盟约，先后率军讨伐鲁国的西部和北部边境。鲁文公无奈，派出东门襄仲请求会盟。六月，鲁文公和齐懿公在齐国谷邑会盟。

前610年冬，东门襄仲前往齐国都城，拜谢齐懿公先前在谷地与鲁文公结盟。东门襄仲回来之后，向鲁文公复命时说："我听说，齐国人将会吃到鲁国的麦子。在臣下看来，恐怕是做不到的，因为齐懿公说话像小人那样苟且。臧文仲说过：'民众的主子如果苟且的话，一定会死。'[1]"

前609年春天，齐懿公又准备单方面破坏盟约，下达了讨伐鲁国的日期，然后就生病了。春二月二十三日，鲁文公在正寝宫外的一个观景台下去世。夏五月十五日，齐懿公身边近臣邴歜和阎职杀了齐懿公，他的哥哥公子元即位，就是齐惠公。夏六月，鲁人安葬鲁文公。秋天，东门襄仲、叔孙庄叔前往齐国访问，一方面庆贺齐惠公即位，另一方面拜谢齐人参加鲁文公葬礼。

就在齐国代替晋国成为鲁国服从的大国，中原主要诸侯国接连发生篡弑事件、人心浮动的背景下，鲁国也发生了一场标志着君权下移进入新阶段的杀嫡立庶事件。

鲁文公的嫡夫人是齐女姜氏，在鲁文公晚年生了嫡长子太子恶和嫡次子公子视[2]；排第二的妃子是敬嬴，在鲁文公早年生了庶长子公子俀[3]。敬嬴一方面得到鲁文公的宠爱，另一方面还像当年成风事

1　《左传·文公十七年》："民主偷，必死。"

2　太子恶、公子视，姬姓，名恶、视。鲁文公之子。参见《鲁国国君与三桓世系图》。

3　公子俀，后为鲁宣公。姬姓，名俀，谥宣。鲁文公之子。参见《鲁国国君与三桓世系图》。

奉公子友那样，私下事奉执政卿东门襄仲。公子俀长大后，敬嬴就把公子俀嘱托给东门襄仲保护。

鲁文公去世后，年幼的太子恶即位为君。东门襄仲想要立年纪大很多的公子俀为君。据《公羊传》的记载，当时另外一位卿官叔仲惠伯是太子傅。东门襄仲对叔仲惠伯说："新君年幼，怎么办？想和您一起考虑一下这件事。"叔仲惠伯说："您辅相他，我抚育他，新君年幼有什么关系呢？"东门襄仲因此知道叔仲惠伯不会赞同他的想法。

东门襄仲谋求国内卿大夫支持失败之后，转而谋求大国支持自己杀嫡立庶。因此，前609年秋东门襄仲到达齐国后，在与齐惠公会面时提出请齐国支持自己立公子俀为君，齐惠公答应了他。齐惠公的盘算应该是这样的：太子恶按照宗法制的规定本来就应该被立为新君，不需要齐惠公拥立；而公子俀如果得到齐惠公拥立成为新君，无论是公子俀本人，还是想要立公子俀为君的执政卿东门襄仲，都会特别感激自己。齐惠公自身也刚即位，君位尚未稳定，因此不能也不愿继续推行齐懿公用武力制服鲁国的政策，而是希望转变为笼络鲁国新君和掌握实权的东门襄仲，成为他们的外援和恩主。因此，齐惠公答应支持东门襄仲废太子恶而立公子俀。

在得到了齐惠公的支持保证之后，冬十月，东门襄仲发动宫廷政变，杀了太子恶、公子视，立公子俀为君，就是鲁宣公。事成之后，东门襄仲假托君命，召先前对废太子持反对意见的叔仲惠伯入宫。

叔仲惠伯的家臣总管公冉务人上前阻止说："您要是进去，一定会死。"

叔仲惠伯说："为服从国君的命令而死是值得的。"

公冉务人说："如果真是国君的命令，的确可以为之而死；如果不是国君的命令，为什么要听从？"

叔仲惠伯不听，还是进入了公宫。东门襄仲杀了叔仲惠伯，把他埋在宫中马厩的马粪池里。公冉务人带着叔仲惠伯的家人逃到了蔡国，后来又抓住机会回到鲁国，恢复了叔仲氏。

齐昭公当年把女儿姜氏嫁给鲁文公时，希望的是通过政治联姻加强齐鲁亲善，所以姜氏其实就是齐国下在鲁国的一枚棋子。然而，当齐昭公的弟弟齐惠公上位时，为了稳定自己的君位，笼络鲁国新君和权臣，不惜放弃姜氏所生的太子恶，而姜氏本人当然也就成了一颗毫无意义的弃子。叔仲惠伯被杀之后，丈夫去世、两个儿子被杀的鲁文公夫人姜氏在鲁国已经没有立身之地，只能回到齐国。姜氏将要上路的时候，号啕大哭地经过市场，向路人控诉道："上天啊！仲（东门襄仲）做了无道的恶事，杀嫡子立庶子！"看到这一悲惨情景的国人也都哭了，于是鲁人把这位不幸的女子称为"哀姜"。

季文子指桑骂槐，东门襄仲遭遇劲敌

鲁国的杀嫡立庶事件刚尘埃落定，东部邻国莒国又发生了弑君事件。莒纪公先有了嫡长子，将其立为太子之后，又生了一个小儿子季佗。莒纪公喜爱季佗，就废了太子仆，并且在都内做了很多无礼的事。被废的太子仆依靠着不满莒纪公的国人发动叛乱杀了莒纪公，带着宫中的宝玉出奔到鲁国，将宝玉献给了鲁宣公。

鲁宣公很高兴，下令要赐给太子仆城邑，说："今天一定要完成

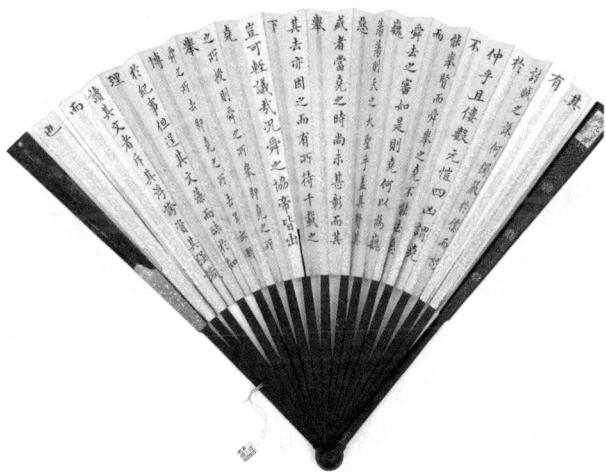

▶ 图14 （清）金士
松《乾隆御制读左传
季文子出莒仆》

授予太子仆城邑的工作。"然而卿官季文子却拒不执
行君命，并且直接命令负责刑狱的司寇将太子仆驱
逐出境，说："今天一定要完成驱逐太子仆的工作。"
鲁宣公问季文子为什么要这样做。季文子派太史克
以自己的口吻对答说：

"先大夫臧文仲曾经教过行父（季文子）事奉国君的
礼制——行父尊奉着他的教导开展工作，不敢有遗
失——说：'见到对他的君主有礼的人，要好好事奉，
就像孝子奉养父母一样；见到对他的君主无礼的人，
要坚决惩处，就像老鹰追逐鸟雀一样。'[1]

"我国先君周公制定的《周礼》里说：'准则用来
观察德行，德行用来处理事务，事物成效用来度量

---

1 《左传·文公十八年》："'见有礼于其君者，事之，如孝子之养父
　　母也；见无礼于其君者，诛之，如鹰鹯之逐鸟雀也。'"

功劳，功劳用来养育民众。'又创作《誓命》说：'毁坏准则的人叫作"贼"，隐匿贼人的行为叫作"藏"，偷窃财物的行为叫作"盗"，盗窃宝器的行为叫作"奸"。有隐匿贼人的恶名，以奸人的宝器为利，这是很大的凶德，国家对此有规定的刑罚，不能赦免，根据《九刑》定罪而不为过度。'[1]

"行父依据这些教导反观莒仆，认为这个人真是没有什么可以取法的。孝、敬、忠、信是吉德，盗、贼、藏、奸是凶德。莒仆那个人，如果'取法'他的孝敬，那么他是杀了君父的；如果'取法'他的忠信，那么他是窃取了宝玉的。这个人，是盗贼；他献给君主的宝器，是赃物。君主如果保护这个人而接受他进献的器物，那就是隐匿贼人了。如果用这样的行为来训导民众就会造成昏乱，使民众失去准则。莒仆的这些行为不属于吉德，而都属于凶德，所以行父下令把他赶走了。

"昔日高阳氏有八个有才德的儿子，是苍舒、隤敳、梼戭、大临、尨降、庭坚、仲容、叔达，他们具备'齐'[2]'圣'[3]'广'[4]'渊'[5]'明'[6]'允'[7]'笃'[8]'诚'[9]的美德，天下的民众称他们为'八恺'。

---

1 《左传·文公十八年》："先君周公制《周礼》曰：'则以观德，德以处事，事以度功，功以食民。'作《誓命》曰：'毁则为贼，掩贼为藏，窃贿为盗，盗器为奸。主藏之名，赖奸之用，为大凶德，有常无赦，在《九刑》不忘。'"

2 齐，率心由道，举措皆中。

3 圣，博达众务，庶事尽通。

4 广，器宇宏大，度量宽弘。

5 渊，知能周备，思虑深远。

6 明，晓解事务，照见幽微。

7 允，终始不愆，言行相副。

8 笃，志性良谨，交游款密。

9 诚，秉心纯直，布行贞实。

"昔日高辛氏有八个有才德的儿子，是伯奋、仲堪、叔献、季仲、伯虎、仲熊、叔豹、季狸，他们具备'忠'[1]'肃'[2]'共'[3]'懿'[4]'宣'[5]'慈'[6]'惠'[7]'和'[8]的美德，天下的民众称他们为'八元'。

　　"这十六人为始祖的家族，后世继承前世的美德，从未让好名声陨落。到了唐尧之时，唐尧不能举拔他们为官。虞舜做了唐尧的大臣之后，举拔八恺的后人，使他们主管土地，处理各种事物，没有不顺当的，大地和上天都清平无事；举拔八元的后人，使他们在四方各国宣扬五种教化，就是父义、母慈、兄友、弟共、子孝，内部和外部都平安无事。

　　"昔日帝鸿氏有个无才德的儿子，掩蔽道义、隐藏奸贼，喜好做盗、贼、藏、奸等属于凶德的事；与各种恶物混为一类，心不则德义之经、口不道忠信之言、不友爱兄弟的人，都和他朋比为奸，天下的民众叫他'浑敦'。

　　"昔日少皞氏有个无才德的儿子，毁坏信实、废弃忠诚，粉饰罪恶言语，安于谗言、信用奸邪，施行谗言、隐藏罪恶，以诬陷有盛德的贤人，天下的民众叫他'穷奇'。

　　"颛顼氏有个无才德的儿子，没办法教育训导，听不懂良善言语；告诉他德义，他就冥顽不化；放纵不管他，他就大放厥词；蔑

1　忠，与人无隐，尽心奉上。
2　肃，应机敏达，临事恪勤。
3　共，治身克谨，当官理治。
4　懿，保己精粹，立行纯厚。
5　宣，应受多方，知思周遍。
6　慈，爱出于心，思被干物。
7　惠，性多哀矜，好拯穷匮。
8　和，体度宽简，物无乖争。

图15 西周饕餮
纹甗，中国国家博物
馆藏。

视美德，扰乱上天常道，天下的民众叫他'梼杌'。

"这三人为始祖的家族，后世继承前世的凶德，增加家族的坏名声，到了唐尧的时候，唐尧没能驱逐他们。

"缙云氏有个无才德的儿子，嗜好吃喝，贪求财货；侵占的欲望高大奢侈，无法满足；聚敛粮食财物，没有限度；不把财物分给孤儿寡妇，不周济穷困匮乏的人，天下的民众把他和三凶相比，叫他'饕餮'。

"虞舜做唐尧的臣下，打开四方之门，以宾礼款待天下贤人，流放这四个凶恶的家族，也就是浑敦、穷奇、梼杌、饕餮，把它们放到四方荒远的地方，用来抵御妖怪。因此唐尧驾崩以后天下团结一致，同心拥戴虞舜作为天子，因为他举拔了十六位辅相国事的贤才，并且除去了四个凶恶的人。所以《虞书》历数虞舜的功劳，说'谨慎地尊美五常的教化，五常的教化都能被人们所服从'[1]，说的就是没有人违背教化；说'把他们放在各种事务中，各种事务都能有条理而妥帖'[2]，说的就是没有荒废的事务；'打开四门款待宾客，四门进来的宾客都恭敬肃穆'[3]，说的就是没有凶恶的人。

"虞舜成就了二十件大功，然后就成了天子。如今行父虽然没有得到一位有吉德的贤人，但是已经赶走了一位有凶德的恶人，与虞舜的功业相比较的话，已经有二十分之一了，差不多可以免于罪过了吧！"

季文子违抗鲁宣公之命驱逐莒太子仆、并派太史克向鲁宣公慷慨陈词一事，可以从以下两个方面进行进一步的分析探讨。

第一，季文子这番话是在"指桑骂槐"，想要表达的真实意思有两层：一层是表明自己关于如何看待东门襄仲杀嫡立庶事件的原则立场，一层是表明自己关于如何处置东门襄仲杀嫡立庶罪行的原则立场。

季文子宣称，他所遵从的原则是"见到对他的君主有礼的人，要好好事奉，就像孝子奉养父母一样；见到对他的君主无礼的人，要坚决惩处，就像老鹰追逐鸟雀一样"，他也正是根据这项原则下令驱逐弑君逆臣/逆子莒太子仆。如果以鲁国当时的国内政治来对应的话，"对他的君主无礼的人"无疑是东门襄仲，因为他忤逆了

---

1 《左传·文公十八年》："'慎徽五典，五典克从。'"

2 《左传·文公十八年》："'纳于百揆，百揆时序。'"

3 《左传·文公十八年》："'宾于四门，四门穆穆。'"

先君鲁文公立太子恶为嗣君的遗命，做了杀嫡立庶的恶事。因此，任何一个身处当时敏感时局的人都能明白，季文子这番话实际上要表达的意思有两层：

第一层，是表明自己关于东门襄仲杀嫡立庶事件的原则立场，那就是：东门襄仲杀嫡立庶是对先君无礼的大逆不道行为，东门襄仲是具备各种凶德、应该被坚决惩处的乱臣贼子。

第二层，是表明自己关于如何处置东门襄仲杀嫡立庶罪行的原则立场，那就是：一方面当然希望鲁宣公能申明大义，不仅不要重用东门襄仲，反而应该惩处他；但另一方面，无论接受东门襄仲拥立大恩的鲁宣公将如何行动，自己都将秉持正义"替天行道"，设法惩处东门襄仲杀嫡立庶的罪行。

这里要强调的是，从《左传》记载来看，通过不正当途径上台的主子，在掌权后"翻脸"依照正道来惩处拥立自己的权臣，虽说是需要极大政治勇气的行为，但也并不是没有案例。比如说，前537年初，被作乱家臣竖牛[1]拥立的叔孙氏新族长叔孙昭子[2]第一次召开家臣会议，就在会上痛斥竖牛的罪行，最终导致竖牛被杀。孔子称赞叔孙昭子说："叔孙昭子不感念竖牛立自己为新族长的功劳，这是一般人做不到的。"(参见第367页)

从道义角度来说，就在东门襄仲刚行废立大事、权势喧天之时，季文子挺身而出，违抗君命驱逐与东门襄仲犯有同类罪行的莒太子仆，并且通过太史克向被东门襄仲拥立的鲁宣公高调喊话，告诫他要坚守君臣大义，不要与逆臣同流合污，并宣称自己将像"老

1　竖牛，姬姓，名牛。叔孙穆子之子。参见《鲁国国君与三桓世系图》。

2　叔孙昭子，姬姓，叔孙氏，名婼，谥昭。叔孙穆子之子。参见《鲁国国君与三桓世系图》。

鹰追逐鸟雀"一样追究逆臣的罪行，确实是合于"中立而不倚，强哉矫"的君子之举，而太史克代他说出的那段黄钟大吕的宣言，也成为春秋时期"立言不朽"的典范而流传至今。

第二，季文子违抗君命驱逐莒太子仆、又向鲁宣公公开喊话，绝不是一个热血义人在逞意气之勇、图口舌之快，而是一个有远大志向的政治家在抓住难得的历史机遇，为增进自身声誉威望而实施的造势行为。

东门襄仲杀嫡立庶之后，卿大夫群体中持反对意见的有两类人：

第一类，可以称为"内圈反对派"，就是自鲁僖公后期以来长期与东门襄仲斗争的三桓诸卿，以及稳定地依附于三桓诸卿的大夫。在孟穆伯闹剧之后，内圈反对派受到沉重打击，在道义立场上居于下风。

第二类，可以称为"外圈反对派"，就是平时未必与三桓诸卿稳固结盟，但是在东门襄仲杀嫡立庶之后，出于道义立场而反对东门襄仲的卿大夫。

季文子的这番正气凛然的表态，起到了两重作用：

第一重，是作为"内圈反对派"三桓诸卿的领袖，宣告自己以及其他三桓诸卿接下来与东门襄仲（以及他的后人）之间的斗争不再是高官之间无所谓对错的利益之争，而是关乎君臣大义的正邪之争。这个高姿态的表态，一举洗刷了自孟穆伯闹剧以来三桓诸卿身陷的道义窘境，使得一贯反对东门氏的三桓占据了道义制高点，为接下来和东门氏的政治斗争定下了"讨逆臣"的基调。

第二重，是作为卿大夫群体的一员，代表所有从道义立场出发反对东门襄仲杀嫡立庶的"外圈反对派"卿大夫表明立场，从而得到这些"敢怒而不敢言"的卿大夫的钦佩和拥戴，提升自己在鲁国卿大夫群体的声誉威望。

第三，身处东门襄仲连杀两嫡子一正卿、极有可能再开杀戒的危险形势下，季文子在高举道义旗帜的同时也非常注意斗争的方式方法，并没有像叔仲惠伯那样不顾一切地去跟东门襄仲硬碰硬。

仔细想来，季文子的做法其实是颇为巧妙的：

第一，季文子不是自己直接去向鲁宣公进言，而是派主管国史编纂的太史克代他进言，一来是在表明，自己这样做，得到了把持着意识形态话语权的史官团体的认同，是在维护史官通过编纂史册代代传承的君臣大义；二来是在提醒东门襄仲和鲁宣公，要好好考虑一下自己死后千秋万代的历史评价问题。

第二，季文子驱逐的是与鲁国杀嫡立庶之事没有直接关联的莒太子仆，在太史克陈词中也没有一个字提及当下时事。如果东门襄仲胆敢声称季文子的行动和宣言是在影射自己，那就等于"对号入座"承认自己就是季文子所批判的"有凶德的恶人"，这对已经深陷争议的自己没有任何好处。

第三，季文子在驱逐莒太子、发表宣言之后，虽然鲁宣公并没有惩处东门襄仲，但季文子也没有将鲁宣公和东门襄仲绑定成为自己的敌人，而是多次出使齐国，为鲁宣公君位的稳定做出了重要贡献。季文子这样做进一步搅浑了自己的立场，使自己保住了在六卿领导班子里的地位，为日后寻找机会严肃清算东门襄仲罪行埋下了伏笔。

季文子要求惩处东门襄仲不是一时冲动，而是不达目的誓不罢休。我们下面将会看到，到前591年鲁宣公去世后，季文子为了驱逐东门氏而在朝堂上宣扬已过世的东门襄仲的罪行时，第一条就是"杀嫡立庶"；成功驱逐东门氏之后，季文子组织鲁国卿大夫结盟起誓、表态决不能效仿当年东门襄仲所犯下的罪行，当时众人所念的誓言就是："不要像东门遂那样不听从国君遗命，杀嫡立庶！"可见，季文子最终实现了他所相信的"见到对他的君主无礼的人，要坚决惩处，就像老鹰追逐鸟雀一样"，可谓做到了"知行合一"。

第四，季文子的言行，一方面反映了他作为君子的道义勇气，另一方面也反映了他作为贤臣的政治野心。

季文子的言行中有一个明显的矛盾之处，那就是他一方面在实际行动中公然违抗鲁宣公的命令而我行我素，另一方面在宣言中又强调要依礼事奉君主。最为吊诡的是，根据他在宣言里的逻辑，他之所以要违抗君命驱逐莒太子仆，正是为了维护依礼事奉君主的原则，惩处对君主无礼的人。

实际上，我们可以从春秋时期第一位霸主齐桓公的言行中观察到同样的矛盾之处。我们都知道，齐桓公称霸的核心理念之一就是"尊王"，也就是尊崇周王。然而，前655年时，当齐桓公得知周惠王想要违背嫡长子继承制的正礼废掉太子郑而改立王子带时，他组织诸侯在靠近王城的首止（今河南睢县东南）举行会盟，通过集体会见王太子郑来为他撑腰，也就是公然违抗周王意愿，而他这样做的目的正是为了坚持周王室在西周全盛时期制定并颁布的周礼。

笔者认为，无论是齐桓公这样的周王之臣，还是季文子这样的鲁侯之臣，之所以能够这样理直气壮地做着自相矛盾的事，正反映出在当时一种实际上属于主流意识形态的基本理念，那就是"君不君，则臣可以不臣"。笔者想要强调的是，这种理念不仅为乱臣逐君、弑君提供了开脱的义理依据，因为乱臣总可以找出几条国君"不君"的证据；也为贤臣违抗君令提供了辩解的义理依据，因为贤臣一定是为了匡正"君不君"才会去做"臣不臣"的事情。

这个理念也并非春秋时期的发明创造，它最早的应用就是被周人拿来解释为什么作为商王臣子的周武王有权用暴力推翻商王朝的统治：因为商纣王昏庸暴虐，也就是"极端不君"，所以周武王可以颠覆商朝政权，也就是"极端不臣"。随着周朝的建立，这个理念就已经成为与周朝合法性绑定的正道。当然，在西周时期，天下是王室强盛、诸侯听命，同时诸侯国内是公室强盛、卿大夫听命，所以这个理念被搬出来应用的机会比较少；而春秋时期天下是王室衰弱、诸侯强盛，诸侯国内是公室衰弱、卿大夫强盛，所以这个理念被越来越频繁地应用到政治实践中。

从这个角度来说，杀嫡立庶的东门襄仲和抗君命逐莒太子的季文子之间的差别，并没有看起来那么泾渭分明。东门襄仲杀嫡立庶立鲁宣公一事，反映的是卿权挑战君权的一种方式，就是"以力相争"，也就是运用政治硬实力违抗君权。相比之下，同年季文子违抗君命驱逐莒太子仆、派太史克向国君喊话一事，反映的就是卿权挑战君权的另外一种方式，就是"以义相争"，也就是运用道义软实力违抗君权。实际上，从季文子的言下之意"不管国君您会怎么做，我季孙行父都会遵循君臣大义声讨逆臣东门遂"，可以看出季文子不仅是在与国君"以义相争"，而是已经站在了一个俯视的角度，直接在道义层面凌驾于国君之上，达到了荀子所说的"从道不从君"的境界。

无论是"以力相争"，还是"以义相争"，支撑它们的都是当时鲁国卿官不断膨胀的政治野心。正如前面我们详细分析的那样，在

"国君为履行仆从国义务频繁外出无法行使君权"情势主推，以及"国君太小无法行使君权""国君被控制无法行使君权"等情势助推下，"君权下移至卿大夫"是从鲁隐公以来一直在不断推进和深化的历史进程。由于卿大夫（特别是卿官）在现实政治中常态化地扮演国家领导人的角色，卿大夫政治野心的膨胀必然成为一个相当普遍的现象，不仅逆臣东门襄仲如此，贤臣季文子也是如此。

在上述分析的基础上，如果我们仔细琢磨季文子宣言的最后一段，就能非常清楚地感受到季文子无法掩饰，也无意去掩饰的政治野心。如果取得了二十分之一的虞舜之功就足以免于罪过，那么我们可以反问季文子，取得了二十分之几的虞舜之功就足以像后来的季平子[1]那样驱逐鲁昭公，取得了二十分之几的虞舜之功就足以像后来的齐国陈氏那样篡夺君权了呢？

1　季平子，姬姓，季氏，名意如，谥平。季悼子之子。参见《鲁国国君与三桓世系图》。

附录2：鲁国君权下移机制探究（续）

十二、抓内防外，放任两派卿官博弈

鲁文公时期，鲁国的基本定位是大国仆从国。这个大国，在绝大部分时间是霸主晋国，但是在鲁文公末期变成了齐国。这是因为，晋灵公时期晋国霸业开始衰弱，齐国抓住这个机遇，在鲁文公末期开始图谋复兴霸业，而齐国复兴霸业的第一步就是制服鲁国。如果以鲁国实际服从的大国来划分的话，鲁文公时期可以分为以下二个时期：

（一）服从晋国时期（前626年—前612年，共15年）

（二）服从齐国时期（前611年—前609年，共3年）

就像我们在鲁僖公那一章所做的那样，我们还是从分析鲁国君臣外出参加外事活动入手来分析鲁文公时期政事决策权下移的情况。如果以鲁僖公－服从晋文公时期作为对照的话，鲁文公时期的君臣外出情况可以从如下几个方面进行定量分析：

（一）外出频次

1. 君臣外出总频次分别为1.93/年和1.67次/年，两个时期相差不大。加权平均值为1.89次/年，比鲁僖公－服从晋文公时期的1.60次/年升高了18%。这说明在鲁文公时期，鲁国君臣的外事行动总强度进一步提高了。

2. 国君外出频次分别为0.40次/年和0.33次/年，两个时期相差不大。加权平均值为0.39次/年，比鲁僖公－服从晋文公时期的0.60次/年降低了35%，基本上降到了西周时期的本底水平（0.33次/年）。这说明，在鲁文公时期，虽然鲁国君臣参加的外事行动总强度提高

了，但国君要承担的外事行动强度却降低了。

3. 卿大夫外出频次分别为 1.53 次/年和 1.33 次/年，两个时期相差不大。加权平均值为 1.50 次/年，比鲁僖公–服从晋文公时期的 1.00 次/年升高了 50%。这说明，在鲁文公时期，卿大夫承担的外事行动强度大大增加了。

（二）平均路途最短时间和外出总时间

1. 平均路途最短时间。国君外出平均路途最短时间分别为 64.3 天和 15.2 天，两个时期相差巨大，这是因为晋国距离鲁国远，而齐国是鲁国的近邻。其中，鲁文公–服从晋国时期的数据与鲁僖公–服从晋文公时期的数据（66.2 天）基本持平。

2. 外出总时间。下表是鲁文公–服从晋国时期三组有外出总时间的数据：

年　份	事　　　　件	路途最短时间	在外总时间	在外总时间/路途最短时间
前 624 年	鲁文公与晋襄公盟于晋国都城	81.6 天	90 天	1.1 倍
前 614 年	与晋灵公盟于晋国都城，归至郑国都城，又折回晋国都城，再回国	123.0 天	120 天	1.0 倍
前 613 年	鲁文公参与晋卿赵宣子组织的新城会盟	32.1 天	46.1 天	1.4 倍

如果我们将上面这张表里的数据与鲁僖公–服从齐桓公时期的数据进行对比的话，可以发现，在鲁文公服从晋国时期，国君外出总时间比路途最短时间没有高出多少。这说明，晋国在组织国际行动时，很可能根据各仆从国的诉求，在齐国基础上对行动流程进行了优化，使得其仆从国君臣参与行动时花费的总时间大为减少。由

于我们没有鲁僖公-服从晋文公时期外出总时间的数据，所以我们不知道这种优化是否在鲁僖公-服从晋文公时期已经发生。

3. 卿大夫外出平均路途最短时间分别为 52.4 天和 31.0 天。虽然没有像国君数据那样发生断崖式的下降，但是也同样可以看到，当鲁国事奉的大国从晋国更换为齐国之后，卿大夫外出的路途最短时间（也就是最短距离）显著缩短，这当然还是由晋国和齐国的地理位置差异决定的。

上述两组数据说明，鲁文公时期，鲁国外事行动强度进一步加大，但是在这样的情势下，鲁文公不仅没有变得更忙，其外出频次反而回到了西周时期鲁国君主的本底水平，也就是平均 2.6 年出行一次。而且就算是出行，由于霸主晋国优化了行动流程，使得鲁文公在外花费的总时间比鲁僖公-服从齐桓公时期大为减少。

基于上面的数据分析，笔者认为，从政事决策权下移的角度来看，鲁文公似乎是继续贯彻他父亲鲁僖公在服从晋文公时期制定的"抓内放外"策略并有所调整：

第一，鲁文公自己尽量留在国内直接主持朝政，遏制住最关键的内事权下移至卿大夫的趋势；

第二，鲁文公不再谋求像鲁僖公那样在外事方面"雪藏"三桓诸卿，而是一视同仁地对待所有卿官，让三桓诸卿、东门襄仲、叔仲惠伯等人来共同承担比鲁僖公时期更加沉重的外事压力，允许相对不那么重要的外事权进一步下移至卿大夫。

第三，鲁文公对三桓诸卿和东门襄仲之间的政治斗争基本上采取放任态度，这其实是在坐享父亲鲁僖公培育东门氏来对抗三桓诸卿的成果。当然，这种放任是有代价的，那就是导致东门氏在斗争中坐大，最终导致东门襄仲杀嫡立庶事件的发生。

三桓诸卿摆脱被压制状态之后，凭借积极进取的努力以及人数上的优势，在鲁文公时期的头7年抢占了80%的外事任务的份额，而且还都是比较重要的任务，而鲁僖公时期曾经在外事领域占据垄断地位的东门襄仲被挤到了墙角。

如前所述，在斗争已经取得决定性胜利的情况下，三桓领袖人物孟穆伯主动提出要为堂兄弟东门襄仲提亲娶妻，得到了东门襄仲的同意。从正常的政治逻辑来看，这是三桓诸卿试图通过打"亲情牌"来化解鲁僖公人为制造出来的诸卿内部对立局面；孟穆伯在斗争中已经占据绝对优势，在这种情况下主动表现出低姿态来为东门襄仲娶妻，这是给处于劣势的东门襄仲一个很好的台阶，应该说是非常高明的政治运作。如果一切顺利的话，当年因为鲁僖公刻意挑拨而造成对立的两派完全可以在鲁文公时期合为一体，然后共同逼迫鲁文公将更多权力下放给卿大夫。

然而，前620年孟穆伯见到莒女己氏之后将其据为己有的"掀桌子"操作，把一切都搞砸了：原本被普遍理解为善意和解之举的孟穆伯替东门襄仲娶妻，在如今被事实"证明"是孟穆伯为了进一步羞辱东门襄仲而故意设置的陷阱；原本马上就要实现的对立两派的合流，如今被更加势不两立的仇恨所取代。在这个关键时刻，鲁文公听从叔仲惠伯的劝告，克制住了自己想要撕下"无为"伪装、授权东门襄仲攻打孟穆伯的冲动，转而扮演姿态高尚的调停人，来促成孟穆伯和东门襄仲的暂时停战。

如果说孟穆伯出尔反尔霸占莒女己氏已经匪夷所思，那么他在前619年抛弃外交使命，私奔到莒国与己氏双宿双飞的操作，就已经非常类似于现代狗血爱情剧的情节了。如果说孟穆伯在前620年的第一锤砸碎了三桓诸卿和东门襄仲合流的可能性，那么孟穆伯在前619年的这第二锤就不但砸碎了孟穆伯自己在鲁国的政治前途，还砸碎了三桓诸卿蒸蒸日上的发展势头。

孟穆伯出奔之后，东门襄仲就成为鲁桓公后代诸卿中辈分最高的一位：东门襄仲是鲁桓公的孙子，而季文子、叔孙庄叔、孟文伯/孟惠叔、叔仲惠伯都是鲁桓公的曾孙，上下相差一辈[1]。也就是说，无论从年龄、辈分还是从政绩来看，东门襄仲都是其他几位卿官所无法挑战的，因此本来在与孟穆伯的竞争中居于下风的东门襄仲竟然一跃位居三桓诸卿之上，成为鲁国执政卿。

东门襄仲自己什么都没做，在两年之内就莫名其妙地因为强劲对手孟穆伯的反复自残性操作而触底反弹当上执政卿，从春秋时期贵族的观点来看，这一切是完全无法以常理解释的，而只能认为孟穆伯是被上天夺取了理智，而东门襄仲是得到了上天的眷顾。笔者认为，在此之后，东门襄仲就已经具备了一般卿官所不具备的"天意宠儿"光环，而敬嬴正是被这种光环所吸引，因此仿效当年鲁僖公母亲成风的做法，私下事奉东门襄仲，进而将自己的儿子公子倭托付给东门襄仲。

从常理来考虑的话，孟穆伯主动要求离开莒国回国之后，应该已经从意乱情迷中解脱了出来，能够痛改前非、闭门思过。然而，三年之后，孟穆伯竟然带上全部家财再次出奔到齐国，与己氏再续前缘，这就是现代狗血爱情剧都不敢编的情节了。从前620年到前

1　本句提到的人物世系关系参见《鲁国国君与三桓世系图》。

613年，在孟穆伯不间断地折腾和破坏之下，三桓中的孟氏一直处于一种无法重新开始团结奋斗的低迷状态，而目睹这一切的东门襄仲更加坚信，这是上天在坚持不懈地惩治当年羞辱自己的孟穆伯，而自己真的是上天的宠儿。

十三、东门襄仲杀嫡立庶事件的酝酿过程

前612年齐懿公正式即位之后，开始谋求抓住晋国霸业中衰的机会再度崛起，第一步就是制服曾经长期作为自己仆从国的鲁国。前611年春正月齐鲁讲和之后，鲁国正式成为齐国的仆从国。

在这样的国际政治背景下，前609年春二月，鲁文公去世。对于执政卿东门襄仲来说，在新君问题上，他可以有这么两种选择：

（一）服从鲁文公的君命，立鲁文公确立的太子恶为君

如果东门襄仲服从鲁文公的君命，那他就应该立年幼的太子恶为君，而自己作为执政卿辅政。这种安排存在如下两个严重问题：

1. 自己和三桓诸卿之间爆发公开冲突的风险显著加大，有可能重现鲁闵公时期国君缺位、诸卿暴力内斗的恶性场景。

从上文的分析可知，鲁文公在世时，进一步减少外出次数，尽量待在都城主持朝政，对国内政局仍然有比较强的控制力，除了孟穆伯这个不可理喻的卿官之外，诸卿领导班子在表面上还是保持了和平稳定。然而，鲁文公去世后，如果立年幼的太子恶为君，由于鲁侯恶在很长一段时间内都无法主持朝政，这样一来，鲁国的国内政局在很长一段时间将完全掌控在诸卿手中。

问题是，此时的鲁国诸卿群体内部，以东门襄仲为一派，三桓诸卿为一派，两派势力之间是深度对立的。东门襄仲与三桓诸卿的对立从前643年淮之会鲁僖公被扣之后就已经开始，大体上经历了

这样三个阶段：

（1）鲁僖公后期（前642年—前627年），东门强而三桓弱。在这16年中，东门襄仲受到鲁僖公定向扶植，处于强势地位，而三桓诸卿则被"雪藏"，没有任何参与外事活动立功的机会。

（2）鲁文公前期（前626年—前620年），三桓强而东门弱。鲁文公即位后，对两派一视同仁，在这样的宽松局势下，以辈分年资最高的孟穆伯为领袖的三桓诸卿迅速恢复其强势地位，而东门襄仲则居于下风。

（3）鲁文公中后期（前619年—前609年），东门强而三桓弱。从前619年孟穆伯出奔开始，东门襄仲翻盘成为执政卿，而三桓居于下风。

总而言之，到鲁文公去世时，东门襄仲和三桓诸卿之间已经积累了很严重的矛盾和敌意，从杀嫡立庶事件发生后季文子指桑骂槐攻击东门襄仲就可以感受一二。在没有国君调停和管控的前提下，这种矛盾和敌意很可能转化为类似于鲁闵公时期那样的诸卿暴力斗争。对东门襄仲来说，自己年事已高，而且只有孤身一人，要与比自己低一辈、人多势众的三桓诸卿斗争，因斗败而身死名裂的风险是很大的。

2. 自己和鲁侯恶之间积累矛盾的风险客观存在，有可能重现晋灵公与执政卿赵宣子之间矛盾不断升级的恶性场景。

东门襄仲如果选择了立太子恶为君，下面这两个方面的情势有可能会引起他和鲁侯恶之间关系紧张甚至破裂：

（1）东门襄仲长期作为实际国家最高领导人治国理政的行为，必然会引起鲁侯恶的猜疑和厌恶。在太子恶成年之前（最低限度12岁），国家大事的最后决策者只可能是执政卿东门襄仲。东门襄仲每天作为实际国家最高领导人听汇报、做决策的行为和做派，一定会以直接或间接的方式传到鲁侯恶那里。这些信息几乎肯定会引起鲁侯恶

的猜疑和厌恶，而且这种猜疑和厌恶会随着鲁侯恶政治意识的增强而增强，直到引爆东门襄仲和鲁侯恶的公开冲突。

（2）东门襄仲在鲁文公去世前长期庇护庶长子公子俀的事实，也必然会引起鲁侯恶的猜疑和厌恶。三桓诸卿如果要挑拨东门襄仲和鲁侯恶的关系，一个很好的攻击点就是：当年鲁文公去世、择立新君之时，东门襄仲真正想要拥立的是年龄较大，并且长期接受自己庇护的公子俀。也就是说，东门襄仲对鲁侯恶从一开始就是有二心的。由于东门襄仲在鲁侯恶即位之后大不可能为了表明清白故意杀掉公子俀，那么三桓诸卿可以进一步推论说，东门襄仲是一直在等待机会废掉鲁侯恶而改立公子俀为君，而这将引起鲁侯恶对东门襄仲更深的猜疑和厌恶。

这种少主与辅政执政卿关系逐渐恶化直至出现公开冲突的情况，当时正在霸主晋国真实地发生着。前621年晋襄公去世之后，执政卿赵宣子本来准备立年长的公子雍为君，后来改变主意，在前620年改立尚在襁褓之中的太子夷皋为君，就是晋灵公。从前620年到前610年11年中，晋国实际上的最高领导人就是执政卿赵宣子，而晋灵公只是一个对赵宣子做出的决定点头称是的傀儡。然而，随着晋灵公年龄的增长，他对于赵宣子的执政理念和取得的成绩并不认同，急迫地想要按照自己的设想来领导晋国政事。前610年时，晋灵公和赵宣子之间的矛盾公开化，在1年内就发生了3轮政见冲突。晋国内政是仆从国鲁国高度关注的对象，晋国内部少主和强卿之间愈演愈烈的矛盾冲突是鲁国执政卿东门襄仲一定知道的。

其实，根本不用援引赵宣子-晋灵公案例，鲁隐公（公子息姑）-鲁桓公（太子允）案例也是非常贴切的，虽然鲁隐公不是摄政卿而是摄政君。鲁惠公去世后，大多数鲁国卿大夫拥护的君位继承人是年长且有德的庶长子公子息姑，这不仅因为太子允年幼无法亲政，更是因为太子允原本是鲁惠公抢夺了公子息姑新妇仲子所生，来路不正。最终，鲁国高层达成协议执行这样一套效法"周公摄政称王，同时奉太子诵为王储"的君位继承方案：公子息姑摄政称君（鲁隐公），同时奉太子允为储君（鲁桓公），待太子允成年后就还政给他。在鲁隐公执政期间，他更多地把自己设定为摄政卿而不是国君，处处谦退，替太子允看守着鲁国。然而，知晓了自己身世的太子允却觉得鲁隐公这样做是在表演高风亮节、为自己最终转为正式国君积累声望，最终在自己已到亲政最低年龄、但鲁隐公还没有表示要还政的敏感时刻，听信卿官公子翚的挑拨离间，杀了鲁隐公夺取了君位，就是鲁桓公[1]。如果说有德如鲁隐公者尚且不能善终，东门襄仲

1　鲁隐公摄政之事，参见刘勋（2023年）（b）。

就更不能期待自己摄政能有什么好结果了。

（一）违背鲁文公的君命，立自己长期庇护的公子俀为君

如果东门襄仲违背鲁文公的君命，废掉甚至杀掉太子恶、拥立公子俀为君的话，那么上述立太子恶为君的两大政治风险都将转化为政治收益：

1. 由于公子俀已经成年，即位之后即可像正常国君那样行使君权，可以积极调停和管控诸卿之间的争端，因此国内从大概率上说不会陷入鲁闵公时期诸卿无法无天争斗的恶性场景，而是会进入鲁文公时期诸卿表面上相安无事的良性场景。

2. 由于公子俀长期受东门襄仲的庇护，而且是依靠东门襄仲杀嫡立庶才登上君位，因此两人的根本利益高度一致，从大概率上说不会陷入晋灵公猜疑厌恶赵宣子、太子允猜疑厌恶鲁隐公的恶性场景，而是进入鲁僖公尊崇信任公子友的良性场景。

对于东门襄仲而言，如果公子俀真能顺利即位，那么接下来最好的策略就是以"尊君"为正当名义，与根本利益高度一致的鲁君俀结成政治联盟。这样一来，他在面对三桓诸卿时就不再是一个人战斗，而是有国君作为盟友，有公室作为后盾。实际上，从鲁宣公前期的历史记载来看，这正是东门襄仲所采取的策略。

不过，拥立公子俀当然也有它的巨大风险：

1. 执行杀嫡立庶行动所带来的短期风险。由于太子恶是国君生前选定的君位继承人，如果要拥立公子俀，那就必须下狠手废掉甚至杀掉嫡长子太子恶以及有顺位继承权的嫡次子公子视，而这是要冒很大政治风险的行为。如果三桓诸卿起兵反对，或者太子恶母家齐国出手干预，都可能给东门襄仲带来灭顶之灾。

2. 背负杀嫡立庶罪名所带来的长期风险。三桓诸卿在未来如果找到一个合适的机会来攻击东门氏，可以用"清算东门氏杀嫡立庶罪行"作为行动的正当理由。从鲁宣公去世后季文子攻击东门氏的做法来看，这正是三桓诸卿采取的策略。

在"天助我也"的强烈自信，十一年担任执政卿积累的资历和权威，对立太子恶为君相关风险的恐惧，对立公子倭的收益的向往，以及前619年邴歜和阎职弑齐懿公而立齐惠公、前611年宋襄夫人弑宋昭公而立宋文公"成功案例"等众多因素的共同推动下，前609年，东门襄仲首先取得了齐国君主的支持以消除外部风险，然后悍然出手杀掉了年幼的嫡长子太子恶和嫡次子公子视，而将自己长期照顾的庶长子公子倭立为国君，并且杀掉了曾反对自己杀嫡立庶的卿官叔仲惠伯以绝后患。

杀嫡立庶成功之后，东门襄仲一时间成为鲁国政坛最令人敬畏的强权人物。然而，同年晚些时候，三桓诸卿之一的季文子违抗君命驱逐了莒太子仆，并且通过太史克进言建议鲁宣公严惩逆臣东门襄仲。这次正气凛然、立场鲜明的行动是三桓诸卿向东门氏正式宣战的表现，在接下来的鲁宣公时期，以季文子为首的三桓诸卿和东门氏将继续在和平的表象下继续展开激烈博弈。

十四、东门襄仲杀嫡立庶事件的历史意义

在东门襄仲杀嫡立庶之前，春秋时期的鲁国因为君位继承问题曾经发生过两次内乱：

（一）公子翚之乱

前712年，卿官公子翚猜测摄政君鲁隐公想要占据君位，不归还给太子允，于是主动向鲁隐公提出杀太子允以换取高官职位。鲁

隐公拒绝公子翚提议之后，公子翚转而向太子允进谗言，声称鲁隐公想要占据君位不归还。太子允听信公子翚谗言，授权公子翚杀了摄政君鲁隐公。

公子翚之乱，其结果是有"专权不还"嫌疑的鲁隐公被杀，鲁惠公生前认定的正牌储君太子允升格为正牌国君鲁桓公。也就是说，鲁惠公的君命得到了贯彻，太子允的君权得到了保障。

（二）公子庆父之乱

前662年鲁庄公去世后，卿官公子友根据鲁庄公君命立其庶长子公子般为君，并杀死自己的二哥公子牙，因为公子牙想要根据"兄终弟及"的原则另立公子庆父为君。公子庆父派人杀了公子般，公子友出奔到陈国。霸主齐国介入，支持"父死子继派"卿大夫立了鲁庄公庶子启方为君，就是鲁闵公。前621年，公子友回到鲁国。前620年，公子庆父派人杀死鲁闵公，公子友带着鲁庄公庶子公子申出奔至邾国。公子庆父出奔至莒国后，公子友带着公子申回国，立为君，就是鲁僖公，并最终杀死公子庆父。

公子庆父之乱，其净结果是违抗鲁庄公君命的公子牙、公子庆父被杀，维护鲁庄公君命的公子友取得最后胜利，按照鲁庄公君命要求的"父死子继"原则立了新君鲁僖公。

也就是说，前两次君位继承内乱，虽然看起来是卿大夫在暴力干预君位继承，然而其净结果都是维护国君遗命、维护君权尊严的。

然而，东门襄仲这一次的确是违背了鲁文公的遗命，杀死了鲁文公生前确认的君位继承人，根据自身利益最大化的考虑立了鲁宣公。因为鲁宣公正是依靠东门襄仲违抗先君之命才当上了新一任的国君，所以他不仅不清算东门襄仲的侵犯君权行为，反而与东门襄仲结成紧密的政治同盟；因为鲁宣公要为通过杀嫡立庶上位寻找能让自己心安、让民众信服的理由，所以他对弑君逃亡的莒太子仆展现出一个正常国君不可能有的同情和支持。也就是说，由于鲁宣公的积极配合而不是像叔孙昭子那样"大义诛恩"，使得"东门襄仲杀嫡立庶"成为一次卿大夫用暴力方式公开地、主动地侵犯君权并且取得"成功"的恶性事件。

实际上，鲁宣公的这种立场给接下来卿族政治斗争的双方——三桓（主要是季氏）和东门氏都提供了正当理由：季文子为首的三桓诸卿打着"尊先君"的旗号，声称东门襄仲杀嫡立庶是违抗先君之命，要求先君之子鲁宣公惩处东门氏；东门襄仲和他的儿子东门子家[1]则打着"尊现君"的旗号，声称季文子为首的三桓诸卿抓住杀嫡立庶不放，是在挑战现任国君，要求鲁宣公和自己团结一致，共同打压甚至驱逐三桓。

春秋晚期的晋国太史墨在回顾鲁国君权下移卿大夫进程时，提出了这样一个重要观点："鲁文公去世之后，东门遂（东门襄仲）杀了嫡子立庶子，鲁国君主从此丧失了国家。"[2]也就是说，在当时的有识之士看来，东门襄仲杀嫡立庶事件是春秋时期鲁国君权下移至卿大夫进程中的"分水岭"。如果用本书构建的理论来进一步解读的话，那就是：

第一，从鲁庄公时期鲁国成为霸政仆从国开始算起，到前609年东门襄仲杀嫡立庶事件发生之前为止，鲁国君权下移的性质从整

1　东门子家，又称"公孙归父"。姬姓，东门氏，名归父，字家。东门襄仲之子。参见《鲁国国君与三桓世系图》。

2　《左传·昭公三十二年》："鲁文公薨，而东门遂杀嫡立庶，鲁君于是乎失国。"

体上说是良性的，下移的主要是政事决策权，下移的原因主要是国君迫于来自外部的霸政任务压力而下放权力给卿大夫。

如前所述，在此期间的确也发生了两个卿大夫主动侵夺国君权力的标志性事件：

1. 前675年（鲁庄公十九年），卿官公子结在执行外事任务时，擅自改变行程与齐桓公、宋桓公盟誓。

2. 前643年（鲁僖公十七年），卿官看守政府在鲁僖公参加淮之会时擅自出兵攻灭项国，导致鲁僖公被齐桓公逮捕。

但是如果具体分析的话，公子结事件可以说是一个城府较浅的卿官见到能增进国家利益的机会不愿放弃、胆大妄为搅弄出来的"乌龙"事件，而淮之会也是季文子去世后水平相对较低的诸卿集团基于同样原因搅弄出来的"乌龙"事件，与东门襄仲杀嫡立庶事件的程度和性质存在很大差别。而且很重要的是，在这一时期，国君发现势头不对时还有能力把权力往回收，就像鲁僖公在淮之会后所做的那样。

第二，从前609年东门襄仲杀嫡立庶事件算起，到前517年鲁昭公政变失败、君权下移过程基本达到固定态为止，鲁国君权下移的性质是恶性的，下移的既有政事决策权又有领土统治权，下移的原因主要是卿大夫主动出击，通过政变和改革剥夺国君的权力，并且采取断然措施击败国君试图夺回权力的政变行动。

这期间发生了这样一些卿大夫主动侵夺国君权力的政变或改革行动，以及国君或国君夫人试图夺回权力的政变行动：

1. 卿大夫夺权成功：前609年（鲁文公十八年），执政卿东门襄仲发动政变，杀死鲁文公生前所立太子，而拥立从小得到自己照护的公子俀为君，就是鲁宣公。此次政变，卿大夫在君位继承这个核心问题上夺取政事决策权取得成功。

2. **国君反抗失败**：前591年（鲁宣公十八年），鲁宣公在长期准备的基础上，试图与盟友东门子家里应外合发动政变驱逐三桓。此次政变最终失败，鲁宣公神秘死亡，东门子家出奔。

3. **国君夫人反抗失败**：前575年（鲁成公十六年），鲁宣公遗孀穆姜继承鲁宣公遗志，与盟友叔孙宣伯发动政变，试图驱逐三桓领袖季氏，一度导致执政卿季文子被晋人逮捕。此次政变最终失败，季文子平安回国，穆姜被软禁，叔孙宣伯出奔。

4. **卿大夫夺权成功**：前562年（鲁襄公十一年），卿官季武子[1]在左右两军基础上增加中军，然后以"作三军"为理由，将支撑君权的战略资源——公邑和公民分为三份，三桓各掌管一份。此次改革，卿大夫在"公邑赋税"这个核心问题上夺取领土统治权取得成功。

5. **卿大夫夺权成功＋国君反抗失败**：前544年（鲁襄公二十九年），鲁襄公从楚国准备回国时，执政卿季武子以镇压叛乱为由，出兵夺取公邑下邑。鲁襄公一度因愤怒失去理智，打算发动楚国讨伐三桓，最终在随从劝说下作罢。此次事件，卿大夫夺取下邑领土统治权取得成功，鲁襄公的反抗停留在言辞层面最终失败。

6. **卿大夫夺权成功**：前537年（鲁昭公五年），执政卿季武子废除叔孙氏执掌的中军，并且将公邑和公民重新分为四份，季氏掌管两份，孟氏、叔孙氏各一份，完全切断公邑/公民和公室的经济联系。此次改革，卿大夫在"公邑所有权"这个核心问题上夺取领土统治权成功。

1　季武子，姬姓，季氏，名宿，谥武。季文子之子。参见《鲁国国君与三桓世系图》。

7. 国君反抗失败：前530年至529年（鲁昭公十二年—十三年），鲁昭公联合南蒯、公子慭等人发动第一次政变，试图驱逐季氏，一度导致执政卿季平子被晋人逮捕。此次政变最终失败，季平子平安回国，南蒯、公子慭出奔。

8. 国君反抗失败：前517年（鲁昭公二十五年），鲁昭公联合臧昭伯、郈昭伯等人发动第二次政变，起兵攻打季氏，一度攻入季氏宅邸，将季平子逼至台上。此次政变最终失败，鲁昭公与其政变团队一同出奔，前510年鲁昭公客死晋国。

从上面的梳理可见，自东门襄仲杀嫡立庶开始，卿大夫集团夺取君权的改革或政变行动都是主动的，造成的夺权后果是严重的，完全不同于先前那种由于谋划不周而导致的"乌龙"事件。卿大夫集团夺取的君权既有政事决策权，又有领土统治权，说得更清楚一点，是卿大夫集团在夺取政事决策权取得绝对优势之后，仗恃着这种绝对优势发动政务改革，从而进一步夺取领土统治权。当然，卿大夫集团的这些夺权行动也激起了国君更加激烈的反抗行动，但这些反抗行动都被卿大夫集团挫败，这样一来，卿大夫夺权行动导致的君权下移就都是决定性的、不可逆的了。

一言以蔽之，东门襄仲杀嫡立庶之后，鲁国的君权下移进程从良性升级为恶性，这就是晋太史墨说"鲁君于是乎失国"的实际意义。

宣公时期：
服从齐国始乱终弃，
谋除三桓功败垂成

使我杀嫡立庶，以失大援者，仲也夫！

——季文子

东门襄仲与宣公结盟，鲁国叛晋服齐

前608年春正月，东门襄仲长期保护的公子倭正式即位，就是鲁宣公。

东门襄仲杀嫡立庶之后，鲁国君主的权力在长期温和下移的基础上经历了第一次严重塌陷，而君权的塌陷也就意味着卿权的上升：东门氏从国君的臣下上升为与国君利益绑定、几乎平起平坐的盟友，而三桓则旗帜鲜明地反对东门氏，实际上也把自己拉到了与国君几乎平起平坐的地位。

综合前面的叙述，这一时期鲁国的卿族有东门氏、季氏、孟氏、叔孙氏、臧氏、子叔氏、叔仲氏，对应着一个六卿领导班子。前608年鲁宣公正式即位时，鲁国六卿情况大致如下：

一、东门襄仲在前619年孟穆伯出奔之后就已经是执政卿，去年杀太子恶及公子视、立鲁宣公、杀叔仲惠伯，如今又与鲁宣公利益绑定结成同盟，得到鲁宣公的高度信任与全力支持，因此稳坐执政卿之位主持朝政，权力几乎与鲁宣公相当。

二、从前609年东门襄仲废立君主、季文子驱逐莒太子仆，以及前608年东门襄仲访齐迎娶齐女、季文子访齐请求结盟来看，排第二的卿官应该是季文子。此外，从前599年的确定排序倒推，季文子也应该是排第二，在孟氏、叔孙氏之前。季文子在此时已经毫无疑义地成为三桓诸卿的新领袖，与东门襄仲是对立竞争关系。

三、后面四位卿官，应该是一位来自孟氏族长（孟惠叔或孟献了），一位来自叔孙氏族长叔孙庄叔，一位是臧氏族长臧宣叔，还有一位接替叔仲惠伯被杀后的位置，应该是鲁宣公的同母亲弟弟叔肸[1]。叔肸就是卿族子叔氏的始祖，此时尚未得到赐氏。综合考虑前599年三桓的确定排序（季文子、孟献子、叔孙宣伯）、孟氏在鲁文公时期是三桓中最弱势的一族、叔孙庄叔的资历比孟惠叔/孟献子[2]和臧宣叔要高、叔肸一生从未真正上朝参政等情况，应该是叔孙庄叔排第三，孟氏族长排第四，臧宣叔排第五，叔肸排第六。

根据以上分析，前609年鲁宣公即位时，鲁国六卿领导班子情况如下：

鲁 六 卿 表
（前608年鲁宣公正式即位后）

位　　次	人　　物	族　　属
一	东门襄仲	东门
二	季文子？	季
三	叔孙庄叔？	叔孙
四	孟惠叔/孟献子？	孟
五	臧宣叔？	臧
六	叔肸？（虚位）	子叔

说明："？"表示尚不能断定。下同。

鲁宣公正式即位后，东门襄仲随即前往齐国为国君迎娶嫡夫人，所有婚前流程一次搞定，春三月时就把夫人姜氏（穆姜）从齐国迎了回来。此时鲁宣公仍在父亲丧期之中，鲁宣公和东门襄仲之所以要顶着违背礼制的恶名、如此急切地与齐国联姻，就是希望进一

1　叔肸，姬姓，名肸，排行叔。鲁文公之子。参见《鲁国国君与三桓世系图》。
2　孟献子，姬姓，孟氏，名蔑，谥献。孟文伯之子。参见《鲁国国君与三桓世系图》。

步加强齐鲁亲善关系，从而依靠齐国稳定鲁宣公的君位。

前608年夏，季文子前往齐国，承诺向齐人割让土地作为贿赂，以此为条件请求尽快参加一次"国际会盟"，其目的也是通过获得国际承认来进一步稳定鲁宣公的君位。齐人在价钱谈拢之后办事很利索，不久之后就在齐地平州[1]组织了一次仅有齐惠公和鲁宣公参与的会盟。平州会盟结束后，东门襄仲随即前往齐国拜谢。夏六月，齐国派人正式接收了鲁国济水以西的土地作为报酬，这片土地应该就是当年鲁僖公从晋国那里分来的曹国土地。

通过火速联姻和平州会盟，鲁国君臣公开叛离了此时已在内乱边缘的盟主晋国，转而尊奉齐国为盟主，齐惠公在谋求成为区域性霸主方面取得了重大进展。

前607年秋九月二十六日，晋国执政卿赵宣子指使其族人赵穿杀了晋灵公，而立公子黑臀为君，就是晋成公。晋国发生弑君内乱之后，致力于成为天下新王的楚国英主楚庄王于前606年北伐陆浑戎[2]，在周王畿举行军事演习耀武扬威，并且向周王室官员询问象征周王天下统治权的九鼎有多大、多重，表现出取代周朝、成为天下新王的野心。以赵宣子为首的晋国诸卿一方面要稳定内乱后的国内局势，一方面要集中力量应对强敌楚国对晋国中原霸主地位发起的猛烈挑战，因此一时间无法抽身去管控中原国际局势，只能暂时放任齐国在东土私自另组同盟，将鲁国收为"小弟"。

在这样的国际背景下，齐、鲁同盟得到进一步的巩固。前605

---

1 平州见图四。
2 陆浑戎见图五。

年春正月，齐惠公、鲁宣公出面组织国际会议，想要促使莒、郯两国讲和修好。莒人不愿意接受调停，"小弟"鲁宣公就出兵讨伐，夺取了向邑[1]。同年秋天，"小弟"鲁宣公又前往齐国去朝见"大哥"齐惠公。

与殷勤事奉齐惠公形成鲜明对比的是，晋成公即位之后，鲁宣公不但没有亲自前往晋国朝见新君，甚至都没有派卿大夫前往访问。鲁国对齐惠公和晋成公的态度差异进一步表明，鲁国君臣已经公然叛晋服齐。

1　郯、向见图四。

齐国上卿欺凌鲁宣公，鲁国叛齐未果

面对鲁宣公的全心归顺，齐国君臣开始有点忘乎所以了。前604年春，鲁宣公前往齐国朝见齐惠公。齐国上卿高宣子请齐惠公发令阻止鲁宣公回国，然后"请求"鲁宣公将公室女子叔姬嫁给他作为夫人。鲁宣公为了脱身，不得不答应高宣子的"请求"。同年秋九月，高宣子来到鲁国迎接叔姬回国成亲。

前604年，叔孙庄叔去世。他的儿子叔孙宣伯（谥号宣，排行伯）应该在此后继位成为叔孙氏族长，并且代表叔孙氏进入六卿行列担任卿官。从前589年鞌之战时的确定位次倒推（季文子、臧宣叔、叔孙宣伯、子叔声伯），叔孙宣伯应该在臧宣叔之后。此时六卿领导班子情况如下：

鲁 六 卿 表
（前604年叔孙庄叔去世之后）

位 次	人 物	族 属
一	东门襄仲	公族/东门
二	季文子？	季
三	孟惠叔/孟献子？	孟
四	臧宣叔？	臧
五	叔孙宣伯？ *	叔孙
六	叔肸？（虚位）	子叔

说明："*"表示新加入的成员，下同。

齐国君臣自恃是鲁宣公恩主、仗势欺人的做法很可能引起了鲁国君臣的反感，而这时鲁宣公的君位也早已稳定，不再像刚即位时那样顾念齐国的拥立之恩。前602年，卫成公派卿官孙桓子来到鲁国参加会盟，在此期间，鲁国君臣与孙桓子谋划了重新参与晋国会盟的事宜。

前602年夏，鲁宣公率军来到齐国，与齐惠公一同讨伐莱国[1]。鲁史《春秋》将此事记载成"公会齐侯伐莱"，而不是"公及齐侯伐莱"，根据《春秋》笔法可知，鲁宣公只是出兵参战，事先没有参与谋划。从地理形势上来看，莱国位于齐国东部，正好挡在齐国向山东半岛开疆拓土的战略方向上，齐国必然要将其吞并。鲁国并不能通过讨伐莱国获得实际利益，完全就是作为齐国的仆从国应召助战而已。当然，此时这个仆从国的君臣已经有了叛离的想法。

前602年冬，鲁宣公参加了晋成公为盟主的黑壤[2]会盟。然而，晋人没有抓住此次机会将鲁国拉回到晋联盟，而是将鲁宣公软禁了起来，并且不允许他参与盟誓。晋人的意图是通过公开羞辱鲁宣公来"杀鸡儆猴"，警告其他诸侯不要学鲁国的坏样子叛离晋国。后来鲁国卿大夫向晋人交纳了贿赂，到前601年春天，鲁宣公终于被释放回国。

晋人在黑壤会盟上的粗暴做法让鲁国君臣抛弃了叛齐服晋的想法。鲁宣公回国后不久，前601年夏六月，东门襄仲就前往齐国访问，其目的应该是重新向齐国表忠心。不过，东门襄仲在路上突发疾病，使团在到达齐国黄邑之后就不得不折返回国，最终在齐国垂邑去世。

1　莱见图四。
2　黑壤见图三。

东门襄仲的儿子东门子家（名归父，字家）应该在此后继位成为东门氏族长，并且代表东门氏进入六卿行列担任卿官。根据前599年的确定位次（季文子、孟献子、叔孙宣伯、东门子家），可以推出东门子家应该是在叔孙宣伯之后，排第五。具体如下：

鲁 六 卿 表
（前601年东门襄仲去世后）

位　　次	人　　物	族　　属
一	季文子	季
二	孟献子？	孟
三	臧宣叔？	臧
四	叔孙宣伯？	叔孙
五	东门子家？ *	东门
六	叔肸？（虚位）	子叔

从表中可以看出，东门子家没能继承他父亲的执政卿之位，而是依照新人从较低位次干起的常例，排在了三桓之后。在此之后，鲁国进入季文子担任执政卿的时代。

东门子家出场唱主角，鲁国讨伐邾国

前600年春正月，鲁宣公前往齐国朝见齐惠公，重新成为齐国的仆从国。同年夏，应周定王的要求，孟文伯的儿子、孟氏族长、鲁卿孟献子前往京师访问。周定王赞赏孟献子执行使命严守礼制，于是赠给他很丰厚的财礼。这是孟献子第一次作为卿官出现在

春秋史时间轴中，距孟氏上一任族长孟惠叔最后一次出现 (前612年)
12年。

前599年春正月，鲁宣公前往齐国朝见齐惠公。齐惠公此时已经是"人之将死"，他一方面为鲁国重新归服感到欣慰，一方面也意识到如果不加以善待，鲁国恐怕又将叛离，因此主动将先前鲁国贿赂自己的济西田还给鲁国，来表示悔过和笼络。

夏四月十四日，齐惠公去世。同月，鲁宣公亲自前往齐国奔丧。按照当时的礼制规定，一国君主去世，其他国家最多派卿官前去奔丧，君主亲自奔丧是逾越礼制的。本年齐惠公在临终前将济西田归还给鲁国，鲁宣公也奔齐惠公之丧，标志着齐鲁两国关系达到高峰。

前599年夏六月，东门子家前往齐国参加齐惠公的葬礼。这是东门子家作为卿官第一次出现在春秋史时间轴中，距离前任族长东门襄仲去世 (前601年) 两年。

同年秋，周定王派卿大夫刘康公来到鲁国访问，以回报宣公九年 (前600年) 孟献子对周王室的访问。《国语·周语中》详细记载了刘康公访问鲁国时的观感，以及他回国之后对鲁国季、孟、叔孙、东门四大卿族日后命运的预判：

> 周定王八年，刘康公出使鲁国，向鲁国的大夫分送财礼。季文子、孟献子都节俭，而叔孙宣子、东门子家都奢侈。
>
> 回来后，定王询问鲁国的大夫哪位有贤德。刘康公答道："季孙、孟孙可以在鲁国长期存在下去，叔孙、东门可能会败亡。即使家族不亡，本人必不能免祸。"

定王说：“那是什么原因呢？”

刘康公答道：

“我听说，‘为臣必须遵行臣道，为君必须恪守君道’。宽厚、严整、周遍、惠爱，是君道；敬业、谨慎、谦恭、节俭，是臣道。**1**

“宽厚用以保住根本，严整用以完成时务，周遍用以教化施舍，惠爱用以团结民众。根基得到保护就必然稳固，相时而动取得成功就没有失败，教化施舍周遍就无所遗漏，用惠爱来团结民众就上下富足。**2**如果根本稳固而政务成功，施舍周遍而民众富足，因而能够长久地保有百姓，还有什么事做不到呢？

“敬业用以承受君命，谨慎用以守护家业，谦恭用以处理事务，节俭用以丰足财用。以敬业来承受君命就不会违抗，以谨慎来守护家业就不会懈怠，以谦恭来执行公务就可以宽免死罪，以节俭来丰足财用就可以远离忧愁。**3**如果承受君命不违抗，守护家业不懈怠，宽免死罪又远离忧愁，就可以使君臣上下之间没有嫌隙，任命他做什么不能承担呢？

“上位的君主任命事务能贯彻无阻，下位的臣子承担被任命的事务，因此能享有美名、长久传世。现在那二位（指季文子、孟献子）节俭，他们将财用丰足，财用丰足则家族能得到庇护；

---

1 《国语·周语中》：“臣闻之，‘为臣必臣，为君必君’。宽、肃、宣、惠，君也；敬、恪、恭、俭，臣也。”

2 《国语·周语中》：“宽所以保本也，肃所以济时也，宣所以教施也，惠所以和民也。本有保则必固，时动而济则无败功，教施而宣则遍，惠以和民则阜。”

3 《国语·周语中》：“敬所以承命也，恪所以守业也，恭所以给事也，俭所以足用也。以敬承命则不违，以恪守业则不懈，以恭给事则宽于死，以俭足用则远于忧。”

另外二位（指叔孙宣伯、东门子家）奢侈，奢侈就不会体恤匮乏之人，匮乏之人得不到体恤，忧患必然会降临，像这样就必然会危及自身。况且身为人臣而奢侈，国家就承受不了，这是败亡之道。"

定王问："叔孙、东门能维持多久呢？"

刘康公答道："东门子家的地位不如叔孙，却自大奢侈，不可能事奉两代国君。叔孙的地位不如季孙、孟孙，而也自大奢侈，不可能事奉三代国君。如果他们都死得早倒还罢了，假若他们享有年寿来承受毒害，一定会败亡。"

从这段文字所披露的信息，我们还可以得知前599年鲁国六卿领导班子的状况，其中季文子、孟献子、叔孙宣伯、东门子家的相对排位得到确认，臧宣叔在叔孙宣伯之前，而叔肸排第六：

鲁 六 卿 表
（前599年刘康公访问鲁国时）

位　次	人　物	族　属
一	季文子	季
二	孟献子	孟
三	臧宣叔？	臧
四	叔孙宣伯	叔孙
五	东门子家	东门
六	叔肸？（虚位）	子叔

前599年秋，东门子家率军讨伐邾国，夺取了邾国绎邑[1]。随后，

1　绎见图四。

季文子第一次前往齐国访问，应该是庆贺齐顷公即位。在这次访问期间，齐国君臣很可能就东门子家讨伐邾国一事向季文子提出了抗议。前599年冬，东门子家前往齐国访问，为讨伐邾国一事向齐人进行解释。随后，齐顷公派上卿国武子来鲁国访问，回报季文子本年早先对齐国的访问。

至此，我们已经具备了足够的信息来描述齐-鲁-邾三国地缘政治博弈的全貌。从地缘关系上来说，齐国在北，鲁国在中，邾国在南，齐-鲁接壤，鲁-邾接壤，而齐、邾之间被鲁国阻隔，并不接壤。从国家实力上来说，齐国是大国，鲁国是中等国，邾国是小国。在这样的前提条件下，这三国的地缘政治博弈状况如下：

一、齐国是区域性霸主，在三国博弈中起统御性的作用，在齐-鲁关系和齐-邾关系中都是主动的、"攻"的一方。具体说来，齐国一方面通过与鲁国结盟来实现其小霸东方的外交目标，另一方面通过与邾国结盟来支持邾国生存，从而制衡鲁国的扩张野心。

二、鲁国在齐-鲁关系中是被动的、"受"的一方，而在鲁-邾关系中则是主动的、"攻"的一方。具体说来，鲁国一方面服从于霸主齐国，另一方面试图制服甚至吞并邾国。

三、邾国在鲁-邾和齐-邾关系中都是被动的、"受"的一方，一方面被鲁国以各种理由讨伐，另一方面被齐国利用来制衡鲁国，然而该国并不甘于被鲁国吞并，仍然在齐国撑腰下苦苦支撑。

前598年夏，东门子家率军参与齐人讨伐莒国的战役。

前597年夏六月，楚庄王率领楚军在郑国邲地[1]战胜了执政卿中

1　邲见图五。

行桓子率领的晋军。邲之战之后，晋国的霸主地位受到严重挑战，而楚庄王北上与晋国竞争的事业达到一个高峰。

前596年春，齐军再次讨伐莒国，因为莒国一直以来仗恃晋国支持而不事奉齐国。齐国的这一举动说明，在楚强晋弱的国际形势下，齐国一方面不再忌惮晋国的管控，而另一方面又并不担心远在今湖北的楚国在可预见的未来会派出军队长途跋涉到齐国所在的今山东北部，于是也更加积极地推进自己的区域霸业。

东门子家受宠谋政变，鲁国决定叛齐

前595年冬，东门子家在齐国谷邑与齐顷公会面。非常奇怪的是，东门子家与齐卿晏桓子交谈时，大谈特谈自己在鲁国受到的优厚待遇，而且说得特别开心。晏桓子在会后告诉上卿高宣子说："子家恐怕要逃亡了吧！他特别珍视鲁侯对他的宠信。珍视宠信就会贪婪，贪婪就会算计他人。东门子家算计他人，他人也会算计东门子家。如果一个国家的卿大夫都算计他，他怎么会不灭亡？"

大约就在东门子家身处齐国期间，孟献子劝说鲁宣公说："臣下听闻小国能够免于被大国怪罪的方法是，小国卿大夫前去大国访问并且进献财礼，于是大国公宫庭院中就会陈列着小国进献的上百件礼物；小国君主前去大国朝见并且进献治国或征伐的功劳，于是大国朝堂上就会有身穿华丽服装的小国献礼队伍，十分美好而且带着额外的礼物。所有这些努力，都是为了谋求免除本来不能免除的罪过。等到大国责罚时再进献财礼，那可就来不及了。如今楚国已经在包围宋国，君主请好好图谋一下此事。"鲁宣公悦服。于是，前594年春，鲁宣公派遣东门子家前往宋国都城外的楚军营地，与楚庄王会面。从这时起，鲁国君臣开始考虑叛离齐国，转而依附更加强大的楚国。

当然，这时的鲁国还没有公开叛离齐国。前594年秋，孟献子与齐国上卿高宣子在无娄会面，其目的大概是为了向齐国解释东门子家与楚庄王会面的用意，保证鲁国对齐国没有二心。

前594年秋收之后，鲁国开始在公室直接控制的公邑上推行一种全新的田税征收制度，这就是著名的"初税亩"改革。笔者认为，"初税亩"是鲁宣公宠臣东门子家推动的"张公室"计划的第一步，其目的是在不直接危害卿族私邑利益的前提下增加公室财政收入，为增强国家实力（对外）、重振国君权威（对内）积蓄力量。笔者会在后面专辟三节来深入剖析"初税亩"改革。

前594年至前593年间，晋人剿灭了位于其东北部的赤狄潞氏、甲氏、留吁、铎辰诸部[1]，一方面扩大了领土，另一方面解除了后顾之忧，随即着手重返中原重振霸业。前592年春，晋景公派卿官郤献子前往齐国，要求齐顷公派出代表参加同年晚些时候将在晋国断道举行的诸侯会盟。郤献子是个跛子，齐顷公让自己的母亲萧同叔子躲在帘子后面偷看郤献子上台阶的滑稽模样，萧同叔子笑出了声。郤献子声称自己受到了严重的侮辱，而这就成了晋国打压齐国所急需的把柄。

前592年夏六月十五日，鲁宣公参与了晋人组织的断道会盟，齐顷公派了上卿高宣子率领大夫晏桓子、蔡朝、南郭偃参与，高宣子半途逃回齐国。在会盟期间，郤献子以齐国派出代表不合礼制为

1　潞氏、留吁、铎辰见图二。

理由，先是拒绝齐方代表参与盟誓，会盟结束后又下令逮捕了三位齐国大夫。前591年，晋景公、卫国太子臧联军讨伐齐国，齐顷公与晋景公在缯地盟誓。

前591年春，就在齐、晋缯之盟后，鲁国突然自作主张，出兵讨伐齐、鲁之间的小国杞国。同年夏，鲁宣公派使者到楚国，请求楚国出兵讨伐齐国。

从上面讲述的前592年—前591年的历史事件，我们已经能够感觉到鲁国的外交策略在这两年间发生了急剧的转变。下面笔者将试图解析这个急剧转变背后鲁国君臣的分析和谋划。

从前面的叙述可知，齐顷公即位后，鲁国在一方面仍然服从齐国，一方面已经开始与楚国联系，一方面又参加了晋国组织的断道会盟，不光是有"二心"，而是有"三心"。前592年断道之盟期间，鲁国君臣目睹了晋国对齐国的强力施压，他们敏感地意识到，国际形势已经发生了重大变化。当时摆在鲁国君臣面前的外交形势大概是这样：

一、后院无忧的晋国这次是真的试图重振中原霸业，第一步应该是要制服"叛晋急先锋"齐国。而齐国现任君主齐顷公又偏偏是一个行事张狂鲁莽的不智之人，齐国前景很不乐观。

二、楚庄王在前594年结束长达9个月的围宋之战后，再没有发动见于传世文献记载的重要军事行动，其个人健康状况令人猜疑。

三、试图重振霸业的晋国和积极北上攻霸的楚国还没有进行决战，无法明确到底谁才是真正的中原霸主。

根据上面分析的外交形势，鲁国的外交政策又进行了重大调整，这从鲁国在前591年实施的两次重大外交行动——擅自讨伐杞国、请求楚国讨伐齐国——就可以看出来。这两次行动表明，鲁国此时的外交战略是：

第一步，通过擅自讨伐周边小国，造成故意违背区域霸主齐国意志的效果，从而向正在争斗的晋国、楚国表明，鲁国已经有叛离齐国、另择霸主事奉的意愿。但是，既然是"讨伐"，鲁国必然是宣扬了正当理由，如果万一齐国前来问罪，鲁国也可以给出另一番解释。

第二步，通过邀请楚国讨伐齐国，向楚国正式表明叛齐意愿，并借此侦测楚国内部的真实状况。在晋楚正面战斗尚未发生、胜败无法预判的情况下，鲁国君臣决定不贸然改变先前亲近楚国的策略，而是顺势请求楚国讨伐齐国，逼迫楚国展示自己的真实争霸志向和能力。如果楚国真的出兵讨伐距离遥远的齐国并取得胜利，那么鲁国就可以确认楚国确实具备成为中原霸主的志向和能力，就可以比较放心地倒向楚国；如果楚国不敢应承鲁国的请求，或者楚庄王在接待鲁国使者的过程中暴露出健康状况恶化的迹象（比如说在行礼过程中萎靡不振，或者临时取消依礼应该举行的外事接待活动等），那么鲁国就可以考虑放弃楚国，转而投靠重返中原的晋国。

通过怂恿大国行危险之事来侦测大国状况，从而帮助自身作出正确决策，鲁国本年之事并不是孤例。前597年晋楚邲之战前，晋军在渡过河水之后，晋国诸卿内部意见并不一致，没有下决心要与楚国决战。就在此时，夹在晋、楚之间的郑国派卿官皇戌到晋军营中，极力怂恿晋军出战。主战派晋卿先縠趁机呼吁出战，但避战派晋卿栾武子却分析说："郑国派人来劝我们出战，我们要是战胜了，郑国就来归服我们，我们要是不胜，郑国就去归服楚国，这是拿我军作战胜负作为龟壳来占卜到底应该从晋还是从楚，郑国的奸计决不能听从。"栾武子所认为邲之战前郑国所用的计策，与本年鲁国所用的计策有异曲同工之妙。

宣公去世季文子发难，子家事败出奔

前591年，在鲁宣公和他的盟友东门子家看来，驱逐三桓的国际国内条件都已经基本到位：

一、国内方面，鲁国公室已经基本具备"起义"所需的硬实力。"初税亩"改革使得公室能够收取的田税大幅度提升，经过三年推行，应该已经使得鲁国公室经济实力有了显著增强。

二、国际方面，已经可以明确，晋国是鲁宣公"起义"应该求助的外部势力。前591年秋七月七日，楚庄王去世，楚国进入君位传承的敏感期，因此没能应鲁国请求出兵。这样一来，鲁国君臣一直想弄清楚的晋楚争霸前景终于明晰，那就是：楚国英主殒命，北上争霸势头顿时受挫，而晋国来势汹汹，极有可能制服齐国、重振霸业。

在上述乐观判断的刺激下，东门子家与鲁宣公决定跨出"张公室"计划的第二步。前591年秋，东门子家作为特使前往晋国，试图说服晋国出面干预鲁国内政，驱逐当时威逼公室的"三桓"——季氏、孟氏、叔孙氏，然后将三家所占据的私邑收归公室所有，从而重振公室权威。

然而，在东门子家回国之前，冬十月二十六日，鲁宣公突然去世。根据鲁史《春秋》的记载，他是在寝宫正常死亡的。而按照上文所述，可以大致推断出，东门子家与鲁宣公驱逐三桓的计划本来应该是：东门子家前往晋游说晋人，而鲁宣公在国内坐镇，到时君臣里应外合铲除三桓。按常理分析，鲁宣公此时的健康状况应该不会太差。此时东门子家正在晋国进行游说工作，而鲁宣公却正好去世，让人不由得怀疑，很可能不是正常死亡，而是被三桓诸卿谋杀，或者说得更准确一些，是被季文子谋杀。

当时的六卿按照政治立场大致可以分为"张公室派"（东门子家）、"讨逆臣派"（季文子、孟献子、叔孙宣伯）和"中立派"（臧宣叔）。

鲁宣公去世后，"讨逆臣派"领袖季文子抓住东门子家远在晋国的机会，有一天突然在朝堂上公开宣言说："使我国杀掉了嫡子而立庶子，以至于失去大国援助的人，就是东门襄仲啊！"

负责刑狱的卿官臧宣叔愤怒地说："当年东门襄仲在世时不能治他的罪，他的后人有什么罪？您想要驱逐东门氏，我恳请具体办理此事。"

臧宣叔接下来派出官吏强行驱逐了东门氏，也就是东门子家的家族成员。

如何理解季文子和臧宣叔的这段对话？

第一，季文子这番话的字面意思。

当季文子在朝堂发难时，鲁国当时的外交策略是：叛离长期服从的齐国，不再联络楚国，重新亲附晋国。既然要叛离长期服从的齐国，那么负面评价齐国就成了"政治正确"；既然要重新服从先前背叛的晋国，那么正面评价晋国也就成了"政治正确"。因此，季文子这番话的表面意思，是站在当前的"政治正确"立场上总结鲁宣公时期在外交事务方面的经验教训，那就是：

长期以来，鲁国依靠晋国这个重大外援来抵御强邻齐国的欺凌。由于东门襄仲杀嫡立庶，导致鲁国在很长一段时间失去了晋国的支持，因此长期遭受齐国的欺凌。

有意思的是，季文子只强调前609年东门襄仲杀嫡立庶之事，却没有提及前608年鲁宣公娶齐女并与齐会盟从而叛晋服齐之事，因为前者全都是东门襄仲一人所为，而后者是东门襄仲和季文子共同所为。

第二，季文子说这番话的真正用意。

季文子之所以在这个时刻站出来总结鲁宣公时期的经验教训，其实是要为驱逐东门子家和他领导的东门氏寻找一个可以摆在台面上的正当理由。这个理由，季文子有一半是明说的，有一半是隐含的：

（一）明说的一半是：因为东门襄仲最初的杀嫡立庶行为导致了鲁国失去大援、遭受齐国欺凌的后果，所以如今要总结教训、清算罪行的话，就一定要惩处罪魁祸首东门襄仲。东门襄仲的罪行有两条：第一条是杀嫡立庶违背周礼基本原则，第二条是导致鲁国失去大援、被齐国长期欺凌。这是季文子做的铺垫。

（二）隐含的一半是：既然东门襄仲已经去世，那么罪责就应该由东门襄仲的后人，也就是东门子家和他领导的东门氏来承担。这是季文子真正想要表达的意思。季文子之所以没说这一半，是因为他希望由负责刑狱的臧宣叔把这一半说出来 (详见下)。

第三，季文子驱逐东门子家的真实原因。

笔者认为，季文子驱逐东门子家的真实原因应该是：季文子已经知晓东门子家出使晋国的目的，意识到"张公室派"和"讨逆臣派"的斗争已经到了你死我活的阶段，于是就像他的祖父公子友那样，先是痛下决心派人杀死马上要起兵攻打三桓的鲁宣公，然后打算抓住东门子家在外出使的机会罗织罪名，一举驱逐他所领导的东门氏，让东门子家无家可归。

如上所述，季文子在朝廷上的这番宣言，就是要暗示国家刑狱部门依法驱逐东门子家率领的东门氏。臧宣叔是鲁国司寇，职掌刑狱纠察，他一听就明白接下来他的事情来了，因为依法驱逐东门氏必须由他来具体操办。臧宣叔的政治立场应该是中立派，他一方面不参与东门子家"张公室"的疯狂计划，一方面不准备与执政卿季文子对抗，一方面还想保持臧氏作为刑狱官所必须有的好名声，不愿被卿大夫群体视为替三桓干脏活的仆从。因此，臧宣叔也说了一段看似怒气冲冲、实则非常精明的话：

首先，臧宣叔做出一副仗义执言的姿态，愤怒地说："当年东门襄仲在世时不能治他的罪，他的后人有什么罪？"这两个半句各有用途：

前半句"当年东门襄仲在世时不能治他的罪"：其主要目的是为了迎合季文子。臧宣叔这么一说，就是在表明，他认同季文子对于鲁宣公时期外交事务功过得失的总结，认为东门襄仲的确是犯下了值得被惩罚的重罪。

后半句"他的后人有什么罪"：其主要目的是挑明季文子的真实目的。臧宣叔一针见血地指出，季文子在东门襄仲死了之后才清算他的罪行，其真实目的是为驱逐东门子家找理由，因为东门子家本身并没有什么可以坐实的罪过。臧宣叔明白，虽然他这后半句话会让季文子非常不舒服，但是季文子也不能反驳。这是因为，如果季文子说东门子家本身的确是有罪，那么臧宣叔就会逼问季文子到底东门子家有什么罪，这样季文子就必须把驱逐东门子家的真实原因挑明，而这是季文子绝对不愿意做的。

按照惯常的说话逻辑，臧宣叔接下来应该说的，是义愤填膺地拒绝驱逐无罪的东门子家。但是臧宣叔所说的却是："您想要驱逐东门氏，我恳请具体办理此事。"这两个半句也是各有用途：

前半句"您想要驱逐东门氏"：目的是明确驱逐东门氏的决策责任。季文子的如意算盘是：他在朝堂上只公开清算东门襄仲罪行，然后把驱逐东门氏的意思隐含地传达给负责刑狱的臧宣叔。这样一来，日后如果政治形势有变，季文子就可以推卸责任说："我当年只说了要清算东门襄仲，株连东门氏是臧孙的主意。"但是，臧宣叔可不愿意既干"脏活"又承担风险。通过上一句"当年东门襄仲在世时不能治他的罪，他的后人有什么罪"，臧宣叔已经点明，季文子的目的就是要嫁祸给东门子家；而通过"您想要驱逐东门氏"这一句，臧宣叔进一步在朝堂上明确，驱逐东门氏的决策责任完全要由季文子来负，因为臧宣叔本人根本就不认为东门子家有罪。话说到这儿，季文子虽然会更加不舒服，但他还是无法反驳臧宣叔，因为驱逐东门氏本来就是他希望臧宣叔去做的，只不过现在他必须承担所有决策责任，无法"甩锅"了。

后半句"我请具体办理此事"：目的是表明自己将遵从首卿、照章办事。臧宣叔用前半句敲定了"首卿季文子下令驱逐东门氏"这件事，等于逼着季文子在驱逐东门氏的法令上签上了自己的名字。在这后半句里，完全撇清了决策责任的臧宣叔明确表态说，既然执政卿下了命令，自己作为具体分管卿官责无旁贷，根据政府决策-执行的规章制度立即组织贯彻落实，不会因为与季文子政见不同而抗命。臧宣叔在这半句话里所体现出来的政治智慧，就是孔子所说的"严守道义不如严守本职"[1]。

总而言之，臧宣叔通过这两句巧妙的话，一方面规避了任何决策责任，一方面挑明并执行了季文子的命令，一方面还树立了自己既仗义执言、又照章办事的德义形象，可以说是"一石三鸟"，体现了很高的政治水平。

东门子家回国到达笙地时，得知自己的家族已经被季文子驱逐，知道"张公室"计划已经完全败露而且失败，于是转头出奔到了齐国。至此，东门氏从鲁国政治舞台退场。季文子随后组织卿大夫共同起誓，确认东门襄仲的罪过，宣誓与东门襄仲划清界限，誓词是这样说的："不要像东门遂那样，不听先君的命令，杀了嫡子立庶子！"

然而需要强调的是，东门氏虽然消失了，但是东门氏的后代在改换氏称后仍然在鲁国卿官体系继续存在了一段时间。前576年时，鲁国正史《春秋》记载了一位名叫"仲婴齐"[2]的卿官的去世消息，这位"仲婴齐"是东门襄仲的儿子、东门子家的弟弟。这条记载告诉我们，仲婴齐很可能是像叔仲氏那样 (参见第154页)，先是出奔国外，后来又设法回到了鲁国。仲婴齐回到鲁国后，没有再沿用已被污名化的氏称"东门"，而是根据公族后代立氏的常礼，以父亲东门襄仲的排行"仲"为氏。

1　《左传·昭公二十年》："仲尼曰：'守道不如守官。'"
2　仲婴齐，姬姓，仲氏，名婴齐。东门襄仲之子。参见《鲁国国君与三桓世系图》。

仲婴齐虽然是卿官，但是《春秋》《左传》中与他相关的唯一记载就是他的去世，而且在他去世之后，仲氏也再无人进入六卿领导班子。笔者认为，仲婴齐之所以能够得到国君赐氏，并且"世袭"东门子家的卿位进入六卿领导班子，很可能是以季文子为首的三桓诸卿在斗败了东门子家之后所做的安排，一方面为了安抚东门子家在国都内的余党、稳定国都内形势，另一方面也是践行季氏在公子友时期建立起来的"相忍为国"政治理念（参见XXX页）。不过，三桓诸卿对于仲婴齐应该是保持着一种警惕提防的态度，而仲婴齐本人和他的嗣子恐怕也没有什么过人的德才，因此仲婴齐去世后，仲氏最终从卿族集团中退出，沦为大夫、士乃至于庶人。

在说完东门氏后人的最终结局之后，我们最后还要提一下另一位在鲁国六卿班子里非常低调的人物，那就是鲁宣公的同母弟弟叔肸。叔肸在《春秋》《左传》中第一次，也是最后一次出现在前592年，也就是东门氏被驱逐的前一年。《春秋》记载说：

> 冬，十有一月壬午，公弟叔肸卒。

按照《左传》的解读，《春秋》用"公弟"二字并无深意，只是表明叔肸是鲁宣公的同母弟弟。然而，《穀梁传》的解读却爆出了一段不见于《左传》记载的内情：

> 《春秋》记载成"公弟叔肸"，在名字前加"公弟"，是表扬他有贤德。为什么表扬他有贤德呢？因为鲁宣公杀太子恶时，他向鲁宣公表示过非议。表示过非议，那么为什么不离开

鲁国呢？他说："我们是兄弟啊，我能到什么地方去呢？"鲁宣公送给他财物，他就说："我的财物足够用了。"他织麻鞋为生，终身不享用鲁宣公给他的俸禄。君子认为这是通达兄弟恩情的行为，因此他在君子所作的《春秋》中得到尊荣。

笔者认为，《穀梁传》的说法应该是可信的，也很好地解释了为什么叔肸作为卿官却没有任何见于史书记载的政治事功。所以，在整个鲁宣公时期，鲁国名义上有六卿，但实际上只有五卿。

需要指出的是，叔肸这样品行高洁的兄弟在春秋时期还真不是孤例，在《左传》中就记载了这样两例：

一、公子元。前613年，齐国公子商人杀了齐君舍，然后假惺惺地让位给同父异母的哥哥公子元。公子元当场揭穿公子商人的虚伪嘴脸，拒绝接受君位，于是公子商人即位，就是齐懿公。齐懿公时期，公子元非常鄙视他弟弟的德行，从来不用国君尊称"公"来称呼齐懿公，而是称他为"夫己氏"，就是"那个人"的意思。

二、公子鱄。前546年，卫献公的同母亲弟弟公子鱄受不了卫献公的无道行为，出奔晋国，寄居在木门邑，终身不做官，平日跪坐时绝不面向卫国。

附录3:"初税亩"改革详解

一、财政背景

关于前594年"初税亩"改革的基本情况,《左传》的介绍很简单:

> "鲁国开始按照田亩收税",这是不合于周礼的。过去的征税方法是国家所征收的粮食不超过"藉法"的规定,这样做的目的是为了丰裕民众的财富。

《穀梁传》讲得比较详细:

> "初税亩"。"初"字是开始的意思。古时候征收财物实行十分取一的比率,采用"藉法"而不收税。鲁国开始实行按田亩收税的政策,是不正当的。古时候长宽三百步为一里,称为"井田"。一块井田九百亩,公田占九分之一。私田种不好,就责怪官吏,因为官吏派给民众劳役太多使其不能很好地耕种私田;公田种不好,就责怪民众,因为民众只顾私田不顾公田。《春秋》写"初税亩"的用意是,责备鲁宣公废除了公田,然后勘测全部田地的亩数,一律按照十分取一的税率征收田税,认为鲁宣公给民众的新政策是用尽民力了。古时候不但不征收私田的税,公田的一部分还可以供民众农忙时居住,井田里的水井、灶头,以及种植葱韭的用地,也都取自公田。

要真正理解"初税亩"改革的财政背景，还有后面我们会说到的"作丘甲"（参见XXX页）、"三分公室"（参见XXX页）、"四分公室"（参见XXX页）改革，我们还要了解当时鲁国的社会组织模式和公共财政模式。

先来看社会组织模式。鲁国的全部领土可以分为由都城及其近郊组成的非农业区"国"，以及"国"外广阔的农业区"野"[1]。属于"野"的大片农业区可以进一步分为由公室直接控制的"公邑"，以及由卿大夫家族控制的"私邑"。

公邑实施的是西周时期确立的"公田–私田"土地财政制度。公邑的田地分为公田和私田。野人集体耕种公田，是无偿劳役，称为"藉"[2]，公田的粮食产出上交公室。此外，野人各自耕种自己的私田，私田的粮食产出归各户野人私有。

根据《左传·宣公十五年》杜预注的说法，"周法，民耕百亩，公田十亩，借民力而治之"，也就是说，周礼规定的公田与私田比例是1：9。这个比例与下文将要谈到的藉法征收比例是吻合的。战国时的孟子虽然提议推行公田–私田比例为1：8的井田制（《孟子·滕文公上》："方里而井，井九百亩，其中为公田，八家皆私百亩，同养公田"），但是他在同一章里又说，"夏后氏五十而贡，殷人七十而助，周人百亩而彻，其实皆什一也"，说明孟子也知道周代是以一百亩为单位，按照1：9的比例划分公田和私田的。

然后来看民众。春秋时期说的"民"是指国君之外的一切人，

---

1 实际上，在有大城邑的地区，大城邑及其近郊组成"都"，都外是广阔的农业领土"鄙"。为讨论简便计，我们下面仅讨论"国"与"野"。

2 传统说法将"藉"解为"借"，也就是"借民力以耕田"。实际上"藉"字的本义就是"耕田"，而所谓"借民力以耕田"是后代的引申。

包括居住在非农业区"国"的"国人"，由卿大夫、士人、百工、商人、非农庶人组成，以及居住在农业区"野"的"野人"，由农业庶人组成。

（一）"卿大夫"——居住在"国"的高级贵族，他们人数很少，担任中央政府中高官员；

（二）"士人"——居住在"国"的低级贵族，他们人数较多，担任武士和低级官员；

（三）"百工"——居住在"国"的手工业从业者；

（四）"商人"——居住在"国"的商业从业者；

（五）"庶人"——人数最多的底层劳动者，其中少数是居住在"国"内的非农仆役，绝大多数是居住在"野"的农民。就野人/农业庶人而言，他们一部分耕种公邑田地，一部分耕种卿大夫私邑田地。

然后看公共财政模式。当时公室收取两种东西，一种是粮食，一种是兵员+军需物资。因为接下来我们要分析的是"初税亩"，所以我们只考虑粮食的问题。鲁国改革前的粮食征收模式有如下三个要点：

（一）公邑公田产出的粮食上交公室，这就是所谓的"藉法"。藉法号称"藉而不税"，也就是不按照亩数乘以税率的方式征收粮食田税，所以我们用"征收比例"来指称藉法征收粮食的强度。西周时期"藉法"的征收比例，一般认为是"什一"，也就是某个公田-私田复合体整体产出的十分之一左右，这其实就是假设公田、私田单位面积产量相同的情况下从公田与私田1∶9的面积比例自然推出的结果，而"什一"也由此成为中国古人心目中合理征收比例/税率的标准。实际上，根据上面所引《孟子·滕文公上》文句，孟子认为，夏、商、周三代的征收比例都是十分之一。

（二）公邑私田产出的粮食归野人家庭所有，不上交公室。

（三）卿大夫私邑田地的粮食产出归卿大夫家族所有，作为卿大夫在朝廷任职的俸禄。正如后面会详细叙述的那样，卿大夫家族对国家的贡献主要不体现在缴纳粮食上，而是体现在提供军赋（兵员+军需物资）上。《左传·昭公十三年》郑国执政卿子产说，郑大夫孔张"在国家层面得到俸禄，在军队层面提供军赋"，就是在概述卿大夫和国家之间的这种财政关系。

了解了鲁国的社会组织模式和公共财政模式之后，我们可以切入正题，探讨"初税亩"改革推出的财政背景。

根据上文所引《穀梁传》的记载，公邑的公田/私田管理在原则上应该有三个要点：

（一）官吏要监督野人努力耕种公田，保证公室能够根据"藉法"从公田获得足够的收入，维持国家的正常运转。这就是为什么《穀梁传》说"公田种不好，就责怪民众"[1]。

（二）官吏要控制征发野人服劳役的强度，保证野人有时间精力耕种私田，维持自己家庭的正常生活。这就是为什么《穀梁传》说"私田种不好，就责怪官吏"[2]。

（三）官吏要控制公田和私田的面积符合制度规定，防止私田侵夺公田，以及向周边无节制地扩展。

1　《春秋穀梁传·宣公十五年》："公田稼不善则非民。"
2　同上："私田稼不善则非吏。"

然而，从现代人的眼光来看，由于人性自私趋利的特点和制度设计的漏洞，公邑的公田/私田旧管理模式必然会出现如下的问题：

（一）官吏无法有效监控野人耕种公田的努力程度，公田产出达不到最大化，公室财政收入自然也达不到最大化。

对于公邑里的野人来说，耕种公田是无偿劳动，干得越努力自己越吃亏；耕种私田是为自己劳动，干得越努力自己收获越多。因此，野人肯定会将时间精力优先投入到私田的耕种中，这是人性驱使下的必然结果。

在先秦的技术条件下，官吏无法实时监控田地里野人的耕种行为，如果想要确保野人努力耕种公田，可行的办法有两个：一个是通过规定丁男人均产出数量，倒逼每个农民努力达到标准，也就是像唐代租庸调制那样规定每位丁男必须交纳的粮食、布帛数量；一个是通过规定公田单位面积的产出数量，倒逼耕种某块公田的整个农民团队努力达到标准。然而，井田制的制度设计是从公田总产出中抽取十分之一上交公室，而并没有对公田单位面积产出数量或者丁男人均产出数量作出明确规定，这就使得"监督野人努力耕种公田"在很大程度上成为一句无法落实的空话。

（二）官吏如果过度征发野人脱离农业生产而服劳役，对公田耕种造成的损害远大于私田。

由于野人的目标必然是尽力保证私田耕种不受影响，而官吏又无法有效管控野人耕种公田的行为，因此，如果官吏征发野人脱离农业生产外出服劳役的强度过高的话，野人必然会将剩余的时间精力优先用来耕种私田。因此，如果像《穀梁传》说的那样，连私田耕种都因为劳役过重而受到了损害的话，那么公田耕种所受到的损害一定是要严重得多的。

（三）野人越过制度规定开垦私田蔚然成风，而这也会间接造成公田耕种的进一步废弛。

无论是被增加自身收入的私欲所驱动，还是被家庭人口增殖伴随的生存发展需求所驱动，野人不仅会优先耕种私田，还会积极扩大私田面积，将现有私田附近的荒地开辟为新的私田。

原则上说，地方官吏当然可以惩处这些突破了私田亩数规定的行为，但是，由于公室本来就不针对私田产出收税，官吏又何必去冒着与野人发生冲突的危险去做这样吃力不讨好的事？野人开垦了更多私田之后，耕种私田所占用的时间精力只会更多，而这将导致他们以更加懈怠的态度去耕种公田。

总而言之，就直接为公室提供财政收入的公邑内公田而言，鲁国公室大概面临这样两个状况：

（一）公邑公田的总面积没有显著增长。

春秋前期，周王室管控的国际旧秩序崩溃，而大国霸主管控的国际新秩序还没有建立起来，出现了一段"监管真空期"。包括鲁国在内的中原各主要诸侯国都抓住这个战略机遇期进行了温和的开疆拓土行动，通过削夺和攻灭周边小国获得了一些新领土。然而，这些国家对新领土的处置方式都体现出强烈的"路径依赖"特点，它们并没有建立中央直辖的新模式，而是按照周代分封制的旧模式封赏给了卿大夫，作为他们的私邑。也就是说，鲁国的领土增量绝大部分都被卿大夫家族拿走了，给公室提供田税收入的公邑总面积即便不说下降的话，至少是没有显著增长。这样一来，公邑公田的总面积也自然没有显著增长。

（二）公邑公田的单位面积产出有减无增。

如上所述，公邑中的公田得不到有效监管，野人在耕种和农田水利建设方面得过且过、偷工减料，单位面积产出有减无增。

这两个状况叠加在一起，就必然造成公室财政收入陷入增长停滞甚至是负增长的困境。

分析完鲁国公室财政收入层面的状况之后，我们再来看鲁国公室财政支出层面的状况。到了春秋时期，鲁国公室面临如下新的情况：

（一）各诸侯国纷纷谋求发展，领土扩大、边境线变长、国内人口增多之后，政府的管理工作变得更加复杂繁重，官僚队伍变得更加庞大；

（二）原本向各诸侯国提供多项公共服务（比如抵御戎狄、平定内乱、赈济灾害等）的周王室完全出局，各诸侯国政府不得不承担许多在西周时期无需承担的公共事务；

（三）代表周王管控天下的霸主采取"诸侯的事诸侯一起出力管"的治理模式，频繁召集各诸侯国君臣率领军队参与会盟和战争，并要求各诸侯国每年向霸主交纳数量不小的贡赋。

所有这些变化都指向同样一个后果，那就是公室财政支出的压力显著增大，而且对征发野人服劳役的需求也会显著增加。但从上面的分析我们可以知道，过度征发野人服劳役会进一步打击野人耕种公田的积极性，而这又会对公室财政收入造成进一步的负面影响。

综上所述，一方面，依靠公邑中公田产出的鲁国公室财政收入陷入增长停滞甚至负增长的困境；另一方面，公室财政支出又承受着越来越大的压力，这就是鲁宣公领导的公室所面临的财政窘境，也是"初税亩"改革推出的财政背景。

二、政治背景

在深入剖析了"初税亩"改革的财政背景之后，我们可以开始探究"初税亩"改革出台的政治背景[1]。

接着上文的叙述，鲁国君权下移至卿大夫的第一次恶性事件，就是前609年执政卿东门襄仲杀了鲁文公生前确认的继承人太子恶，转而拥立了自己支持的继承人鲁宣公。东门襄仲在杀嫡立庶之后，不但没有受到新君鲁宣公的任何惩处，反而摆脱了先前在诸卿中孤立无援的局面，与鲁宣公结成休戚与共的"命运共同体"。东门襄仲的"成功"，标志着鲁国不可逆地进入卿权隆盛的新阶段。

前609年杀嫡立庶事件发生后，三桓诸卿领袖季文子通过驱逐莒太子仆、并派太史克向鲁宣公慷慨陈词，表明了三桓诸卿"声讨逆臣东门遂"的政治立场，将三桓诸卿与东门襄仲之间的政治斗争也带到了一个新阶段。在这个新阶段里，双方都要树立一个占据道义高地的政治纲领来凝聚己方党羽人心、证明己方与对方抗争的合理性：

一方面，三桓的政治纲领当然是"讨逆臣"。

所谓"讨逆臣"，也就是牢牢抓住东门襄仲当年违抗先君遗命、杀嫡立庶的罪行不放，要求鲁宣公严厉惩处东门襄仲，甚至"从道不从君"，直接找机会惩处东门襄仲。鲁宣公在位时期，公室与

---

1 关于"初税亩"的政治背景，一个较早的论述参见晁福林（1999）。

"张公室"的东门氏牢固绑定，鲁宣公先后重用东门襄仲和他的儿子东门子家，所以三桓一直未能实现其政治纲领，在表面上似乎处于下风。但是，正因为三桓的政治纲领长期得不到实现，使得它们长期站在东门氏和鲁宣公的对立面，进而成为所有因为道义或私利原因反对东门氏、反对鲁宣公的卿大夫们的领袖。

另一方面，东门氏的政治纲领应该是"张公室"。

所谓"张公室"，也就是忽略自己当年杀嫡立庶之事，从鲁宣公正式即位算起，将自己定位为忠于国君的重臣、公室利益的坚定捍卫者，声称自己在鲁宣公时期的所作所为都是为了扩张公室利益、增强国君权威、抗衡"威逼公室"的三桓。通过高举"张公室"的旗帜，东门襄仲成为所有因为道义或私利原因反对三桓、支持鲁宣公的卿大夫们的领袖。

虽然我们在这里将三桓作为一个整体来看待，但是，就鲁宣公即位之时而言，季氏、孟氏、叔孙氏与东门氏之间的敌对程度可能是有所区别的：

（一）季氏与东门氏之间是敌对关系，程度最高。

前619年东门襄仲杀嫡立庶之后，季文子通过驱逐莒太子仆和派太史克向鲁宣公陈词，公开宣示将像"老鹰追逐鸟雀"那样对待对君主无礼之人的罪行，这番表态其实就是在向东门襄仲宣战。从这时起，季文子领导的季氏与东门襄仲领导的东门氏之间就是势不两立的敌对关系。

（二）孟氏与东门氏之间是敌对关系，程度次之。

他们的敌对关系源于鲁文公时期孟穆伯与东门襄仲之间因娶妻而起的、长达7年的仇怨（从前620年—前613年，参见第140页）。基于这样的长期仇怨，笔者认为，在鲁宣公时期，孟惠叔/孟献子领导的孟氏和东门襄仲领导的东门氏之间必然是敌对关系，不过孟氏并没有直接站出来声讨东门襄仲的罪行，而是跟在季氏后面，敌对关系不如季氏那样直接。

（三）叔孙氏与东门氏之间的敌对关系比较弱。

从现有的传世文献中找不到关于叔孙氏和东门氏之间发生冲突产生仇怨的任何记载。因此笔者推断，叔孙氏和东门氏之间的敌对关系是比较弱的，即使有，也仅限于叔孙氏因为属于三桓集团的一员而产生的连带效应。

以前601年东门襄仲的去世为分界线，"张公室派"和"讨逆臣派"之间的斗争，或者简化为东门氏和三桓之间的斗争，可以分为东门襄仲时期和东门子家时期。

（一）东门襄仲时期

这一时期从前608年鲁宣公正式即位起，到前601年东门襄仲去世止，可以认为是两派的"暗斗"时期。在这一时期，东门氏的领袖是执政卿东门襄仲，而三桓的领袖是次卿季文子。东门襄仲有大族东门氏的经济军事实力作为基础，拥有执政卿统领诸卿、决策政事的权力，又得到君权的强力支持，其权势明显胜过官阶次于东门襄仲、在朝堂议事时还要保持"尊君"优雅姿态的季文子。

根据《春秋》《左传》记载，这一时期鲁国君臣共外出10次：

1. 鲁宣公出国共6次，其中5次是与结盟的齐国君主齐惠公会面，1次是参加晋人组织的会盟；

2. 六卿排第一的执政卿东门襄仲出国共2次，1次是谋求与齐国建立联姻关系，1次是尝试叛齐服晋失败后再度向齐国表忠心。

3. 六卿排第二的季文子出国仅1次，是配合同年东门襄仲的联姻之行，请求齐国组织国君会盟。

4. 六卿排第三的孟献子出国仅1次，是出访当时已经名存实亡的周王室。

由这些数据可以看出：

1. 在这一时期，鲁宣公和东门襄仲是鲁国外交事务的主导者，季文子、孟献子处于配合的地位。

2. 鲁国的外交策略是叛离晋国，服从前609年支持东门襄仲杀嫡子立鲁宣公的齐国。

笔者认为，在这一时期，鲁宣公和东门襄仲这两个利益高度一致的政治人物结成了牢固联盟，分工合作掌控鲁国政事：

1. 鲁宣公主抓外交，重中之重是维护好和他的恩主齐惠公的关系，借齐国的力量来威慑国内的反对势力，维护君位稳定。

2. 东门襄仲主抓内政，在鲁宣公出国期间领导看守政府，确保"后院"无虞；在鲁宣公居国期间与国君配合掌控朝政。

在"国君与执政卿结盟一心"的情势下，三桓诸卿无论在外事还是内事层面都只能做出顺从配合的姿态，没有掀起什么风浪。

然而，就在表面的风平浪静之下，两派的力量对比正在悄然发生变化。正如前文所述，就在东门襄仲去世后两年，前599年刘康公来鲁国访问，见到了季文子、孟献子、叔孙宣子，东门子家，认为季氏、孟氏节俭，将能在鲁国长存下去；东门氏、叔孙氏非常奢侈，在不久的将来有败亡的危险。笔者认为，刘康公的这番言论，为我们反推东门襄仲时期东门氏和三桓的状况提供了珍贵的材料。

从刘康公对东门子家时期东门氏的评论出发反推，如果东门子家时期已经衰弱的东门氏尚且如此奢侈，完全有理由相信东门襄仲时期的全盛东门氏是更为奢侈的。可以想见，前609年杀太子、杀卿官后，东门襄仲没有受到任何惩罚，反而得到国君重用、掌控朝局，他本人和他所领导的家族因此肆无忌惮，在生活作风方面日益奢侈，也是毫不奇怪的。除了作风败坏之外，考虑到春秋时期权臣执政的常态，可以推测东门襄仲在执政过程中可能常有独断专行、欺凌跋扈之事，而这样做必然会得罪更多同僚、积累更多仇怨。

与此同时，在东门襄仲时期，虽然与东门氏并无明确仇怨的叔孙氏开始走上奢侈的邪路，但与东门氏有明确仇怨的季氏、孟氏很可能正是观察到东门氏日趋奢侈的状况，于是反其道而行之，在生活作风上厉行节俭，着意塑造清廉高尚的个人和家族形象。季氏、孟氏一方面不阿附当权的东门氏，一方面又厉行节俭、德行高尚，自然会赢得许多卿大夫的敬仰和亲附。这就使得东门氏虽然位高权重但实际上却越来越"外强中干"，三桓虽然低调顺从但实际上却越来越"厚积薄发"，而这就为东门子家时期两派斗争形势的急剧转变埋下了伏笔。

（二）东门子家时期

这一时期从前601年东门襄仲去世起，到前591年东门氏被驱逐为止，可以认为是两派的"明争"时期。

前601年执政卿东门襄仲去世后，排第二的季文子向上递补成为执政卿，排第三的孟献子、排第五的叔孙宣伯也依次向上升一位，而东门子家代表东门氏进入六卿领导班子，担任排第五的卿官，位居三桓族长季文子、孟献子、叔孙宣伯之下。这意味着，仅就六卿领导班子而言，三桓已经打了一个翻身仗，获得了统领诸卿、决策政事的执政卿之权，在位次上占据了第一、二、四位，在数量上占据了半数，将新人东门子家压在了下面。

从中原各主要诸侯国诸卿领导班子换届的历史数据来看，执政卿的嗣子接替父亲进入诸卿领导班子之后，先从位次较低的位置起家，然后在上位卿告老退休或者去世留出空位时，再依据年资和功劳向上升迁，是很正常的情况。然而，东门子家当时面临的实际情况远没有这么平顺乐观：

1. 从季文子（前568年去世）、孟献子（前554年去世）、叔孙宣伯（前575年出奔，后来还在国外生活多年）的去世或出奔年份反推，前601年时，三桓诸卿都还处在青壮年，身体状况很好，这也就意味着，东门子家可能要在第四的位置上滞留几十年而没有升迁的机会，除非他能够采取非常规手段直接清除三桓诸卿。

2. 由于三桓与东门氏在东门襄仲时期就已经是敌对的关系，所以季文子、孟惠叔/孟献子、叔孙宣伯很可能会将率军出征、出席会盟等显示度高、容易立功的机会攥在自己手里，或是安排给排位第三的臧宣伯去做，从而使得东门子家得不到积累政绩和人望的机会。这样一来，即使上位卿真有位置放出来，东门子家也未必能够向上升职，而很有可能被其他功劳更大的卿官所排挤，除非他能够采取非常手段越过三桓诸卿获得立功的机会。

正是基于这些考虑，年轻气盛的东门子家决定采取非常手段来与三桓诸卿相抗争。我们可以从分析东门子家时期鲁国君臣外出记录来分析其中的内幕。这一时期，鲁国君臣外出共16次，这其中：

鲁宣公外出5次，包括前往齐国3次，参与晋景公组织的会盟1次，率军讨伐杞国1次，都是比较重要的外事工作。

六卿排第五的东门子家外出7次，包括前往齐国3次，前往晋国1次，与楚庄王会面1次，率军讨伐周边小国2次，都是比较重要的外事工作。

六卿排第一的季文子外出仅1次，是庆贺齐顷公正式即位，排在东门子家同年参加齐惠公葬礼之后，是礼仪性的外事工作。

六卿排第二的孟献子外出仅2次，1次是访问当时已是空壳的周王室，是礼仪性的外事工作；1次是与齐卿高宣子会面，目的应该是配合东门子家同年早先时候与楚庄王会面这个重点工作。

六卿中排第三的臧宣伯、排第四的叔孙宣伯、排第六的叔肸没有外出记录。

为什么六卿排第五的东门子家能够得到如此多而且重要的外事工作机会？为什么执政卿季文子、次卿孟献子成了配角，而排第四的叔孙宣伯干脆就被晾到了一边？笔者认为，唯一合理的解释就是，东门子家为了摆脱自己位次低、被三桓压制的不利地位，想办法说服了鲁宣公与他结成更加紧密的政治同盟，促使鲁宣公将国君权力运用到极限，将外交事务中的所有重点工作直接交给东门子家，同时只给人望很高的季文子、孟献子各一两项非重点工作来缓和舆论压力，而人望本来就不高的叔孙宣伯则被直接晾到一边。

东门子家是怎样说服鲁宣公给他这么强有力的支持？笔者认为，东门子家说服鲁宣公的过程大概是这样：

第一步，东门子家向鲁宣公描绘了一幅"三桓步步紧逼，威胁公室和国君"的恐怖画面：

1. 前609年鲁宣公即位之后，季文子就"顶风作案"，通过驱逐莒太子仆来影射太子恶被杀、鲁宣公上位一事，所以，季文子谴责莒太子仆并不是在影射东门襄仲，而就是影射鲁宣公；同时，季文子还明确表示自己想要积攒功劳向国君大位发起冲击，如果立了20件大功就能当天子，那么10件大功是不是就可以当鲁侯了？

2. 季文子不仅仅是单枪匹马挑战公室和鲁宣公，还联络血缘关系亲近的孟氏、叔孙氏组成了一个以要求鲁宣公惩办有拥立大功的东门襄仲为政治纲领的政治集团，朋比为奸，准备逼着鲁宣公除掉东门襄仲，再将矛头直接指向失去东门氏保护的鲁宣公。

3. 在前609年至前601年间，由于鲁宣公强势亲政，执政卿东门襄仲尽心辅佐国君，并且在六卿领导班子中强势弹压，使得三桓的阴谋没有得逞。然而，三桓中的季氏、孟氏并不甘心失败，他们故意做出节俭的姿态，沽名钓誉，收买人心，准备择机再向公室和国君发起进攻。

4. 前601年东门襄仲去世之后，三桓抓住机会，充分利用诸卿向上递补、嗣子递补低位的"惯例"，霸占了六卿中的前一、二、四位，将东门子家死死地压在下面，而且在分配和推进工作时使出各种伎俩，对东门子家进行打压和掣肘。

第二步，东门子家威胁已经被初步"洗脑"的鲁宣公说，如果鲁宣公再不采取断然措施出手相助，有拥立大功（也掌握拥立过程所有秘密）、忠于公室的东门氏将会被彻底边缘化。到那时候，东门氏为了自身的生存，可能不得不选择加入三桓集团，到那时后果将不堪设想：鲁宣公身边将再没有一位值得信赖、致力于捍卫公室利益的卿官，而且当年鲁宣公依靠东门襄仲上位的那些内幕丑事恐怕也会被公之于众。

第三步，当鲁宣公惊慌失措地请教东门子家该如何应对时，东门子家向鲁宣公提出，公室和东门氏之间应该建立更加紧密的同盟关系：

1. 鲁宣公应该充分利用手中权力支持东门子家，采取分配重点工作时向东门子家极度倾斜等断然措施，将东门子家打造成六卿中功劳最大的一位。

2. 东门子家将尽全力推进"张公室"计划，计划的大致目标是：第一步，通过实施财税改革重振公室财政，为重振君权奠定实力基础；第二步，抓住时机果断出手，消除三桓对于公室和国君的威胁。

大概就在这样的君臣密谈之后，鲁宣公兑现承诺，开始毫不掩饰地宠信和重用东门子家，比如说将所有的外交重点工作都交给他去做。这其中最为令人咋舌的一次是，前595年冬，孟献子趁东门子家在齐国时向鲁宣公进言，建议鲁国开始与楚国建立联系。鲁宣公赞同孟献子的建议，但却没有派孟献子前去，而是等东门子家回国之后，再委派东门子家在前594年春前往宋国与楚庄王会面。孟献子作为首倡此事的卿官，最终竟然只得到了一个"善后"性质的外事机会，那就是派他前往齐国与齐卿高宣子会面，说明鲁国对齐国没有二心，从而稳住齐国。

综上所述，前601年东门襄仲去世、东门氏被三桓压制之后，东门子家为了在与三桓的政治斗争中立于不败之地，与得位不正、对三桓也心怀忌惮的鲁宣公结为政治同盟，开始为鲁宣公谋划"张公室"计划，这就是"初税亩"改革推出的政治背景。

三、改革方案和预期效果

在深入剖析了"初税亩"改革出台的财政背景和政治背景之后，我们终于可以来重构前594年"初税亩"改革的具体经过。

大概在前595年左右，鲁宣公和他的心腹东门子家开始谋划改革税收体制的措施。他们的谋划是基于这样两点考虑：

第一，由于春秋晚期公田耕种荒废、农民全力开垦和耕种私田，导致公田—私田复合体的实际粮食征收比例已经远远低于周礼规定的理论比例——十分之一。因此，如果能够想办法将实际粮食征收比例提升至十分之一，就能一方面显著增加公室财政收入，另一方面又并不违背周礼规定。

第二，要吸取周厉王试图夺回被卿大夫侵占的山林川泽而被驱逐、周幽王试图向卿大夫征收更多军需物资而被灭亡的惨痛教训，而且考虑到东门氏自身的既得利益（东门氏也有私邑），所以改革不应该去触碰三桓等卿族的私邑，而应该局限在公室直接控制的公邑里。

在这两重主要考虑的基础上，鲁宣公团队设计出了这个后来被称为"初税亩"的改革方案，这个方案包括如下三个要点：

（一）**"去公田"**，就是废除公邑农田中的公田，将公邑全部农田转变为野人家庭的私田。

（二）**"履亩"**，就是国家出面组织勘测清楚每个野人家庭所耕种的农田总亩数，作为接下来收田税的依据。

（三）"十取一"，就是以公邑野人家庭为征收对象，所有田地全部按照十分之一的税率征收粮食作为田税，用以供养公室财政。

这个改革的预期效果有如下两个：

第一，显著扩大公邑农田粮食征收的"税基"，显著提高实际粮食征收比例、增加粮食征收总量，从而显著改善公室财政状况。

改革之前，公邑农田粮食征收的"税基"只有占总面积十分之一的公田，而且某个公田-私田复合体的实际粮食征收比例显著低于十分之一的理论值，具体低多少要看公田耕种管理、私田开垦管理的松懈程度，公田耕种管理得越松懈，公田产出的粮食越少；私田开垦管理得越松懈，公田占农田总面积的比例就越低，而这都会导致实际粮食征收比例不断下降，与十分之一的理论值差别越拉越大。

改革之后，公邑农田粮食征收的"税基"扩大到公邑内的所有农田，做到了"全覆盖"。在此基础上，由于粮食征收不再是公田出产多少就征收多少，而是先核定每个野人家庭出产的粮食总量，然后按照十分之一的税率进行征收，这样就能有效保证实际的粮食征收比例达到十分之一。如果政策得到有力推行，公邑农田的实际粮食征收比例和粮食征收总量必然会在短时间内得到显著提升，而这将立竿见影地改善公室财政收入状况。

第二，显著增加公室的公邑农田管理者的工作复杂度，进而显著加强公室对于公邑的管控力度。

改革之前，公室的公邑农田管理官员必须做的事其实只有一件，那就是在每年收获季收走公田产出的全部粮食。至于"日常督促野人认真耕种公田""防止野人违规开垦私田"这种"良心活"，到底是做还是不做，做到什么程度，就很难去有效监管了。

改革之后，公邑农田管理官员必须要做的事至少有如下两件：

1. 勘测每个野人家庭耕种的农田总亩数，并造册记录。如果新制度长期推行，那么还需要定期核实更新数据。

2. 在收获季核定每个野人家庭的粮食总产量，并计算出每个家庭应交田税粮的数量。

这两件事所牵涉到的工作远比先前粗放收取公田粮食要复杂细致得多，需要管理者更加频繁地与野人家庭发生关系，更加细致地监控野人家庭的荒地开垦和农业生产活动，这样一来，公室对于公邑民众的管控力度必然会得到显著加强。

总而言之，如果在公邑实施"初税亩"改革，一方面公室财政收入状况将得到显著改善，公室对公邑民众的管控力度将得到显著增强；另一方面，三桓等卿族的私邑并不受影响，因此也没有什么理由来阻挠这场旨在缓解公室财政困境的改革。如果一切顺利的话，这将是一场在经济上"张公室"的翻身仗，从而为接下来在政治上"张公室"铺平道路。

四、过程梳理和成效分析

前595年冬，当东门子家在齐国谷邑与齐顷公和晏桓子见面时，东门子家应该已经与鲁宣公商量好了在明年秋收后推行"初税亩"改革方案。因此，东门子家与晏桓子交谈时，一方面难以抑制马上将推行改革、建立功勋的兴奋，另一方面又知道不能在国外泄露改革细节，于是颇为突兀地开始跟晏桓子大谈自己在鲁国如何受到鲁宣公的宠信，那种"又想显摆又不敢泄密"的情状简直跃然纸上。从春秋时期邻国之间情报搜集的一般情况来看，作为高级卿大夫的晏桓子应该是了解鲁国东门氏与三桓长期相争、东门子家近期与鲁宣公结盟的基本情况的。

在了解了这些背景之后，我们就可以真正理解晏桓子在会后说的那番话的含义：

（一）"子家恐怕是要逃亡了吧！他特别珍视鲁侯对他的宠信。"晏桓子已经能够大体判断出，东门子家正在与宠信他的鲁宣公谋划一项非常大胆的计划，计划的目的应该是为了扩张公室势力。作为局外人的晏桓子清楚地看到，身为卿族的东门氏协助国君扩张公室势力，与当时"公室衰弱、卿族壮大"的整体趋势背道而驰，无疑是飞蛾扑火，必将导致东门氏的败亡。

（二）"珍视宠信就会贪婪，贪婪就会算计他人。东门子家算计他人，他人也会算计东门子家。如果一个国家的卿大夫都算计他，他怎么会不灭亡？"晏桓子上一句是整体判断，而后面这几句是根据政治常识进行的定性推理，其完整的推理逻辑大概是这样：东门子家如此珍视鲁宣公对他的宠信，就会贪图建立扩张公室势力的大功来加以回报。如果要贪图建立扩张公室的大功，就一定会算计威逼公室的三桓诸卿及其党羽。东门子家算计三桓诸卿及其党羽，三桓诸卿及其党羽当然也会为了维护自己的利益来反过来算计东门子家。由于东门子家的资历威望远远比不上他的父亲东门襄仲，可以想见他比父亲更加孤立无援，整个鲁国的卿大夫群体中可能只有东门子家自己是坚定的"张公室派"。作为卿大夫的一员却与几乎整个卿大夫群体作对，又怎么可能不败亡？

值得注意的是，心里藏着重大谋划出访/征伐他国，或者接待他国卿大夫，由于各种原因暴露心迹，从而被外国卿大夫所看破，这是在春秋时期一再发生的现象，在此仅举《左传》中记载的三个例子作为证据：

（一）前549年，晋平公宠臣程郑接待郑大夫公孙挥，在与公孙挥交谈时言语怪异暴露心迹，被公孙挥看出程郑在短期内就将死去或逃亡（《左传·襄公二十四年》）。

（二）前548年，齐卿崔武子率军攻打鲁国，作战风格怪异暴露心迹，被鲁大夫孟公绰看出崔武子将行大事（《左传·襄公二十五年》）。

（三）前543年，王子围亲信、楚大夫蓬罢来到鲁国访问，在与叔孙穆子交谈时言语怪异暴露心迹，被叔孙穆子看出王子围将行大事，而蓬罢参与其中（《左传·襄公三十年》）。

前594年秋收后，鲁国公室开始在公邑推行"初税亩"改革。那么这场改革到底是成功了还是失败了呢？

笔者认为，这场改革应该是取得了初步成功，原因有如下几个：

（一）前594年冬天，鲁国公室第一次在公邑实行"税亩"增收了田税之后，鲁国的郊野农业区爆发了由一种叫作"螽"的田间害虫引发的病虫害，导致鲁国发生饥荒，这无疑是对改革的一次巨大挑战。然而，根据前595年（改革推行第二年）冬天的统计，鲁国这一年是大丰收年，笔者认为这场丰收挽救了改革，因为公邑粮食总产量高于前594年，使得公室田税收入总额也明显高于前594年。

（二）前592年，也就是改革推行第三年，鲁宣公出国参与了晋景公组织的断道之盟。前591年，也就是改革推行第四年，东门子家出使晋国，开始实施"张公室"计划的第二步，也就是试图说服晋人出手干预鲁国内政，直接除掉三桓。春秋时期政治家推行改革经常以三年为期，如果作为"张公室"计划第一步的"初税亩"改革没有顺利推行的话，鲁宣公不可能敢于在第三年离开国都参加会盟，东门子家也不可能在第四年敢于前往晋国实施"张公室"计划的第二步。

笔者进一步推测，东门子家正是由于推行"初税亩"改革取得了重大成功，自信心爆棚，才在第四年铤而走险，着手实施更加疯狂的"张公室"计划第二步，试图借助外部势力直接消灭三桓；而三桓也正是因为看到东门子家推行改革成功，公室实力见涨，也才决定铤而走险，趁着东门子家不在时对东门氏发起攻击。值得特别注意的是，季文子攻击东门氏的言辞集中于翻东门襄仲当年杀嫡立庶的旧账，而绝口不提东门子家本人有什么罪过，臧宣叔也确认东门子家本人并无罪过，这也从侧面说明推行"初税亩"改革已经成功，已经被算作东门子家的功劳而不是罪过。

（三）前590年，也就是"初税亩"改革推行五年后，鲁国开始实施"作丘甲"改革。笔者认为，正是"初税亩"改革的成功证明了体制改革的有效性，才使得鲁国在四年后就急忙推出第二项改革举措。

（四）前563年（鲁襄公十一年），季武子借口要将鲁国公室二军扩建成三军，组织三桓瓜分了供养二军的公邑，史称"三分公室"（参见第294页）。如果东门子家本年的"初税亩"改革没有取得成功，公邑税赋产出仍然是依靠日渐荒芜的公田作为税基的话，很难想象三桓何以对公邑如此感兴趣，不惜做一个大局将其瓜分。笔者认为，正是因为"初税亩"改革之后，公邑为公室提供田税能力大大增强；"作丘甲"改革之后，公邑也开始为公室军队提供军赋，这才让三桓寝食难安，最终设局将其瓜分。"三分公室"之后，到了鲁襄公末年时，国君的地位变得非常卑微，鲁襄公甚至产生了流亡国外不再回去的悲观念头，这也从反面衬托了公邑提供的田税军赋对于支撑公室实力和国君尊严的关键作用。

成公时期：

服从晋国委曲求全，

先君遗孀飞蛾扑火

鲁之有季、孟，犹晋之有栾、范也，政令于是乎成。

——叔孙宣伯

面对齐楚双重威胁，紧急实施"作丘甲"

前590年，鲁宣公之子公子黑肱正式即位，就是鲁成公。

前592年叔肸去世、前591年东门子家出奔之后，六卿中前四位不变，仍然是季文子、孟献子、臧宣叔、叔孙宣伯。第五、第六位的两位新卿官，应该一位是叔肸的儿子子叔声伯[1]，一位是东门子家的弟弟仲婴齐。从前文对仲婴齐在鲁国处境的推测来看，应该是子叔声伯排第五，仲婴齐排第六。综上所述，此时鲁国六卿领导班子情况如下：

鲁 六 卿 表
（前591年东门子家出奔后）

位　　次	人　　物	族　　属
一	季文子	季
二	孟献子	孟
三	臧宣叔？	臧
四	叔孙宣伯	叔孙
五	子叔声伯？ *	子叔
六	仲婴齐？ *	仲（源自东门）

前590年，也就是鲁成公[2]元年时，鲁国面临的国内形势如下：

1　子叔声伯，姬姓，子叔氏，名婴齐，谥声，排行伯。叔肸之子。参见《鲁国国君与三桓世系图》。
2　鲁成公，姬姓，名黑肱，谥成。鲁宣公之子。参见《鲁国国君与三桓世系图》。

一、从鲁成公在位期间的表现、特别是在穆姜叔孙政变期间的表现倒推，可以知道他与父亲鲁宣公完全不同，没有扩张公室、打击三桓的意愿，而是下决心要与诸卿和睦相处，放手让他们在治国理政方面发挥主导作用。

二、季文子在去年抓住机会果断出手，一举挫败鲁宣公-东门子家的政变图谋，秘密杀死鲁宣公，公开驱逐东门子家，然而又保留了东门子家的家族，可以说是恩威并施，表现出很强的政治才能。有平定政变的威名加持，又有无意与卿官作对的鲁成公配合，可以想见，季文子就是鲁成公朝堂上最有权势的卿大夫，可以说是鲁国实际上的国家领导人。

与此同时，鲁国面临的国际形势如下：

一、前591年鲁国派出使者请求楚国讨伐齐国之后，鲁国已经完全暴露了自己叛离齐国的志向，与近邻齐国的关系已经由曾经的同盟关系转变为敌对关系，齐国的讨伐即将到来。

二、由于前591年楚庄王去世之后楚国未能出兵，而鲁国叛离齐国的意图又已经暴露，所以鲁国决定不再等待楚国，而是又急转弯打算转投晋国，借助晋国力量来讨伐齐国。齐国有所察觉，于是已经派使者与被鲁国"始乱终弃"的楚国联络，试图说服楚国一起讨伐鲁国。所以，鲁国与远邦楚国的关系也在从同盟关系转变为敌对关系。

在这样同时被齐、楚两大国敌视的凶险形势下，鲁国君臣确定的应对策略也是两条：

一、紧急联络晋国，争取尽快与晋国公开结盟，借晋国的力量来震慑齐、楚。

二、紧急扩军备战，在晋国援助尚未来到，而齐国进攻马上降临的"青黄不接"时期依靠自己的力量抵抗。

在这样的应对策略指导下，前590年鲁成公正式即位后，于同年春季，鲁国君臣立即着手采取非常手段迅速扩军备战，也就是实行所谓的"作丘甲"改革。

鲁国为什么在今年能够下决心通过推行改革来解决问题，而不是用临时征兵的办法应对？笔者认为，最主要的原因就是鲁宣公时期推行"初税亩"改革取得了成功，使得"依靠改革来从根本上解决问题"成为当时鲁国的一种主流意识形态。不过，前594年推行"初税亩"改革时，主导者是紧密团结的鲁宣公和东门子家；而当前590年推行"作丘甲"改革时，主导者已变成刚驱逐了东门氏的季文子。

为了准确理解"作丘甲"改革，我们要从改革前的鲁国军事制度说起。在改革实施之前，鲁国的军队由左、右两军组成，名义上属于公室，由战车（乘）和步兵（卒）组成，将领由国中的卿大夫担任，士兵由国中的士人担任。军队行军打仗需要的军需物资（兵器、甲胄、战车、运输车、牛马等）和兵员统称为"赋"。

理解"作丘甲"改革的关键，就是要搞清楚在改革实施之前，鲁国是如何征收军赋的。《左传》里有多处关于卿大夫承担军赋义务的记载。比如，据《左传·襄公二十二年》记载，鲁卿叔孙穆子为了惩罚大夫御叔，"令倍其赋"，也就是要求御叔交纳比正常标准高一倍的军赋。又比如，据《左传·昭公十六年》记载，郑国执政卿子产说大夫孔张"有禄于国，有赋于军"，也就是说孔张一方面接受公室分封的私邑，将私邑收入作为俸禄；另一方面向公室交纳军赋以供养军队。

综上所述，在"作丘甲"改革推行之前，公室征收军赋的直接对象应该是卿大夫。卿大夫一方面征发依附于自己家族的国中士人担任军队中的车兵和步兵，一方面将交纳军需物资的任务下达到自己位于野中的私邑，最终由私邑中的野人把军需物资生产出来。这种生产可能是直接的，比如养马；也可能是间接的，比如生产出粮食，然后用粮食交换国中手工业者生产的甲胄、兵器、战车等。

这种军赋征收模式在两个方面大有潜力可挖：

第一，公邑和卿大夫私邑里的野人/庶人可以当兵，主要是数量较大、技术水平要求较低的步兵。

在现行模式下，军队的兵员仅限于国内依附于卿大夫的士人。士人在贵族群体里地位最低、数量最大，虽然士人中有一些进入了卿大夫家臣队伍中担任文职，但士人最重要的职业还是作战，无论是作为卿大夫家族的私家武装，还是参加公室军队。但是，由于卿大夫家族的数量是很有限的，每个家族所依附的士人数量也是有限的，这就从根本上限制了军队可以达到的最大规模。

然而，鲁国还有大量的潜在兵源没得到利用，那就是生活在公邑和卿大夫私邑里的野人/庶人。春秋时期的战争是车战，每辆战车上有三名车兵，车后跟随十名步兵。由于野人平时务农而不是以打仗作为职业，让他们担任需要熟悉驾车、射箭技艺的车兵恐怕有些困难，但是让他们在经过短期训练后担任跟在战车后的步兵还是完全可行的。

也就是说，如果能够征发以前不能当兵的野人充当数量较大但技术水平要求低的车兵，而让国中士人专注于充当数量较小但技术水平要求高的车兵，那么鲁国就能突破受制于国中士人数量的军队规模"天花板"，在较短时间内迅速扩大军队规模。

第二，公邑和卿大夫私邑可以提供更多军需物资。

在现行模式下，由于军队规模受到"士人才能当兵"规定的限制，所以卿大夫私邑需要提供的军需物资规模也是受到限制的。与此同时，无论是卿大夫的私邑，还是公室控制的公邑，都在积极开垦荒地、扩大生产、增殖人口。所以，鲁国在提供军需物资方面还有很大潜力可挖：一方面，卿大夫私邑提供军需物资的潜力还没有完全发挥出来；另一方面，公室控制的公邑还没有在提供军需物资方面发挥任何作用。

"作丘甲"改革正是针对军赋征收旧模式下尚未得到挖掘的这两大潜力而设计的。

什么是"丘"？《周礼》和《司马法》等先秦典籍都记载说，当时诸侯国的郊野农业地区，"九父为井，四井为邑，四邑为丘"，也就是说，在经过了规整化的传世文献叙述中，一个丘是由四块井田、三十六个野人民户组成的。真实的鲁国郊野未必有如此规整的行政区划，但"丘"是当时鲁国郊野农业地区的基层组织单位之一，应该是可以确认的。

什么是"甲"？甲的本义就是士兵穿戴的甲胄，这里应该是用军赋里的一种装备来指代军赋。实际上，前538年郑国实施的类似改革，就叫作"作丘赋"。

《司马法》里记载说，四邑为丘，每丘出戎马一匹、牛三头；四丘为甸，每甸出长毂兵车一乘、马四匹、牛十二头、甲士三人、步卒七十二人，以及配套的戈、盾。虽然不能肯定《司马法》里所记载的是不是鲁国"作丘甲"时的具体征收方法，但至少能让人据以想象此次改革实施方案的大概样貌。

笔者认为，所谓"作丘甲"改革，就是公室废除先前只向卿大夫家族征收军赋的旧制，除了继续向卿大夫家族征召士人当兵，还将征收其他军赋的任务直接分解落实到有野人聚居的整个郊野地区，无论公邑还是卿大夫私邑，每丘提供一定数量的兵员（主要是步兵）、交纳一定数量的军需物资。这样做带来了两个重要后果：

一、扩大了兵员征召范围，从仅限于国中士人，扩大到国中士人＋卿大夫私邑野人＋公邑野人。

二、扩大了军需物资征收范围，从仅限于卿大夫私邑，扩大到卿大夫私邑＋公邑。

总结起来，"作丘甲"改革大致有这样三层意义：

第一，从国家利益的角度来看，"作丘甲"改革显著提升了鲁国现有军队的军赋保障水平。

就像"初税亩"显著扩大了田税征收的税基一样，"作丘甲"显著扩大了军赋征收的"赋基"：从兵员角度说，从仅限于国中士人扩大到包括野人；从军需物资来说，一方面充分挖掘卿大夫私邑的潜力，另一方面扩大到先前不承担任务的公邑。总而言之，"作丘甲"充分发挥了郊野地区提供军赋的潜力，大幅提高了征召男丁当兵和征收军需物资的总量，所以能在较短时间内显著提升鲁国现有左、右两军的军赋保障水平，从而显著增强鲁军的战斗力。

第二，从卿大夫家族利益的角度来看，"作丘甲"改革减轻了卿大夫家族的军赋供应负担。

如前所述，"作丘甲"之后，公邑也开始向鲁国的左右两军提供军赋，这自然就分担了原本完全由卿大夫家族承担的军赋供应任务，从而减轻了他们的军赋供应负担。

第三，从鲁国政治经济体制改革的进程来看，"作丘甲"改革是接下来前562年"三分公室"改革的基础。

在"作丘甲"之前，提供公室军队军赋完全是卿大夫家族的任务，与提供公室田税的公邑并无关系。然而，"作丘甲"使得卿大夫私邑和公邑在提供军赋这方面实现了一体化。因此，前562年三桓宣称要建立三军，由季氏、孟氏、叔孙氏各自"承包"一军时，就很自然地提出，要将"作丘甲"之后一直提供军赋的公邑分为三份，每一份公邑与某一家族的私邑组合在一起，共同支撑这一家承包的一军。笔者不能贸然揣测三桓在提出"作丘甲"时就预想到将来会"三分公室"，但"作丘甲"的确为三桓瓜分公邑铺平了道路。

最后要说明一下的是，打破国、野界限和士、庶界线，改革军赋制度以扩军备战，并不是鲁国的首创。早在前645年，晋惠公战败后被扣留在秦国，晋人为了防备秦国和其他诸侯国乘虚来袭，紧急启动"作州兵"改革，就是突破只向卿大夫征收军需物资、只征召士人当兵的旧有制度，在国都郊外的"州"向野人/庶人征收兵器等军需物资，并且征发野人/庶人当兵。"作州兵"改革是春秋时期中原诸侯国改革军赋制度的开端，它使得晋国的军赋保障体系在相当长的一段时间里具有明显的制度优越性（比如领先鲁国五十多年），是晋国在晋文公时期击败楚国成就中原霸业的重要保障之一。

在这里我们再次看到春秋时期一个具有普遍性意义的历史逻辑：大国主动进行内政改革以增强斗争实力，从而推动国际局势发生变革，也就是所谓的"大国内政决定外交"；小国则在国际局势变革的压力下被迫进行内政改革，试图在困境中谋求稳定和生存，也就是所谓的"小国外交决定内政"。

面对晋国中兴形势，果断转向叛齐服晋

前590年春启动"作丘甲"扩军备战之后，鲁人听闻齐国马上将要发动楚国军队一同前来攻打鲁国，于是在这年夏天，鲁卿臧宣叔前往晋国，与晋景公在赤棘盟誓。臧宣叔回国后，马上下令加紧征收军赋、修缮兵器甲胄、修补城墙、准备好各种防守用具，说："齐国、楚国新近交好，而我国新近与晋国结盟。晋国、楚国正在争当中原盟主，所以齐国军队一定会来攻打我们这个晋国的盟国。即使晋国讨伐齐国来救援我国，楚国也一定会讨伐我国来救援齐国。这样的话就是齐、楚两个大国共同以我国为敌人。知道国家面临的祸难并且有所准备，才有可能解除祸难。"[1]

前589年春天，齐顷公亲自率军，以鲁国叛齐为名，讨伐鲁国北部边境，夺取了龙邑，然后大举南侵，到达巢丘。卫穆公派孙桓子、石成子、宁成子、向禽等人率领军队入侵齐国来救援鲁国，在卫地新筑[2]与齐军交战，卫军战败。

孙桓子在战败后没有回国就直接前往晋国请求出兵，臧宣叔也前往晋国请求出兵。晋国当时的执政卿是曾经被齐顷公侮辱的郤献子，他得到了晋景公的授权，率军东进救援鲁国、卫国。臧宣叔前去迎接晋军，并且为晋军带路。季文子率领鲁军与晋军会合。

夏六月十七日，鲁国四位卿官季文子、臧宣叔、叔孙宣伯、子

1　《左传·成公元年》："知难而有备，乃可以逞。"
2　龙、新筑见图三。

叔声伯率军参与晋国组织的诸侯联军，与齐顷公率领的齐军在鞍地[1]交战，齐军大败，晋国在重振中原霸业的道路上取得了重大胜利。这是子叔声伯作为卿官第一次出现在春秋史时间轴中，距离前任族长公子肸去世 (前590年) 1年。

同年秋天，晋军与齐国上卿国武子在齐地袁娄会盟，命令齐人将先前占领的鲁国汶阳之田归还鲁国。随后，鲁成公与晋军主帅在齐邑上鄍会面[2]，向晋军的三位主帅和各级军官都送了重礼表示感谢。至此，鲁国完全摆脱齐国的控制，重新成为晋国的仆从国。

鲁 六 卿 表
(前589年鞍之战时)

位 次	人 物	族 属
一	季文子	季
二	孟献子	孟
三	臧宣叔	臧
四	叔孙宣伯	叔孙
五	子叔声伯*	子叔
六	仲婴齐?*	仲

在得知晋国出兵讨伐齐国之后，楚令尹王子婴齐以救援齐国为名，率军远征，在前589年冬天到达中原地区，不过此时齐晋鞍之战已经结束。楚人当然不能白跑一趟，于是转而讨伐引发晋国伐齐

1　鞍见图三。
2　袁娄、上鄍见图三。

的卫国、鲁国，一直打到了鲁国蜀地[1]。

鲁国派臧宣叔前去与楚人和谈，臧宣叔推辞说："楚国距离鲁国很远而且军队在外奔波很久了，本来就要退兵了。我没有确实的功劳却接受退兵的名声，不敢这么做。"楚国入侵到了鲁地阳桥[2]，孟献子请求前去，送给楚人一百个木工、一百个女缝纫工、一百个织布帛工，并派鲁成公的儿子公衡[3]到楚国作人质，请求与楚国结盟。楚人答应与鲁国讲和。

前589年冬十一月，鲁成公跟楚令尹王子婴齐、蔡景公、许灵公以及秦、宋、陈、卫、郑、齐、曹、邾、薛、鄫诸国大夫在鲁国蜀地结盟。与会各国一方面被楚人远征行动所震慑，不敢不参加会盟，一方面又担心复霸势头强劲的晋国知道之后会兴师问罪，所以这次盟誓是偷偷摸摸地进行的，没有公开发布消息。前588年春正月，鲁成公又参与晋景公组织的诸侯联军讨伐郑国，惩处郑国在邲之战后投靠楚国的"罪行"。当时晋楚争霸形势扑朔迷离，鲁国这样的仆从国在两大国之间"谁来服谁"、首鼠两端的情状，甚为明显。

前588年夏天，鲁成公前往晋国朝见晋景公，拜谢去年帮助从齐国手中收回汶阳之田。同年秋天，叔孙宣伯率领军队去接收汶阳之田。其中棘邑[4]的民众不愿意归服鲁国，叔孙宣伯包围了棘邑。同年冬十一月，晋景公派卿官中行宣子前来鲁国访问，卫定公派卿官孙桓子前来鲁国访问，鲁国君臣分别与两人盟誓。

前587年春天，宋共公派卿官华元来到鲁国访问。

1　蜀见图三。
2　阳桥见图三。
3　公衡，姬姓，字衡。鲁成公之子。参见《鲁国国君与三桓世系图》。
4　棘见图四。

前587年夏四月八日，臧宣叔去世。臧宣叔有两个嫡子，但最终是庶子臧武仲[1]继位成为臧氏族长。为什么会这样？原来，当年臧宣叔从铸国[2]娶了一位贵族女子作为嫡夫人，这位夫人生了嫡子臧贾、臧为[3]之后就去世了，她的陪嫁侄女做了臧宣叔的继室。这个侄女是鲁宣公夫人穆姜的姊妹的女儿，生了臧武仲。臧武仲从小跟着姨婆穆姜在公宫长大，穆姜喜爱他，于是穆姜出手干预臧氏家事，强迫臧氏立了庶子臧武仲为族长，让嫡子臧贾、臧为离开鲁国都城，住到了他们的母家铸国以回避臧武仲。

臧宣叔去世后，鲁国六卿领导班子肯定要进行调整。按照当时卿官调整的常例，最有可能的情况是：排第四的叔孙宣伯和排第五的子叔声伯上升一位补臧宣叔留下的空缺，然后臧武仲代表臧氏进入六卿行列排第五，而东门子家的弟弟仲婴齐应该仍然垫底。此时六卿领导班子情况是：

鲁 六 卿 表
（前587年臧宣叔去世后）

位　　次	人　　物	族　　属
一	季文子	季
二	孟献子	孟
三	叔孙宣伯?	叔孙
四	子叔声伯?	子叔

1　臧武仲，姬姓，臧氏，名纥，谥武，排行仲。臧宣叔之子。参见《鲁国国君与三桓世系图》。
2　铸见图四。
3　臧贾、臧为，姬姓，臧氏，名贾、为，臧宣叔之子。参见《鲁国国君与三桓世系图》。

位　次	人　物	族　属
五	臧武仲？*	臧
六	仲婴齐？	仲

前587年夏天晚些时候，鲁成公前往晋国朝见晋景公。晋景公与鲁成公会面，对鲁成公很不尊敬。季文子评论说："晋景公一定不会免于祸难。《诗》说：'恭敬啊恭敬啊，上天明察一切，保守天命极不容易。'[1]晋侯的霸主之命是靠诸侯支持的，怎么能没有敬意呢？"六年后晋景公果然跌入粪坑惨死，季文子预言得到应验。

秋天，鲁成公从晋国回来后，想要背叛晋国转投楚国。季文子说："不可以。晋国虽然有无道的行为，却还不能背叛。晋国是大国、群臣和睦，又靠近我国，诸侯也都听命，不能有二心。《史佚之志》里有这样的话：'不是我们的同族，他的心思必定跟我们不同。'[2]楚国虽然是大国，但不是我们的同族，难道肯真的爱护我们吗？"鲁成公于是作罢。

从上文两段言论我们可以看出，季文子对晋国内部存在的问题（晋君不敬诸侯、晋国有无道行为）有清醒的认识，但同时对晋国的强势地位（大国、群臣和睦、靠近我国、诸侯听命）也有清醒的认识；季文子认为晋国如果想要维持霸业需要切实改正错误，但同时也认为不能因为晋国对待诸侯有过错而叛晋服楚，这两段言论可以说集中体现了季文子的"中庸"政治智慧。

1　《左传·成公四年》："'敬之敬之，天惟显思，命不易哉。'"
2　《左传·成公四年》："'非我族类，其心必异。'"

前586年春，孟献子前往宋国，回报去年华元对鲁国的访问。同年夏，晋国卿官知庄子到齐国去为晋景公迎接新妇，叔孙宣伯在齐国谷邑与知庄子会面。同年冬，鲁成公参加晋景公组织的虫牢[1]会盟。

前585年春，子叔声伯前往晋国访问，晋国命令鲁国讨伐宋国。同年夏，季文子前往晋国，庆贺晋国成功迁都。同年秋天，孟献子、叔孙宣伯奉晋国之命率军入侵宋国。

晋国为联吴不择手段，鲁国为生存委曲求全

前584年春，一向被中原国家视为蛮夷的吴国[2]讨伐鲁国南部的郯国，郯国被迫求和。季文子说："中原华夏国家不整顿军队，蛮夷都打进来了，却没有人对此感到忧虑。这是因为没有善人的缘故啊！《诗》上说'上天不善，祸乱没有安定的时候'，说的就是这个吧！在上位的大国不良善，谁不遭受祸难？我们恐怕马上就要灭亡了！"

季文子话语里所谴责的不整顿军队的"中原华夏国家"，指的就是霸主晋国。当时晋国为了打破与楚国在南北方向上斗争的僵局，已经和位于楚国东侧的吴国建立起战略合作关系，支持吴国与楚国开战，造成从楚国侧面捅刀子的战略协同效果。晋国正是为了确保自己的争霸战略不受影响，因此不顾其仆从国鲁国、郯国的安全关切，纵容吴国攻打郯国。

1　虫牢见图三。
2　吴（吴1）见图一、五。吴国都城仕吴土诸樊时（前560年—前548年）从吴1迁至吴2。

同年秋，楚令尹王子婴齐率军讨伐郑国，鲁成公参与晋景公组织的诸侯联军救援郑国，随后在卫地马陵[1]会盟。

前589年齐晋鞍之战以后，齐国服从晋国，并且与晋国联姻。晋国为了进一步巩固与齐国的关系，决定再次牺牲仆从国鲁国的利益。前583年春，晋景公派卿官韩穿来到鲁国，要求鲁国把汶阳之田再"归还"给齐国。季文子在跟韩穿送行时，和他私下交谈，说：

"大国主持正义，作为盟主，各诸侯怀念大国的美德而畏惧大国的讨伐，因此都没有二心。先前晋国说汶阳之田是我国的旧地，后来对齐国用兵，要求齐国将这片土地还给了我国。如今晋国又有了不同的命令，说要我们把这块土地归还给齐国。秉持诚信来推行正义，通过推行正义来成就命令，这是小国期望而怀念的东西。如今是否还有诚信无法确知，正义也失去了挺立的依据，四方的诸侯，谁能不离心离德？[2]

"《诗》说：'女子并无差错，士人却有二心。士人没有准则，德行三心二意。'七年之中，给了一回又夺去一回，还有比这更过分的三心二意吗？士人三心二意，尚且会丧失配偶，更何况是霸主？霸主要秉持美德，如今却三心二意，又怎么能长久地得到诸侯的拥护呢？

"《诗》说：'谋划缺乏远见，因此极力来劝谏。'行父（季文子）害怕晋国不能深谋远虑而失去诸侯的拥护，因此胆敢私下跟您说这些话。"

1　马陵见图三。
2　《左传·成公八年》："信以行义，义以成命，小国所望而怀也。信不可知，义无所立，四方诸侯，其谁不解体？"

同年冬天，晋国卿官范文子来到鲁国访问，要求鲁国出兵讨伐郯国，理由是郯国背叛晋国而事奉吴国。从上文季文子的话我们可以得知，季文子认为出现"蛮夷"吴国讨伐"华夏"郯国这样的事故，首先应该归罪于"中原华夏国家不整顿军队在上位的大国不良善"，也就是归罪于中原霸主晋国为了联吴抗楚，竟然纵容吴国讨伐郯国；其次应该归罪于"蛮夷都打进来了"，也就是施暴者吴国。然而，晋国一方面马上准备要洗脱吴国的蛮夷身份，将其拉入晋联盟中，所以当然不能惩处吴国；一方面又要回应鲁国等中原主要诸侯国的安全关切，权衡之下，晋国竟然归罪于被吴国侵略的郯国，要追究郯国在被吴国打败后事奉吴国的"罪行"。鲁国高层不愿意参与讨伐郯国这种倒行逆施的行动，于是鲁成公向范文子额外送财礼，想要请求延缓出兵。

范文子作为霸主晋国的代表，深知如果接受鲁文公的请求，一来会在盟友面前折损晋国作为霸主的威势，二来是间接承认晋国理亏，因此非常强硬地说："我国君主的命令说一不二，失去了诚信我国就无法立足。依照礼制不应该在规定之外再增加财礼，事情不能两边都认为圆满[1]。贵国君主如果站在了其他诸侯后面，那么这就让我国君主没办法事奉贵国君主了。我将如实向我国君主回复。"季文子害怕了，于是被迫派叔孙宣伯率军和晋、齐、邾三国一起讨伐郯国。

就在这一年早些时候，晋国为了加强与大国齐国的友好关系，不惜背信弃义迫使鲁国将汶阳之田"归还"给齐国[2]，而现在又说

---

1 范文子意思是，鲁国要么出兵劳苦而不得罪晋国，要么延缓出兵而得罪晋国，两者必选其一。
2 汶水以北的这些土地原本是鲁国领土，后被齐国侵占。楚共王二年（前589年）鞍之战后，晋国要求齐国将这些土地还给了鲁国。

"我国君主的命令说一不二，失去了诚信我国就无法立足"，晋国为了实现战略意图而在道义上朝三暮四的情状，甚为露骨。

如同季文子所预料的那样，晋国处理汶阳之田的做法让诸侯对晋国纷纷有了二心。晋人感到惧怕，遂于前582年春正月召集包括鲁成公在内的诸侯君主在蒲地会盟，重温前584年马陵会盟的盟约。季文子在会盟期间对范文子说："德行已经不强了，重温盟誓又有什么用？"范文子说："用殷勤来安抚他们，用宽厚来对待他们，用坚定强硬来抵挡他们，用昭明的神灵来约束他们，安抚顺服的国家，讨伐有二心的国家，这也算是次一等的德行。"[1]

同年春二月，鲁宣公的女儿伯姬嫁到宋国，成为宋共公的夫人。夏天，季文子前往宋国"致女"，也就是礼节性地探望已经出嫁的女子。季文子完成使命回国，向鲁成公复命之后，鲁成公在寝宫设享礼款待季文子。季文子朗诵了《韩奕》的第五章：

> 蹶父威武雄壮，出使各国，游历甚广。
> 他为女儿找婆家，发觉韩国最理想。
> 韩姞出嫁之后，住在韩地欢乐多：
> 河川水泊宽广，
> 鳊鱼、鲢鱼肥大，
> 母鹿、公鹿蕃盛，
> 深山有熊，有罴，有山猫，有猛虎。

---

1 《左传·成公九年》："勤以抚之，宽以待之，坚强以御之，明神以要之，柔服而伐贰，德之次也。"

庆祝嫁到好婆家，韩姞舒心欢畅。**1**

季文子的意思是伯姬嫁到宋国之后，得到宋共公宠爱，婚姻生活美满。

这时，伯姬生母、鲁宣公夫人、鲁成公嫡母穆姜从寝宫旁的东房走出来，向季文子下拜两次，说：“大夫屈尊勤劳，不忘记先君（鲁宣公），一直到嗣君（鲁成公），延伸到未亡人（穆姜），先君可算是有指望了。谨敢拜谢大夫的勤劳。”穆姜说完这番话，又赋了《绿衣》的最后一章，然后就出寝宫回到东房。

葛布粗，葛布细，风儿起，有凉意。
想起我的故人，样样合我心意。**2**

穆姜的意思是，季文子的话让作为伯姬母亲的自己感到特别欣慰。然而，让人绝对料不到的是，此时的穆姜正在与叔孙宣伯相勾结，想要寻找机会将她称赞的季文子置之死地。

鲁成公朝晋遭扣押，叔孙宣伯聘周受诟病

前581年夏五月，鲁成公参与晋太子州满组织的诸侯联军讨伐郑国。夏六月六日，晋景公在上厕所时跌入粪坑凄惨去世，季文子的预言得到应验。太子州满即位，就是晋厉公。

---

1 《诗经·大雅·韩奕》：“蹶父孔武，靡国不到。为韩姞相攸，莫如韩乐。孔乐韩土，川泽訏訏，鲂鱮甫甫，麀鹿噳噳，有熊有罴，有猫有虎。庆既令居，韩姞燕誉。”
2 《诗经·邶风·绿衣》：“绤兮绤兮，凄其以风。我思古人，实获我心。”

同年秋七月，鲁成公前往晋国。晋人一方面在本年初派大夫籴茷到楚国，与楚国秘密商议缔结和约之事；另一方面又在严密监控盟国，不允许盟国倒向楚国。晋人怀疑鲁成公有倒向楚国的行为，于是扣留了鲁成公，等待籴茷回国后查验虚实。到了冬天晋景公下葬时，鲁成公还在晋国，于是晋人要求鲁成公为晋景公送葬，他也是参与送葬的唯一一位诸侯君主。鲁成公请求与晋人结盟以表明忠心，晋人这才放了鲁成公。前580年春三月，鲁成公终于回到鲁国都城。鲁人觉得这是奇耻大辱，于是在正史《春秋》里面只写了"公如晋""公至自晋"，没有记载鲁成公被扣留、参加送葬这些事。

前580年鲁成公回国之后，晋国派卿官郤犫前来鲁国访问，并且与鲁成公盟誓。郤犫在办理公事的同时，也顺道办理自己的私事，那就是向鲁国卿族子叔氏族长子叔声伯提亲，请求子叔声伯把自己的姐妹嫁给他。子叔声伯有一个同母异父的外妹，之前把她嫁给了鲁国大夫施孝叔[1]为妻。在郤犫前来提亲时，子叔声伯做了一件特别离谱的事，竟然迫使他的外妹跟施孝叔离婚，然后把外妹又嫁给了郤犫。

同年夏天，季文子前往晋国回访，并且与晋人盟誓。同年秋天，叔孙宣伯前往齐国访问，增进两国的友好关系。

子叔声伯夺外妹之事该如何理解，是《左传》一大争论热点，笔者在这里准备进一步讨论。从情理推论，之所以会发生"子叔声伯逼迫外妹离婚来满足与郤犫联姻要求"的离奇情况，只有两种可能：

1　施孝叔，姬姓，施氏，谥孝，排行叔。公子尾之后。参见《鲁国国君与三桓世系图》。

第一，郤犫的目标是子叔声伯外妹，也就是一定要娶她为妻，子叔声伯即使有其他姐妹或女儿也不能拿来替代。如果是这种情况的话，郤犫为什么一定要娶子叔声伯外妹？能够想得出来的理由就是，子叔声伯外妹是绝色美人，而郤犫贪图的就是她的美色。

第二，郤犫的目标是子叔声伯，也就是一定要与子叔声伯联姻，但子叔声伯除了他外妹之外又没有其他可以联姻的姐妹或女儿。如果是这种情况的话，郤犫为什么一定要与子叔声伯联姻？能够想得出来的理由就是，郤犫想要在鲁国高层培植一个能为晋国利益服务的代理人，而他认为子叔声伯是合适人选。

从五年后郤犫试图拉拢子叔声伯遭到严词拒绝来看，子叔声伯完全不像是已经做了五年郤犫代理人的样子。因此笔者认为，第一种可能性更大，也就是说，郤犫就是冲着娶子叔声伯外妹去的，而子叔声伯由于清楚地知道郤犫在晋国的权势地位，为了鲁国和子叔氏的利益，被迫按照郤犫的要求奉上。

前579年夏五月，在宋国执政卿华元的斡旋下，晋国、楚国在宋国西门外讲和盟誓，一般被称为"晋楚第一次弭兵之盟"。同年夏天，鲁成公、卫定公与晋厉公在晋地琐泽[1]会面，听取晋人对晋楚弭兵之盟的情况说明。

晋楚讲和之后，晋国马上腾出手来对付长期与自己敌对的秦国。前578年春天，晋厉公派卿官、郤氏族长郤锜前来鲁国请求 (其实是要求) 出兵，郤锜在履行使命时非常不恭敬。孟献子事后预言说："郤氏恐怕要灭亡了吧！礼制，是身体的主干。恭敬，是身体的基

1　琐泽见图二。

础[1]。郤子的基础没有了。而且郤子本来是先君（晋景公）卿官郤献子的接班人，接受了国君的命令来鲁国求取军队，应该抱着保卫晋国社稷的态度恭敬地完成，却如此懒惰，这就是抛弃了国君的命令。这样的家族不灭亡还能怎么样？"四年后，郤氏果然被晋厉公灭族。

同年三月，鲁成公率领军队去晋国参加讨伐秦国的战役，先到王城朝见周简王。叔孙宣伯想要得到周王的赏赐，于是请求先行到达王城与周简王会面，不过周简王只是用一般外交使者的礼仪来接待他。孟献子跟随鲁成公后到，周简王认为孟献子是鲁成公的首席助手，于是重重地赏赐他。《国语·周语中》有更详细的记载：

> 周简王八年，鲁成公将要朝见简王，派叔孙宣伯先来聘问并向简王报告。叔孙宣伯会见了王孙说，和他进行了交谈。王孙说对简王说："鲁国的叔孙这次来，一定另有企图。他进献的聘礼菲薄而言谈阿谀奉承，恐怕是他自己请求前来的吧！如果是他自己请求要来的，一定是想得到赏赐。鲁国的当政者只因为畏惧他的强横，所以尽管不乐意也只得派他前来。再说他的相貌上宽下尖，容易触犯他人。请君王不要赏赐他。如果贪婪强横的人来聘问就满足了他的愿望，这是不赏赐善行，而且我们的财物也满足不了他的欲望。所以圣人的施舍是要考虑的，他的高兴愤怒、获取给予也是要考虑的。因此不主张一味宽厚惠爱，也不主张一味刚猛坚毅，主张符合德义而已。[2]"简王说：

---

1 《左传·成公十三年》："礼，身之干也。敬，身之基也。"
2 《国语·周语中》："是以不主宽惠，亦不主猛毅，主德义而已。"

"好的。"便派人私下向鲁国打听，果然是叔孙宣伯自己请求来的。简王便不给他赏赐，而以接待一般使者的礼节接待了他。

到了鲁成公前来朝见时，由孟献子担任首席副手。王孙说与他交谈，孟献子喜好谦让。王孙说把这个情况告诉简王，简王重重地赏赐孟献子。

鲁成公和其他诸侯朝见了周简王之后，于是跟随着王室卿大夫刘康公、成肃公来到晋国，与晋厉公会合后一同讨伐秦国。夏五月四日，诸侯联军与秦军在秦地麻隧[1]交战，秦国战败。

前577年秋，叔孙宣伯前往齐国，为鲁成公迎娶夫人。同年秋九月，叔孙宣伯带着新妇姜氏回到鲁国都城。

前576年三月三日，东门襄仲的儿子、东门子家的弟弟、鲁国卿官仲婴齐去世。东门氏/仲氏从此退出鲁国卿族行列。接替仲氏进入六卿领导班子的应该是前575年被杀的公子偃，因为正史《春秋》记载他被杀一事时用了全名。公子偃进入六卿行列后，最有可能是填补仲婴齐的第六位。此时六卿领导班子情况为：

鲁 六 卿 表
（前576年仲婴齐去世后）

位　次	人　物	族　属
一	季文子	季
二	孟献子	孟

1　麻隧见图二。

位　次	人　物	族　属
三	叔孙宣伯？	叔孙
四	子叔声伯？	子叔
五	臧武仲？	臧
六	公子偃？	公族

前576年春三月十一日，鲁成公参与晋成公组织的戚邑会盟，声讨两年前杀太子自立的曹成公，将曹成公送到王城关押。同年冬十一月，叔孙宣伯参与晋卿官范文子组织的钟离[1]会盟，这是晋联盟成员国首次与吴国通好。

鲁成公出征穆姜发难，政变事败叔孙宣伯出奔

前575年夏六月二十九日，晋、楚两军在鄢陵[2]大战，楚军大败。晋国在战前就给齐国、鲁国发了通知，到了交战那一天，齐国上卿国武子、高无咎率领齐军赶到了晋军营地，卫献公率军已经出了卫国境外，而鲁成公刚从鲁国都城外的坏隤邑出来。鲁成公为什么拖得这么晚？这是因为当时鲁国正在发生一场由鲁宣公夫人穆姜和卿官叔孙宣伯策动的政变。

根据《左传》的说法，叔孙宣伯先前与鲁宣公夫人穆姜私通，

1　钟离见图五。
2　鄢陵见地图三。

想要驱逐季文子、孟献子并且夺取季氏、孟氏的家产。叔孙宣伯的弟弟叔孙穆子感觉形势不妙，在几年前已经出奔到了齐国。到前575年时，叔孙穆子已经在齐娶妻，并生了孟丙、仲壬[1]两个儿子。

前575年，鲁成公率军出了都城，准备赶赴鄢陵之战的战场。鲁成公的亲生母亲穆姜来送行，当面要求鲁成公驱逐季文子、孟献子。鲁成公告诉穆姜，晋国要求发兵的命令很紧急，承诺说："请求等我回来之后再听您的命令。"穆姜听到之后非常生气，当时鲁宣公的另外两个儿子公子偃、公子锄[2]正从旁边快步走过，穆姜就指着这两个公子说："你如果干不了的话，这两位都是可以当国君的料！"鲁成公一听穆姜这话感觉情况严重，于是在城外的坏隤驻扎下来，要求防守公宫、加强戒备、设置守卫，然后才率军出发，因此在三国中最晚到达。鲁成公安排守卫公宫的卿官正是孟献子。

前575年秋，鲁成公参加晋厉公组织的沙随[3]会盟，谋划讨伐鄢陵之战后仍然坚持留在楚联盟的郑国。叔孙宣伯派人告诉晋国卿官郤犫："鲁侯先前在坏隤等着，是在等待胜利者。"叔孙宣伯的意思是，鲁成公故意在坏隤屯兵不进，以骑墙态度观望晋、楚两国胜负，准备谁胜利就事奉谁。郤犫收了叔孙宣伯的贿赂，然后就按照他的说法向晋厉公投诉鲁成公。晋厉公因此拒绝与鲁成公会面，鲁成公无奈回国。

前575年秋七月，鲁成公参与晋厉公主导的诸侯联军讨伐郑国，陪同鲁成公的卿官有季文子，而孟献子则在国内留守。鲁成公

1　孟丙、仲壬，姬姓，名丙、壬，排行孟、仲。叔孙穆子之子。参见《鲁国国君与三桓世系图》。

2　公子偃、公子锄，姬姓，名偃、锄。鲁宣公之子。参见《鲁国国君与三桓世系图》。

3　沙随见图三。

将要出发时，穆姜又命令鲁成公驱逐季文子、孟献子，鲁成公又下令加强守备然后出发。

叔孙宣伯见第一次向晋人进言取得了成功，于是派人向郤犨报告说："鲁国有季氏、孟氏，就像晋国有栾氏、范氏一样，政令就是在他们那里制定的。如今季孙、孟孙二人谋划说：'晋国政令出自各大卿族之门，没有定准，我们不能再服从了。宁可事奉齐国、楚国，就算是灭亡，也不会服从晋国了！'如果想要让鲁国顺服，请扣押行父（季文子）并且杀了他，我负责干掉蔑（孟献子），然后事奉晋国，这样鲁国就不会再有二心了。鲁国没有二心，其他小国一定和睦。不然的话，行父从晋国回到鲁国之后，一定会背叛晋国。"

在郤犨的强力鼓吹下，前575年九月，晋人在晋地苕丘逮捕了陪同鲁成公正在回国路上的季文子。鲁成公单独回到鲁国后，待在西部的郓邑[1]不进国都，同时派出郤犨姻亲子叔声伯到晋国请求放人。

郤犨对舅舅子叔声伯说："如果能顺利地除掉仲孙蔑（孟献子）并且扣住季孙行父（季文子），我会把鲁国的大政交给您执掌，对待您比对待鲁国公室还亲。"

子叔声伯对答说："侨如（叔孙宣伯）在我国作乱的那些情况，您肯定已经听说了。如果除去蔑和行父，那是严重地抛弃鲁国，而且惩罚我国君主。如果贵国不打算抛弃鲁国，而是怀着恩惠的心向我国始祖周公求福，让我国君主能够继续事奉晋国君主，那么这两个鲁国的社稷之臣，是不可以除掉的。如果早晨除掉他们，鲁国必然晚

1　郓（西郓）见图三。

上就会被仇敌灭亡。鲁国本就靠近晋国的仇敌，如果灭亡之后也变成了仇敌，还来得及补救吗？"

郤犫以为子叔声伯是嫌自己开出的条件不够优厚，于是说："我为您请求私邑——"

还没等郤犫说完，子叔声伯就回答说："——我是鲁国的普通官员，怎么敢倚仗大国来求得高官厚禄？我奉了我国君主的命令前来请求贵国放人，如果得到所请求的，您的恩赐就已经很多了，还能有什么别的请求？"

晋国卿官范文子对执政卿栾武子说："季孙在鲁国，已经辅相过两任国君了。他家里妾不穿丝绸，马不吃粮食，难道还不能算是公忠体国吗？相信谗言而抛弃忠良，还怎么赢得诸侯的拥护？子叔婴齐（子叔声伯）尊奉国君的命令没有私念，为国家谋划没有二心，虽为自己打算却绝不忘记国君。如果拒绝他的请求，这是抛弃良善的人啊！您还是好好考虑一下。"栾武子接受了范文子的意见，赦免了季文子。

季文子被赦免后，还没有回国，就传回消息到国内，立刻对叔孙宣伯发起反击。冬十月，鲁国诸卿决定驱逐叔孙宣伯，并且组织卿大夫共同起誓，确认叔孙宣伯的罪过，宣誓与叔孙宣伯划清界限，誓词是这样说的："不要像叔孙侨如那样，想要废弃国家的常道，颠覆公室！"叔孙宣伯出奔到齐国。在此之后，叔孙宣伯的情人兼同党穆姜被软禁在东宫。

冬十二月，季文子与郤犫在郑国鄢地盟誓，然后回到鲁国。季文子回国后，派人刺杀了公子偃。公子偃和公子鉏两个人都是穆姜所指可代为国君的人，季文子只杀了公子偃，应该是因为公子偃参与了叔孙宣伯的图谋。然后，季文子从齐国召回了叔孙宣伯的弟弟叔孙穆子，将其立为叔孙氏族长。

就像前述公子友杀了公子牙之后保留了叔孙氏一样，公子友的孙子季文子在驱逐了叔孙宣伯之后又再次践行季氏始祖公子友确立的"相忍为国"政治理念，保全了叔孙氏，从而维护了三桓集团的完整和团结。

根据鲁国卿大夫结盟时宣读的盟词，可以知道季文子给叔孙宣伯定的罪名是"想要废弃国家的常道，颠覆公室"，这个政变目的仔细想来是非常蹊跷的。根据笔者在总结穆姜叔孙政变时所做的分析，叔孙宣伯发动政变驱逐季氏、孟氏，其目的大概有两个：

一是消灭季氏、孟氏这两个把持朝政、威逼君主的卿族，重振国君和公室的权威，这是符合君臣大义、胜利后能够拿到台面上说的目的。这其实是政变主谋穆姜想要达到的目的，叔孙宣伯作为穆姜的同谋，在表面上肯定也是赞同的。

二是彻底改变叔孙氏在三桓中的弱势地位，使得叔孙氏一举成为东门氏那样得到国君信任、独揽大权的卿族，这是符合叔孙氏私利的、胜利后不能拿到台面上说的目的。这个目的应该是促使叔孙宣伯参与此次政变的重要因素。

无论如何，"颠覆公室"都绝不是叔孙宣伯想要达到的目的。

笔者认为，盟词里面主张的叔孙宣伯政变目的"想要废弃国家的常道，颠覆公室"应该是子叔声伯帮助季文子编造的。根据子叔声伯与郤犨对话的内容，可以知道"叔孙宣伯政变目的是颠覆公室"的完整逻辑大概是这样的：季文子、孟献子是鲁国的社稷之臣，如果驱逐两人以及两人领导的季氏、孟氏，必然会导致鲁国朝政的紊乱，从而导致鲁国的灭亡，最终造成"颠覆公室"的后果。

如果盟词说叔孙宣伯的政变目的是为了"解除季氏、孟氏对公室的威逼"，那无异于揭露季氏、孟氏欺凌公室的罪行；如果盟词说叔孙宣伯的政变目的是"灭季氏、孟氏实现叔孙氏一家独大"，那无异于揭露三桓内部的分裂，故而只有子叔声伯编造的这个版本得到了季文子的采纳。

叔孙宣伯出奔、公子偃被杀之后，鲁国六卿领导班子空出两位。笔者认为，此时三桓占据六卿前三位的局面已经形成，叔孙穆子应该代表叔孙氏进入六卿行列，继续排第三位，而填补第六位空缺的卿身份不明。此时六卿领导班子情况如下：

鲁 六 卿 表
（前575年叔孙宣伯出奔、公子偃被杀后）

位　次	人　物	族　属
一	季文子	季
二	孟献子	孟
三	叔孙穆子？*	叔孙
四	子叔声伯？	子叔
五	臧武仲？	臧
六	？	？

叔孙宣伯出奔到齐国后，又跟齐灵公的母亲声孟子私通，声孟子让叔孙宣伯成为地位与上卿国氏、高氏地位相当的卿官。叔孙宣伯说"不可以再次犯罪"，出奔到卫国，后来又做到了卿官。

前574年初，刚开始东宫软禁生活的穆姜为自己算卦，遇到"《艮》☶之八"这个卦象。史官说："这就是《艮》☶之《随》☱。《随》，是出去的意思。您一定会马上得以迁出这个宫殿！"穆姜却不同意史官的解读，她说：

"不可能的。

"《周易》里说：'《随》，元、亨、利、贞，没有灾祸。'元，是身体的君长。[1] 亨，是嘉美的会聚。[2] 利，是道义的和谐。贞，是事情的本体。以仁为体就足以做民人的君长，践行美德就足以会合礼，利于万物就足以与义相和谐，贞定坚固就足以撑起事。如此具备四德在身，固然是不可以被诬蔑成没有的，因此即使遇到《随》卦，也不会有灾殃。[3]

"如今我本是一个妇人，却参与男人们的祸乱。本来就身居下位，还做逼迫一国元首这样的不仁之事，不可以说是'元'。不让国家安定，自然无暇举行享礼，不可以说是'亨'。作乱不但伤害国家，最终还伤害自身，不可以说是'利'。放弃自己的尊位，而作淫放之事，不可以说是'贞'。具有上述四项美德的，就算是遇到《随》卦也没有灾祸。我这四项美德都没有，难道符合《随》卦所说的'元''亨''利''贞'吗？是我自己求取凶恶，能够没有灾祸吗？我一定会死在这里，不可能出去了。"

1 　元的本义是头部，所以是身体的君长。
2 　亨即享，也就是享礼，享礼为主人款待嘉宾，所以是嘉美的会聚。
3 　综观《随》卦各爻爻辞，有吉有凶，所以穆姜这样说。

鲁成公去世风平浪静，臧武仲露面亲善季氏

前574年夏，鲁成公参与晋厉公组织的诸侯联军讨伐郑国。夏六月十七日，诸侯在柯陵[1]会盟。

同年冬，鲁成公参与晋厉公组织的诸侯联军讨伐郑国。冬十一月，子叔声伯在陪同鲁成公回国路上去世。他的儿子子叔齐子[2]应该在此后继位成为子叔氏族长。在此之后，臧武仲应该是上升一位，补子叔声伯留出的第四位，而第五、第六位中，一位是子叔齐子，另一位身份不明，用"？"表示。此时六卿领导班子情况如下：

鲁 六 卿 表
（前574年子叔声伯去世后）

位　次	人　物	族　属
一	季文子	季
二	孟献子	孟
三	叔孙穆子？	叔孙
四	臧武仲？	臧
五	子叔齐子？ * 、？	子叔、？
六		

前573年春，鲁成公前往晋国，朝见正式即位的晋悼公。同年

1　柯陵见图五。
2　子叔齐子，姬姓，子叔氏，名老，谥齐。子叔声伯之子。参见《鲁国国君与三桓世系图》。

秋八月七日，鲁成公在大寝宫正常去世。他年仅两岁的儿子太子午在灵前即位，就是鲁襄公。

同年冬，晋卿栾共子来到鲁国，请鲁国出兵参与救援宋国。季文子向臧武仲询问应该派出多大规模的军队。臧武仲回答说："去年讨伐郑国那一仗，来请鲁国出兵的是知伯（知武子），当时他的职务是排第六的下军佐。如今栾共子的职务也是下军佐。所以这次出兵的规模与去年讨伐郑国那次一样就可以了。事奉大国，不要违背使者的爵位班次并且要加倍恭敬，这是合于礼制的。"季文子同意臧武仲的意见。这是臧武仲第一次出现在春秋史时间轴中，距离前任族长臧宣叔去世（前587年）14年。下面我们会看到，臧武仲与季氏两任族长——季文子和季武子都保持了亲善友好的关系，但也正是这种亲善关系最终导致臧武仲的出奔。

同年冬十二月，孟献子参与晋悼公主导的虚杅[1]会盟，谋划救援宋国。

冬十二月二十六日，鲁国安葬鲁成公，葬礼合乎礼制，国家安静无事。鲁成公之前，《春秋》有记载的鲁君，计有隐、桓、庄、闵、僖、文、宣七人。这其中，隐公、桓公、闵公都是非正常死亡，僖公死在小寝宫，文公死在高台下，都不是在大寝宫正常死亡。庄公、宣公虽然是在大寝宫正常死亡，但庄公去世后公子庆父作乱，鲁宣公去世后东门子家出奔，国家不安。因此，鲁成公是《春秋》记载的历史中第一位寿终正寝、顺利安葬、去世后国家安静无事的国君。这应该不只是偶然的幸运，而与鲁成公的政治抉择有关，我们在上一章讨论其生母穆姜时已经探讨过这个问题。

1　虚杅见图五。

附录4：穆姜-叔孙宣伯政变的真相重构

一、传统说法疑点和穆姜事迹分析

穆姜叔孙政变是鲁国政治史中非常怪异的一段。传世文献的叙述营造的是这样一个故事：卿官叔孙宣伯是主谋，与他通奸的鲁宣公夫人穆姜是从犯，他们试图驱逐季文子、孟献子，以满足叔孙宣伯扩张叔孙氏的政治欲望，最后乱谋失败，叔孙宣伯出奔齐国，穆姜被幽禁在东宫直至去世。

然而如果我们仔细考虑前575年穆姜给鲁成公送行的这个情节，就会意识到事情的真相绝没有那么简单：

（一）穆姜如果真的只是为了实现情夫叔孙宣伯的政治野心的话，为什么敢在为军队送行这种至少有国君近臣在的公开场合，用下命令这种理直气壮的方式要求鲁成公驱逐季文子、孟献子？

（二）鲁成公在听到穆姜的命令之后，为什么承诺说"请求等我回来之后再听您的命令"，似乎驱逐季文子、孟献子本身是一件应该做的事情，只是时间上要往后放一放？

（三）穆姜在听到鲁成公的回答后，为什么敢用"另立国君"来威胁鲁成公，就好像"驱逐季文子、孟献子"是现任鲁国君主理应完成的使命，如果不干就不配在这个位置待下去？

（四）鲁成公在两次受到这样的威胁后，为什么没有对穆姜和其他两位公子采取任何强制措施，而只敢部署加强宫中守备？

为了揭示穆姜从先君夫人到政变主脑的心路历程，这里笔者将散见于前文的穆姜事迹按照时间顺序罗列如下，并且对某些史事进行初步分析。觉得本节烦琐的读者可以跳过此节，直接阅读下一节的完整史事重构：

（一）前608年（鲁宣公元年），齐国公室女子穆姜嫁到鲁国，成为鲁宣公嫡夫人。

【分析】东门襄仲杀太子立鲁宣公后，齐惠公给予鲁宣公政权大力支持，而鲁宣公也长期将齐国奉为盟主，直到去世前一年才叛离齐国。作为齐鲁亲善的重要标志，鲁宣公在正式即位第一年即从齐国娶嫡夫人穆姜。穆姜作为政治联姻的产物，是齐侯放置在鲁国内宫的、测试鲁宣公对自己态度的"监视器"。由于鲁宣公长期服从齐侯，所以齐女穆姜在鲁国也长期得到尊崇，不仅依据"小君"职权管理后宫妃嫔，还对始祖是先君后代的卿族的家事进行强势干预，可以说是把"小君"的权力用到了极致。下面二、三条都是"小君"穆姜强势跋扈的例证。

（二）在前608到前591年间（鲁宣公时期），穆姜姐妹的女儿生了臧武仲，穆姜很喜欢臧武仲，于是就把他从臧氏接出来，带到公宫中亲自抚养。

【分析】臧武仲长大之后，被立为臧氏族长时是在前587年（鲁成公四年）。从常理推算，穆姜在公宫中抚养臧武仲之事一定在4年之前，也就是发生在鲁宣公时期。这是"小君"穆姜仗恃齐国威势在鲁国任性跋扈、干涉卿族家事的第一个案例。

（三）在前608到前591年间（鲁宣公时期），穆姜和她丈夫鲁宣公亲弟弟叔肸的妻子关系紧张，她嫌弃叔肸之妻是没有行媒聘之礼的妾，拒绝承认与叔肸之妻的妯娌关系，最终逼迫叔肸休了这个女子。

【分析】穆姜逼迫叔肸休妻之后，被休弃的前妻到了齐国，生了一男一女，然后成了寡妇，这一双儿女后来回到鲁国投靠了先前与叔肸在鲁国的儿子子叔声伯，子叔声伯把其中那位女孩（外妹）嫁给了施孝叔。前580年（鲁成公十一年）时，子叔声伯强行拆散了外妹和施孝叔，把外妹嫁给了晋卿郤犨。从常理推算，穆姜与叔肸之妻关系恶劣、逼迫叔肸休弃该女子之事一定发生在鲁成公十一年之前，很有可能是发生在鲁宣公时期。这是"小君"穆姜仗恃齐国威势在鲁国任性跋扈、干涉卿族家事的第二个案例。

（四）前587年（鲁成公四年），臧宣叔去世后，穆姜迫使臧氏立臧武仲为族长，并迫使臧宣叔嫡子臧贾、臧为出居到母家铸国。

【分析】鲁宣公去世之后，鲁宣公与穆姜所生的鲁成公继位，穆姜也从国君夫人升格为国君生母，也就是后来所说的"太后"，其地位得到进一步提高。另外，鲁国虽然叛离齐国投靠晋国，但是齐国毕竟是朝夕会来讨伐的强邻，鲁国仍然不敢对齐女穆姜不敬。因此，升为太后之后，穆姜延续了鲁宣公时期的跋扈作风，而直接干涉臧氏新族长人选，便是穆姜仗恃国君生母地位和母国齐国威势在鲁国任性跋扈、干涉卿族家事的第三个案例。

（五）前582年（鲁成公九年），季文子到宋国探访穆姜亲生女儿、宋共公夫人伯姬回国，穆姜与季文子赋诗对答。

【分析】穆姜听到季文子在寝宫向鲁成公复命时朗诵《韩奕》，竟然直接从东房走进寝宫与季文子对话，这应该是违礼行为，是太后穆姜仗恃国君生母地位和齐国威势在鲁国任性跋扈的第四个案例。不过，从这件事也可以看出，穆姜接受过很好的贵族教育，这也是她具备政治意识和野心的基础。

（六）前600年至575年间（鲁成公元年—鲁成公十六年），穆姜与叔孙宣伯通奸，定下驱逐季文子、孟献子的政变计划。

【分析】穆姜应该是在丈夫鲁宣公去世后不能安心守寡而与叔孙宣伯"通奸"，因而此事应该在鲁成公元年至政变发生的鲁成公十六年期间。然而，穆姜到底是出于什么心理，而与叔孙宣伯定下驱逐季文子、孟献子的政变计划？如前文所述，笔者认为有两种可能性：

（一）穆姜和叔孙宣伯之间是真的通奸，此事完全由叔孙宣伯所谋划，其目的是为了使得叔孙氏在鲁国一家独大，而穆姜完全是为情夫卖命。

（二）穆姜和叔孙宣伯之间更接近于一种政治联盟，两人各取所需：穆姜是为了实现其丈夫鲁宣公未竟的遗志，那就是扳倒大族、重振公室；而叔孙宣伯则是为了使得叔孙氏在鲁国一家独大。

（七）前575年（鲁成公十六年），穆姜与叔孙宣伯互相配合试图发动政变，穆姜在国都内两次要求鲁成公驱逐季文子、孟献子，而叔孙宣伯则联络晋国卿官郤犨，希望借助晋人力量逮捕季文子、孟献子。最终季文子安全回到鲁国都城，驱逐了叔孙宣伯，刺杀了可能取代鲁成公的公子偃，并将穆姜软禁在东宫。

【分析】穆姜两次在公开场合要求鲁成公驱逐季文子、孟献子，并且威胁说如果鲁成公不照做就另立国君，这完全不像是阴谋作乱的行为方式，而是指向另外一种可能性，那就是：驱逐季文子、孟献子，是穆姜、鲁成公、国君近臣都知道的鲁宣公遗命，而穆姜是作为鲁成公生母，在一再要求鲁成公完成先君/生父鲁宣公未竟的遗志。

正因为如此，所以穆姜在命令鲁成公时表现得理直气壮，而且威胁鲁成公说，如果他如果干不了就换他的弟弟来干。也正因为如此，鲁成公在听完穆姜这番看似狂悖的言论之后，既不敢驳斥穆姜，也不敢治穆姜的罪，只能安排加强守备。这样说来，上述第六条里面分析的两种可能性中，第二种可能性看来是更加合理的。

（八）前574年左右，刚开始东宫软禁生活的穆姜重新解读史官卦辞，表示对先前参与"作乱"的悔恨，并预计自己将不可能再出东宫。

【分析】穆姜对于《随卦》卦辞"随，元亨利贞，无咎"的重新解读表明，穆姜对于朝堂上卿大夫们常用的这套政治道德话语体系非常熟悉，再次烘托出一个有良好贵族教养和政治意识的强势女政治家形象。

（九）前571年（鲁襄公二年），鲁成公夫人齐姜去世，季文子把穆姜为自己准备的内棺和颂琴拿来安葬齐姜。

【分析】季文子这样"妾不衣帛、马不食粟"的贤良正卿，竟然会干出这种明显是为了泄愤报复的小人行径，可见他对于前575年差点死于穆姜/叔孙宣伯政变图谋的怨恨。不过，如果我们回顾一下当年鲁宣公+卿官东门子家团队想要借助晋人力量除掉季文子却最终被季文子一举击败的往事，我们也就很好理解，为什么季文子对于自己如今被"后宫女眷+三桓最弱卿官"算计会如此耿耿于怀。

（十）前564年（鲁襄公四年），一直被软禁在东宫的穆姜去世，鲁人按照国君夫人礼安葬穆姜。

二、穆姜心路历程及政变真相重构

在上一节初步分析穆姜事迹的基础上，笔者尝试重构穆姜心路历程及穆姜叔孙政变可能真相如下：

穆姜是接受过良好贵族教育的齐国公室女子，她个性进取强势，作风也比谨守周礼的鲁国公室女子要开放。如果说她和谁有点相似的话，那就是那位因为与亲哥哥齐襄公通奸而间接导致丈夫鲁桓公被杀、后来又担任鲁国摄政促成"齐鲁亲善"的齐僖公之女文姜。

前608年嫁到鲁国成为鲁宣公嫡夫人之后，穆姜充分利用鲁宣公亲附自己母家齐国的"势"，不仅倚仗自己的"小君"职权管理后宫妃嫔，还循着"小君主内"的模糊界定，根据自己的喜好来强势干预鲁国卿族的家事。比如说，穆姜喜爱姐妹女儿的儿子臧武仲，就把他从臧氏接出来，带到公宫中抚养；又比如说她跟鲁宣公亲弟弟叔肸的妻子关系紧张，就逼迫叔肸休了这个女子。一方面，穆姜会这样充分行使甚至滥用"小君主内"的权力是源于她强势的个性；另一方面，穆姜这样做却得不到约束，表面上是因为鲁宣公不敢得罪恩主齐国。

然而，穆姜之所以如此"跋扈"，在上述两个显而易见的原因之外，可能还有一层原因，那就是：鲁宣公+东门氏团队在政治层面打压季氏、孟氏等大卿族，与夫人穆姜在家事层面干涉臧氏、子叔氏等小卿族，形成了某种意义上的"协作"。或者进一步说，穆姜成为鲁宣公打击卿族、重振公室势力的得力助手。笔者倾向于认为，鲁宣公和穆姜之间并不是在"各自为战"，他们之间已经形成了一个有共同志向的同盟，为着共同的目标而相互支持；他们的儿子，也就是后来的鲁成公，对于父母的理想和行动也是完全知晓的。

前591年，在前期"初税亩"改革增强公室财政实力的基础上，鲁宣公和东门子家本来准备放手一搏发动政变，鲁宣公坐镇国都，而东门子家则前往晋国发动晋人，准备内外联手驱逐三桓诸卿，也就是季文子、孟献子、叔孙宣伯。无奈鲁宣公偏偏就在这时候去世（笔者认为是被季文子派人谋杀），想必他在弥留之际一定有"出师未捷身先死"的遗恨。

我们无从得知鲁宣公留下了怎样的遗命，然而从后来穆姜和鲁成公在前575年时的表现倒推，这遗命的核心内容应该是：要求穆姜尽力配合此时仍在晋国进行煽动工作的东门子家，将自己没有完成的驱逐三桓的事业进行到底。然而，季文子在鲁宣公去世后马上在朝堂发难，迅速控制了国内局势，驱逐了东门氏，最终东门子家出奔齐国，政变计划以失败告终。

前590年，太子黑肱正式即位，就是鲁成公，而穆姜则从国君夫人升格为"太后"。此后鲁国君臣虽然叛离齐国，但仍然不敢故意得罪齐女穆姜，况且穆姜本身是鲁宣公嫡夫人、鲁成公生母，其地位仍然非常稳固。因此，穆姜在鲁宣公时期形成的"跋扈"风格得以延续，前587年强势干预臧氏族长继承之事就是很好的例证。

鲁成公即位之前，一方面受到父亲鲁宣公和母亲穆姜的影响，知道父母的志向是要驱逐三桓、重振君权；一方面也看到三桓诸卿在东门襄仲去世之后掌控朝政，并且挫败了父亲和东门子家的政变图谋；他还可能知道父亲在政变关键时刻去世实际上并非巧合，而是季文子下的毒手。从鲁成公正式即位后的行为来推断，他自己的政治立场是：他一方面知道父亲的遗志，但另一方面认为，当年父亲与强横的东门氏一起发动政变尚且没有成功，如今三桓诸卿已经稳固把持朝政，再试图起事必败无疑，因此已经决定放弃对抗，与三桓诸卿和平共处。

穆姜应该也像鲁成公一样了解"三桓势大不可能被驱逐"的客观形势，然而她却决定要"知其不可而为之"，"没有条件创造条件也要继续干"。当然，要发动能够推翻三桓的政变，靠她这么一个不能插手前朝政事的太后是肯定不够的，她一定要找一个有实力的卿族合作，而她看上的是卿族叔孙氏：叔孙氏虽然表面上与季氏、孟氏同属于三桓集团，但其族长叔孙宣伯奢侈骄横，与季氏、孟氏实际上并不齐心和睦，而且可能并没有直接参与暗杀鲁宣公的图谋。也就是说，在现实条件不允许"尽灭三桓"的情况下，穆姜决定退而求其次，那就是"挑动一桓灭二桓"。

对于一个身居后宫的女人来说，她如果想要挑起政治风浪，通过男女关系来操控掌握权力的男人几乎是唯一的入门途径。她与叔孙宣伯"勾搭成奸"，实质上是一种各取所需的合作：穆姜想要通过驱逐季氏、孟氏来实现鲁宣公遗命，重振国君和公室的权威；而叔孙宣伯想要通过驱逐季氏、孟氏来改变叔孙氏在三桓中的弱势地位，一举成为像东门氏那样得到国君信任、独揽大权的卿族。叔孙宣伯从"三桓共同掌控朝政，分享利益"到"干掉季氏、孟氏，叔孙氏独享利益"的思想转变，应该不是他自主完成的，而是与穆姜"勾搭成奸"之后，在穆姜坚持不懈的"洗脑"下逐渐发生的。

前575年时，穆姜/叔孙宣伯团队的政变计划已经成熟，政变决心已经确定，进入实施阶段。当时设想的行动计划大概是这样的：

第一步，实施A计划。

A计划就是由穆姜出面，用先君遗命作为理由说服或迫使鲁成公加入政变事业。如前所述，鲁宣公"初税亩"改革和鲁成公初年"作丘甲"改革充分激发了公邑提供田税和军赋的潜力，如果鲁成公能下决心除掉季氏、孟氏，他完全可以用公邑的经济军事资源作为后盾，在国内发动政变消灭或者驱逐季氏、孟氏。

如果A计划能够成功的话，那么叔孙宣伯也就不需要离开鲁国去执行B计划（详见下），毕竟鲁宣公/东门子家政变之所以失败，就是因为他们当时的计划是"里应外合"，即鲁宣公镇守国都，而东门子家去晋国发动晋人干预鲁国内政。这个计划导致鲁宣公和东门子家分隔两地，最终鲁宣公在东门子家居外时被谋杀，而失去了鲁宣公支持的东门子家在还没回国前，其家族就已经被季氏驱逐。

穆姜之所以设计并且决定要优先实施这个A计划，是因为她对于自己儿子鲁成公还有幻想，认为鲁成公内心是想要履行先君遗命的，只是比较怯懦，不敢全靠自己来筹划和实施政变。如今穆姜这个"虎妈"已经为鲁成公搭好了框架，找好了盟友，是有可能说服和迫使鲁成公加入政变事业的。

第二步，如果A计划不成功，则实施B计划。

如果穆姜最终没能说服或迫使鲁成公加入，那么穆姜就打算尽力复制鲁宣公/东门子家当年的"里应外合"政变计划，即由穆姜坐镇国都，而由叔孙宣伯前往晋国，怂恿晋人出手驱逐季氏、孟氏。正如上文分析的那样，B计划危险性远远大于A计划，因此放在第二步。

穆姜应该是在鲁成公率军出征前，就已经按照A计划的安排，多次试图说服鲁成公加入政变事业，而鲁成公当时的回答很可能是，他是想要履行先君遗命的，不过最好的发难机会应该是他率领军队出征时，穆姜也相信了他的承诺。

然后就是在军队出征时发生的那一幕：穆姜尝试实施A计划，要求鲁成公履行承诺发动政变，驱逐季氏、孟氏。谁知道鲁成公先前只是在搪塞穆姜，并没有真想发动政变。不过，当鲁成公面临穆姜的质问时，他也没有理由谴责穆姜后宫干政、挑起内乱，因为他知道穆姜是在执行先君遗命，所以他用"等我回来再说"再次搪塞穆姜。穆姜非常生气，气的就是自己的儿子先前竟然是在搪塞自己，而她骂出"你如果干不了的话，这两位都是可以当国君的料"时，胸中充满的恐怕不是要帮助情夫谋取私利的邪恶，而是对自己这个"不肖之子"[1]的失望，以及当年没有立一个更能继承鲁宣公遗志的儿子的懊悔。鲁成公也自知理亏，于是没有对母亲和另外两个弟弟采取任何强制措施，而只是要求加强公宫守备。

A计划第一次尝试失败之后，穆姜/叔孙宣伯团队开始实施B计划。叔孙宣伯在晋国的第一次游说行动非常成功，顺利地让晋厉公拒绝与鲁成公会面，这其实是再次警告鲁成公，希望他能够脱离与季氏、孟氏的联盟，转而加入政变者的行列。在此基础上，穆姜在秋七月鲁成公率军出征时，再次命令鲁成公履行承诺驱逐季文子、孟献子，而鲁成公再次拒绝了自己的母亲。也就是说，A计划第二次尝试也失败了，接下来就只有B计划一条路了。

叔孙宣伯于是第二次派人去晋国游说，成功地让晋人扣押了季文子。然而，叔孙宣伯毕竟不是季文子的对手，季文子在子叔声伯协助下得到晋人赦免，回国后果断驱逐叔孙宣伯，刺杀公子偃，挫败了这场实际上是由穆姜挑起的政变。

不过，季文子在反击成功之后，并没有将穆姜的"罪行"公之于众，也没有用刑罚惩处穆姜，而是将她软禁在东宫，这也许是为了不激怒那些同情公室、反对季氏的卿大夫势力。穆姜在被软禁后，很可能开始后悔为什么自己要像飞蛾扑火那样去试图实现连自己的儿子鲁成公都不敢再尝试的鲁宣公遗命，于是对《随》卦进行了自我否定式的解读，并且断定自己再无可能重获自由。最终，穆姜在幽禁中黯然去世。

---

1 肖是像的意思，不肖之子就是指不像鲁宣公的儿子。

襄公时期：三桓诸卿瓜分公室，傀儡国君隐忍至死

吾可以入〔国〕乎？

——鲁襄公

幼主即位三桓掌朝政，生母去世葬仪惹争议

前572年春正月，鲁襄公正式即位，年仅3岁。如下文所述，鲁襄公是在前564年底，也就是他刚满12岁时行冠礼成年的，也就是从那时起他开始亲政。因此，在未来9年内，鲁国政事完全掌控在以三桓诸卿为首的诸卿集团手中，三桓领袖季文子其实就是国家最高领导人。这是继鲁闵公时期以来鲁国第二次进入诸卿长期全权职掌国政的阶段，也是君权不可逆地下移至卿大夫的决定性阶段，而这一阶段的"总结性成果"，就是在鲁襄公亲政一年后，即前562年初，季武子以建立三军为名实施"三分公室"改革，跨出了剥夺君权经济基础的关键性一步。

前572年春晚些时候，孟献子参加晋卿栾桓子主导的诸侯联军，包围宋国彭城。同年夏，晋卿韩献子率领军队攻打郑国，孟献子与其他东方诸侯卿大夫率领军队在郑国鄗地[1]驻扎等待晋军。

前571年五月十八日，鲁成公嫡夫人齐姜去世。当初，鲁宣公夫人穆姜派人选择上好的楸木，为自己制作了去世后用的贴身内棺和陪葬用的颂琴。如今穆姜已经被软禁在东宫，季文子就把这个内棺和颂琴拿过来给齐姜作为下葬用具。

同年秋七月，孟献子参与晋卿知武子主导的诸侯戚邑会盟，谋划如何能使得郑国叛离楚国转服晋国。当时晋国已经占领了郑国北

1　彭城、鄗（近首止）见图三。

部军事要塞虎牢[1]，孟献子向知武子献计说："请修筑虎牢城墙来逼迫郑国。"知武子采纳了他的意见。

同年秋晚些时候，叔孙穆子前往宋国访问，向友邦通报新君即位的消息。这是叔孙穆子作为卿官第一次出现在春秋史时间轴中，距离其兄叔孙宣伯出奔（前575年）4年。

同年冬，孟献子参与晋卿知武子主导的戚邑会盟，诸侯随后依照孟献子的计策修筑虎牢城墙，郑人果然请求讲和。

前570年春，鲁襄公首次前往晋国朝见晋悼公。夏四月二十五日，鲁襄公与晋悼公在晋国都城郊区的长樗盟誓。孟献子让年仅五岁的鲁襄公向晋悼公行稽首大礼。晋卿知武子说："有周天子在，而贵国君主屈尊向我国君主行稽首大礼，我国君主感到惧怕。"孟献子回答道："因为我国孤独地处在东方，靠近仇敌大国，我国君主就指望着贵国君主了，怎么敢不行稽首大礼？"

同年夏六月，五岁的鲁襄公参加晋悼公主导的鸡泽[2]会盟。二十三日，各国诸侯举行盟誓。秋七月十三日，叔孙穆子与诸侯卿大夫举行盟誓。这次会盟的一个主要目的其实是要与吴王寿梦会面，但是吴王寿梦最终也没有来。

前569年夏，叔孙穆子前往晋国访问，回报前572年晋卿知武子对鲁国的访问。晋悼公设享礼款待叔孙穆子。

首先，晋人用钟鼓为叔孙穆子演奏了夏代音乐《肆夏》《韶夏》《纳夏》，叔孙穆子没有拜谢。乐工为叔孙穆子演唱了在今天《诗

1　虎牢见图三。
2　鸡泽见图三。

经·大雅》里存有的《文王》《大明》《绵》，叔孙穆子还是没有拜谢。后来乐工为叔孙穆子演唱了在今天《诗经·小雅》里存有的《鹿鸣》《四牡》《皇皇者华》，这一回，乐工每演奏一首，叔孙穆子拜谢一次。

韩献子对叔孙穆子的行为感到疑惑，派外交官子员询问，说："您奉着君主的命令，屈尊来到我国。我国采用先君的礼仪，用音乐衬垫着，来款待您。您舍弃重大的，却拜谢细小的，敢问这是什么礼数？"

叔孙穆子回答说：

"夏乐三首，是周天子用来款待诸侯之长的，使臣不敢听闻。

"《文王》三首，是两国君主相见时演唱的乐歌，使臣配不上。

"《鹿鸣》[1]，是贵国君主嘉奖我国君主，使臣怎敢不拜谢贵国君主的嘉奖？《四牡》[2]，是贵国君主慰劳使臣，使臣怎敢不再次拜谢？

"《皇皇者华》，贵国君主教使臣说'一定要向忠信之人咨询'。我听说，'请教善人是"咨"，请教亲人是"询"，请教礼制是"度"，请教政事是"诹"，请教祸难是"谋"'。使臣获得五样良善的教导，怎敢不再次拜谢？"[3]

就这样，叔孙穆子在霸主晋国的朝廷上，先通过不拜谢晋人奏乐的"出格"行动引起晋人的注意，然后用一段从容不迫的对答解释了自己这样做的理由，既表达了鲁国对霸主晋国的谦恭，又表达了鲁国对周礼的坚持，展现出一位周公故国知礼守礼卿大夫的风

1　《诗序》："《鹿鸣》，燕群臣嘉宾也。"

2　《诗序》："《四牡》，劳使臣之来也。"

3　《皇皇者华》二、三、四、五章末句为"周爰咨诹""周爰咨谋""周爰咨度""周爰咨询"，本来并没有明显的意义区别。叔孙穆子新造诗义，以"诹""谋""度""询"为"咨"之细类，加上"咨"本身，构成"五善"。

采，可以说是他在国际舞台上的"闪亮登场"。

前569年秋七月二十八日，鲁襄公生母定姒去世。定姒是鲁襄公生母，生鲁襄公时还只是鲁成公庶妾，而当时的鲁成公嫡夫人是齐姜。不过，到定姒去世时，齐姜也已经去世，而定姒的儿子已经是国君。那么，在这种情况下，到底应该是按照定姒一生绝大部分时间就是妾这个事实，根据妾礼来安排她的丧葬事宜；还是该根据"母以子贵"的原则将其升为嫡夫人，从而根据夫人礼来安排呢？

这并不是鲁国第一次遇到这种情况。鲁僖公生母是鲁庄公庶妾成风，鲁宣公生母是鲁文公庶妾敬嬴，成风、敬嬴两人去世后都享受了夫人级别的丧葬之礼。如果以先君旧制为准的话，那么定姒的丧葬似乎也应该按照夫人礼来执行。然而，成风、敬嬴的情况与定姒有很大不同：

一、成风。鲁庄公元配嫡夫人哀姜参与公子庆父之乱，前659年（鲁僖公元年）被齐人所杀，尸体被运回齐国。鲁僖公从齐国迎回哀姜遗体，以夫人礼安葬。36年后（鲁文公四年），成风去世，她的孙子鲁文公以夫人礼安葬她。

二、敬嬴。鲁文公元配嫡夫人出姜在前609年东门襄仲杀嫡立庶之后被休弃回到齐国。八年后（鲁宣公八年），敬嬴去世，她的儿子鲁宣公以夫人礼安葬她。

三、定姒。鲁成公元配嫡夫人齐姜生前并无过恶，一直活到鲁襄公时期，在前571年（鲁襄公二年）正常去世，鲁襄公以夫人礼安葬她。执政卿季文子高度重视齐姜丧葬之事，甚至夺来穆姜的楸木内棺及颂琴。两年后（鲁襄公四年），定姒去世。

总而言之，成风是在元配嫡夫人哀姜被杀之后转正为夫人，敬嬴是在元配嫡夫人出姜被休之后转正为夫人，而且成风转正三十六年后去世，敬嬴转正八年后去世，去世时夫人之位已经非常稳固，因此两人按夫人礼安葬无争议。与成风、敬嬴不同，定姒去世时元配嫡夫人齐姜刚去世两年，而且齐姜并无被杀、被休之事。笔者认为，定姒在齐姜去世后应该是没有明确转正为夫人，因此去世时，关于她应享受的丧葬待遇存在争议。

定姒去世后，主持葬礼事务的执政卿季文子最初的决定是按妾礼安葬，因此定姒去世后没有在宗庙里面停棺，没有准备贴身内棺，下葬之后也不打算举行虞祭。季文子这样做，摆上台面的原因应该是：元配夫人齐姜两年前正常去世，并且以夫人礼下葬，与成风、敬嬴很不相同，所以定姒不应该适用成风、敬嬴旧例转正为夫人，因此也不应该以夫人礼下葬。然而更深层的原因是：在挫败叔孙宣伯之乱后，三桓势力进一步增强，季文子已有不尊君之心，不愿费事为定姒再操办一次夫人级别的丧礼。

负责制作棺椁的匠庆得知情况后，劝谏季文子说："您是总负责此次定姒丧礼安排的正卿，而小君[1]的丧礼却没有做成，这就是让国君不能为他的生母送终啊。国君长大成人之后，谁会遭受祸难呢？"匠庆应该属于大夫群体里仍然忠于国君，还没有依附三桓的那一派，在他看来，定姒当然应该适用成风、敬嬴旧例转为夫人，所以他称定姒为"小君"。匠庆这番话妙就妙在直指季文子切身利益，用鲁襄公长大后会报复季文子或其继承人的可怕前景来威胁季文子。

季文子接受了匠庆的劝谏，决定按照夫人礼来安葬定姒。匠

1　国君称"君"，国君夫人称"小君"，这里指定姒。

庆接下来问应该用什么样的木材来为定姒做贴身内棺，季文子仍然嘴硬，说"略"，意思是"简单点吧"，也就是随便找点木料，而不用专门找很好的木料。然而，"略"是一个多义字，也可以解释为"夺取"，匠庆就按照"夺取"的意思来解读季文子的指示，于是把季文子为自己的棺木而栽种的六棵上好楸树砍倒，来为定姒做棺木。

季文子的"棺材本"被匠庆夺去，竟然没有出手阻拦。这是因为：如果季文子加以阻拦，匠庆就可以拿两年前季文子夺取穆姜楸木内棺安葬齐姜来作比较，指责季文子不尊敬鲁襄公的生母，也就是不尊敬鲁襄公；而如果季文子不加阻拦，他自己可收获"用私人限量版木材尊奉鲁襄公生母"的美名，也不算是特别吃亏。

最终，作为忠君派大夫匠庆与三桓领袖季文子博弈的结果，定姒得以按夫人礼下葬，鲁史《春秋》也依照夫人礼记载为"夫人姒氏薨""葬我小君定姒"。

鲁政权吞并鄫国随即放弃，季武子继承父业暂居次席

前569年冬天，6岁的鲁襄公前往晋国朝见晋悼公，并且领受向霸主晋国交纳贡赋数额的指令。晋悼公设享礼款待鲁襄公，鲁襄公请求将鄫国归为鲁国的附庸国，从而帮助鲁国交纳贡赋，晋悼公不答应。孟献子说："因为我国国君非常靠近仇敌，所以想要稳固地事奉您，不折不扣地执行贵国官方的命令。鄫国本来就不向贵国交纳贡赋，而贵国执政一天到晚命令我国，我国体量小，一旦供应不上就会惹上罪过，我国君主因此想要借助鄫国来交纳贡赋。"晋悼公于是答应了鲁襄公。

同年冬十月，邾人、莒人讨伐鄫国。臧武仲率军救援鄫国、入侵邾国，在狐骀[1]被邾国军队击败。

前568年夏天，叔孙穆子带领鄫太子巫到晋国进见，以完成将鄫国划归为鲁国附庸国的手续。

同年，吴王寿梦派大夫寿越到晋国，解释前570年吴王寿梦没能参与鸡泽之会的原因，而且请求参与中原诸侯会盟。晋人准备再次为吴王寿梦而会合诸侯，于是根据晋人的命令，鲁国卿官孟献子、卫国卿官孙文子先与吴人在吴地善道[2]会面商议会盟相关事宜。

同年秋天，七岁的鲁襄公参与晋悼公组织的诸侯戚地会盟，一方面是与吴人会面，一方面也谋划戍守陈国以抵御楚国的计划。鲁国高层认为，鄫国成为鲁国附庸国之后，并没有在交纳贡赋方面给鲁国太大帮助，反而加重了鲁国的国防负担，因此要求鄫大夫直接参加会盟听取晋国的命令，也就是恢复鄫国的正常国家身份。

同年冬天，楚令尹王子贞率军讨伐陈国，冬十一月十二日，鲁襄公参加晋悼公为首的诸侯联军，在城棣[3]会合，然后救援陈国。

前568年冬十一月二十日，季文子去世。入殓时，鲁襄公亲自前往探视。季氏家宰[4]收集家中在用的器物作为葬具，家里没有穿丝织品的妾，马厩里没有吃粮食的马，府库里没有私藏的黄金和玉石，也没有双份的器物。

季文子去世后，他的儿子季武子（谥号武）继位成为季氏族长，

1　狐骀见图四。
2　善道见图五。
3　城棣见图五。
4　家宰，卿大夫族家臣团队的大总管，直接管理家族在国都宅邸的家臣团队，同时监管家族在私邑的家臣团队。

并且代表季氏进入六卿领导班子。

季武子在六卿中最开始的排位应该是第几？要推测这个问题，我们要考虑这样几个方面的因素：

第一，季文子担任卿官至少58年 (从前621年算起)，担任执政卿33年 (从前601年算起)。在此期间，季文子主导了三桓集团的形成，成功驱逐了挑战三桓的东门子家而又保留了他的家族，成功驱逐了三桓内部的叛乱分子叔孙宣伯而也保留了他的家族，在其他内政外交事务上也取得了显著功绩。在所有这些功绩烘托下，当季武子继位时，季氏在三桓中声望地位最高。季武子继位后，一方面得到父亲季文子功业德行和季氏声望地位的庇护，另一方面在前568年时的三桓诸卿中年纪最轻，功绩最少。

第二，孟氏在孟文伯、孟惠叔、孟献子时期没有再出事故，声望地位在三桓中保持中等水平。孟献子担任卿官至少32年 (从首次以卿官出现算起)，在内政外交各方面也取得了显著的功绩，在前568年时的三桓诸卿中年龄最大，功绩最多。

第三，叔孙宣伯作乱被驱逐后，叔孙氏的声望地位受到严重损害，在三桓中最低。前575年叔孙穆子继位之后，至前568年已担任卿官7年，开始在外交领域崭露头角，但就政务功绩而言与孟献子相比还有较大差距，在前568年时的三桓诸卿中年龄、功绩居中。

综合考虑三桓此时的声望地位，以及三桓族长的年龄、功绩，最为合理的安排是孟献子排第一，季武子排第二，叔孙穆子排第三，鲁国进入孟献子执掌政权的时期。

这个推测也得到了《左传》记载的支持。前562年时，季武子想要挑头推动"作三军"改革，与叔孙穆子商议，叔孙穆子说："政权将要轮到您来执掌，您一定不能做成这件事。"叔孙穆子说"政权将要轮到您来执掌"，透露出这么三层信息：

第一，政权还没有轮到季武子执掌，也就是说，季武子在前562年时还不是执政卿/首卿，当时的执政卿要么是孟献子，要么是叔孙穆子。

第二，执政卿之权不久之后就会由季武子职掌。孟献子于前554年去世，距前562年只有8年；叔孙穆子于前538年去世，距前562年还有24年。如果说执政卿之权在不远的将来会由季武子来执掌，那么这个交出执政卿之权的人，最有可能是孟献子而不是叔孙穆子。

第三，叔孙穆子叙述此事时，没有说"我将把政权交给您"，而是说"政权将要轮到您来执掌"，说明他是此次权力交接的旁观者而不是当事人，这也提示在不远的将来要交出执政卿之权的是孟献子。

根据上述分析，前568年季文子去世后，鲁国六卿领导班子情况如下：

鲁 六 卿 表
（前568年季文子去世后）

位　　次	人　　物	族　　属
一	孟献子？	孟
二	季武子？　*	季
三	叔孙穆子？	叔孙
四	臧武仲？	臧

位　次	人　物	族　属
五	子叔齐子？＊？	子叔、叔仲
六		

前567年秋天，莒人灭了鄫国。同年冬天，叔孙穆子前往邾国访问，与邾国重修友好关系。这两件事的背景是：前569年时，莒国、邾国联合讨伐鄫国，当时的鲁国为了救援鄫国而与邾国在狐骀交战，鲁国战败。如今鄫国已经被莒国消灭，鲁、邾之间矛盾的焦点已经消失，于是鲁国与邾国讲和修好。

霸主晋国认为莒国灭亡鄫国，是因为鲁国不出手救援，于是派使者前来责问说："为什么让鄫国灭亡了？"实际上鲁国并非不想救援鄫国，而实在是因为实力不济，于是季武子于前567年冬天前往晋国访问，解释鲁国无力保住鄫国的苦衷，并且听取晋人的命令。这是季武子作为卿官第一次出现在春秋史时间轴中，距离前任族长季文子去世（前568年）1年。

晋悼公支持襄公亲政，季武子应变酝酿改革

前566年夏天，季氏修筑其采邑费邑的城墙。这件事的背后是鲁大夫叔仲昭伯[1]想要上位的图谋。

叔仲氏原本是卿族，前609年由于族长叔仲惠伯被杀而遭受沉

1　叔仲昭伯，姬姓，叔仲氏，出自叔孙氏，名带，谥昭，排行伯。叔仲惠伯之孙。参见《鲁国国君与三桓世系图》。

重打击，后来虽然得以在鲁国重新立脚，但在叔仲惠伯儿子一代功业不显，《春秋》《左传》中没有留下任何记载，我们甚至都不知道叔仲惠伯儿子的名字。叔仲昭伯是叔仲惠伯的孙子，他在前566年时的职位是隧正，职责之一就是鲁国都城外隧地徒役的征发与调遣。

叔仲昭伯想要通过攀附季氏上位，于是去联系季氏费邑的邑宰[1]南遗，对南遗说："请修筑费邑城墙，我给您多多征调徒役。"季氏就是在这样的背景下以高标准修筑了费邑的城墙，进一步壮大了家族势力，向"国中国"的实际地位又逼近了一步。

叔仲昭伯巴结季氏一事说明，虽然季武子暂时排第二，还不是执政卿，但是在当时的鲁国高层似乎有这样一种观点，那就是季氏仍然是实际上的三桓之首，季武子迟早要成为执政卿，而叔仲昭伯正是在这种观点驱使下去巴结季氏，希望在季氏重回权力巅峰之前就献上"投名状"，从而得到重用。

同年秋天，季武子前往卫国，回报前572年卫卿子叔剽对鲁国的访问，并且解释回访迟缓并不是因为对卫国有了二心。

同年冬十月，卫献公派卿官孙文子来鲁国访问。宾主相见，9岁的鲁襄公登上台阶时，孙文子并肩登上。当时叔孙穆子主持现场的礼仪，快步上前对孙文子说："诸侯盟会时，我国国君未尝走在卫君后面。如今您却没有走在我国国君后面，我国国君不知道过错在哪里。请您稍微停一下！"孙文子被指出失礼之后，没有任何认错的话，脸上也没有悔改的神色。

1　邑宰，卿大夫族的私邑家臣团队总管，家宰的下属。

活动结束后，叔孙穆子评论说："孙子（孙文子）这样下去一定会败亡。他是臣子却像国君那样行动，有了过错而不知悔改，这是败亡的本源。《诗》说：'退朝回家吃饭，神态从容自得'，这句诗所说的从容自得，是顺从国君的臣子所具有的情态。专横还从容自得，一定会遭受挫折。[1]"从这段评论中，我们可以看出叔孙穆子"赞成君尊臣卑、反对卿官跋扈"的守礼政治立场，这对于我们理解接下来他与季武子之间的矛盾冲突很有帮助。

　　同年冬十二月，鲁襄公参加晋悼公组织的鄬地会盟，谋划如何救援被楚军包围的陈国。

　　前565年春，十岁的鲁襄公前往晋国朝见晋悼公，并且听取晋国关于贡赋数量的命令。同年夏五月七日，季武子参加晋悼公组织的诸侯邢丘[2]之会，听取晋国向各国卿大夫公布关于贡赋数量的命令。同年夏天晚些时候，莒人入侵鲁国东部边境，以确定两国瓜分鄫国土地的边界。同年冬天，晋悼公派卿官范宣子来鲁国访问，拜谢本年春天鲁襄公到晋国朝见，并且通知晋国将出兵讨伐郑国，其实也就是要求鲁国出兵配合。

　　前564年夏天，季武子前往晋国，以回报范宣子去年对鲁国的访问。

　　前564年夏五月，一直被软禁在东宫的鲁宣公夫人穆姜去世。秋八月二十三日，鲁人按照夫人礼安葬穆姜。在这里，我们可以总结一下穆姜-叔孙政变失败之后，季文子、孟献子这两位执政卿对

1　《左传·襄公七年》："为臣而君，过而不悛，亡之本也。《诗》曰'退食自公，委蛇委蛇'，谓从者也。衡而委蛇，必折。"
2　邢丘见图三。

待穆姜的态度和背后的考虑：

　　前572年，年仅3岁的鲁襄公正式即位，根本没有行使君权的能力，以季文子为首的三桓诸卿牢固地掌握了政局。在坐稳了鲁国实际最高领导人的位子之后，季文子对于穆姜的怨恨开始涌上心头，驱使他在前571年夺走鲁宣公夫人穆姜的丧葬用具，来给去世的鲁成公妾/夫人齐姜使用。按照季文子本心的话，如果穆姜去世，他很有可能会剥夺穆姜的先君夫人资格，不用夫人礼安葬穆姜。

　　不过，季文子没有活过穆姜，他在前568年去世。到前564年穆姜去世时，三桓执政卿是孟献子。在他的主持下，鲁人最终还是以夫人礼安葬了穆姜。孟献子为什么这样做？

　　第一个原因可能是，孟献子毕竟没有遭受季文子那样的直接死亡威胁，对穆姜的怨恨远不如季文子。

　　第二个原因是，如果要剥夺穆姜的夫人身份，就一定要公布她的罪行，而这样就是公开羞辱公室，会引起鲁襄公的怨恨，而鲁襄公长大之后，有可能会因此来报复孟氏。实际上，这层考虑最早是由匠庆提出来的。前569年季文子想要敷衍了事地对待鲁襄公生母定姒葬礼，遭到匠庆劝阻，匠庆的那句"国君长大成人之后，谁会遭受祸难呢"，说的就这个意思。

　　前564年冬天，已满11岁的鲁襄公参加晋悼公组织的多国联军讨伐郑国，实际领兵作战的是季武子。

　　伐郑战事结束后，晋悼公先走，鲁襄公为晋悼公送行。同年冬

▼图18 王孙诰编钟，春秋中期乐器，南阳市博物院藏。

十二月二十日后的某天，晋悼公在河水边与鲁襄公饮宴。席间晋悼公问起鲁襄公的年龄。

季武子回答说："沙随之会那年（前575年），我国君主出生。"

晋悼公说："12年啦！这叫作'一终'，就是岁星绕天满一周了。国君15岁就可以娶妻生子了。12岁先行冠礼标志成年，然后到15岁娶妻生子，这是符合礼制的。贵国君主今年就可以行冠礼了。大夫为什么不准备一下行冠礼的器具，就在这里行冠礼？"

季武子回答说："国君行冠礼，一定要有具备祼祭仪式的享礼，一定要有钟磬演奏的音乐，一定要在先君宗庙里面举行。如今我国君主在路途之中，不可能齐备行礼的器用，请求到达兄弟国家借到器用再行冠礼。"

晋悼公说："好的。"

鲁襄公回国，到达友邦卫国时，进入都城，借了卫国的礼器，在卫成公庙行了冠礼。行冠礼之后，鲁襄公就成为成年国君，不仅可以在几年后娶妻生子，更重要的是可以马上开始亲理朝政。

笔者认为此次会面背后的政治博弈大致如下：

此次宴会上晋悼公的言论并非信口说说，而是有明确的政治目的，那就是帮助鲁襄公尽早成年，从而能够尽早亲政。

晋悼公之所以要出手干涉鲁国内政，这与他自身的政治理念有关。前574年晋卿栾武子、中行献子反杀试图灭掉诸卿的晋厉公之后，派人从周王室迎回晋国公族后裔孙周立为新君，就是晋悼公。晋悼公是一位秉持中道政治理念的英明君主，他的基本政治目标是：一方面要尽力恢复国君的权威，另一方面要与诸卿保持和睦。为了达到这个目标，晋悼公巧妙地与诸卿周旋：他重用在弑晋厉公事件中保持中立的韩献子、范宣子、知武子以保持政局稳定；充分利用栾桓子的骄横本性，放任栾桓子与其他诸卿起冲突，从而制衡其他诸卿；同时提拔卿大夫家族的弱势小宗成员为新的卿官，增加卿官博弈的复杂性。通过这一系列巧妙的政治运作，晋悼公成功使得诸位卿官一方面相互制衡，另一方面都认同国君的统领和调停，从而使得君权得到显著回升，成为国内外敬服的复霸之君。

由于晋悼公作为国君在国内试图提升君权，因此他作为霸主在国际上也试图帮助其他晋联盟成员国的君主提升君权。根据学者的分析**1**，春秋时期人们普遍接受的行冠礼标准年龄是20岁。对于三桓诸卿来说，他们当然希望鲁襄公到达20岁这个不能再拖的标准年龄，也就是到前556年时再行冠礼，在此前三桓诸卿一直可以用"国君尚未成年"作为正当理由来把持朝政。根据春秋时期霸主国和仆从国之间相互刺探情报的一般情况推测，晋悼公在与鲁襄公会面之前早已经知道他今年12岁，达到了行冠礼的最低年龄。晋悼公的计划是，要出手帮助鲁襄公在12岁就行冠礼宣告成年，从而能够马上得到亲理政事的权力，而不必再等8年，这样对于维护鲁襄公的君权当然是有好处的。

在谋定之后，晋悼公在宴会聊天时，用一种毫不刻意的方式问起鲁襄公的年龄。季武子没有想到这是一个引向行冠礼的圈套，因此如实回答，而且在答话中没有为"三桓诸卿准备让鲁襄公20岁才行冠礼"预做铺垫。晋悼公见季武子中计，于是说起12岁是行冠礼的最低年龄，而行冠礼是15岁结婚生子的前提，故意绕开亲政而只提结婚生子，并且趁着宴席上的欢快气氛提出要当场亲自担任上宾，为鲁襄公行冠礼。

季武子这时应该已经意识到晋悼公是要帮助鲁襄公尽快成年亲政，由于此时提出"20岁再行冠礼"就是直接破坏气氛、忤逆霸主，因此季武子退而求其次，首先表示现场礼器不完备不适合举行冠礼，来避免让鲁襄公的冠礼得到晋悼公这样的重量级人物加持，因为这样会有助于提升鲁襄公在国内的声望；然后表示将在卫国借场地器用完成冠礼，向晋悼公表忠心，证

1　关于春秋时期行冠礼的年龄，参见戴庞海（2005年）。

明鲁国将不遗余力地按照霸主指示行事。

"鲁襄公提前成年"事件发生后，正在积极地为未来成为三桓领袖而努力的季武子意识到，如今霸主晋国有意干涉鲁国内政、帮助国君夺回权力，必须尽快采取措施确立三桓的绝对统治地位、从经济基础层面粉碎国君发动政变夺回权力的可能性，于是他在一年后就推出了"作三军，三分公室"改革。

前563年夏四月初一，12岁的鲁襄公参加晋悼公组织的柤地会盟，主要目的是与吴王寿梦会面。九日，诸侯军队围攻小国逼阳[1]，实际领兵作战的是孟献子。

同年秋七月，楚令尹王子贞、郑卿公孙辄率军入侵鲁国西部边境。孟献子说："郑国恐怕会有灾难吧！军队争战太过分了。周王室尚且受不了争战太过分，何况是郑国呢？如果发生灾祸的话，那将会落在职掌郑国政事的三位卿官头上吧！"

同年秋天晚些时候，鲁襄公参与晋悼公组织的诸侯联军攻打郑国。在包围郑国都城期间，郑国高层发生内乱，孟献子所说的"执掌郑国政事的三位卿官"，也就是郑国执政卿公子騑、次卿公子发、三卿公孙辄被杀，孟献子预言得到了应验。

如果我们统计从前568年季文子去世后到前563年期间鲁国诸卿出国参与会盟、战争的记录，会发现除了第一次（叔孙穆子）和最后一次（孟献子）之外，其余5次都是由季武子承担。代表国家参与国际行动是会被记入正史《春秋》的大事，是最有显示度、对于积攒功

1　柤见图五。

绩作用最大的工作，那么，六卿中排第二的季武子为什么能够得到如此多的立功机会？

首先，这些机会一定不是鲁襄公给的，因为鲁襄公即使在当时已经达到成年的最低年龄，具有了处理政务的能力，也没有理由给已经非常强盛的季氏"锦上添花"，从而进一步壮大三桓、削弱公室。笔者认为，季武子之所以能够在短短5年内在外交方面取得如此多的政绩，一方面是由于季武子自身年轻气盛、积极进取，他凭借季氏长期形成的强势地位积极争取到最初的重点工作，能够圆满完成，然后以此为基础不断求索，不断积累；另一方面也是由于孟献子、叔孙穆子希望维护三桓团结，默认季氏-孟氏-叔孙氏这样一个权力排序，因此没有对季武子的积极进取进行打压掣肘，而更多地抱有一种乐观其成的态度。

"作三军，三分公室"改革：动因、过程和结果

动因和谋划过程

鲁国先前拥有左、右两军，名义上属于公室。前562年春天，就在鲁襄公成年亲政1年多以后，身为次卿的季武子提出"作三军"改革的设想，也就是新建一支中军，使鲁国拥有左、中、右三军。据《左传》记载：

> 季武子跟叔孙穆子商议此事，说："请成立三军，分属季氏、孟氏、叔孙氏三家，每家各自征收军赋来养军。"
>
> 叔孙穆子说："政权不久将要轮到您来执掌。您一定做不

成这件事。"

季武子据理力争，坚决请求叔孙穆子支持自己。

叔孙穆子说："如果这样，那就盟誓好吗？"

于是三桓在鲁僖公庙大门前盟誓，并且在五父大道旁祭神诅咒背盟的人。

下面，我们来详细解析《左传》记载的这段"作三军"改革的谋划过程。

一、季武子跟叔孙穆子商议此事，说："请成立三军，季氏、孟氏、叔孙氏三家各自征收军赋来养军。"

鲁国要维持左、右两军，就需要军需物资（如战车、兵器、甲胄、牛马等）和男丁兵员，统称"军赋"。在前590年"作丘甲"改革之后，鲁国征收军赋的方式是：鲁国公室向卿大夫私邑以及公室直属公邑征收军需物资，同时征发国都内依附于卿大夫家族的士人、卿大夫私邑上的私民野人以及公邑上的公民野人服兵役。鲁国如果要从左、右两军扩为左、中、右三军，也就是总规模扩大到原先的1.5倍，所需要的额外军赋（军需物资＋男丁兵员）从哪里来？

一种做法是延续现行军赋征收模式。如果这样，那么要想增加一军，就得由公室发出命令，把从卿大夫家族、卿大夫私邑和公邑征收军赋的强度提高到原来的1.5倍。由于鲁国公室在鲁襄公前期因国君长期无法亲理政事已经进一步衰弱，如今国家政事已经被三桓把持，所以公室既没有能力也没有动力来做这件事。

另一种做法就是试行季武子·所提出的全新模式，也就是三军在名义上仍然属于公室，但是在操作中由实际掌握政权的三桓来"承包"，同时将公邑分为三份，分别委托给三家。对于三桓中的某一家来说，它用来供养自己承包的一军的资源，主要是两部分：一部分是自己分得的公邑和公邑里的公民，一部分是自己家族的私邑和私邑里的私民。此外，从《左传》记载来看，其他卿大夫家族在改革推行后仍然交纳军赋，笔者推测这些卿大夫家族在改革后也被分派给三桓，而这些分派给三桓的卿大夫家族也是三桓供养三军的次要资源。

如果完全按照季武子提出的最初方案（以下简称"征求意见版"）来实施的话，那么改革施行之后：

（一）鲁国成立左军、右军、中军三军，分别由季氏、孟氏、叔孙氏负责供养，而三军主师也固定地由三桓诸卿来担任。从此之后，鲁国三军在名义上仍然属于公室，但是在实际上已经被三桓"承包"。

（二）鲁国君权的经济基础—公邑被分为三份，名义上仍然归公室所有，但是实际上分别委托给季氏、孟氏、叔孙氏，用来支持三家供养三军。因为"三分公室"（就是三分公邑）是此次改革最关键的举措，所以我们把这次改革叫作"作三军，三分公室"改革。

（三）鲁国公室征收军赋的权力被下放到三家。以季氏为例，改革之后，季氏一方面将来自季氏私邑的军赋直接用于供养自己承包的左军，一方面从所分公邑和所分其他卿大夫家族那里直接征收军赋。

因为需要从无到有组建一支中军，所以作为承包方的三桓在改革之后需要负担的军赋是显著增加的。除开由三桓自己承担一部分新增负担之外，另外两个可能分担这个新增负担的自然是公邑和其他卿大夫家族。下面我们探讨"三分公室"的具体方案时会看到，三桓应该正是以此为理由，采取各种方式加大对所分得公民/公邑的剥削，这是因为他们一方面想尽量减少自己私邑需要承受的新增军赋负担，一方面又不想让其他卿大夫家族增加太多负担而引发矛盾。

二、叔孙穆子说："政权不久将要轮到您来执掌。您一定做不成这件事。"

叔孙穆子的这两句话值得仔细分析：

（一）"政权不久将要轮到您来执掌"。

此时季武子在三桓诸卿中排第二，排第一的是年龄最大的孟献子，排第三的是年龄比孟献子小、比季武子要大很多的叔孙穆子。叔孙穆子这句话是摆明立场，表示自己在孟献子告老/去世后，将不会与季武子争夺执政卿的位置。其目的是，希望季武子能把自己接下来要说的对"作三军，三分公室"改革的否定意见作为来自前辈的真诚看法，而不是来自竞争者的蓄意否定。

实际上，从季武子和叔孙穆子的家族和个人情况对比来看，季武子继任执政卿也是顺理成章的事：

第一，叔孙氏能够在鲁国存活下来，本来就是仰赖季氏先祖公子友在公子庆父之乱后的宽容政策，以及季文子在叔孙宣伯之乱后的宽容政策。季氏从三桓集团形成之时起，就是这个卿族集团的领导者和维护者。

第二，公子友和季文子长期占据执政卿之位，功绩卓著；季武子又积极进取，继位后的5年里承担了绝大多数会盟、征战等外交重点工作，已经积累了不俗的政绩。

第三，叔孙氏的声望地位在前575年叔孙宣伯被季文子驱逐之后受到严重打击，远不及季氏，叔孙穆子的政绩也没有过人之处。

叔孙穆子之所以要说这第一句话，可能是因为他推测，季武子之所以在本年突然提出"作三军，三分公室"改革，是担心自己政绩还不够显著，在孟献子告老/去世后接掌执政卿之位还会有变数，所以在本年试图在内政方面再立大功。如果按照这种逻辑推理，那么季武子来找叔孙穆子商议"作三军，三分公室"改革方案，并不是真的想要听取叔孙穆子的意见，而是来试探叔孙穆子的态度，因为叔孙穆子是最有可能与季武子竞争执政卿之位的潜在对手。正是因为有上述预判，所以叔孙穆子一开口就表明态度，希望季武子不要误判。

（二）"您一定做不成这件事。"

叔孙穆子说这句话的目的是劝告季武子知难而退，不要为了积攒政绩而做这件风险很大的事。实际上，关于叔孙穆子反对成立三军的理由，《国语·鲁语下》记载了另外一个详细的版本：

> 季武子准备建立三军，叔孙穆子说：
> "不可以。天子建立六军，由王公统率，用来征讨不守臣德的诸侯。头等诸侯建立三军，由卿统帅，用来奉行天子的命令。中等诸侯国有卿而没有三军，由卿率领经过训练的武卫之士来辅助头等诸侯。伯、子、男爵位的小国有大夫而没有卿，由大夫率领兵车甲士跟随一般诸侯作战。这样上国能征伐下国，下国才没有奸恶。
> "如今我们鲁国是个小侯国，处在齐、楚等大国之间，即使整治好贡赋来供应大国，还恐怕被讨伐。如果要拔高到头等诸侯的地位（指建立三军），势必会激怒大国，恐怕不行吧？"

综合《左传》和《国语》里的信息，我们可以知道，推行"作三军，三分公室"改革的风险主要有两方面：

其一，据《国语·鲁语下》的说法，叔孙穆子认为鲁国的定位就是跟随大国的小侯国，增设中军会激怒大国，也就是说会引起大国讨伐。这个理由其实比较牵强，因为《左传》里从来没见过大国以小国扩军为理由而讨伐小国的事例。笔者认为，这是叔孙穆子摆在明面上说的风险，是用来掩盖下面要说的这条真实的风险的。

其二，如果按照季武子"征求意见版"方案来实行"作三军，三分公室"改革，一定会加大承包方三桓的军赋负担。三桓如何消化新增的军赋负担是一个大问题：如果不想增加自己私邑的负担，就必须把新增负担全部转嫁到自己分得的公邑和其他卿大夫家族，这恐怕是公邑的公民和其他卿大夫所难以承受的，可能会引发他们的抵抗；如果无法把负担全部转嫁到公邑和其他卿大夫家族的话，那么就必须增加各自私邑的负担，这就更加会引起孟献子、叔孙穆子的反对了。

总而言之，叔孙穆子这两句话实际想对季武子表达的意思是：孟献子告老/去世之后，执政卿的位置就是留给季武子的，自己不会跟季武子竞争。因此，季武子正常做好各项工作等着接班就是，不要为了积攒政绩而冒风险去强推"作三军"改革。

三、季武子据理力争，坚决请求叔孙穆子支持自己。

季武子坚决请求叔孙穆子支持自己推行改革的动因应该有如下三条：

（一）通过"作三军"，将军队规模扩大到以前的1.5倍，能更好地保障鲁国的国家安全，更好地完成霸主分配的霸政军事义务。

在晋楚争霸正酣的形势下，鲁国不仅要常态化地派兵参与霸主组织的争霸战争，还要抵御来自霸主大国（晋国、楚国）、周边大国（齐国）甚至是周边小国（如1年前刚入侵鲁国的莒国）的侵犯，现有的两军已经越来越显得单薄。作为国家卿官一员的季武子认为，鲁国不应该像叔孙穆子说的那样"甘当小侯"，将国家安全寄托在搜刮贡赋事奉大国、仰仗大国的哀怜保护上，而应该像当年"作丘甲"以应对齐、楚威胁那样，迎难而上，锐意改革，在"作丘甲"加强现有两军供给的基础上，进一步扩大军队规模。

由于公室没有能力通过提高军赋征收强度的办法来扩建一军，在这种情况下，季武子提出由六卿中占统治地位的三桓"承包"三军。可以想见，理由应该是：为了国家安全和发展、三桓要以鲁国栋梁大族的气概，把扩军的重担挑起来，以承包的方式一家负责一军，从而迅速增强国家的军事实力，以应对鲁国面临的国际军事压力。

（二）通过"三分公室"，也就是三桓瓜分公邑，能从经济基础层面严重削弱公室，将有效保障卿大夫群体的整体利益。

"初税亩"改革之后，公邑内占土地总面积90%以上的私田开始向公室交纳田税。这次改革是由鲁宣公和"张公室派"东门子家推动的，其目的就是要增强公室的财政实力。

"作丘甲"改革之后，公邑也开始像卿大夫私邑一样向属于公室的左、右两军提供军赋。这次改革虽然是由三桓诸卿推动的，而且也的确达到了分担卿大夫家族军赋负担的效果，但是从另一个角度来看，这次改革也进一步提升了公邑向公室提供税赋的能力。

总而言之，经过"初税亩""作丘甲"两轮改革之后，公邑向公室提供田税（粮食）、军赋（军需物资+兵员）的制度完全建立，公邑的税赋潜力已经被充分发掘出来，成为支撑公室和君权的经济基础。在这种情况下，如果再出来一位像鲁宣公那样想要打击卿大夫势力、重振君权的国君，完全可以通过掌控提供田税和军赋的公邑，建立起一支听命于自己的军队，来与卿族集团做斗争。

如果卿大夫群体想要巩固先前平定东门子家之乱的成果，从经济基础层面削弱公室、防止国君再次"作乱"，一个有效的方法就是剥夺公室对公邑的实际控制权。作为卿大夫群体的一员，季武子在"作三军"改革方案中就提供了一种实现路径，那就是"三分公室"，也就是将公邑分为三份，委托给三桓来实际管理和控制。

这层理由能够很好地解释季武子启动"作三军，三分公室"改革的时机。前564年冬十二月下旬，霸主晋悼公巧妙干预鲁国内政，迫使三桓提前为鲁襄公举行冠礼宣告成年，也就是说，从此之后鲁襄公可以亲理朝政。季武子意识到晋国有支持鲁襄公收回权力的意思，为了防止鲁襄公亲政时间长了之后学习鲁宣公图谋"张公室"，于是经过前563年一年的酝酿，在前562年春就急忙推出了"作三军，三分公室"改革，赶紧将君权的经济基础——公邑瓜分掉。

当然，三桓瓜分公邑的公开原因绝不能是"削弱公室"，而大概是这个样子：既然三桓为了国家利益而主动承担了"作三军"带来的新增军赋重担，那么为了把这件事情做好，三桓当然有理由要求瓜分先前就在为两军提供军赋的公邑，因为只有这样才能理顺"作三军"之后三桓从公邑征收军赋的操作流程，一劳永逸地消除三个独立承包方从一个公邑"大锅饭"中获取资源时必然会发生的争夺和混乱。

（三）三桓实际掌控三军，实际控制公邑，将确立三桓在鲁国政治中的统治地位。

三桓集团的源头可以追溯到鲁庄公时期。当时，孟氏始祖公子庆父、叔孙氏始祖公子牙、季氏始祖公子友与他们的亲哥哥鲁庄公都持"仇视齐国、要为父亲鲁桓公报仇"的政治立场，因此三位公子得到鲁庄公的长期信任和重用。当鲁庄公卧病不起、开始谋划身后事时，他叫来商议的卿官只有公子牙和公子友，而公子庆父更是打算要作乱篡权成为下一任国君。

鲁庄公去世后，公子友先后逼死公子牙、公子庆父，在鲁僖公初期担任执政卿。但是，公子友并没有将公子庆父、公子牙的后代赶尽杀绝，反而扶持公子牙的儿子叔孙戴伯、公子庆父的儿子孟穆伯在鲁僖公初期成为卿官，这可以说是季氏向孟氏、叔孙氏施与的大恩德，成为将这三个卿族凝聚为一个政治集团的基础。

鲁僖公前期，以公子友为领袖的三桓诸卿几乎独占能带来功绩的外事工作，说明这时以季氏为核心的三桓集团已经形成。前644年公子友去世，使得三桓诸卿失去了灵魂人物。前643年淮之会鲁僖公被扣事件发生后，三桓诸卿受到鲁僖公的持续性打击，而东门襄仲成为执政卿。不过，来自鲁僖公的打击也使三桓诸卿更加团结，实际上是进一步巩固了三桓集团。

鲁文公前期，三桓集团再度兴起，以孟穆伯为首的三桓诸卿一度承担了大部分的外事任务。然而孟穆伯的出奔闹剧打断了三桓集团的上升趋势，东门襄仲翻盘成为执政卿。前609年东门襄仲杀嫡立庶之后，季文子宣示自己将追究东门襄仲的罪行，东门氏和季文子领导的三桓从此进入长期斗争的状态。

鲁宣公时期，前601年东门襄仲去世后，季文子领导的三桓诸卿在六卿领导班子中就一直处于掌权地位。前591年季文子驱逐东门氏之后，三桓集团的地位更加稳固。

鲁成公时期，三桓诸卿中的叔孙宣伯与鲁宣公夫人穆姜联手，试图发动政变驱逐季文子、孟献子，三桓集团遭遇严重的分裂危机。季文子果断下手驱逐了叔孙宣伯，同时让叔孙穆子回国继续担任卿官，再次向叔孙氏施舍大恩德，既消灭了三桓集团中的破坏性因素，又维护了三桓集团的团结。

如今，三桓集团在政权方面已经稳定占据六卿领导班子前三位，接下来如果能实际掌控军权，那将进一步确立三桓在鲁国政治中的统治地位。然而，鲁国长期以来只有左、右两军，是无法在三桓中进行分配的。季武子在他本年提出的"作三军，三分公室"改革中提出了一个创造性的解决方案，那就是将左、右两军扩为左、中、右三军，然后三桓以"承包"的方式实际控制三军。由于三桓为了供养三军主动背上比改革前沉重得多的军赋负担，所以其他卿大夫家族对于三桓接下来提出的"三分公室交给三桓以供养三军"也只能采取默认的态度。这样一来，鲁国的政权、军权都将牢牢掌控在三桓手中，"礼乐征伐自三桓出"的局面将正式形成。

四、叔孙穆子说："如果这样，那就盟誓（约定一旦新建三军就不可废毁）好吗？"

正如本节一开始所陈述的那样，叔孙穆子这句话的《左传》原文只是说："如果这样，那就盟誓好吗？"所谓"约定一旦新建三军就不可废毁"的盟誓内容是根据前538年叔孙穆子家臣杜泄的话倒推出来的。

在季武子详细阐述了他力推"作三军，三分公室"改革的原因之后，叔孙穆子应该是认同了季武子的想法，认为作三军如果成功的话，将显著促进国家、卿大夫群体和三桓这三方面的利益。在此基础上，叔孙穆子没有固执己见，而是改变了先前反对的立场，转而支持作三军，而且要求举行盟誓，约定不可反悔。叔孙穆子之所以这样做，应该有两方面的原因：

（一）"作三军，三分公室"将对军事制度和土地财税制度这两项国家根本制度进行重大改革，难度和风险很大。叔孙穆子希望用盟誓约束住年轻气盛的季武子，防止他真的开始推行改革之后遇到困难就中途放弃，从而导致鲁国军队系统的混乱和政局的动荡。

（二）根据后文的记载，此次"作三军"，新增的中军正是由叔孙氏承包的。因此，如果日后三军无法继续维持，那么最容易被裁撤掉的就是叔孙氏承包的中军，叔孙氏将蒙受最大损失。

1.0版试行政策

前562年春正月，鲁国正式启动"作三军，三分公室"改革。下面我们就以《左传·襄公十一年》记载原文为纲，详细探究一下"作三军，三分公室"的最初实施方案，这里称它为"作三军，三分公室"1.0版。

一、"正月，作三军，三分公室而各有其一。"

所谓"作三军"，也就是在原有左、右两军基础上成立左、右、中三军，季氏、孟氏、叔孙氏各自"承包"一军。改制后的三军，左军由季氏运营和指挥，右军由孟氏运营和指挥，而新增的中军则由叔孙氏运营和指挥。

所谓"三分公室而各有其一"，就是把公室的核心资产——公邑/公民分为三份，分别委托给三桓管理和使用，以供养由三桓"承包"的三军。这里要特别注意的是，分给三桓的公邑/公民，其权属性质仍然是公室资产，发生改变的是管理使用模式。

二、"三子各毁其乘。"

在实行改革之前，组成鲁国左右两军的兵员，包括来自卿大夫家族国中的士人，来自卿大夫私邑的私民，以及来自公邑的公民。春秋时期没有脱离生产的常备军，所以这些兵员平时都在各自的岗位上工作，在出战时则接受征召，按照一套既有的编制组成两军。

在实行改革之后，为了组建三军，第一步要做的就是拆分原有的左、右两军：

（一）原有两军中来自三桓的私民兵员，自然是分配给各自所属的三桓某一家。比如说，来自季氏的私民兵员，自然是分配给季氏承包的左军。

（二）鲁国除了三桓，还有其他卿大夫家族，根据《左传》的记载，在本年改革推行之后，他们仍然承担提供军赋的任务。笔者认为，这些家族应该也被分成了三组，分别辅助三桓卿族。这样一来，原有两军中来自其他卿大夫家族的私民兵员，应该是分配给这个家族所辅助的三桓某一家。比如说，如果某个卿大夫家族在交纳军赋问题上被安排去辅助孟氏，那么这个家族的私民兵员将被分配给孟氏承包的右军。

（三）原有两军中的公民兵员被分为三份，分别分配给三桓。

然而，仅靠将原有两军的公民兵员拆成三份，每份大约对应三分之二军，是不够形成三军的，所以第二步，三桓还必须从公民和私民那里进一步征收军需物资和征兵，才能补足缺口。

组建三军是一个复杂的过程，《左传》作者关注的是三桓如何对待分配给自己的公民兵员。如下文所述，三桓接收到分配给它的公民兵员后，采取了不同的方案来毁掉公民兵员的原有编制，也就是所谓的"三子各毁其乘"。

三、"季氏使其乘之人以其役、邑入（季氏）者无征（赋税），不入（季氏）者倍征（赋税）。"

所谓"其乘之人"，就是指季氏分得的、在原有公室两军中效力的公民兵员。季氏规定，如果分给季氏的公民兵员带着他家的人力（役）、田地（邑）正式加入季氏成为私民，就不用按照以前公室征收赋税的模式向季氏交纳军赋和田税；如果选择继续保持公民身份，就要按照以前公室征收赋税的模式向季氏交纳军赋和田税，而且赋税比率要加倍。

季氏1.0版政策的意蕴非常丰富，可以从如下几个方面进行分析：

其一，该政策第一个目标是"征收赋税"，也就是沿用公室原来在公邑实施的赋税征收制度，不仅向分得的公民／公邑征收军赋，还征收田税。

笔者之所以认为季氏所"征"的不仅有军赋还有田税，是因为前537年"废中军，四分公室"改革之后，据《左传》记载，三桓都按照季氏的方式"征"他们所分得的公民，然后将"征"来物资的一部分作为贡赋交给公室以维持公室运转。如果三桓"征"的物资里面只有军赋（军需物资＋兵员）而没有田税（粮食），那么三桓将军需物资进贡给已经没有军队的公室又有什么用？

所以，本年季氏试点的"征"公民应该就是征收军赋和田税，而前537年季氏模式推广到三桓后，全部公民／公邑产生的军赋和田税都由三桓以"征"的方式收取，公室财政的来源被彻底切断，所以公室才需要从三桓那里接受物资进贡来维持生存。

其二，该政策第二个目标是"使公民入季氏"，也就是突破"三桓受委托管理和使用公民/公邑"的限制，将分得的公民转变为季氏私民，将分得的公邑转变为季氏私邑。

从"入（季氏）者无征，不入（季氏）者倍征"来看，季氏政策设计的目标之一，是想要把分得的公民转变为季氏私邑的私民，从而把分得的公邑转变为季氏的私邑。这样设计的理由是非常明显的：如果能够把公民/公邑转化为私民/私邑，那么季氏就可以用现有的私民/私邑管理体系来对原有私民/私邑和新归化公民/公邑实施一体化管理，当然是最为便捷的做法。

值得注意的是，季氏并不是动用行政权力直接命令公民加入季氏，而是用经济利益手段进行威逼（"不入者倍征"）和利诱（"入者无征"），引导公民"主动"加入季氏。季氏为什么要这样迂回操作？

笔者认为，季氏这样做，是因为"三分公室"改革的公开说法是把公民/公邑分成三份，交由三桓管理和使用，而不是将公民/公邑直接私有化。因此，如果季氏在接管公民/公邑之后，直接命令公民/公邑加入季氏变成私民/私邑，那就是直接背弃公开承诺、直接侵吞公室资产的犯罪行为，会成为国君和亲国君派卿大夫反对季氏的重要依据。相比之下，在季氏1.0版政策中，如果公民决定加入季氏，那是公民在权衡了加入和不加入的经济利益得失之后自主做出的选择，这就在很大程度上消解了季氏要承担的罪责。

其三，季氏1.0版政策存在严重问题，这导致该政策在试行不久之后就被废止。

如果稍加推演，我们就会发现季氏1.0版政策必然是一个短命的政策。这是因为：

1. 如果该政策实施顺利，使得绝大多数公民／公邑主动转变为私民／私邑，那么接下来季氏必然要取消"入者无征"的优惠政策，也就是终结1.0版政策，转而开始向新加入的公民／公邑征收粮食和军需物资。因为如果不这样做的话，这些新加入的民众和田邑就不能为季氏带来任何实质性的经济利益。

2. 该政策虽然是用经济手段来诱导公民／公邑私有化，"吃相"比直接命令公民／公邑私有化要好，但仍然不能避免来自亲国君派卿大夫的谴责，因为该政策最终结果仍然是侵吞公室资产。

可能正是因为上面说到的这些原因，季氏在不久之后就废止了这个没有经过深思熟虑的1.0版政策，转而采用我们下面将会看到的2.0版政策。

四、"孟氏使［其乘之人］半为［孟氏之］臣，若子若弟。"

孟氏不像季氏那样诱导分给孟氏的公民加入孟氏成为私民，表面上并未直接从国君手中夺走公民，公民仍然将田税交给公室。孟氏要求的是：公民当然要把军赋交给孟氏，这是瓜分公邑的本来目的；此外，公民男丁的一半，也就是子弟辈的青壮年男丁，除了继续在公邑劳作之外，还要到孟氏私邑承担额外的私家臣隶工作，以补偿孟氏为填补右军的军赋缺口所额外付出的私家资源。

孟氏1.0版政策也同样存在严重问题，其中最重要的一点可能是，让公民男丁兼顾公邑和孟氏私邑的劳作，在实际运作中遇到了很多困难，比如说如何通勤、如何分配工作等。与季氏相似，孟氏在不久之后也废止了这个没有经过深思熟虑的1.0版政策，转而采用我们下面将会看到的2.0版政策。

五、"叔孙氏使［其乘之人］尽为［叔孙氏之］臣，不然，不舍。"

叔孙氏不像季氏那样逼迫分给叔孙氏的公民"入"叔孙氏成为私民，表面上并未直接从国君手中夺走公民，公民仍然将田税交给公室。叔孙氏要求的是：公民当然要把军赋交给孟氏，这是瓜分公邑的本来目的；此外，公民中所有男丁除了继续在公邑劳作之外，还要到叔孙氏私邑承担额外的私家臣隶工作，以补偿叔孙氏为填补中军的军赋缺口所额外付出的私家资源。

叔孙氏1.0版政策的问题与孟氏类似，稍有过之的是公民中所有男丁除了继续在公邑劳作之外，还要到叔孙氏私邑承担额外的私家臣隶工作。而叔孙氏在不久之后也废止了这个没有经过深思熟虑的1.0版政策，转而采用我们下面将会看到的2.0版政策。

2.0版稳定政策

《左传·昭公五年》在提及这次作三军改革的政策时，是这样说的：

> 初，作中军，三分公室，而各有其一：季氏尽征之，叔孙氏臣其子弟，孟氏取其半焉。

如果拿这段记载与《左传·襄公十一年》的记载进行比对的话，会发现季氏、孟氏、叔孙氏对待所分得的公民的政策都发生了变化。笔者认为，《左传·襄公十一年》记载的是最开始推行的1.0版方案，而《左传·昭公五年》记载的是1.0版方案推行一段时间后，根据实际效果进行调整后的2.0版方案，这个2.0版方案一直用到了前538年"废中军""四分公室"之前。下面我们再来解析一下这个2.0版方案：

一、"季氏尽征之。"

在2.0版方案中，季氏废止了1.0版方案中的"二选一"政策，不再谋求将季氏所分得的公民/公邑转变成季氏的私民/私邑，而是采用公室原来在公邑实施的赋税征收制度，向季氏所分得的全部公邑/公民征收军赋和田税，以供养季氏运营的左军。

季氏2.0版方案的优点是很明显的：

1. 它没有改变公民/公邑的权属，也就是在名义上没有侵吞公室资产，从而使得亲国君派卿大夫不再有理由指责季氏。

2. 它将公民/公邑产出的军赋和田税全部交给季氏，也就是在实际上夺取了公民/公邑的全部产出，切断了公民/公邑与公室的经济联系。这样一来，季氏分得的这部分公民/公邑，除了在名义上仍然叫"公民/公邑"，在实际效用方面与私民/私邑已经没有区别。

二、"孟氏取其半焉。"

在2.0版方案中，孟氏降低了1.0版方案中要求公民承担私家臣隶工作的比例，由全部青壮年子弟（公民男丁总数的一半）改为青壮年子弟的一半（公民男丁总数的四分之一）。如前所述，孟氏之所以降低比例，很可能是为了减小组织管理"两地穿梭"青壮年公民男丁带来的工作量。

然而，孟氏方案的问题依然存在，上述调整可以说是治标不治本，因此在"废中军，四分公室"改革中孟氏决定放弃这个2.0版方案，转而照搬最成功的季氏"尽征之"方案。

三、"叔孙氏臣其子弟。"

在2.0版方案中，叔孙氏降低了1.0版方案中要求公民承担私家臣隶工作的比例，由全部男丁变为其中的子弟辈青壮年（公民男丁总数的一半）。如前所述，叔孙氏之所以降低比例，很可能也是为了减小组织管理"两地穿梭"青壮年公民男丁带来的工作量。

然而，叔孙氏方案的问题也依然存在，因此在"废中军，四分公室"改革中叔孙氏决定放弃这个2.0版方案，转而也照搬最成功的季氏"尽征之"方案。

总而言之，从上面的叙述可以看出，在实施"作三军，三分公室"改革（含1.0版及2.0版）时：

一、季氏手段最为激进，曾经一度想要把分得的公民/公邑直接变成私民/私邑，在遭受挫折之后则采取向公民/公邑征收军赋和田税的方式，切断了这部分公民/公邑与公室的财政关系，私家额外付出最少。

二、叔孙氏手段较为保守，只是拿走了本来就应该转交给叔孙氏的军赋，并且起初要求全部公民男丁、后来要求青壮年公民男丁为叔孙氏私家工作作为补偿，但是没有截取公民/公邑向公室交纳的田税，从公民/公邑获取的利益比季氏少，私家额外付出比季氏多。

三、孟氏手段最为保守，只是拿走了本来就应该转交给叔孙氏的军赋，并且起初要求青壮年男丁、后来要求青壮年男丁的一半为孟氏私家工作作为补偿，也没有截取公民/公邑向公室交纳的田税，从公民/公邑获取的利益比叔孙氏还少，私家额外付出比叔孙氏更多。

公室军权被剥夺，财权被削弱

"作三军，三分公室"是君权下移至卿大夫进程中的标志性事件，是诸卿又一次主动出击夺取君权获得成功。不过，这一回诸卿不再是像东门襄仲杀嫡立庶那样，通过暴力政变直接破坏君权的上层建筑；而是通过制度建设削弱君权的经济基础，使得国君不可逆地丧失重振权威的可能性。

实际上，由于国君领导的公室一直拥有对左右两军的管理权，以及对公邑/公民的所有权和税赋征收权，因此，先前的"初税亩"和"作丘甲"改革，都起到了增强公室经济军事实力的效果：鲁宣公时期的"初税亩"扩大了公室从公邑征收田税的"税基"，提高了实际粮食征收比例，从而增强了公室财政的经济实力；鲁成公时期的"作丘甲"扩大了公室征收军赋的"赋基"，其中军需物资从私邑扩大到私邑+公邑，兵源从依附于卿大夫的国都士人扩大到依附于卿大夫的国都士人+私邑私民+公邑公民，从而增强了公室军队的军事实力。

三桓诸卿清醒地看到，"初税亩"和"作丘甲"使得公室能够从公邑/公民那里汲取更多的田税和军赋，而这种汲取能力建立以后，既可以为公室所用来对抗三桓，也可以为三桓所用来对抗公室。因此，三桓最好的应对策略不是废止"初税亩"和"作丘甲"政策，使得任何一方都不能汲取更多的田税和军赋，而是直接"摘桃子"，就是把已经得到加强的公邑/公民税赋征收权从公室那里夺取过来。但是，如果没有任何正当理由就直接剥夺国君/公室的公邑/公民税赋征收权，是政治风险很大的举动，可能会引发国君和公室大夫的激烈反抗。

最终，季武子在鲁襄公长期无法行使君权、三桓诸卿长期把持朝政的基础上，抓住鲁襄公刚行冠礼成年的时机，发动了"作三军，三分公室"改革，从三个方面夺取了国君领导的公室的权力，

扩大了三桓的权力:

第一,三桓诸卿以应对国际安全局势恶化、勇于承担扩军备战责任为正当理由,在左右两军的基础上新建中军,由三桓"承包"三军,实际上是夺取了国君领导的公室对军队的管理权。

第二,三桓诸卿以理顺公邑/公民向三桓提供军赋的流程为正当理由,将公邑/公民分为三份,分别委托给三桓管理,直接向三桓交纳军赋,实际上是夺取了国君领导的公室对公邑/公民的管理权和军赋征收权。

第三,季氏仗恃着自己的强盛,将其所分得的公邑/公民的田税也收归己有,实际上是夺去了国君领导的公室对公邑/公民的部分田税征收权。

在丧失了军队管理权之后,虽然鲁国三军在名义上仍然是公室军队而不是卿大夫私家军队,国君却不再可能在危机时刻调动哪怕是一部分公室军队与卿大夫进行抗争;在丧失了公邑/公民管理权和军赋征收权之后,虽然公邑/公民在名义上仍然属于公室,国君却不再可能在危机时刻调动公邑/公民的经济军事资源与卿大夫进行抗争;在丧失了部分公邑/公民的田税征收权以后,公室的可控财政收入也大幅度减少。

"作三军,三分公室"改革之后,三桓诸卿直接管理三军,直接管理公邑/公民,直接向公邑/公民征收军赋。但是,在是否要趁着鲁襄公软弱之机再进一步夺取公民/公邑的田税征收权问题上,三桓发生了分歧:

行事风格强势大胆的季武子一步到位,超越了"瓜分公邑/公民是为了方便征收军赋"的改革初衷,完全占有了自己所分得公邑/

公民的田税。

担心变本加厉会引发内乱的孟氏、叔孙氏没有像季氏那样一步到位，仍然让自己分得的公邑/公民向公室交纳田税，只不过要求公民中的一部分青壮年男丁要到自己私邑工作来作为补偿自己承包一军而新增的经济负担。

后来历史的发展证明，"作三军，三分公室"改革中做法最为大胆、获利最多的季氏成为三桓中的赢家。到前537年时，三桓在"作三军，三分公室"实行多年的基础上发起"废中军，四分公室"改革。到这个时候，季氏由于长期实施"尽征之"的赋税政策，已经成为三桓中最强大的家族，在瓜分公邑/公民的时候独占了50%的公邑/公民份额。看到季氏政策的成功表现，各自只分到25%的孟氏、叔孙氏也不再犹豫，都照搬季氏"尽征之"的做法，将公邑田税收入全部截留。

三桓频繁出行，稳定事奉晋国，击退齐国挑衅

前562年夏天，鲁襄公率军参加晋悼公组织的诸侯联军讨伐郑国。秋七月，诸侯在郑国亳地[1]举行会盟。同年秋天，鲁襄公再次率军参加晋悼公组织的诸侯联军讨伐郑国，随后在郑地萧鱼举行会盟。郑国从此结束在晋、楚之间的长期周旋，稳固地服从晋国。

前561年，莒人攻打鲁国边境，包围了台邑。季武子率领军队（应该就是他所承包的左军）救援台邑，然后攻入了莒国的郓邑（原鲁东郓邑）[2]，

1　亳见图三。
2　台见图四。

夺取了莒人的编钟，熔化改铸为公室用的大盘。

同年夏天，晋悼公派卿官魏共子来鲁国访问，拜谢鲁国在去年派兵参与讨伐郑国。同年秋天，鲁襄公前往晋国，朝见晋悼公，并且拜谢魏共子早先访问鲁国的美意。

前560年夏天，邿国[1]发生内乱，分裂为三部分。鲁国军队救援邿国，顺势灭了这个国家。

前559年春正月，季武子、子叔齐子参加晋国卿官范宣子主持的诸侯向地[2]会盟，帮助吴国谋划如何对付楚国。在这次外交活动中，子叔齐子行礼非常恭敬，于是晋人减轻了鲁国应交的贡赋数额，而且对鲁国使者更加尊敬了。

同年夏四月，叔孙穆子率军参加晋国执政卿中行献子主导的诸侯联军讨伐秦国。在行军过程中，叔孙穆子表现非常出色，在其他诸侯不愿意渡过泾水[3]的时候积极响应晋人号召，带领鲁军率先渡过了泾水。

同年夏天晚些时候，莒国出兵讨伐鲁国东部边境，报复前561年季武子攻入郓邑那一仗。

同年冬天，季武子参加晋国卿官范宣子主导的戚地诸侯会盟，谋划如何稳定内乱后的卫国局势。

前558年春，宋卿向戍来到鲁国访问。向戍与执政卿孟献子私下会见，对孟氏国都宅邸的豪华感到诧异，说："您在国际上有很好的名声，却把自己的宅邸装修得如此豪华，这不是我所期望看到的。"孟献子回答说："这是先前我在晋国的时候，我哥哥干的。毁

1　邿见图四。
2　向见图五。
3　泾水见图二。

掉这些装潢将重复辛劳，而且我不敢否定哥哥所做的事。"

同年夏天，想要挑战晋国的齐灵公率军讨伐鲁国，包围了孟氏采邑成邑。鲁襄公率军救援成邑，没有赶上。随后，季武子、叔孙穆子率领军队增修了成邑城墙。

同年秋，邾国出兵讨伐鲁国南部边境，鲁国派使者到晋国控诉邾国、莒国。晋国表示将召集诸侯会盟，声讨邾国、莒国。然而此时晋悼公健康状况恶化，这年冬天就去世了，所以会盟未能举行。

前557年，鲁襄公在叔孙穆子的陪同下参加了新即位的晋平公组织的溴梁[1]诸侯会盟。会上，晋人履行了先前的承诺，逮捕了邾宣公、莒犁比公，并且告知诸侯说，邾、莒两国不仅侵犯鲁国，还帮助齐、楚两国使节往来串通。

同年秋，齐灵公率军讨伐鲁国北部边境，包围了成邑。孟孺子速[2]率领军队前来交战。齐灵公说："这个人喜好勇力，我们撤离这里让他成名。"于是率军退去，孟孺子速一路追击，堵塞了齐鲁之间的隘道，然后才撤军。

同年冬天，叔孙穆子到晋国访问，向晋人控诉齐国连年讨伐鲁国，要求晋人组织诸侯讨伐齐国。

前556年秋天，齐灵公率军攻打鲁国北部边境，包围了桃邑；齐卿高厚率军攻打鲁国北部边境，包围了臧氏采邑防邑，当时臧氏族长臧武仲正在防邑里。鲁军从阳关[3]出发去营救臧武仲，主力到

---

1 溴梁见图五。
2 孟孺子速，后为孟庄子。姬姓，孟氏，名速，谥庄。孟献子之子。参见春秋时称已确定为家族继承人的儿子为"孺子"。
3 桃、防（东防）、阳关见图四。

达距离防邑不远的旅松。驻守防邑的孔纥（孔子的父亲）、臧畴[1]、臧贾（被臧武仲顶替的嫡长子）率领三百甲士，夜晚冲破齐军封锁，将臧武仲送到旅松鲁军营地，然后再杀回防邑继续坚守。齐军见臧武仲已经逃脱，于是解除包围，撤军回国。

同年冬天，邾国出兵攻打鲁国南部边境，这是由于齐国的指令。

前555年秋天，齐灵公率军攻打鲁国北部边境。

同年冬十月，鲁襄公率军参加晋平公主导的诸侯联军讨伐齐国，实际率鲁军作战的是孟庄子。此次诸侯大获全胜，一直向东打到了潍水，向南打到了沂水[2]。

前554年春正月，诸侯联军从沂水沿岸回师到达齐邑祝柯，举行会盟，在会上逮捕了邾悼公，因为他曾出兵讨伐鲁国。诸侯于是驻扎在泗水岸边，划定邾国、鲁国的边界，将漷水[3]以北的大片邾国土地划归鲁国。晋平公先行回国，鲁襄公在蒲圃设享礼款待晋国卿大夫，向他们赠送重礼致谢。

同年春晚些时候，季武子前往晋国拜谢。回国之后，季武子把得到的齐国兵器熔化后制作成一套大钟，在上面用铭文记载此次鲁国"击败"齐国的大功。臧武仲对季武子说：

"这是不符合礼制的。

"铭文，天子用来记载德行，诸侯用来言说合时令的行动、计数有功劳的行为，大夫用来称颂征伐[4]。如今如果称颂征伐，那此次征伐属于下等；如果计数有功劳的行为，那么这次是借助别人的力

1　臧畴，姬姓，臧氏，名畴。臧宣叔之子。参见《鲁国国君与三桓世系图》。
2　潍水、沂水见图四。
3　祝柯、泗水、漷水见图四。
4　《左传·襄公十九年》："夫铭，天子令德，诸侯言时、计功，大夫称伐。"

量；如果言说合时令的行动，那这次出兵对民众的妨害很多。准备怎样写这篇铭文呢？

"而且大国讨伐小国，用他们所取得的小国器物制作宗庙用器，在上面铸造铭文记载功业来让子孙看到，其目的是为了彰显明德而惩处无礼。如今这次是借助别人的力量来挽救自己的危亡，怎么能在铭文里写呢？小国侥幸战胜大国，如果宣扬所获得的战利品来激怒大国，这是亡国之道啊。"[1]

前554年秋八月二十三日，孟献子去世。孟献子的儿子孟庄子（名速，谥号庄）继位成为孟氏族长。

孟献子去世后，六卿领导班子肯定要进行调整。季武子凭借季氏在三桓中的崇高地位，以及他自己在外交内政方面积攒的功绩，应该是应验了叔孙穆子"政将及子"的预言，上升一位成为执政卿。

据《左传·昭公四年》记载，前549年为叔孙穆子书写册命时，三桓的位次是季武子、叔孙穆子、孟孝伯[2]。笔者认为，在前554年时，叔孙穆子已经担任卿官21年（从前575年叔孙宣伯出奔算起），也已经积累了较多的政绩和人望，应该是在孟献子去世后就上升一位填补季武子上升后留下的第二位空缺。而孟庄子作为新人，排在第三位。第四、五、六位应该还是臧武仲、子叔齐子和一位身份不明的卿官。

此时六卿领导班子情况如下：

1　《左传·襄公十九年》："小国幸于大国，而昭所获焉以怒之，亡之道也。"
2　孟孝伯，姬姓，孟氏，名羯，谥孝，排行伯。孟庄子之子。参见《鲁国国君与三桓世系图》。

鲁 六 卿 表

（前554年孟献子去世后）

位　　次	人　　物	族　　属
一	季武子？	季
二	叔孙穆子？	叔孙
三	孟庄子？ *	孟
四	臧武仲？	臧
五	子叔齐子？ * ？	子叔 * ？
六		

齐晋讲和解除威胁，臧武仲劝谏展现才智

前554年冬，鲁国增修都城西部外城的城墙，这是因为惧怕齐国的进攻。同年冬天晚些时候，齐国与晋国讲和，在齐地大隧盟誓。同年冬天，鲁国又增修武城邑[1]的城墙以防备齐国。

前553年春正月二十一日，孟庄子与莒人在鲁国向邑盟誓，两国讲和。这是孟庄子作为卿官第一次出现在春秋史时间轴中，距前任族长孟献子去世 (前554年) 1年。

同年夏六月三日，鲁襄公参加晋平公主持的澶渊[2]诸侯会盟，宣示齐国与晋国达成和解，来自齐国的外部威胁暂时解除。

同年夏晚些时候，孟庄子率领军队讨伐邾国，报复邾国先前对鲁国的屡次讨伐。

同年秋，子叔齐子前往齐国访问。

1　武城见图二。
2　澶渊见图三。

同年冬，季武子前往宋国访问，回报前558年宋国卿官向戌对鲁国的访问。

前552年春，鲁襄公前往晋国，拜谢前555年晋国对齐国的讨伐，以及前554年鲁国在晋国支持下取得邿国土地。

前552年晚些时候，邾大夫庶其带着边境城邑漆、闾丘[1]来投奔鲁国。由于鲁国和邾国当时正处于敌对状态，季武子秉持着"鼓励敌方官员投诚"的惯常思维重赏庶其，把鲁襄公的一个姑姑嫁给了他，他的随从也都得到了赏赐。当时鲁国盗贼很多，季武子责备分管刑狱治安的臧武仲说："您为什么不严打盗贼？"

臧武仲说："盗贼不可以严打，而且纥（臧武仲名纥）又没有能力严打。"

季武子说："我国有四面边境，在境内严打本国盗贼，有什么不可以的？您是司寇，职责就是要尽力去除盗贼，为什么说不能？"

臧武仲说：

"您召来外国的盗贼而对他大加礼遇，我怎么可以去禁止我国的盗贼？您是鲁国的执政卿，而带头使得外面的盗贼进来；现在又要纥去赶走他们，我将凭什么能够做到呢？

"庶其从邾国窃取了城邑过来，您把公族女子嫁给他为妻，还赐予他城邑，他的随从都有赏赐。如果说用国君的姑姑和大城邑来对大盗贼表示尊敬，其次的用奴仆车马，再次的用衣裳剑带，这就是奖赏盗贼。奖赏了又要除去他，这恐怕很困难吧。

"纥听说，在上位的统治者，要洗涤自己的心，言行一致地对

1　漆、闾丘见图四。

待他人，使自己的诚信合乎规范，而且表现在行动上，从而可以明白地让别人看到征验，这样以后才可以治理别人。[1]上位者的所作所为，是民众的指归。上位者不做，如果民众有人去做了，上位者施加刑罚，民众就没人敢不引以为戒。上位者做了，如果民众也去做，那么这种做法本来就是他们的指归，上位者又怎么可以禁止呢？《夏书》说'要顾念的在此，要放弃的在此，要号令要言说的在此，诚信出于此在此。只有天帝才能记载这功劳'，大概说的就是自身的言行一致吧。诚信来源于自身的言行一致，这样功劳才可以得到记录。"[2]

同年冬天，鲁襄公参加由晋平公组织的商任诸侯会盟，主题是禁锢晋国出奔卿官栾怀子，要求各国都不得任用他。栾怀子先是出奔到楚国，第二年秋天又到了齐国。

前551年春天，臧武仲前往晋国。他经过大夫御叔私邑时，天正下雨，由于古代道路是土路，下雨时赶路是比较辛苦和狼狈的。当时御叔正在私邑里准备喝酒，说："做个圣人有什么用？我这么个普通人正准备喝酒，而他却要在下雨天赶路，为什么要做个圣人？"叔孙穆子听闻后说："这人自己不配出使大国，毫不知耻，反而骄傲地瞧不起出使的人，这是国家的蛀虫。"于是命令御叔交纳双倍的军赋。

比照前面的说法，御叔应该是在"作三军"改革实行后被分派

1　《左传·襄公二十一年》："在上位者，洒濯其心，壹以待人，轨度其信，可明征也，而后可以治人。"

2　《左传·襄公二十一年》："《夏书》曰'念兹在兹，释兹在兹，名言兹在兹，允出兹在兹，惟帝念功'，将谓由己壹也。信由己壹，而后功可念也。"

去辅助叔孙氏养中军的其他卿大夫家族之一，所以叔孙穆子可以直接向他加征军赋。御叔在自己采邑说了几句风凉话，就被叔孙穆子抓住大做文章，导致征收双倍军赋，这从一个侧面说明，"作三军"改革给叔孙氏造成的新增军赋负担是比较沉重的，叔孙氏除了通过迫使公邑的男丁来到叔孙氏采邑劳动进行补偿之外，还在寻找机会迫使分派给叔孙氏的卿大夫家族多交军赋。

御叔的话还表明，臧武仲在鲁国贵族圈子里的声望非常高，被誉为"圣人"。需要指出的是，这里说的"圣人"当然不是指我们后世理解的那种"道德功业都达到了最高境界的伟人"，而是"通达世务有先见之明的高人"，这种现实世界里的圣人虽然优秀，但并不完美，比如说，这位"圣人"臧武仲在一年后就"聪明反被聪明误"被迫出奔齐国。

前551年秋七月十六日，子叔齐子去世。他的儿子子叔敬子[1]继位成为子叔氏族长。

子叔齐子去世后，子叔敬子应该是代表子叔氏进入六卿行列排第五或第六，此时六卿领导班子情况如下：

鲁 六 卿 表
（前551年子叔齐子去世后）

位　次	人　物	族　属
一	季武子？	季
二	叔孙穆子？	叔孙

1　子叔敬子，姬姓，子叔氏，名弓，谥敬。子叔齐子之子。参见《鲁国国君与三桓世系图》。

位　次	人　物	族　属
三	孟庄子？	孟
四	臧武仲？	臧
五	子叔敬子？ ＊？	子叔、＊？
六		

同年冬天，鲁襄公参加晋平公主导的沙随诸侯会盟，再次重申禁锢栾怀子的命令。此时栾怀子仍然在齐国。

前550年夏天，齐庄公将栾怀子送回晋国作乱。同年秋天，齐庄公抓住晋国发生栾怀子之乱的时机出兵讨伐卫国，然后讨伐晋国。同年秋八月，叔孙穆子率军救援晋国，打到了晋地雍榆[1]。

季武子违周礼废长立幼，臧武仲被诬陷出奔齐国

前550年下半年，鲁国六卿领导班子层面接连发生了两件有关联的大事，一件是秋八月十日孟庄子去世，另一件是冬十月七日臧武仲出奔邾国。

臧武仲出奔的背景，还得从季氏的族长继承说起。当时卿族族长选择继承人的正常原则是，有嫡子应该立嫡子，无嫡子则应该立长庶子，如果两个庶子年纪相等则立更有才能的那一个，两人贤能相当则用龟卜决定。庶子之间，年龄长幼是客观事实，没有操作空

1　雍榆见图三。

间；贤能程度则来自主观评价，有操作空间。

当初，季武子的嫡夫人没有生下嫡子。在庶子中间，公锄[1]是庶长子，而季武子喜爱年纪较小的季悼子[2]，想要立季悼子为继承人。有一天，季武子去找有智计的家臣申丰商量，说："弥（公锄）和纥（季悼子）我都很喜爱，想从两人之间选一个更有才能的立为继承人。"季武子这样说，明显是想要跳过没有操作余地的"立长"约束，而以有操作空间的"立贤"为原则，也就是想立季悼子。申丰不愿意被卷入废长立幼这种风险很大的事情，于是从房间中快步退出，回家以后就开始组织家人收拾好东西，随时准备出奔。过了几天，季武子又来找申丰商议。申丰回答说："如果真要这么干，我们全家将驾车出走。"

季武子于是不再找申丰，而是去找臧武仲商议。臧武仲说："请我喝酒，我为您立纥为继承人。"季武子为什么会去找臧武仲？第一，根据《左传》的明确记载，季武子非常喜爱臧武仲，而孟庄子则非常厌恶臧武仲。实际上，臧武仲曾经多次劝谏季武子的失当之举，而季武子却并不介意，足见两人关系的融洽程度。第二，臧武仲本人就是因为穆姜废嫡立庶才当上的臧氏族长，因此能够理解和支持季武子废长立幼的心愿。

季武子设宴请大夫们喝酒，臧武仲作为上宾，其他大夫们作为一般宾客。在向上宾臧武仲献酒完毕后，臧武仲命令在面向北的位置铺上多层座席，换上新酒尊，又加以洗涤。接着臧武仲派人召来季悼子。季悼子到了之后，臧武仲起身，下台阶迎季悼子到铺好座

1　公锄，姬姓，季氏，名弥，字锄。季武子之子。参见《鲁国国君与三桓世系图》。
2　季悼子，姬姓，季氏，名纥，谥悼。季武子之子。参见《鲁国国君与三桓世系图》。

席的位置入座。臧武仲的上述行为，其实是让季悼子作为季氏继承人首次登场。由于上宾臧武仲起身，其他大夫们也都起身，这样就等于是公认了季悼子的继承人地位。

等到各位宾客互相敬酒，并且排定席次的时候，臧武仲召来公锄，并且使公锄与一般宾客按照年龄大小排定席次。臧武仲的上述行为，是把公锄当作季武子的普通庶子对待。

就这样，臧武仲通过一场酒宴，帮助季武子将季悼子和公锄的名分确定了下来。季武子在宴会现场看着臧武仲的一举一动，生怕突生变故，脸色都变了。

季武子为了补偿公锄，让他担任季氏的马正，也就是家司马，掌管季氏的私家军队，以此表示自己对公锄的信任和重视。然而，公锄仍然为被剥夺继承人身份而感到怨恨愤怒，因此想要闭门不出，跟季武子赌气。闵子马去见公锄，说：

"您不要这样。

"祸和福没有各自专用的门，从同一个门里面既可以招来祸，也可以招来福。[1]作为人子，担心的是不孝敬，不担心没有地位。您只要认真地做好父亲要求的事情，形势怎么会固定不变呢？

"如果您能一直保持孝敬，那么日后比季氏还要富有一倍也是可能的。如果您做事邪恶不合法度，那么日后比下民遭的祸难还要严重一倍也是可能的。"

公锄觉得闵子马说得有道理，于是将自己心里的怨恨隐藏起来，对季武子恭敬地早晚问安视膳，并且严肃认真地做好本职工

---

1 《左传·襄公二十三年》："祸福无门，唯人所召。"

作。季武子看到公锄如此"正能量",一方面非常欣慰,另一方面更加愧疚,更加想要补偿公锄,于是经常让公锄招待自己喝酒,然后自己带着贵重的饮宴器具去公锄家,饮宴完毕就把器具放在那里,所以公锄变得很富有。

后来公锄又申请脱离家臣身份而到公室做官,做到了鲁襄公的左宰。季武子压根没料到的是,公锄脱离季氏家臣体系,是为日后报复季武子做准备。

虽然公锄表面上生活富足、事业成功,但是鲁国贵族圈子里的消息灵通人士知道,公锄一直为丧失季氏继承人资格一事而耿耿于怀,他对臧武仲是非常仇恨的。负责养马驾车的孟氏家臣丰点,就是这样一个消息灵通人士。

当时孟庄子已经确立由名叫孟秩的庶长子来做他的继承人,所以当时孟氏族人都叫他"孟孺子秩"[1]。丰点是一个很有政治野心的家臣,他对另外一个名叫孟羯的孟庄子庶子说:"听我的话,你一定能成为孟氏族长。"丰点三番五次地鼓动孟羯,孟羯最终被说动,决定与丰点结盟,谋求成为孟氏族长。

等到孟庄子卧病不起时,丰点去找公锄,说:"如果您能帮忙立羯为孟氏继承人,事成之后孟氏将与您共同对付臧氏。"公锄答应与丰点合作。于是,公锄给季武子进言说:"孺子秩本来就应该被立为孟氏继承人。如果季氏能使羯立为孟氏新族长,那么季氏就确实比臧氏更有势力。"季武子对公锄的建议不置可否。

---

1 孟孺子秩,姬姓,孟氏,名秩。孟庄子之子。参见《鲁国国君与三桓世系图》。

前550年秋八月十日，孟庄子去世。公锄赶到孟氏家中，尊奉着孟羯站在门旁边接受来人凭吊。按照当时礼制的规定，公锄这样做就是把孟羯当成孟氏继承人。

季武子赶到孟氏宅邸，看到公锄陪着羯站在门外。季武子以为继承人孟秩在里面守灵，于是没有多问，进入灵堂。季武子进去之后，发现孟秩并不在里面。他这时候应该已经感觉到事情不对，但也不好在灵堂里发作，于是只能按礼仪哭完。季武子出来后找到公锄，问道："秩在哪里？"

公锄说："羯在这里呀。"

季武子说："孺子秩年长——"

公锄说："年长有什么关系？关键是看谁有才能嘛！而且孟孙他老人家去世时遗命就是这样的。"

当听到公锄这句"以其人之道还治其人之身"的话时，季武子恐怕才意识到，这么多年来，公锄对季武子当年废黜他的怨恨从来就没有减弱过。然而季武子知道，如果现在他在孟氏家门口跟公锄争辩起来的话，公锄肯定会说："如果你认为孟氏应该立年长的秩为继承人，那么当年你就应该立年长的我为继承人。"这样只会让自己陷入更加不利的境地，而且公锄已经成为公室大夫，不再是季氏族长季武子可以自由惩处的叛逆家臣，因此季武子只能认栽离开。公锄于是拥立了孟羯为孟氏继承人，也就是孟孝伯。孟秩出奔到邾国。

臧武仲随后赶到，进入灵堂哭泣，非常悲伤，泪流满面。臧武仲出门时，他的驾车人问："孟孙（孟庄子）那么厌恶您，而您却这么悲伤。季孙（季武子）要是死了的话，您会怎样？"臧武仲回答说："季孙宠爱我，是让人感觉美好的疾病。孟孙厌恶我，是让人厌恶的药物和石针。让人感觉美好的疾病不如让人厌恶的石针：石针能让我活命，而疾病越美好，它的毒害就越大。[1]孟孙这一死，我估计没多久就要逃亡了。"

公锄兑现承诺立了孟孝伯之后，孟孝伯也根据约定开始攻击臧武仲。孟氏在臧武仲走后就紧闭大门，告诉季武子说："臧氏想要作乱，不让我们下葬。"季武子不相信。臧武仲听闻之后，认为凭自己的智慧能够抵挡过去，于是要求家中加强戒备。

冬十月，孟氏将要开挖墓道，向臧武仲请求借调役徒。臧武仲派出郊区的常规役徒来帮助孟氏挖墓道，同时让甲士跟随着自己到工地巡视，防备孟氏到现场捣乱然后栽赃给自己。然而，臧武仲这一回没算对，孟氏并没有派人到现场捣乱，而是向季武子诬告，说臧武仲率领着甲士要攻打孟氏，不让孟氏安葬孟庄子。季武子相信了孟氏，于是发怒，命令军队攻打臧氏。七日，臧武仲在危急时刻砍开鹿门（鲁都南城东门）的门闩冲出城去，出奔到邾国。

臧武仲出奔到邾国之后，派使者到铸国向住在那里的臧宣叔嫡长子臧贾报告，而且把臧氏精心供养的神龟大蔡也送了过去，说："纥（臧武仲）不才，没能守住宗庙，谨敢向您报告我的不善。纥的罪过，还不至于导致臧氏被灭族而断绝宗祀。您向诸卿进献大龟并且请求他们同意您立为臧氏继承人，应该是可以的。"臧贾说："这是家族的祸难，不是您的过错。贾听到命令了。"然后两次下拜接受了大蔡龟。臧贾让自己的亲弟弟臧为为自己进献大龟，请求立为族

---

[1] 《左传·襄公二十三年》："美疢不如恶石：夫石犹生我；疢之美，其毒滋多。"

长。臧为到鲁国都城之后，不为臧贾请求，而请求诸卿立自己为臧氏族长。

臧武仲离开邾国，到了鲁国东部边境的臧氏私邑防邑，派人到鲁国都城报告说："纥并不能对国家造成什么危害，只是因为智慧不足而导致出奔。我不敢为自己的私利请求，而是为臧氏请立新族长。如果执政能够答应我的请求，使得臧氏能够守住先人的祭祀，不废弃两位先人（臧文仲、臧宣叔）的勋劳，纥怎敢不避开防邑出奔他国！"诸卿明白臧武仲的言下之意是，如果不允许臧氏立新族长，臧武仲就会占据防邑作乱，于是按照臧武仲的意思，立了臧为作为新族长。

臧武仲确认达到目的之后，将防邑交给国家并出奔到齐国。他的随从问："国内的卿大夫们会为我们盟誓吗？"臧武仲说："盟辞可不好写。"如前文所述，国内的卿大夫为被驱逐的卿大夫结盟时，必然要确认被驱逐者的罪过。臧武仲知道他唯一的罪过是废长（公锄）立幼（季悼子），但这本来就是帮助季武子实现愿望，因此季武子必然不敢提及这件事。除此之外，臧武仲没有其他可以做实的罪过，所以说"盟辞不好写"。

在这时的鲁国都城内，季武子正在准备针对臧武仲的盟誓。他召来外史咨询与恶臣有关的掌故，询问他过往类似盟誓的盟辞是怎么写的。

外史回答说："当年为东门氏盟誓的时候，盟辞说：'不要像东门遂那样，不听先君的命令，杀了嫡子立了庶子！'当年为叔孙氏盟誓的时候，盟辞说：'不要像叔孙侨如（叔孙宣伯）那样，想要废弃国家的常道，颠覆公室！'"

季武子说："臧孙（臧武仲）的罪过，并没有到这种程度。"

这时，在场的一位大夫子服惠伯[1]说："为什么不以他冲破城门砍断门闩为理由？"

季武子采纳了子服惠伯的意见，于是组织卿大夫共同起誓，确认臧武仲的罪过，宣誓与臧武仲划清界限，盟辞是这样说的："不要像臧纥那样，冒犯国家的纲纪，冲破城门砍断门闩！"

臧武仲在齐国听闻了盟辞内容之后说："我国还是有聪明人啊！会是谁呢？恐怕是孟椒（子服惠伯）吧！"

臧武仲到齐国之后，深得齐庄公赏识，齐庄公打算赐予臧武仲田邑。臧武仲听说后，请求与齐庄公见面。齐庄公跟臧武仲谈起他想要讨伐晋国的计划，臧武仲对答说："君主的战功诚然是很多了！但我觉得君主挺像老鼠的。老鼠白天潜伏晚上出来，不敢在人住的寝室里打洞居住，因为怕人。如今君主听闻晋国有内乱就起兵讨伐，一旦晋国内部恢复安宁，恐怕又准备事奉晋国，这不是老鼠的行为又是什么？"齐庄公非常生气，于是反悔不再赐予臧武仲田邑。实际上，臧武仲已经看出齐庄公不久将有祸难，不想在此时接受赏赐而在日后受到牵连，因此故意说这番话来激怒齐庄公，所以齐庄公的惩罚正是臧武仲想要的结果。

孔子后来谈到臧武仲的时候说："臧武仲能故意激怒齐庄公以避祸，这种高明的手段是一般智者都难以做到的。臧武仲如此有智慧，却不能在鲁国容身，是有理由的：因为他帮助季武子废长

1　子服惠伯，姬姓，子服氏，出自孟氏，名椒，谥惠，排行伯。子服孝伯之子。参见《鲁国国君与三桓世系图》。

立幼，是发起事务时不顺从礼制；[1]行事突兀而不体恤被废的公锄，是实施事务时不遵循恕道。[2]《夏书》说'要顾念的就在此'，说的就是以顺从礼制的态度来发起事务、以遵循恕道的态度来实施事务。[3]"

如前所述，臧武仲在出奔时仍然认为，自己在鲁国不能容身的原因是"智慧不足"。被臧武仲夺去了族长之位的臧贾也认为，臧武仲出奔是"家族的祸难，不是您的过错"。由此可见，无论是臧武仲本人，还是臧贾这样的臧氏族人，都过分重视聪明智慧，而不重视"发起事务时顺乎礼制"，"实施事务时遵循恕道"，这正是导致臧武仲出奔的根本原因。

孟庄子去世之后，孟孝伯代表孟氏进入六卿行列。据《左传·昭公五年》记载，前549年为叔孙穆子书写册命时，三桓的位次是季武子、叔孙穆子、孟孝伯，这应该就是前550年时的三桓排位。

臧武仲出奔之后，《春秋》《左传》都没有记载臧氏新族长臧为的任何事迹，《春秋》也没有记录他的去世。相比之下，《春秋》《左传》记录了子叔敬子的多次外交活动，而且《春秋》记载了子叔敬子的去世。笔者认为，在臧武仲出奔之后，子叔敬子就上升至第四位，而臧为应该是在第五或第六位，而且很不得志。

综上所述，当时六卿领导班子情况如下：

1　有嫡立嫡无嫡立长，才是顺从礼制的做法。

2　己所不欲勿施于人，才是遵循恕道的做法。

3　《左传·襄公二十三年》："《夏书》曰'念兹在兹'，顺事、恕施也。"

鲁 六 卿 表

（前550年孟庄子去世、臧武仲出奔后）

位　　次	人　　物	族　　属
一	季武子	季
二	叔孙穆子	叔孙
三	孟孝伯*	孟
四	子叔敬子?	子叔
五	臧为?＊、?	臧?＊?
六		

叔孙穆子勤外事坚持原则，与季武子渐生嫌隙

前549年春，鲁卿叔孙穆子到晋国访问。刚剿灭卿族栾氏、志得意满的执政卿范宣子迎接他，交谈时问道："古人有种说法叫'死而不朽'，是什么意思？"

叔孙穆子还没来得及回答，范宣子就接着说："昔日我的先祖，虞舜以上是陶唐氏，夏朝时是御龙氏，商朝时是豕韦氏，周朝时是唐杜氏，如今晋国担任华夏盟主时期是范氏，'死而不朽'说的就是这个吧！"

叔孙穆子说："就我所听闻的而言，这叫作世代享受爵禄，不叫作'不朽'。鲁国有一位大夫叫臧文仲，他已经去世很久了，而他的言论仍然立在民众心中，'不朽'说的恐怕是这个吧！我听说，'最高尚的是树立美德，其次是树立功勋，其次是树立言论'，它们即使过了很久也不会被废弃，这才叫作不朽。[1]如果说到经历各

---

1 《左传·襄公二十四年》："豹闻之，'大上有立德，其次有立功，其次有立言'，虽久不废，此之谓不朽。"

个朝代一直保有姓、接受各种赐氏，守住宗庙，世世代代不断绝祭祀，这样的家族每个国家都有。这是很大的福禄，但是不可以称为'不朽'。"

叔孙穆子没有参与季武子、孟孝伯驱逐臧武仲的行动，在第二年又在外交场合公开赞颂臧氏先人臧文仲为"不朽"。从这些情况来推测，叔孙穆子可能并不认同季氏、孟氏驱逐臧武仲的行动，排第一的季武子和排第二的叔孙穆子之间应该是已有嫌隙。

同年春晚些时候，孟孝伯率军入侵齐国，这是为了报复去年齐国对晋国的讨伐。这是孟孝伯第一次以卿官身份出现在春秋史时间轴中，距前任族长孟庄子去世（前550年）1年。

同年秋，鲁襄公率军参加晋平公组织的夷仪[1]诸侯会盟，准备要讨伐齐国，但由于齐国境内发洪水，没有成行。同年冬天，楚康王率楚联盟诸侯讨伐郑国以救援齐国，参加夷仪会盟的晋联盟诸侯率军救援郑国。

同年冬晚些时候，叔孙穆子前往周王室访问，庆贺齐国为周王室修筑被洪水损坏的王城城墙。周灵王赞扬叔孙穆子遵行礼制，于是赐给他大路车。叔孙穆子回国之后，将大路车上交给鲁襄公。鲁襄公又将大路车赐还给叔孙穆子，并且命司徒季武子在鲁君册命中书写叔孙穆子的名位，司马叔孙穆子和工正一同在鲁君册命中书写将赐予叔孙穆子的服物，司空孟孝伯在鲁君册命中书写叔孙穆子的功劳。

前548年夏五月十七日，齐国发生弑君内乱，齐国卿官崔武子

1　夷仪见图三。

▼ 图19 鲁大司徒盛饭器具匜，中国国家博物馆藏。

杀了齐庄公，立了叔孙宣伯的女儿穆孟姬和齐灵公所生的儿子杵臼为君，就是齐景公。晋平公抓住齐国弑君内乱的机会，率军东渡河水，再次在夷仪举行诸侯会盟，准备讨伐齐国，鲁襄公也率军参加。崔武子党羽、齐左相庆封到达诸侯联军营地，向晋平公献上很丰厚的财礼，请求与晋国讲和。晋平公答应了齐人的请求，派羊舌肸告知各诸侯国。鲁襄公派子服惠伯对答说："君主放过有罪的大国，以此来安定小国，这是君主的恩惠。我国君主听到命令了。"

同年秋八月，鲁襄公参与晋平公组织的重丘[1]会

1　重丘见图三。

盟，会上齐国正式表示服从晋国。在这次会盟期间，晋国执政卿赵文子首次提出了晋楚弭兵、天下休战的想法。

前547年春天，卫国发生弑君内乱，卫卿宁悼子杀卫殇公，迎回前559年出奔的卫献公，而当年驱逐卫献公的卫卿孙文子逃到位于晋、卫边境的采邑戚邑，叛变投靠晋国。同年夏天，晋平公派卿官中行穆子来鲁国访问，要召集诸侯讨伐卫国。夏六月，鲁襄公率军参与晋执政卿赵文子组织的澶渊诸侯之会，随后共同讨伐卫国，重新划定戚邑周边疆界，把卫国西部边境的60个田邑划归孙文子所有。

前546年春天，齐景公派左相庆封来鲁国访问，庆封乘坐的马车非常华美。孟孝伯对叔孙穆子说：“庆季[1]的车不也是很美的吗？”叔孙穆子说：“豹[2]听说，‘车服的美好和拥有者不相称，必定会有坏结局’。华美的车子有什么用？”

同年夏天，叔孙穆子参加在宋国都城外举行的晋楚弭兵之盟，中原诸侯渴求的和平局面终于到来。在会盟期间，季武子以鲁襄公君命的形式，将自己的指令传达给叔孙穆子，要求叔孙穆子争取在举行盟誓排各国位次时降低鲁国的地位，让鲁国与邾国、滕国这样的小国排在一起。

后来，齐人请求让邾国作为齐的属国，宋人请求让滕国作为宋的属国，邾国、滕国因此都无权参与盟誓。叔孙穆子说：“邾国、滕国，是他人的私属。我们鲁国是列国，为什么要视同邾国、

1　庆封排行季。
2　叔孙穆子名豹。

滕国？宋国、卫国，这才是我们的同类。"鲁国最终还是参加了盟誓。

季武子为什么要命令叔孙穆子降低鲁国的规格？这是因为，各国在盟誓时的位次会决定日后向盟主交纳贡赋的数量，位次越尊，交纳得越多。邾、滕是小国，他们承担的贡赋比鲁国这种列国要轻很多。季武子担心弭兵之盟后，鲁国会既要服从晋国，又要服从楚国，如果按照目前的列国规格交纳双倍的贡赋，会让鲁国背上沉重的负担，因此对叔孙穆子有此要求。

季武子为什么不直接发令，而要假托鲁襄公的命令？如果是他人出使，那季武子作为执政卿直接发令即可；但叔孙穆子在六卿中资历最老，一方面并不顺服季武子（参见前文季武子驱逐臧武仲之后叔孙穆子在晋国公开赞扬臧氏先人功绩之事），另一方面又亲近公室和国君，季武子担心直接命令叔孙穆子会不被听从，因此假托鲁襄公发令，希望叔孙穆子因尊敬公命而照办。然而叔孙穆子一听就知道这不可能是鲁襄公的命令，因为鲁襄公已经丧失了实权，剩下的只有作为列国君主的尊严，所以他没有可能要求叔孙穆子贬低鲁国的国际地位。因此，叔孙穆子决定违抗这虚假的国君之命，而是按照自己判断的、"真正"的国君之命行事。当然，这样一来，叔孙穆子和季武子之间的嫌隙就更深了。

前545年秋天，孟孝伯前往晋国告知晋人，鲁国将践行宋之盟"晋国、楚国的盟国互相去对方阵营的霸主国访问"的约定，前往楚国访问。

前545年冬十一月，齐国发生内乱，执政卿庆封出奔到鲁国。后来齐国派人来谴责鲁国收容庆封，庆封于是出奔到吴国。吴王戴吴赐给他朱方[1]这个地方，让庆封聚族而居，庆封竟然变得比以前还要富有。鲁大夫子服惠伯听闻后对叔孙穆子说："上天大概就是要让邪淫的人富有，庆封又变得很富有了。"叔孙穆子说："良善的人富有是赏赐，邪淫的人富有是灾祸。上天恐怕是要降祸给他，是通过让庆封富裕把他的族人聚集起来，然后全部杀尽吧？"到前538年时，楚灵王攻克朱方，杀了庆封并且尽灭其族，叔孙穆子的预言得到应验。

叔孙随机应变维护襄公，季孙侵吞公邑激怒襄公

前545年冬十一月，大概就在齐国发生内乱的同时，鲁襄公、宋平公、陈哀公、郑简公、许悼公这些国君依照宋之盟的约定，前往楚国朝见楚康王，鲁襄公的陪同人员有叔孙穆子、叔仲昭伯、子服惠伯等。

到了汉水边时，从楚国传来消息说楚康王去世了。鲁襄公想要回国。

叔仲昭伯说："我们这次来是为了与楚国交好，怎么是为了楚王一个人呢？我们应该继续前行！"

子服惠伯说："君子考虑长远，小人活在当下。当下的饥饿和寒冷都来不及担忧，谁还有闲暇去顾及以后？不如姑且回国。"

叔孙穆子说："叔仲子在外交方面可以独立处置事务了，子服子还是个初学者。"

荣成伯说："能够深谋远虑的人，才是对国事尽心尽力的人。"

1　朱方见图五。

鲁襄公采纳了叔仲昭伯的意见，继续前行。

前544年初，鲁襄公到达楚国都城之后，楚人要求鲁襄公亲自为去世的楚康王致送入殓用的衣物，也就是把衣物送到楚康王灵柩前。按照周代礼制的规定，致送衣物是诸侯派遣使者到邻国吊丧时的礼节。所以，楚人这样要求鲁襄公，是贬低他这个国君，把他当作使者来看待，这是很大的侮辱。鲁襄公为此感到很忧虑。这时叔孙穆子说："如果先被除楚康王灵柩的凶邪，您再给死者致送衣物，就等于您作为国君朝见在世楚王时陈列礼物一样。"鲁襄公相信了叔孙穆子的说法，于是征得楚人同意后，先让巫师用桃枝、笤帚被除灵柩凶邪，然后亲自致送了衣物。

楚人当时觉得没什么，但是等鲁襄公回国后，他们才知道自己被叔孙穆子玩弄了，感到非常后悔。为什么呢？根据《礼记·檀弓下》的记载，"国君亲临臣下的丧事，要由巫、祝手持着被除灵柩凶邪的桃枝和笤帚，又让两位小臣手持戈护卫前行"。所以说被除灵柩凶邪，这是国君到臣下灵堂吊唁时所用的礼仪，鲁襄公如果被除楚康王灵柩的凶邪，那么鲁襄公就是国君，楚康王就是臣下，叔孙穆子没有明说此层更深用意，估计是担心鲁襄公知道以后会不敢依计行事。鲁人向楚人提议时，公开理由应该是"灵柩有凶邪，鲁襄公感到厌恶，必须被除凶邪后才可以致送衣物"。楚人对周礼研究不深，当时没人知道这个举动背后的礼制意义。

就在叔孙穆子陪同着鲁襄公在楚国跟楚人斗智之时，在国内的季武子率军夺取了位于边境地区的公室残存公邑卞邑，将其变为季氏私邑。季武子在夺取卞邑之前已经派了属大夫、季氏族人公冶前往楚国慰问鲁襄公，夺取了卞邑之后，季武子又写了一封解释信，加盖了封印之后派人追上公冶并交给他，让他把这封机密信件一起交给鲁襄公。信上是这样写的："听闻驻守卞邑的军队将要叛变，臣下率领徒役去讨伐它。现在臣下已经从叛军手中夺得了卞邑，谨敢告知君主。"

鲁襄公结束在楚国的访问之后，动身回国。大概在快到楚国东北边境防御体系——方城的时候，公冶遇到了鲁襄公一行，问候了鲁襄公，呈交了机密信件之后就退了出去。等鲁襄公到了住处的时候，才听说季武子夺取了卞邑。

鲁襄公说："想要占有卞邑不直说，而说是因为要镇压卞人叛变，只是暴露出他疏远我罢了。"鲁襄公的意思是，如果季武子直接向鲁襄公请求占有卞邑，鲁襄公至少还能行使一下国君赏赐重臣的权力，装扮出一副君臣亲睦的样子；如今季武子以镇压叛乱的名义夺取了卞邑之后才派人告知鲁襄公，这是剥夺了鲁襄公最后一点作为国君的尊严，而完全是把鲁襄公作为一个只配得上"享受"欺诈的傀儡国君，这是让鲁襄公特别愤懑的地方。

鲁襄公问公冶："我还能回国吗？"公冶回答说："国君拥有国家，谁敢违背国君！"鲁襄公意识到公冶是不赞同季武子做法的，于是马上拿出一套公室大夫的冕服要赐给公冶，也就是要不按正规流程而直接任命公冶为卿官。公冶坚决推辞，鲁襄公强迫他接受，最终公冶为了让鲁襄公顺心，接受了冕服。鲁襄公这样做，主要是想通过任性地行使国君权力来宣泄自己内心的愤懑，并没有任何实际意义。

宣泄过后，鲁襄公又进入到一种沮丧的状态，不想再回鲁国。这时候，荣成伯朗诵了《式微》这首诗：

天色渐暗，为何不归？不为君主差遣，怎会甘冒夜露？
天色渐暗，为何不归？不为君主贵体，怎会身陷泥中？ **1**

荣成伯义取"式微，式微，胡不归"，劝鲁襄公平静下来，接受现实，回国继续作傀儡。五月，鲁襄公回到鲁国都城。

《国语·鲁语下》记载了鲁襄公更加激烈的反应，他打算借楚军攻打鲁国，被荣成伯制止：

鲁襄公访问楚国完毕返回鲁国的路上，到达楚国北部边境的方城时，听说季武子袭占了公室的卞邑。鲁襄公打算返回楚国，请求楚国出兵讨伐鲁国、惩治季武子。荣成伯说：

"不行。

"国君对于臣下，权威是很大的。国君不能再在本国推行政令，却要仗恃其他诸侯的力量，诸侯谁还会亲近您？倘若请到楚军来讨伐鲁国，鲁国人本来就没有反对夙（季武子）夺取卞邑，因此面临楚军入侵时必定会听从他的命令，防守一定会牢固。

"倘若楚国战胜鲁国，其他姬姓诸侯国尚且不敢看上一眼，何况国君您呢？它（指楚国）也将安插自己的同姓在鲁国所在地区以征服东夷，从而大肆侵夺华夏诸国，进而在天下称王。楚人能有什么恩德给您，难道会把鲁国白白送给您吗？倘若楚国

---

1 《诗经·邶风·式微》："式微，式微，胡不归？微君之故，胡为乎中露？式微，式微，胡不归？微君之躬，胡为乎泥中？"

没有打败鲁国，那么您用蛮夷的军队讨伐鲁国不成，再想请求返回鲁国的话，一定不会获准。

"与其这样，不如把卞邑赐给夙。夙日后事奉国君，也不敢不改过。一个人喝醉时常常会发怒，酒醒后也就高兴了，又有什么关系呢？国君还是回国吧！"

在鲁襄公回国之后，公冶把季氏先前赏赐给他的城邑还给季氏，终身不再进入，说："欺凌他的国君的事，为什么一定要让我去干？"季武子因公事和公冶见面，公冶就正常提及季氏；如果不见季武子，就绝不提及季氏。后来公冶病重时，召集他的家臣，留下遗命说："我死了以后，一定不要用国君赐予我的冕服入殓，因为这不是由于我自己的德行而得到的赏赐。而且一定不要让季氏出人出力埋葬我。"由此可见，季氏专横跋扈、欺凌国君的行为，即使在季氏家族内部也是有反对者的，而这种反对的势力逐渐滋长、汇聚，成为后来两次反季氏武装政变的基础。

君臣相继去世，子野蹊跷死亡，鲁昭公装疯保命

前544年夏六月，孟孝伯率领徒役参与晋国卿官知悼子组织的诸侯工程队伍，为晋平公的母家杞国修筑都城城墙。随后，晋国卿官范献子来到鲁国访问，拜谢鲁国出力，鲁襄公设享礼款待他。享礼之后行射礼，先是由主人一方派出三对射手射箭，然后是主人和宾客射箭。在三对鲁国射手中，国君的臣子有两对，卿大夫的家臣有一对。鲁国公室连六位合格的射手都不能配齐，还要从卿大夫家族中抽调人才，足见公室的衰弱。

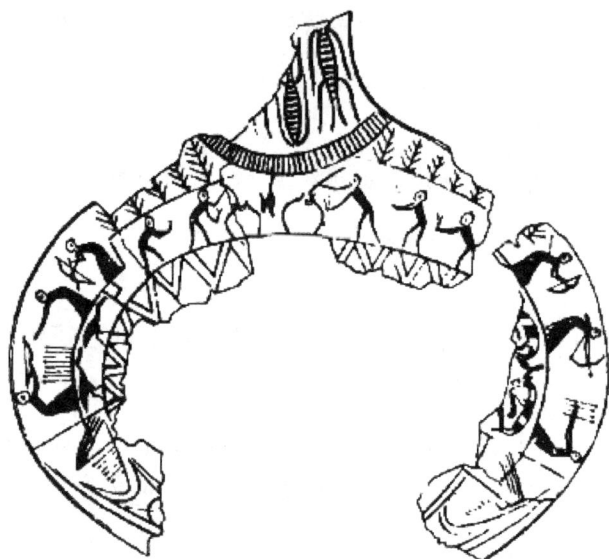

　　接下来，晋平公又派司马女齐来到鲁国，要求
鲁国归还先前取得的杞国土地。然而执政卿季武子
为了国家利益积极争取，最终鲁国没有将全部土地
归还给杞国。

　　同年冬天，孟孝伯前往晋国访问，回报本年夏
范献子对鲁国的访问。

　　前543年秋七月，子叔敬子前往宋国，参加鲁国
女子、宋成公夫人共姬的葬礼。这是子叔敬子第一
次以卿官身份出现在春秋史时间轴中，距前任族长
子叔齐子去世 (前551年) 8年。

　　前543年冬十月，叔孙穆子参加晋国执政卿赵文
子组织的澶渊会盟，谋划如何救济宋国的火灾，最

终没有达成任何实质性结果。

前542年春正月，叔孙穆子从澶渊会盟回来，见到孟孝伯，对他说：

"赵孟（赵文子）快要死了。他说话苟且偷安，不像是个民众的主子。而且他年纪还没满五十，但说话絮絮叨叨就像八九十岁的人，恐怕是活不了多久了。

"赵孟死了之后，晋国的执政者应该是韩子吧！您为什么不跟季孙（季武子）说说，我国可以在赵孟去世之前提早开始与韩子建立友好关系，韩子还算是个君子。晋国君主在赵孟去世后将要失去政权了，如果不早点和韩子建立友好关系，让韩子尽早为鲁国做准备工作，等到政权落到卿大夫手中之后，韩子懦弱不能有力掌控局面，卿大夫们都很贪婪，各种要求和欲望没有满足的时候，齐国、楚国又不足以作为靠山来亲附，鲁国到时候可能就要害怕了！"

孟孝伯说："人生能有多长，谁能没有苟且偷安的时候？早上都怕等不到晚上，及早建立友好关系有什么用？"

叔孙穆子出来后告诉旁人说："孟孙（孟孝伯）快要死了。我告诉他赵孟苟且偷安，而他自己更加过分。"

后来，叔孙穆子直接跟季武子说起尽早联络韩宣子的事，季武子也不听从。叔孙穆子与孟孝伯、季武子之间的政见分歧和关系疏离，从这件事可见一斑。

同年夏六月二十八日，鲁襄公去世。季武子立了鲁襄公妾敬归的儿子公子野[1]，后者被立为国君之后，并没有在公宫中守丧，而是

1　公子野，姬姓，名野。鲁襄公之子。参见《鲁国国君与三桓世系图》。

出居在季氏家中守丧。秋九月十一日，公子野去世，公开死因是因为"过度哀伤"。然而，考虑到下文公子裯的怪异行为，笔者认为，公子野的真实死因是他在守丧期间不慎表露出了仇恨三桓、继承鲁襄公反三桓遗志的意向，因而被季武子果断杀害。

秋九月十七日，孟孝伯去世。孟孝伯的儿子孟僖子[1]嗣位成为下一任孟氏族长。

杀了公子野之后，季武子又立了敬归的妹妹齐归的儿子公子裯为国君。叔孙穆子提出异议，说："嫡夫人生的太子死了，如果有同母弟，就立他；如果没有，就立国君庶子中年长的；如果两个庶子年龄相当就选更贤能的那个，如果贤能也相当，就用占卜来决定，这是自古以来的正道。[2]公子野本来就不是嫡夫人所生，为什么一定要立他生母妹妹的儿子？而且这个人（指公子裯）服丧期间不悲哀，应该忧伤的时候脸上却有喜悦的神色，这就叫作不尊礼度。不尊礼度的人，很少不会成为祸患。如果真的立他，日后一定会成为季氏的忧患。"季武子不听叔孙穆子的劝告，最终还是立了公子裯，就是鲁昭公。

鲁昭公当时已经19岁了，但他就像儿童一样嬉戏，等到鲁襄公下葬的时候，鲁昭公已经换了三套丧服，丧服衣襟还是脏得像旧丧服一样。然而，5年后，当鲁昭公前往晋国访问时，他遵行各项繁琐的礼仪毫无纰漏，晋景公称赞他"懂得礼"。结合本年早些时候公子野在季氏家中离奇死亡的情况，以及鲁昭公最后获得的谥号"昭"，笔者认为，公子裯应该是一个非常聪明的青年，他在为父亲

1　孟僖子，姬姓，孟氏，名貜，谥僖。孟孝伯之子。参见《鲁国国君与三桓世系图》。
2　《左传·襄公三十一年》："大子死，有母弟则立之，无则立长，年钧择贤，义钧则卜，古之道也。"

服丧时的种种顽劣行为可能是在装疯卖傻以求保命。而季武子坚决要拥立公子裯，很可能就是因为他被公子裯的表演所蒙蔽，真的以为这是一个智商有问题的人，一个不大可能继承鲁襄公反三桓遗志的人，立为国君后会比较容易控制。

孟孝伯去世之后，孟僖子应该是代表孟氏进入六卿行列。根据前532年《左传》记载，当时鲁国六卿前三位排序是季平子（季武子之子）、子叔敬子、孟僖子。由此可见，子叔敬子很可能在孟孝伯去世后升到了第三位，而孟僖子则位居第四，在子叔敬子之下。臧氏族长可能仍是臧为，也可能是他的儿子臧昭伯[1]。不过无论是他们中的哪位，都长期不见于《春秋》《左传》记载，地位一定不高，应该处于第五或第六位。此时六卿领导班子情况如下：

鲁 六 卿 表
（前542年孟孝伯去世后）

位　次	人　物	族　属
一	季武子	季
二	叔孙穆子	叔孙
三	子叔敬子？	子叔
四	孟僖子？＊	孟
五 六	臧为/臧昭伯？＊、？	臧＊、？

1　臧昭伯，姬姓，臧氏，名赐，谥昭，排行伯。臧为之子。参见《鲁国国君与三桓世系图》。

昭公时期：
三桓架空公室成功，
国君两次政变惨败

是以为君，慎器与名，不可以假人。

——晋太史墨

季武子故伎重施，叔孙穆子化险为夷

前541年春天，叔孙穆子率团代表鲁国参加由晋国执政卿赵文子、楚国令尹王子围主导的虢地[1]会盟，重温弭兵之盟的约定。

就在会盟期间，留守的季武子故技重施，他破坏宋之盟的规定，出兵攻打莒国，夺取了郓邑（原鲁东郓邑）。莒人派使者到会场控诉鲁国。楚人告诉晋人说："重温弭兵之盟的大会还没有结束，鲁国就攻打莒国，亵渎了神圣的斋戒盟誓，我们请求惩处鲁国使者以儆效尤。"

当时辅相赵文子的乐桓子想要从鲁国使者叔孙穆子那里求取财货，交换条件是为叔孙穆子在赵文子面前求情。乐桓子派人向叔孙穆子求取衣带，叔孙穆子虽然知道他的用意，但却拒绝行贿。

叔孙穆子的家臣梁其胫问："财货就是用来保卫身家姓名的，您为什么这么爱惜呢？"

叔孙穆子说："诸侯会面，目的是为了保卫社稷。我如果靠着行贿免于惩罚，那么鲁国就一定会遭到攻打。这样我就是给国家带来祸患了，哪里还谈得上保卫呢？人之所以要筑墙，是为了屏蔽罪恶。墙要是裂缝坏了，是谁的过错呢？我本来是为了保卫鲁国而来，如果反而让鲁国承受罪恶，那我的罪过比裂缝还要严重。我虽然怨恨季孙，鲁国有什么罪呢？叔孙氏出使，季氏守国，是由来已久的安排[2]，我能埋怨谁呢？不过鲋（乐桓子）这个人喜欢财货，如果

1　虢见图三。
2　叔孙氏出国，季氏守国，实际上是在前552年后才建立起来的规矩。

一点不给他，他就不会罢手。"

叔孙穆子于是召见乐桓子派来的使者，撕裂自己下裳的帛给他，说："衣带太窄了。"叔孙穆子一方面没有答应给予衣带，表示自己不愿意用财货换取脱身；另一方面又撕下比衣带要宽的裳帛交给使者，表示自己并不是与乐桓子有私怨。

赵文子听闻之后说："面临祸患而不忘记国家，这是忠。想到危难而不放弃职守，这是信。为国家打算而不惜一死，这是贞。谋划事情以忠、信、贞三者主干，这是义。[1]叔孙有这四样美德，怎么可以惩罚呢？"于是赵文子到楚人那里苦口婆心地为叔孙穆子求情，王子围最终答应赵文子的请求，赦免了叔孙穆子。

叔孙穆子回到鲁国都城之后，有一天，季氏家臣曾夭为季武子驾车，到了叔孙氏官邸外面，想要慰劳叔孙穆子。季武子早上就到了，一直等到中午，叔孙穆子仍不出来接见季武子。

曾夭对出门来的叔孙氏家臣曾阜说："从早上等到中午，我们这边已经清楚自己的罪过了。鲁国是依据相互容忍的原则治理国家的。在国外能忍，在国内却不能忍，想怎么样呢？[2]"

曾阜说："叔孙在外奔波好几个月，季孙在这里只待了一上午，能有什么伤害呢？商人做生意想要盈利，还能厌恶市场的喧闹吗？"

曾阜进门，对叔孙穆子说："可以出去了。"

叔孙穆子指着堂前的大柱说："虽然厌恶这个东西，难道可以不要它吗？"这才出来与季武子见面。

1　《左传·昭公元年》："临患不忘国，忠也。思难不越官，信也。图国忘死，贞也。谋主三者，义也。"
2　《左传·昭公元年》："鲁以相忍为国也。忍其外不忍其内，焉用之？"

前540年春，晋平公派新上位的执政卿韩宣子来鲁国访问。同年夏天，子叔敬子前往晋国访问，回报韩宣子对鲁国的访问。

同年冬，晋平公的宠妾少姜去世。鲁昭公前往晋国吊唁，已经到了河水边。晋平公派士文伯前来辞谢，说："少姜并不是正室夫人，请鲁君不必屈尊前来凭吊。"于是鲁昭公打道回府，季武子继续前行致送少姜下葬用的衣物。这是鲁昭公第一次半途而废的晋国之旅。

前539年夏，子叔敬子前往滕国，参加滕成公的葬礼。

同年秋，小邾国[1]君主小邾穆公来到鲁国朝见鲁昭公。季武子想用低于正常诸侯规格的简单礼仪招待他。叔孙穆子劝阻说："不可以。曹国、滕国、邾国、小邾国，没有忘记和我国的交好。我国恭敬地去迎接他们，还怕他们有二心；如果反而降低一个和睦友邦的地位，怎么能迎来其他友好国家呢？还是应该像过去一样而且更加恭敬。《志》上说'能够恭敬就没有灾祸'，又说'恭敬地迎接前来的国家，是上天所福佑的'。"季武子听从了叔孙穆子的意见。

前538年秋九月，前567年被莒国灭亡后一直作为莒国附庸的鄫国看准莒国内乱的机会，叛离莒国投靠鲁国。

竖牛作乱复仇，叔孙穆子饥渴而死

前538年冬至前537年春，鲁国接连发生两件有密切关联的大事，一件是叔孙穆子去世，叔孙氏发生内乱；另一件就是"废中军""四分公室"，也就是废止了由叔孙氏供养的中军，并且由三桓

1　小邾见图四。

重新瓜分公邑。而要搞清楚这两件事的来龙去脉，我们还得从叔孙穆子出奔齐国说起。

　　当年，叔孙穆子害怕被他的兄长、叔孙氏族长叔孙宣伯牵连，于是在前575年穆姜叔孙之乱爆发多年前就孤身离开鲁国出奔齐国。叔孙穆子走到鲁地庚宗[1]，遇到一个独居的妇人。叔孙穆子让这个妇人为自己做饭并在她家住下。两人发生男女关系之后，妇人问他为什么要离家出走，叔孙穆子告诉了她原因。妇人知道了叔孙穆子的身份和处境后，知道他不可能跟自己长相厮守，于是哭着送他上路。妇人后来生了一个孩子，给他取名"牛"。在两千多年前的春秋时期，一个单身女子带着一个私生子生活，其中的艰辛可想而知。

　　叔孙穆子到达齐国之后，受到重用，娶了上卿国氏的女儿为正妻，生了嫡长子孟丙、嫡次子仲壬。有一天，叔孙穆子梦见天塌下来压在自己身上，自己无法脱身。自己回头一看，看到有一个人，肤色黑，肩颈向前弯，深眼窝，公猪嘴。自己喊他说："牛！来帮我！"那个人帮助自己脱身出来。叔孙穆子第二天醒来后，认真查看了他的随从，没有一个长得像梦中的那个人。他向随从们描述了那个人的长相，并且说"记住我说的这个人"。

　　等到前575年叔孙宣伯也出奔到齐国之后，叔孙穆子请他吃饭。叔孙宣伯说："鲁国因为我们的先人的缘故，会保存我们宗族，一定会召你回国继任族长。如果鲁国来人召你回去，你会怎样？"叔孙穆子回答说："我这样希望很久了。"后来鲁国派人来召叔孙穆

1　庚宗见图四。

子，叔孙穆子抛下妻子国姜和两个儿子就偷偷回国了。

叔孙穆子成为叔孙氏族长之后，当年庚宗那个跟他有过一段情缘的妇人打听到了消息，于是带着已经是少年的牛来见叔孙穆子，借口是来进献一只野鸡。按照当时的礼数，只有男子能够以野鸡作为礼物，因此妇人的用意是想表明自己经有了儿子。叔孙穆子一见这个妇人，肯定认出了她，又看到她手持着野鸡，心领神会，于是顺势问她有没有儿子。妇人回答说："我的儿子已经长大了，能够捧着野鸡跟着我了。"叔孙穆子让她的孩子进来见面，就是先前梦到的那个人。叔孙穆子没有问他的名字，直接喊了一声："牛！"那孩子答道："唯！"[1] 叔孙穆子心里明白，这就是自己的私生子，于是找来自己当年在齐国的那些随从，让他们来见证自己找到了梦中的救命恩人，然后就把这个叫"牛"的少年留了下来，担任"竖"（"竖"就是供使唤的小吏）。从只是让竖牛担任小吏来看，叔孙穆子并没有公开他与竖牛的父子关系。

竖牛就像当年季氏的公锄一样，工作勤勉，曲意奉迎，并且利用叔孙穆子由于不能与他相认而产生的愧疚感，因此深得叔孙穆子的宠信。竖牛长大之后，叔孙穆子让他掌握与族长直接相关的关键家政事务，比如贴身照顾叔孙穆子起居、入报消息、出宣命令等。

叔孙穆子在齐国的时候，结交了一个叫公孙明的好朋友。叔孙穆子偷偷回国之后，没有派人来迎接国姜，于是公孙明就娶了国姜。叔孙穆子听说之后很生气，因此就没有立即接回孟丙、仲壬。

1　据《礼记·曲礼上》："父召无'诺'，'唯'而起。"《礼记·玉藻》亦云："父命呼，唯而不诺。"牛以"唯"应，则是以子应父。然而"唯"也可以用于一般的下位者回应上位者，因此其他人并没有觉得有什么异样。

后来孟丙、仲壬长大了，叔孙穆子那时候也已经释怀了，才派人把他们从齐国接了回来。叔孙穆子回国之后又纳了妾，生了孩子，其中包括后来成为叔孙氏族长的叔孙昭子。

总结起来，叔孙穆子家中有三拨儿子，最年长的是私生子竖牛，是叔孙穆子逃亡期间与庚宗妇人所生，然而并未得到公开相认；第二拨是嫡长子孟丙、嫡次子仲壬，是叔孙穆子在齐期间与嫡妻国姜所生；第三拨是包括叔孙昭子在内的其他庶子，是叔孙穆子回国之后与在鲁所纳之妾所生。由于竖牛是私生子，而且身份没有公开，因此不可能成为继承人，所以当时第一顺位继承人就是嫡长子孟丙，第二是嫡次子仲壬，然后是其他庶子。

大概就在前539年秋叔孙穆子劝季武子善待小邾穆公后不久，叔孙穆子在丘莸这个地方打猎，回家之后就病倒了。从这时起，到前538年底去世为止，叔孙穆子一直卧病在床，而在卧房内贴身照顾他的就是他非常信任的竖牛。竖牛不仅掌握着叔孙穆子的生活起居，还控制着卧房的人员进入，也就是说，竖牛能决定谁能入内见到叔孙穆子。

隐忍多年的竖牛看到时机终于成熟，于是开始实施他的复仇计划。从竖牛后面的行为倒推，他想要达到的目的主要有两个：

第一是成为叔孙氏实际上的领导者，因为他是叔孙穆子最年长的儿子，而且才智方面也是最出众的，他在叔孙氏隐藏身份、曲意奉迎叔孙穆子这么多年就是为了要得到他认为本来就应该拥有的东西。

第二是报复叔孙穆子当年对他母亲的始乱终弃，要让叔孙穆子也尝一尝他们母子曾经历过的饥寒交迫的日子，这从他最终逼死叔孙穆子的方式就可以看出来。

竖牛首先强迫嫡长子孟丙跟他结盟，要求孟丙日后成为族长时顺从自己。孟丙拒绝了竖牛，不过也没有向叔孙穆子告发，但竖牛已经下决心除掉这个他本来就仇恨的异母弟弟。

久病不起的叔孙穆子打算立孟丙为继承人，考虑到孟丙还没有和诸大夫开始交际往来，于是下令要孟丙铸造一口大钟，并邀请诸位卿大夫来叔孙氏家参加以大钟落成为主题的享礼，以此确立孟丙的继承人地位。

孟丙在铸好了钟、做好了各项准备工作之后，让竖牛进寝室去请示举行享礼的日期。竖牛进入寝室，并没有禀告这件事；从寝室出来之后，就假传叔孙穆子的话定下了享礼日期。

到了享礼那一天，宾客都来了，叔孙穆子在寝室里听到了钟声，觉得很奇怪，问竖牛是怎么回事。竖牛回答说："孟丙在击钟招待北边那个女人（国姜）派来的人。"叔孙穆子大怒，挣扎着爬起来要冲出门去，竖牛赶紧用各种理由拦住他不让他出门。叔孙穆子越想越气，失去理智，等到宾客离开之后，就传出命令，要求家臣拘捕了孟丙，在宅邸外面把他杀死了。

孟丙死后，第一顺位继承人就是他的弟弟仲壬，但叔孙穆子还没有通过让仲壬去面见国君来公开确认仲壬的继承人地位。竖牛接下来强迫仲壬跟他结盟，仲壬也拒绝了竖牛，竖牛于是下决心除掉仲壬。

仲壬有一天跟鲁昭公的驾车人莱书在公宫游玩，见到了鲁昭公，鲁昭公赐给他一件玉环。仲壬得到玉环之后，将玉环交给竖

▼ 图21　白玉环，战国时期，故宫博物院藏。

牛，让他拿进去给叔孙穆子看。竖牛进入寝室之后，并没有把玉环给叔孙穆子；从寝室出来之后，却假传叔孙穆子的话，命令仲壬把玉环佩戴在身上。

在此之后有一天，竖牛对叔孙穆子说："您发令让仲壬去见国君，确立他的继承人地位，如何？"叔孙穆子说："为什么突然说这个？"竖牛说："您不让他去见国君，他已经自己去见过了，国君给了他玉环，他已经自己佩戴上了。"叔孙穆子以为仲壬是迫不及待想要确立自己的继承人地位，勃然大怒，于是下令驱逐仲壬，仲壬出奔到了齐国。

后来叔孙穆子病危，竖牛暴露出自己最残忍的一面，开始不给叔孙穆子吃饭喝水。叔孙穆子终于意识到竖牛是来报仇的，于是命令召回仲壬立为继承人。竖牛答应了叔孙穆子，但是出来之后并没有传令。

家宰（家臣主管）杜泄听说叔孙穆子情况不好，设法以进献食物为名进了寝室，见到了叔孙穆子。叔孙穆子告诉杜泄，自己又饿又渴，从床边拿起一柄戈授予杜泄，命令杜泄去杀了竖牛。长期被叔孙穆子冷落的杜泄抱怨说："当年是您自己求他来的，如今为何又要除掉他？"这时竖牛冲了进来，说："他老人家病得很重，不想见人。"于是让杜泄把食物放在厢房退出去。

竖牛不把食物进献给叔孙穆子，而是把食物倒掉，做出叔孙穆子已经吃完的样子，然后命人把空的餐具端出去。从冬十二月二十六日起，叔孙穆子就没吃没喝。到二十八日，叔孙穆子饥渴而死。竖牛立了庶子叔孙婼为新族长，也就是叔孙昭子，然后自己做他的辅相。

鲁昭公按照正常程序，命令叔孙氏家宰杜泄主持安葬叔孙穆子。竖牛贿赂了与季武子亲近的叔仲昭伯和季氏费邑邑宰南遗，让他们两人在季武子面前找机会说杜泄的坏话，想让季武子出面赶走杜泄。

杜泄准备用前549年周灵王赐给叔孙穆子的大路车作为陪葬，而且全部按照卿礼来安葬。南遗对季武子说："叔孙在活着的时候没有乘坐过大路车，下葬时为什么要用它陪葬？而且执政卿都没有大路车，而次卿却拿它下葬，不也是不正当吗？"季武子说"对啊"，于是命令杜泄不要用大路车陪葬。杜泄不同意，说：

"叔孙老人家当年在朝堂上接受使命去王室访问，周王想起了叔孙氏旧日的功勋而赐给他大路车。他回国之后向国君复命，同时把大路车也上交给了国君。国君不敢忤逆王命，于是把大路车又赐给了他，并且命令三位官员撰写册命：您是司徒，在册命中书写将授予的名位；他老人家自己是司马，和工正一起在册命中书写将授予的服物；孟孙（孟孝伯）是司空，在册命中书写功臣的勋劳。

"如今他老人家死了却不能用它来陪葬，这就是抛弃了君命。三位卿官书写的册命现在还存放在公室档案库，而他老人家却不能用它来陪葬，这就是废弃了三位卿官的命令。依据国君命令而使用的车服，活着的时候不敢服用，死了以后又不能用来陪葬，那到底该怎么使用它？"

季武子无话可说，只得同意杜泄用大路车作为陪葬。

叔孙穆子去世后，叔孙昭子代表叔孙氏进入六卿行列。根据前532年《左传》记载，当时鲁国六卿前三位排序是季平子（季武子之子）、子叔敬子、孟僖子。因此，最有可能的情况是，子叔敬子升至第二位，孟僖子升至第三位，而资历最浅的叔孙昭子排第四。叔孙氏的代表跌出前三位，也与当时季武子想要打压叔孙氏的意图相吻合。此时鲁国六卿领导班子情况如下：

鲁 六 卿 表
（前538年叔孙穆子去世后）

位　次	人　物	族　属
一	季武子	季
二	子叔敬子？	子叔
三	孟僖子？	孟
四	叔孙昭子？*	叔孙
五	臧为/臧昭伯？*、？	臧*、？

"废中军，四分公室"改革

季武子推动改革的动因

季武子想要降低叔孙穆子的葬礼待遇，从表面上看是被南遗谗言所迷惑，但实际上与他接下来想要做的一件大事非常合拍，这件大事就是废除叔孙氏所供养和实际控制的中军。竖牛得知了季武子"废中军"的图谋，于是向季武子献媚说："叔孙老人家本来就想要废除中军了。"如果我们回顾一下前562年季武子跟叔孙穆子商议"作三军"时的情形，当时叔孙穆子一开始的确说过"您一定做不成这件事。"竖牛坚称叔孙穆子本来就想废除三军，所依据的应该就是叔孙穆子对"作三军"的初始态度。

季武子想要废除中军的动因大概有五层：

一、从国家利益层面来看，季武子作为实际国家最高领导人，想要适应晋楚弭兵之后已经显著缓和的国际形势，通过"废中军"来减轻国家的军事负担。

前546年晋楚宋之盟后，中原基本上弭兵休战，鲁、卫、郑、宋等夹在大国中的中等诸侯国所受到的战争威胁大大降低，在此情势下，维持两军足够满足防御入侵和伺机开疆拓土的需求，搜刮公邑、私邑民力维持三军的必要性不复存在。因此，缩小鲁国军队规模，使其与国家的实际军事需求相称，这应该是季武子想要废中军的第一层原因，而且是季武子可以拿到台面上说的公开理由。

二、从卿大夫利益层面看，季武子作为卿大夫群体领袖，想要借"废中军""四分公室"之机将公邑/公民完全私有化，将公室/国君变成依靠以三桓为首的卿大夫群体生存的傀儡，从而完全确立"君弱臣强"的权力结构，把鲁昭公关进制度的笼子。

"三分公室"之后，季氏通过"尽征之"，已经彻底切断了自己分得公邑/公民与公室财政之间的直接供养关系，使得这些所谓"公邑/公民"在经济利益层面已经与私邑/私民没有区别，也就是在事实上完成了公邑/公民的私有化，但又不需要背负"剥夺公室资产"的罪名。接下来，我们把季氏的这种做法称为"事实私有化"。然而孟氏、叔孙氏采取的政策并不彻底，它们两家分得的公邑/公民仍然在向公室交纳田税，还没有实现"事实私有化"。

季武子希望将季氏的政策推广到孟氏、叔孙氏，从而将公室和国君权力的经济基础完全转移到三桓手中。这样一来，失去了直属赋税基础的公室就必须依靠三桓转移支付的贡赋才能生存，从而完全成为没有独立自主性的傀儡。这样一来，三桓为首的卿大夫群体就能完全确立"君弱臣强"的权力结构，把鲁昭公关进制度的笼子里，因为没有独立经济和军事资源的公室/国君是掀不起什么政治风浪的。

季武子在鲁昭公即位快5年的时候推进公邑/公民的事实私有化，除了抓住叔孙氏家乱时机之外，还可能跟鲁昭公在即位后头几年的表现有关。如上文所述，前542年公子野在季氏离奇死亡之后，公子裯很可能是靠装疯卖傻骗过了季武子，从而顺利即位，也就是鲁昭公。无论是从他在即位之前的"演技"，还是从本年晚些时候朝见晋平公时的完美表现，还是从前517年发动武装政变时的谨慎小心，都可以看出鲁昭公是一个颇有才智、配得上谥号"昭"

的聪明人。笔者认为，鲁昭公即位后，季武子在与他每日相处的过程中，早已知晓他的真实水平，意识到此人如果在位多年更加成熟之后，有可能会是比当年鲁宣公还要更难对付的敌人，因此决定在鲁昭公即位刚5年，还没有形成自己的党羽时就先下手为强，利用重新瓜分公室／公邑的机会将其完全私有化，从而断绝鲁昭公"翻盘"的可能性。

三、从三桓利益层面来看，季武子作为三桓领袖，想要通过"四分公室"将全部公邑完全变成三桓的事实私邑，从而进一步拉大三桓和其他卿大夫家族的实力差距，巩固三桓在卿大夫群体里的领导地位。

四、也是从三桓利益层面来看，季武子作为三桓领袖，想要通过"废中军"打击三桓中与季氏、孟氏不和的叔孙氏，促进三桓的团结一致。

六卿中地位最高的季武子和资历最老、德才出众的叔孙穆子之间一直有矛盾，比如前562年就是否应该"作三军""三分公室"发生冲突，前546年就鲁国在会盟中的地位问题发生冲突，前542年鲁襄公去世后就嗣君人选问题发生争议，前541年虢之会期间季武子取郓导致叔孙穆子被楚人扣押。

实际上，季氏、孟氏大概在鲁文公时期就形成了一个季氏引领、孟氏服从的稳固政治同盟。更确切一点说，季氏、孟氏结盟的时间应该是在前613年孟穆伯闹剧结束之后：一方面，当时孟氏由品行端正的孟惠叔执掌，而且急需通过结盟得到外部支持；另一方面，当时季氏由德才出众的季文子执掌，而且季氏本来就有包容帮扶获罪落难者的传统。前599年，刘康公就指出，季氏和孟氏都很节俭，风格高度一致；前575年，叔孙宣伯向晋人宣称，鲁国政事实际上掌握在季氏、孟氏手里；前568年季文子去世后，季氏接受由孟献子担任执政卿而季武子屈居第二的安排；前550年孟献子去世后，孟氏接受由季氏族人公锄定夺孟氏族长继承大事，这些事例都说明，季、孟两家之间长期保持着一种三观一致、高度互信、通力合作的联盟关系。

相比之下，叔孙氏虽然也是三桓集团的一员，但在鲁宣公时期，叔孙氏的风格就与季氏、孟氏迥然不同；在鲁成公时期，叔孙宣伯企图借助晋国的力量驱逐季文子、孟献子和他们领导的季氏、孟氏，差一点导致三桓集团彻底崩溃；鲁襄公时期，叔孙穆子成为叔孙氏族长之后，他与季武子之间又如上文所述一直有矛盾。

总而言之，从季氏和孟氏的角度来看，叔孙氏在很长一段时间都是三桓集团中的"不安定分子"。因此，趁叔孙氏家乱的机会，通过废掉叔孙氏管理的中军来削弱叔孙氏，应该是季武子想要"废中军"的第四层原因。

五、从季氏私利层面来看，季武子作为季氏族长，想要借"废中军"之机重新瓜分公室，将更多公邑据为己有，从而确立季氏在三桓中的统治地位。

季氏经过多年发展，实力已经明显超过孟氏、叔孙氏。如果我们回顾一下前562年启动的"作三军"改革，最关键的问题是如何利用分得的公民/公邑来供养三军。在稳定的2.0版政策下：

（一）分给季氏的公民需将军赋和田税全部交给季氏，即所谓

"季氏尽征之"。在这种政策下，分给季氏的公民已经率先被转变成季氏的"事实私民"，因为他们与公室的经济联系已经被彻底切断了。

（二）分给叔孙氏的公民在名义上仍然是公民，将田税交给公室，军赋交给叔孙氏，不过全部子弟辈青壮年公民男丁需要承担叔孙氏私家臣隶的工作，即所谓"叔孙氏臣其子弟"。

（三）分给孟氏的公民在名义上仍然是公民，将田税交给公室，军赋交给孟氏，不过子弟辈青壮年公民男丁的一半需要承担孟氏私家臣隶的工作，即所谓"孟氏取其半焉"。

这三家中，季氏的做法对公邑赋税收入的剥夺最彻底，私家投入资源最少，而且直接沿用公室针对公邑的赋税征收制度因而管理最为简便。由于采取了"尽征之"的方法，季氏相对于孟氏、叔孙氏不断壮大，到前537年时实力已经明显超过孟氏、叔孙氏。季武子想要进一步确立季氏在三桓中的统治地位，而这就与三家自前562年以来平分公邑的现状产生了矛盾。因此，借助废除中军的机会重新划分公邑，将更多的公邑划归季氏，这应该是季武子想要废中军的第五层原因。

公室财权被剥夺，彻底傀儡化

在得到叔孙氏实权人物竖牛的支持后，季武子迫不及待地落实"废中军""四分公室"。三桓的代表在鲁大夫施氏家中商议具体方案，在鲁卿臧氏家中达成一致。前537年春正月，鲁国正式实施如下改革：

一、"废中军"。废除叔孙氏实际控制的中军，从此鲁国恢复到左、右两军的状态，季氏实际控制左军，孟氏实际控制右军，叔孙氏从此不再实际控制公室军队，而只剩私家军队。

二、"四分公室"。 虽然中军被废止，叔孙氏所分得的公民/公邑并没有归还公室，而是与其他两家的公民/公邑合在一起，重新划分为四份，分给季氏、孟氏、叔孙氏三家，其中季氏得两份，孟氏一份，叔孙氏一份。三家从各自分得的公民/公邑收取全部军赋和田税，然后向公室上交一定数量的贡赋，维持公室的运转。

需要补充说明的是，鲁国除了三桓，还有其他卿大夫家族，它们也承担军赋任务，应该仍然是将军赋分别交给他们所属的三桓卿族。

从正式公布的政策看，季武子完全达到了先前预设的三个目标：缩小军队规模，削弱叔孙氏，获得比以前更多的公民/公邑。然而，孟氏、叔孙氏也尽力维护了自己的利益，这表现在：

一、叔孙氏虽然已经没有中军需要供养，却仍然保留了四分之一的公民/公邑。在"三分公室"时期，三桓瓜分公民/公邑还算是有正当理由：因为三军既然已经分归三桓供养，那么将提供军赋的公邑分归三桓管理，会使得军赋征收流程更为顺畅。然而在"四分公室"时期，叔孙氏分得公邑的唯一理由就是：叔孙氏是三桓集团成员之一，季氏、孟氏既然都有，那么叔孙氏也得有。因此，这一回"四分公室"时，三桓已经毫不掩饰他们瓜分公民/公邑的真实目的，那就是一方面要通过损公肥私的方式壮大自身实力，另一方面使得国君和公室变成没有自有赋税支撑的真傀儡。

二、孟氏、叔孙氏所分得公民/公邑的比例虽然有所缩小，但是他们对所分得公民/公邑的剥削率都有所提高。和季氏在"三分公室"时期就已经做到的那样，他们也对所分得的公民/公邑"尽征之"，也就是将所有赋税全部收走。通过提高剥削率，他们也部分地补偿了分得公民/公邑缩小所带来的经济损失。

前562年"作三军""三分公室"后，公室虽然丧失了军赋，但仍有来自孟氏、叔孙氏所分公民的田税收入进账，仍然在经济层面部分地拥有公民/公邑；前537年"废中军""四分公室"后，公室丧失了所有的田税，从而也在经济层面完全丧失了公民/公邑。在本年"四分公室"之后，公邑与公室再无直接的赋税关系，在事实上转变为三桓私邑；公民向各自从属的卿族缴纳赋税，在事实上转变为三桓私民，从此这些民众完全仰仗三桓生存。因此，晋大夫女齐在分析鲁国形势时一针见血地指出，"四分公室"之后，"民众依靠他人（指三桓）来生活，没有人为鲁侯的利益而思虑"。

从权力角度来看，三桓先是利用"国君外出无法治理国政""国君未成年无法治理国政"等情势，逐步夺取了绝大部分的政事决策权，建立起"君极弱臣极强"的政事决策权分配结构。然后，三桓利用他们在政事决策权方面的绝对优势，先后发动"三分公室""四分公室"改革，最终在前537年通过"事实私有化"公民/公邑夺取了绝大部分的领土统治权，建立起"君极弱臣极强"的领土统治权分配结构。至此，公室在政事决策权和领土统治权这两个方面都已经被架空，"君权下移至卿大夫"基本完成。

正是由于公室在本年之后彻底地失去了公邑、公民和所有的赋税收入，所以前562年《左传》对"三分公室"尚无讥评，而前537年"四分公室"后《左传》却发出了"使公室卑微"的讥评。

以拳击比赛来比喻的话，如果说前562年"作三军，三分公室"改革相当于三桓将国君/公室打倒 (knock down)，那么本年"废中军，四分公室"就相当于三桓将国君/公室彻底打败 (knock out)。不过，"哪里有压迫，哪里就有反抗"。三桓明目张胆地霸占公民/公邑、釜底抽薪架空公室/国君的行为，也为后来鲁昭公发动政变试图灭掉三桓埋下了伏笔。

竖牛杀嫡立庶，叔孙昭子拨乱反正

季武子在落实了"废中军"改革之后，派人送了一个书面通知给杜泄，要求杜泄向叔孙穆子的灵柩报告说："您本来就想要毁掉中军，现在已经毁掉了，所以来告诉您一声。"杜泄说："他老人家正是因为不想日后毁掉中军，所以要求在鲁僖公庙大门前盟誓，并且在五父大道旁祭神诅咒背盟的人！"他接过书面通知后就把它扔在地上，然后率领家中的士人为叔孙穆子痛哭。

季武子之所以声称"您本来就想要毁掉中军"，依据的是竖牛编造的谎言"他老人家本来就想要废除中军了"。季武子这样做的目的，是掩盖自己趁叔孙氏家乱而废中军的图谋，推卸自己违背当年盟誓和诅咒的责任，把这件事说成叔孙穆子本有此意、自己只是顺水推舟而已。叔孙穆子家臣杜泄不能忍受季武子如此颠倒是非，于是说出叔孙穆子后来支持作三军、并要求以盟誓加以约定的最终立场，以此来反驳季武子的谬论。

叔仲昭伯后来又对季武子说："我曾经从子叔孙 (叔孙穆子) 那里领受过命令说：'埋葬不以寿终的人不从朝廷出发，从国都西门出城。'"季武子据此命令杜泄照做。杜泄说："卿官出殡从朝廷出发，从国都南门出城，这是鲁国的礼制。您（季武子）执掌国家政事，并没有按照程序正式地修改礼制，而又根据自己的意愿随意变更它。群臣害怕犯下违礼的死罪，所以不敢遵从。"杜泄按照正礼安葬了叔孙穆子之后就离开了鲁国。

不久之后，嫡次子仲壬从齐国回到了鲁国，季武子又想要立仲壬为叔孙氏族长。南遗说："叔孙氏厚了，季氏就会薄了。那是他们的家乱，您不要去掺和，不也可以吗？"南遗鼓动国人帮助竖牛，在大库前的庭院攻打仲壬的队伍，竖牛的人射中了仲壬的眼睛，仲壬被杀。竖牛于是从靠近东部边境的叔孙氏私邑中拿出30个田邑送给南遗。

正当竖牛认为自己已经成为叔孙氏实际控制者的时候，形势发生了急剧反转。竖牛所拥立的、按理说应该对竖牛感恩戴德的庶子叔孙昭子正式即位后，在一次没有竖牛参加的家臣大会上突然宣布："竖牛祸害叔孙氏，使得叔孙氏搅乱了和顺之道，杀了嫡子立了庶子；又分裂叔孙氏的私邑，准备用贿赂来赦免罪过，没有比这更大的罪了，一定要马上杀了他！"竖牛非常害怕，于是往齐国方向逃跑。孟丙、仲壬的儿子在塞关之外杀了竖牛，把他的脑袋扔到宁风祭[1]的柴堆上焚烧了。

孔子后来这样评论叔孙昭子杀竖牛的行为："叔孙昭子不感念竖牛立自己为新族长的功劳，这是一般人做不到的。周任有这么一句

---

1 《左传》原文"宁风之棘"应为用于止风之祭的棘木柴堆。"宁风"祭可能就是平息大风的祭祀，其祭品用狗，将狗斩碎扔在柴堆上，燔烧以祭祀上天的神灵。因此此处孟丙、仲壬将竖牛的头颅扔在宁风祭的柴堆上，实际上是把他当作狗来用。详见刘勋：《〈左传〉全文通识读本》，中华书局2023年版，第2014页。

话：'治理政事的人不奖赏仅针对自己的私人功劳，不惩罚仅针对自己的私人怨恨。'[1]《诗》说：'有正直的德行，使四方国家归顺。'"

实际上，在叔孙穆子还没有卧病之前，就已经有高人预言过叔孙穆子的悲惨结局。前544年，吴王夷末派他弟弟王子札，也就是著名的延陵季子，到中原各国访问，第一站就是距离吴国最近的鲁国。王子札与叔孙穆子会面，交谈非常愉快。王子札对叔孙穆子说："您恐怕会不得寿终吧，因为您喜好良善但是不会选人。我听说：'君子最需要重视的就是选人。'您是鲁国宗室后代，担任卿官，执掌国政，如果不能谨慎地选拔人才，怎么可能承受得了呢？祸难一定会落在您的身上！"

鲁昭公朝见晋平公，寻求外援未获成功

前537年春天，大概就在季武子"废中军，四分公室"之后，鲁昭公前往晋国朝见晋平公。与笼罩着鲁昭公的"19岁了还像个孩子""为父亲服丧时面有喜色""到下葬时换了三套丧服"传言完全不符的是，出现在晋平公面前的鲁昭公态度恭敬，思路清楚，精力充沛，在繁琐冗长的行礼过程中，从朝礼的第一项"郊劳"到最后一项"赠贿"，所有环节毫无失礼之处。

晋平公对鲁昭公的表现大感意外，他对女齐说："鲁侯不也是善于礼的吗？"

女齐说："鲁侯哪里真正懂得礼？"

---

1 《左传·昭公五年》："为政者不赏私劳，不罚私怨。"

晋平公问："为什么这么说？他从'郊劳'到'赠贿'，礼节一条都没有违背，为什么说他不懂得礼？"

女齐回答说："这是仪，不能叫作礼。礼是使得国君能够守住国家、推行政令、不失去民众拥护的方法。[1]如今鲁国的政令在三桓家中决定，鲁侯不能把政权夺回来；有一位忠于国君的能臣子家羁（子家懿伯[2]），鲁侯却不能重用他。鲁国违背与大国的盟誓，欺凌虐待莒国这样的小国[3]；从别人的危难中牟取利益[4]，却不知道本国有更大的祸难。公邑已经分成四份被三个大族瓜分，民众依靠他人（指三桓）来生活，没有人为鲁侯的利益而思虑，没有人为鲁侯能善终而谋划；作为国君，大难马上就要降临到自己身上，却不为自己的归宿而担忧。礼的出发点和落脚点就是在如何正确处理这些重大问题上，而鲁侯却整天忙着学习琐碎的仪节。说他善于礼，不也差太远了吗？"

女齐这番对鲁昭公的批评听起来颇有道理，但仔细分析起来却很有问题：

一、"鲁国政令在三桓家中决定"是鲁宣公、鲁成公、鲁襄公三朝层层累积而成的状况，就算是把原因都归结于"国君不懂礼"，那负主要责任的也是三位先君，而不是担任国君刚5年、不得不接受这种既成事实的鲁昭公。"鲁侯不能把政权夺回来"的确是事实，但这个"不能"跟鲁昭公懂不懂礼的真谛又有多大关系呢？

二、从后面的具体讲述我们会看到，女齐提到的子家羁，也就

1　《左传·昭公五年》："礼所以守其国，行其政令，无失其民者也。"

2　子家懿伯，姬姓，子家氏，名羁，谥懿。东门子家之后。参见《鲁国国君与三桓世系图》。

3　指前541年季武子违背宋之盟约定讨伐莒国，夺取郓邑，参见第349页。

4　指前538年鲁国趁莒国内乱接受了叛离莒国的鄫国，参见第282页。

是鲁大夫子家懿伯，他的确是忠于鲁昭公的贤臣，但是他的整体思路是劝说鲁昭公认清形势、放弃抵抗，乖乖地做一个傀儡国君，以熬到寿终正寝为成功。鲁昭公不能专一任用子家懿伯，未必完全是不识贤才，而很有可能是不认同子家懿伯的妥协退让路线。

三、讨伐莒国、夺取郓邑非常明确是执政卿季武子所为，趁莒国内乱接收鄫国应该也是季武子所为，用这两个例子来批评季武子还可以，用来批评鲁昭公实在是有失公允。

实际上，鲁昭公行礼敬慎精准与传言完全不符，女齐就毫无根据地批评鲁昭公"整天忙着学习琐碎的仪节"，"不为自己的归宿而担忧"，如果鲁昭公行礼颠三倒四真像传言中的那个弱智国君，女齐更加可以把鲁昭公批判得体无完肤了。女齐的这番话，就是典型的"欲加之罪何患无辞"。

那么女齐为什么要这样罗织罪名批判鲁昭公不懂礼的真谛？杜预在其注解中提出了一个非常有洞见的解释，那就是"当时晋平公也在丧失对国家政事的掌控，因此女齐用这段话来讽谏晋平公"。笔者完全同意杜预的观点，也就是说，女齐表面上是在批判鲁昭公，而其真实目的是劝谏晋平公，希望他能振作起来，致力于"守住国家、推行政令、不失去民众拥护"。

此时的晋国与鲁国其实非常相似：朝政被赵、魏、韩、范、中行、知六大卿族所控制，"国政旁落在各大卿族家中，民众除了投靠卿族，找不到别的依靠"（前539年晋国贤臣羊舌肸语）。早年想要奋发有为、但是被现实一次次打击的晋平公，到此时已经变成一位"不知悔改，只知道用享乐度过忧愁"的"昏君"。然而，这位"昏君"的种种行为，比如说前541年称赞郑国贤相子产是"博学多识的君子"并重赏他，比如说重用正直敢言的贤大夫羊舌肸和女齐，又比如说这回称赞鲁昭公懂得礼，又都透露出这样一种可能性，那就是晋平公表面上的昏庸可能有"自污"的成分，而他内心的志向和英明并没有泯灭。女齐可能正是抓住了晋平公主动谈论礼制的善端，通过批判鲁昭公"不懂礼"（虽然这种批判有失公允），来激励晋平公努力做到"懂礼"。

笔者认为，根据上述分析，结合如下两个事实：第一，三桓刚刚通过"废中军，四分公室"沉重打击了公室和国君；第二，后来鲁昭公发动武力政变反抗三桓，落败后在齐国、晋国流亡，可以推知此次鲁昭公到晋国朝见的来龙去脉大概是这样：

前542年鲁襄公去世后，鲁昭公依靠装疯卖傻避免了像公子野那样在季氏那里离奇死亡的厄运，顺利当上国君。此人实际上非常聪明，足以配得上他的谥号"昭"，而且有重振公室和国君权威的志向。然而在他在位第5年，鲁昭公就遭遇了三桓"废中军，四分公室"的当头一棒，公民/公邑全被三桓夺走，国君完全仰仗三桓贡赋养活，君权遭遇再一次塌陷。

在这种情势下，鲁昭公并没有选择做一个安静的傀儡，而是开始了图谋发动政变推翻季氏的政治冒险。由于鲁昭公已经丧失了自己可以直接控制和动员的公邑经济军事资源，从后面鲁昭公实际采取的行动倒推，他接下来采取的斗争策略是：

第一，"明确斗争目标"，也就是将斗争目标从"推翻三桓"进一步聚焦于"推翻季氏"，为达到此目的甚至可以联络三桓中与季氏一直有矛盾的叔孙氏。

第二，"策动大国干涉"，也就是想尽办法争取晋、齐、楚、吴等大国君主和该国"张公室派"卿大夫的支持，最好能够鼓动霸主晋国高层出手干涉鲁国内政、推翻季氏。

第三，"汇集国内党羽"，也就是将因为各种原因而站到了季氏对立面的鲁国卿大夫汇聚成一股力量，寻找时机发动政变、推翻季氏。

第四，"争取内外呼应"，也就是在寻找政变时机时，尽量争取做到外部、内部势力一起举事，这样政变成功的可能性最大。

鲁昭公如果想要除掉季氏，可能的外援有两个：一个是中原霸主晋国，一个是地区强国齐国。他接下来采取的第一个实际行动，就是试图取得晋平公和晋国"张公室派"卿大夫的欣赏和支持。因此，鲁昭公高度重视前537年首次朝见晋平公的这次机会，熟练掌握各项外交礼仪，在晋国期间态度恭敬，行礼毫无疏失，希望给晋国君臣一个"守礼贤君"的美好第一印象，从而粉碎长期萦绕在自己周围的负面传闻，为日后进一步联络晋国打好基础。

不过，鲁昭公运气不好，他为了打开局面而实施的卖力表演被想要劝谏晋平公的女齐选中作为批判的靶子，被女齐贴上了"整天忙着学习琐碎的仪节""不为自己的归宿而担忧"等莫须有的负面标签，公关效果大打折扣。不仅如此，鲁昭公此举公开暴露了他的实际才智水平，以及他想要借助晋人的力量来对付三桓的意图，标志着鲁昭公和三桓之间的明争暗斗进入一个新的阶段，也为后来季氏多次讨好晋国，以及鲁昭公多次前往晋国被拒绝入境埋下了伏笔。

然而，从后面羊舌肸出手帮助鲁昭公扣押季平子来倒推，鲁昭公在这次朝见过程中应该是私下会见了"张公室派"卿大夫代表人物羊舌肸,并且获得了他的同情和支持。

前537年夏天,就当鲁昭公还在晋国期间,莒大夫牟夷带着牟娄、防、兹[1]三个边境城邑叛变投降鲁国。莒人派使者到晋国投诉鲁国,晋平公想要扣留鲁昭公。晋卿范献子说:"不可以。他国君主来朝见却把他抓了,这是诱骗。讨伐不用军队,却用诱骗的方式,这是懒惰。作为盟主却犯了这两个错误,恐怕不可以吧?请让他回去,等我们有空闲的时候再出兵讨伐鲁国。"晋人这才让鲁昭公归国,秋七月,鲁昭公回到鲁国都城。

莒国仗恃着晋国撑腰,于是率军讨伐鲁国,军队不设警戒守备。秋七月十四日,子叔敬子率鲁军在蚡泉[2]击败了莒军。

前536年夏天,季武子前往晋国访问,拜谢晋国默许鲁国接受莒国叛臣牟夷献上的莒国土地。晋平公设享礼款待季武子,盛食物的笾、豆数目超过了常礼的规定。季武子从现场退出来,派外交官报告说:"小国事奉大国,只求能免除讨伐,不敢求取赏赐。以鲁国的级别,得到赏赐最多不超过三献的规模[3]。如今笾、豆的数目有所增加,下臣承受不了,恐怕会成为罪过吧?"

晋国执政卿韩宣子说:"我国君主用额外的笾、豆来增加欢乐。"

季武子回答说:"我国君主亲自来了都不敢享受这种待遇,何况

1　牟娄、防、兹见图四。

2　蚡泉见图四。

3　春秋时举行享礼,每轮主宾饮酒叫作一献。献的次数越多,现场摆放的食物笾、豆越多,主人送给上宾的财礼也越多。

▼ 图22 豆，战国时期，故宫博物院藏。

下臣只是我国君主的仆隶，怎敢听闻增加赏赐？"

季武子坚决请求撤去增加的笾、豆，然后才重新参加享礼。晋人认为季武子懂礼，所以送给他格外多的财礼。

被季武子剥夺了公民/公邑的鲁昭公去年朝见晋平公时试图通过恭敬行礼来获得晋平公的赏识，而季武子今年在晋国参加享礼时表现得格外谦卑，而且口口声声说"下臣只是我国君主的仆隶"，这背后最可能的原因就是：季武子想要在"对霸主献媚以求取支持"的竞赛中迎头赶上。

鲁昭公朝见楚灵王，寻求楚国外援反遭戏弄

前536年冬天，子叔敬子前往楚国访问。

大概就在前536年底时，楚灵王建成了规模宏大

的章华台，派出太宰薳启强到鲁国，邀请鲁昭公参加落成典礼。薳启强威胁说，如果鲁昭公不出席，那么楚国就要追究前589年楚国远征鲁国时发生的"鲁国人质公衡半路逃回鲁国"事故，再次出兵讨伐鲁国。

前535年春三月，鲁昭公在孟僖子陪同下前往楚国。路经郑国时，郑简公在郑国都城的师之梁慰劳鲁昭公一行，孟僖子在现场不知该如何辅相礼仪。到了楚国都城郊外之后，楚人派卿大夫来慰劳鲁昭公一行，孟僖子也不知道该如何答礼。这是孟僖子作为卿官第一次出现在春秋史时间轴中，距离前任族长孟孝伯去世 (前542年) 7年。

笔者认为，鲁昭公之所以会前往楚国出席章华台落成典礼，可以从三方面进行分析：

第一，履行宋之盟的约定。

晋楚宋之盟盟约中本来就有"晋楚双方仆从国朝见对方君主"的约定，因此，鲁昭公前往楚国，可以被认为是晋国仆从国君主落实宋之盟盟约的正当行动。

然而，根据下文季武子的说法，"国君如今在楚国，对于晋国来说本来就是罪过"，说明晋国虽然与楚国在表面上达成了仆从国互访以增进友好的共识，但实际上并不希望鲁国这样的主要仆从国前往楚国朝见楚灵王。前539年时，楚灵王计划在楚国申县召开诸侯大会，派人去邀请鲁昭公出席，鲁人找借口推辞，最终鲁昭公没有出席，这正好说明鲁国高层在前536年时是完全清楚晋国对于鲁昭公前往楚国的反对态度的。因此，这个理由只能作为冠冕堂皇的公开说辞，但应该不是促使三桓同意鲁昭公前往楚国的真正因素。

第二，维护鲁国利益。

楚灵王使者薳启强威胁说，如果鲁昭公不出席，楚国就要再次讨伐鲁国。因此，鲁昭公前往楚国，可以被认为是为了维护鲁国利益的无奈之举。

由于楚灵王在前541年悍然弑君篡位，随后在前538年在楚国申地成功举行诸侯大会确立与晋国平起平坐的霸主地位，会后又率领诸侯联军大举讨伐吴国，是一个非常积极进取、敢想敢干的强势君主，也就是说，他是真有可能做出发兵远征鲁国这种大胆举动的。笔者认为，这个理由正是鲁昭公说服三桓诸卿同意自己前往楚国的主要理由。

第三，争取楚国支持自己驱除季氏。

当时晋国是一个君权衰微、六大卿族执政的分权国家，而六大卿族的基本立场是同情支持季氏的，因此晋平公出手帮鲁昭公驱除季氏的可能性其实不大；楚灵王领导的楚国则是一个王权隆盛、卿大夫听命的集权国家，楚灵王即位后又非常积极地谋求称霸，因此楚灵王还真有可能帮助鲁昭公打击卿大夫势力。实际上，前544年时，被季武子坑害的鲁襄公在从楚国回国的半路上，就曾经想过请求楚人出兵驱除三桓，而当时掌握楚国实权的正是令尹王子围，也就是后来的楚灵王。因此，鲁昭公前往楚国，可以被认为是为了继承父亲鲁襄公遗志，和楚灵王建立联系，为未来驱除季氏做铺垫的权谋之举。

根据《国语·楚语上》的记载，鲁昭公是唯一一位参加章华台落成典礼的中原诸侯国君，而其他更靠近楚国的中原诸侯都因为考虑到中原霸主晋国的感受而拒绝前往。这提示我们，鲁昭公很可能是依靠自己积极主动争取才获得了这次前往楚国的机会。

前535年春晚些时候，叔孙昭子到齐国参加盟誓，巩固友好关系。这是叔孙昭子作为卿官第一次出现在春秋史时间轴中，距离前任族长叔孙穆子去世（前538年）3年。

晋国再次派使者来要求鲁国将先前取得的杞国土地全部归还给杞国。表面上看，晋国这样做是在追究前544年女齐没有完成的任务，为杞国主持正义，而实际上可能是不满鲁昭公参与楚灵王的章华台落成典礼，借此事来惩罚打击鲁国。

季武子打算把现在已经是孟氏采邑的成邑归还给杞国。当时孟氏族长孟僖子正陪同鲁昭公在楚国访问，孟氏家臣、成邑邑宰谢息不认可季武子的计划，他说："老话这么说：'即使是一个仅有垂瓶打水之类小智慧的仆役，也知道看守好水瓶不借给别人，这才是合于礼的。'如今我家主子跟随国君去了楚国，而我这个守臣却丢失了私邑，即使是您也会猜疑我对主子不忠的。"

季武子说："国君如今在楚国，对于晋国来说本来就是罪过。如果又不听从晋国的命令，那么鲁国的罪过就更重了，晋国军队一定会前来讨伐。我没办法抵御晋国，不如先把成邑还给齐国，等到晋国有机可乘时再把它从杞国取回来。作为补偿，我给您桃邑。日后夺回成邑之后，除了孟氏谁敢拥有它？这样一来最终孟氏将得到两个成邑。鲁国没有了忧患，而孟孙增加了私邑，您还担心什么呢？"

谢息推辞说桃邑境内没有山。季武子又加上莱山、柞山，谢息于是率领孟氏家众迁移到桃邑，而成邑则通过晋人归还给杞国。

对比其父季文子为了汶阳之田而向晋卿官韩穿抗议的旧事，可以明显看出，季武子这回如此积极地响应晋国提出的归还土地命令，应该是在刻意讨好晋国。而季武子这样做的目的，应该是为了进一步争取晋国君臣对于季氏的支持，从而阻断鲁昭公试图拉晋人作为外援的努力。

大概就在孟氏迁出成邑之后，楚灵王在新落成的章华宫设享礼款待鲁昭公，送给他一张宝贵的大屈之弓。可是，楚灵王后来又后悔了。楚大夫蓬启强听说之后，主动去找鲁昭公。鲁昭公跟他说起楚灵王赏赐他大屈弓的事，蓬启强向鲁昭公下拜庆贺。鲁昭公问："您庆贺什么？"蓬启强回答说："齐国、晋国和越国想要这张弓很久了。我国君王不知道到底给谁好，所以把它赠给了君主。君主好好准备抵抗这三个邻国，谨慎地收好这个宝物，我怎敢不庆贺呢？"鲁昭公害怕了，于是把大屈弓又还给了楚灵王。

同年秋九月，鲁昭公从楚国回到鲁国都城。孟僖子为自己在这次出访过程中没能完成辅相礼仪的任务感到非常羞愧，同时很可能也意识到自己因为礼学水平低下而被季武子"当枪使"，于是下定决心要认真学礼；他在鲁国都城里寻访精通礼学的儒者，主动拜师向他们学习，不介意这些儒者平日的"客户"主要是贵族阶层中地位最低的士人。在孟僖子虚心请教的儒者中间，应该就有一位后来被人尊称为"孔子"的礼学新秀。

前535年冬十一月，季武子去世。这时，季武子先前所立的继承人季悼子已经去世，季悼子的儿子季平子（名意如，谥号平）嗣位成为季氏族长，同时也代表季氏进入六卿行列。根据前532年《左传》记载，当时鲁国六卿前三位排序是季平子（季武子之子）、子叔敬子、孟僖子，这也应该是前535年的情况。综合以上信息，可知此时六卿领导班子情况如下：

鲁 六 卿 表
（前535年季武子去世后）

位 次	人 物	族 属
一	季平子*	季
二	子叔敬子	子叔
三	孟僖子	孟
四	叔孙昭子？	叔孙
五	臧为/臧昭伯？ *、？	臧*、？
六		

叔孙昭子言论挑明分歧，鲁昭公表情暴露心迹

前534年夏天，子叔敬子前往晋国访问，庆贺虒祁宫建成。

前533年春天，子叔敬子和楚灵王在已被楚国所灭的陈国会面，一同参加会面的还有宋、郑、卫国的卿大夫。

同年秋，孟僖子前往齐国进行访问。自从前553年子叔敬子访问齐国以来，齐、鲁之间已经20年没有相互访问，因此这次访问规格特别隆重，以重启齐、鲁间的友好关系。

同年冬，鲁国在郎地修筑游乐园。当时季平子想要征发大量徒役迅速完成修筑工程，叔孙昭子劝谏说："《诗》说：'营造开始不要着急，庶民会像儿子们一样踊跃前来。'为什么要迅速建成，难道就是为了使民众劳苦吗？没有游乐园还可以，没有民众能行吗？"这是季平子作为卿官第一次出现在春秋史时间轴中，距前任族长季武子去世（前535年）两年。

前532年秋七月，季平子、子叔敬子、孟僖子率军讨伐莒国，

取得了郓邑[1]。莒国与鲁国一样，都是晋联盟成员国，因此鲁国侵占莒国领土的行为违反了霸主晋国维护的"国际法"。鲁国诸卿之所以敢这样做，应该是他们已经得知晋平公将去世的情报，想要抓住这个霸主国君位继承的敏感时期"行险以侥幸"。

前532年秋七月三日，晋平公去世。叔孙昭子前往晋国，和其他诸侯国卿大夫一起参加晋平公的葬礼。晋平公下葬之后，诸侯卿大夫想要立即与新君晋昭公会面。叔孙昭子反对说"这样做不合礼制"，其他国家的卿大夫都不听他的。后来，晋大夫羊舌肸代表晋国回应各国卿大夫说："大夫们此次来晋国的使命已经完成了，却又给孤下了新的命令。孤哀痛地处在服丧期间，如果穿着除丧后的吉服来见各位，那丧礼还没有完结；如果直接穿着丧服来见各位，那就是第二次接受吊唁了。大夫们想怎么办呢？"各国卿大夫们都说不出像样的理由，于是会面作罢。

叔孙昭子从晋国回来之后，和诸位大夫见面，其中就有作乱失败逃到鲁国的齐大夫高强。高强退下之后，叔孙昭子对其他大夫们说："作为大家族族长的儿子，不可以不慎重啊！昔日庆封败亡之后，卿官子尾接受了很多田邑，不过之后就逐渐交还给国君，国君认为他忠诚，因此很宠信他。子尾快死的时候，在公宫病倒，乘着人力车回家，国君亲自推车来表示尊崇。然而，子尾的儿子（指高强）不能继承发扬父亲的忠德，作乱攻打国君，因此出奔到了我们这里。忠诚是善德，他的儿子不能继承发扬，罪过尚且找上了他，普通人怎么能够不慎重呢？丧失了他父亲的功劳，抛弃了美德，使宗

1　郓见图四。

庙空旷无人祭祀，自己出奔在外，这不是祸害吗？《诗》说'忧患的到来不在我前头，也不在我后头'，说的就是这个吧！"

叔孙昭子的这两段言论提示我们，绝不可以用一刀切的简单方式来设想三桓诸卿的政治立场。三桓诸卿通过"三分公室""四分公室"夺取了支撑国君和公室权威的公邑/公民，因此，从情理上来推测的话，他们三人的政治立场应该都是维护卿大夫利益、支持打压国君的。然而，三桓内部并不是铁板一块，如果像我们前面说过的那样，三桓的内核其实是季氏-孟氏联盟，而叔孙氏自叔孙宣伯以来就一直与季氏-孟氏联盟有隔阂甚至冲突。叔孙昭子接任族长之后，这种状况仍然没有改变。比如说，叔孙昭子的政治立场明显是尊崇周礼、反对打压国君的，而这就使得叔孙昭子和季平子、孟僖子之间必然存在政见分歧。后面我们会看到，这种分歧导致前517年鲁昭公政变时，叔孙昭子差一点再次背叛了三桓集团。

前531年春二月，子叔敬子前往宋国，参加宋平公的葬礼。

同年夏五月四日，鲁昭公生母齐归去世。齐归本来是鲁襄公的妾，由于生了鲁昭公，在鲁襄公去世后升为夫人。然而，就在鲁昭公生母齐归的丧期里，鲁国诸卿违背礼制，在比蒲正常举行大阅兵。

同年夏晚些时候，孟僖子在褉祥与郑庄公会盟，巩固两国友好关系。

同年秋，季平子参加晋国执政卿韩宣子组织的厥慭诸侯会盟，谋划如何救援被楚军围困的蔡国。

同年秋九月二十一日，鲁国按照先君夫人礼安葬齐归。鲁昭公在葬礼上表现得一点也不哀伤。参加葬礼的晋国代表观察到了这一异常现象，回国之后报告给晋国高层。羊舌肸评论说："鲁国公室恐怕要卑微了吧！国君有大丧事，而国家却不暂停大阅兵；国君有三年的丧期，然而却没有一天的悲伤。国家不体恤国君的丧事，这是不敬畏国君；国君没有悲伤的表情，这是不顾念亲人。国家不敬畏国君，国君不顾念亲人，鲁国公室能不卑微吗？他恐怕会失去他的国家。"

鲁昭公为什么在生母丧礼上不哀伤？笔者认为，鲁昭公此时心中充满着对三桓诸卿蔑视他生母齐归一事的愤恨，正在与他的党羽公子慭谋划发动政变驱逐三桓领袖季氏。因此，鲁昭公在齐归葬礼上虽然像行尸走肉一样按礼仪行事，但内心只有报仇之情而无哀痛之心，又没能管理好自己的表情而让内心的真实情感表露了出来，于是被观察力敏锐的晋国代表发现。这也就是为什么孔子弟子子贡说："依礼行事，是关乎生死存亡的根本法则，因此旁人从行礼者的左右移动、周行转体、前进后退、低头抬头中提取信息，在朝见君主、祭祀祖先、哀悼逝者、阅兵作战等行礼场合进行观察，就能推测出行礼者的心理状态。"[1]

鲁昭公第一次政变：谋划、实施和结果

鲁昭公党羽和谋划过程

前532年鲁国三卿率军夺取郠邑之后，莒人派使者到晋国控诉鲁国。晋人因为有晋平公的丧事，还没有腾出时间精力惩治鲁国。到了前530年夏天，鲁昭公前往晋国朝见晋昭公，到了河水边，被

---

1 《左传·定公十五年》："夫礼，死生存亡之体也，将左右、周旋、进退、俯仰，于是乎取之；朝、祀、丧、戎，于是乎观之。"

已经打算要惩治鲁国的晋人拒绝，于是又原路返回鲁国都城，但他仍然派了一个叫公子慭的卿大夫继续前往。这是鲁昭公第二次半途而废的晋国之旅。

这是公子慭第一次出现在春秋史时间轴中。根据《春秋》记载，此时的公子慭是六卿之一。实际上，前535年（鲁昭公七年）、前538年（鲁昭公四年）六卿领导班子里那个身份不明的卿官很可能也是公子慭。由于公子慭的资历要比臧为/臧昭伯浅，姑且认为臧为/臧昭伯排第五，而公子慭排第六。此时六卿领导班子情况如下：

鲁 六 卿 表
（前530年公子慭前往晋国时）

位 次	人 物	族 属
一	季平子	季
二	子叔敬子	子叔
三	孟僖子	孟
四	叔孙昭子？	叔孙
五	臧为/臧昭伯？	臧
六	公子慭？ *	公族

在这看似正常的国事访问之后，掩藏着一个针对三桓领袖季平子的政变阴谋。本书将这次政变称为"鲁昭公第一次政变"，不过《左传》记载的政变骨干人物里并没有鲁昭公：一位是季氏采邑费邑的邑宰南蒯，一位是卿官公子慭，一位是大夫叔仲穆子[1]。下面分

1　叔仲穆子，姬姓，叔仲氏，出自叔孙氏，名小，谥昭，排行伯。叔仲昭伯之子。参见《鲁国国君与三桓世系图》。

别讲述一下三人走上政变道路的历程，然后探讨一下没有公开参与的鲁昭公在政变酝酿过程中实际起到的作用。

一、季氏费邑邑宰南蒯

季氏的核心私邑就是位于鲁莒边境地区的费邑。和其他在边境地区拥有私邑的卿大夫一样，季氏族长平日居住在鲁国都城内的府邸，或是在都城外执行外事任务，私邑的管理由族长任命的邑宰负责。在一年的绝大多数时间里，费邑的民众所面对的最高领导人就是邑宰，而不是季氏族长。邑宰实际控制的费邑中心城堡与小国都城规模相当，而邑宰实际控制的土地人口与小国君主也没有多大区别。

在季武子时期，费邑的邑宰先是南遗（最早见于《左传》前575年），然后是南遗的儿子南蒯。如上文所述，前575年时，叔仲昭伯想要巴结季武子，他采取的方式是向南遗献媚，帮助修筑费邑城墙；前538年底叔孙氏家臣竖牛作乱时，为了接近季武子而去贿赂的两个人就是叔仲昭伯和南遗，可见南遗当时在季氏内部已经是举足轻重的人物，对季氏族长能产生很大的影响力。对于季武子来说，前575年增修费邑城墙当然是在巩固季氏的利益；然而他当时可能没有考虑到的是，如果邑宰试图谋反的话，那么这一举动就是在帮助反贼修筑叛乱的根据地。

根据南遗在《左传》中的两处记载来推算的话，南遗担任费邑邑宰至少有38年时间（前575年—前538年）。南遗去世后，继任的邑宰是他的儿子南蒯。如果从正面去看，这说明南遗的政治能力出众，管理费邑有方，能够得到季武子的长期信任和倚重。如果从负面去看，这说明南氏已经形成了"世袭邑宰之位"的局面，长期实际控制费邑的军政大权，在费邑民众心目中已经有了相当高的威望，而这都为南氏割据叛乱埋下了祸根。

季武子的孙子季平子很可能已经意识到了南氏坐大的危险，因此他成为季氏族长之后，很可能已经开始谋划削弱南氏的势力。《左传》记载"季平子即位之后，对南蒯不以礼相待"，可能正反映了季平子贬黜南蒯的行动。南蒯意识到季平子的意图之后，既不打算跪地求饶，也不打算坐以待毙，于是他也立即启动了武装政变的计划。

南蒯发动政变的公开目的在他失败出奔齐国后回答齐景公的话里表达得非常清楚，那就是为了"张公室"。也就是说，南蒯发动政变是为了惩处长期压榨公室、威逼国君的季氏，从而重振公室和国君权威，这与当年东门子家所找的理由完全一样。当然，这种"毫不利己专门利人"的理由只能用来为政变行动提供道义上的合理性，无法让人真心信服。南蒯发动政变的真实目的在下文他对公子憗说的话里表达得非常清楚，那就是为了"以费邑为公臣"（带着费邑做国君的臣子），也就是突破自己现有的家臣身份，成为像季平子那样的公臣——享有崇高地位、拥有世袭封地的卿大夫。说得再具体点，如果南蒯成功转型的话，无论是国君还是其他卿官，都不可能有人敢让南蒯作他属下的大夫，因此南蒯要是真能成为公臣，他得到的官职一定是卿官。

为什么南蒯愿意为成为卿官而冒这么大的风险？这是因为与卿族家臣相比，卿官的政治地位和经济地位都要高得多：

（一）卿官的政治地位是家臣不可比拟的。

卿族家臣不论多么受到卿族家主（也就是卿官）的信任和器重，在政治上仍然只是卿族家主的臣下，其职业道德是对家主绝对忠诚和服从，只知道为卿族尽心尽力，而不能参与国事。相比之下，卿官在名义上是国君的臣下，但由于鲁国君主在"四分公室"之后已经彻底傀儡化，诸卿实际上以一种"寡头政治"的方式掌控国家政事，因此卿官在实际上是国家最高领导人集团中的一员，是鲁国国内实际政治地位最高的人。

（二）卿官的经济地位也是家臣不可比拟的。

卿大夫的高级家臣是可以从本族族长和其他家族那里获得禄田的。比如说，据《左传·成公十七年》的记载，鲁国大夫族施氏的家宰，拥有的禄田规模是一百家农户所居住和耕种的土地；又比如说，叔孙氏竖牛作乱期间，为了拉拢季氏费邑邑宰南遗支持自己，答应在事成之后把叔孙氏位于东部边境的十处田邑赠送给他；当然，这种赠予应该是要得到季氏族长的许可，先归化为季氏私邑，然后再赏赐给南遗。

然而，这种家臣禄田与卿大夫私邑相比有两处劣势：第一，这种禄田是卿族家主拿出全部私邑的一小部分赏赐给家臣，面积一定远远小于家臣所服务卿族所拥有的全部私邑；第二，这种禄田是与家臣的职务挂钩的，如果家臣不再担任职务，那么他就需要将禄田交还给家主，而家主从国君那里得到的私邑是世袭罔替的。

因此，对于卿族家臣来说，无论是从政治还是经济角度来看，成为卿官都是非常有吸引力的，可以说是他们的最高理想，而南蒯此次就是要以"张公室"作为掩护，向这个最高理想发起冲击。

二、卿官公子慭

南蒯定下计划之后，首先联系上了卿官公子慭，对他说："我把季氏赶出去，然后把季氏所控制的资产归还给国君。您代替季孙做执政卿，我带着费邑做国君的臣子。"公子慭答应和南蒯一同起事。

南蒯为什么要先找公子愁？最合理的解释是，公子愁的政治立场与出身于卿族的其他卿官不同，他是支持"张公室"的。那么，公子愁为什么会有这样的政治立场呢？这可能跟他的出身（国君之子、公族核心成员），以及他得以升任卿官的原因有关。

就某位现任国君而言，健在的群公子是他的爷爷（曾祖辈先君之子）、叔伯（祖辈先君之子）、兄弟（父辈先君之子）或儿子，是国君所领导的公族最核心的成员。根据宗法制的规定，国君的嫡长子世代担任国君，而其他诸子，也就是群公子，则在国内担任卿大夫辅佐国君。在春秋前期，鲁国卿官的主体一直是群公子，而其他卿官则主要来自群公子的后代。由此倒推，西周时期的情形更应该是如此。群公子是公族核心成员，我们可以把这种由群公子担任的卿官称之为"公子卿官"。公子卿官的具体数目自然会随着具备执政能力的公子候选人数量而波动，但是合格的候选公子担任卿官的权力是得到保障的。

然而，从可考的鲁隐公至鲁襄公朝卿官信息来看[1]，在鲁隐公至

---

1 鲁隐公时期，见于《春秋》明确记载及可推知的卿官有六人（公子益师、展无骇、公子翚、公子彄［臧僖伯］、公子豫、挟），其中公子四人。

鲁桓公时期，见于《春秋》明确记载及可推知的卿官有三人（公子翚、柔、臧哀伯），其中公子一人。这一时期传世文献记载简略，不见于记载的卿官中可能还有公子。

鲁庄公时期，见于《春秋》明确记载及可推知的卿官有六人（公子庆父、公子牙、公子友、公子溺、公子结、臧文仲），其中公子五人。

鲁僖公时期，见于《春秋》记载及可推知的卿官有七人（公子友、孟穆伯、叔孙戴伯、叔孙庄叔、臧文仲、公子遂［即东门襄仲］、公子买），其中公子三人。

鲁文公时期，见于《春秋》记载及可推知的卿官有九人（季文子、孟穆伯、孟文伯、孟惠叔、叔孙庄叔、臧文仲、臧宣叔、叔仲惠伯、公子遂［东门襄仲］），其中公子一人。从此时起，鲁国诸卿之中，公子卿官的数量再未超过一人。

鲁宣公时期，见于《春秋》明确记载及可推知的卿官有十一人（公子遂［东门襄仲］、东门子家、季文子、孟惠叔、孟献子、叔孙庄叔、叔孙宣伯、臧宣叔、（转下页）

鲁僖公时期公子卿官为主体的表象之下，一股新的政治势力在不断成长，那就是世袭卿位的卿族。这些卿族的始祖都是先代群公子，这些群公子当年也都是卿官。然而，这些家族的特殊之处在于，它们的后代族长获得了世袭卿位的权力，我们可以把这种由卿族族长担任的卿官称之为"卿族卿官"。由于卿官的总量是有限的（春秋时期的鲁国是六位），随着这种"占住坑位不走"的卿族不断出现，卿官体系自然就会出现卿族卿官排挤公子卿官的现象，这正是卿族壮大、公族衰弱历史进程的一个重要现象。

从数据来看，最先成为世袭卿族的是始祖为鲁隐公时期公子卿官的臧氏，然后是始祖为鲁庄公时期公子卿官的季氏、孟氏、叔孙氏、叔仲氏。因此，到鲁文公时，六个卿官席位已经被占去了五个，仅剩一个席位留给公子卿官公子遂（即东门襄仲）。

到鲁宣公时，被逼到墙角的公子卿官公子遂与鲁宣公联手，打算铲除三桓以"张公室"，这既是公室对卿族压迫的反击，也是公子卿官对卿族卿官压迫的反击。公子遂去世后，他的儿子东门子家继位为卿，这意味着第六个卿族——东门氏已经形成。当然，东门

（接上页）子叔声伯、叔肸、仲婴齐），其中公子一人。这一时期，鲁宣公与公子遂及其子东门子家密切合作试图"张公室"，然而他们的计划在前591年东门子家出奔后宣告失败，而三桓掌控朝政之势遂成。

鲁成公时期，见于《春秋》明确记载及可推知的卿官有九人（季文子、孟献子、叔孙宣伯、叔孙穆子、臧宣叔、臧武仲、子叔声伯、仲婴齐、子叔齐子），其中公子一人，即公子偃。公子偃在前576年接替仲婴齐升任卿官，然后在前575年叔孙宣伯政变失败后就被季文子派人刺死，可见公子偃也一定参与了此次旨在消灭季文子、孟献子的政变。叔孙宣伯政变失败后，三桓掌控朝政的形势得到进一步巩固。

鲁襄公时期，见于《春秋》明确记载及可推知的卿官有十一人（季文子、季武子、孟献子、孟庄子、孟孝伯、孟僖子、叔孙穆子、子叔齐子、子叔敬子、臧武仲、臧为），其中无人是公子。这一时期，三桓势力日渐强盛，在前562年通过实施"作三军""三分公室"改革控制三军，并开始侵蚀公室的经济基础——公邑/公民。鲁襄公在其末年曾试图引入楚国来驱逐三桓，然而最终忍气吞声回到鲁国。

氏是卿族集团中的异类，因为东门子家决定要继承父亲遗志，继续与鲁宣公合作"张公室"，无奈最终被卿族领袖季文子抓住时机一举击败。季文子随后"招安"了公子遂的儿子仲婴齐，建立了卿族仲氏，终于将这个异类卿族改造成了同类。

到鲁成公时，六个席位第一次全部被卿族卿官占住，为时长达15年之久。不过，前576年仲婴齐去世之后，他的位置再次被公子卿官公子偃所占据，这背后的操盘手应该是一年后发动政变的叔孙宣伯和穆姜。前575年叔孙宣伯政变失败后，公子偃被季文子派人刺杀，卿官体系又恢复到六卿全部是卿族卿官的状况。这种状况在整个鲁襄公时期得到保持，而没有公子卿官支持的鲁襄公也沦落到了"惊闻季武子夺取卞邑、一度想要发动楚国攻打鲁国"的悲凉境地。

公子慭是鲁昭公执政时期突然出现的公子卿官，而且他在本年驱逐三桓政变中扮演关键角色。综合考虑上文讲述的、公子卿官衰微的长时程背景，以及鲁宣公、鲁成公时公子卿官屡次参与反三桓政变的情况，笔者推测，公子慭之所以能够升任卿官，大概是因为鲁昭公在前537年三桓"四分公室"之后开始认真考虑要发动反季氏政变，作为政变谋划的一部分，鲁昭公利用自己残存的君权全力推举公子慭，使他得以接替那位不知名氏的末位卿官进入六卿领导班子。

前530年时，鲁昭公31岁，他的儿子叫作"公某"而不叫"公子某"，而当时公子慭已经能够代表鲁国出使晋国；到15年后的前515年时，同为流亡者的鲁昭公和公子慭在齐国会面，当时鲁昭公46岁，而公子慭的女儿也已经成为齐景公的夫人。这样看来，公子慭应该不是鲁昭公的儿子，也不是鲁昭公的叔伯，而最有可能是鲁昭公的兄弟。鲁昭公和公子慭都是公族核心成员，他们拥有共同的敌人——季氏，他们两人之间应该是结成了政治同盟，其共同目标是要接续鲁宣公-公子遂同盟未竟的"张公室"事业，驱逐季氏，重振公室权威，恢复公子卿官的主体地位。

三、大夫叔仲穆子

南蒯又联系上了叔仲昭伯的儿子叔仲穆子，并告诉了他自己的政变计划。叔仲穆子之所以被南蒯盯上，主要是因为他想要寻找机会挤进六卿行列。叔仲穆子应该是有些心动，不过并没有马上下定决心加入政变团伙。

前532年发生的一件事促使表面上仍然与季平子亲近的叔仲穆子下决心加入政变团伙。前535年之前季悼子去世时，叔孙昭子已经接受鲁昭公的中级任命成为中等卿官。等到前532年季平子攻打莒国胜利后，贡献了私家军队的叔孙昭子也因功接受鲁昭公的高级任命成为上等卿官。叔仲穆子想要挑拨季平子罢黜叔孙昭子，从而使得自己不用参加叛乱就能挤进六卿领导班子，于是对季平子说："叔孙接受高级任命，在朝廷上的位次超过了他的父辈兄辈，这是不符合礼制的。"季平子没有认真查考礼书，凭着大概印象认为叔仲穆子说得有道理，于是要求叔孙昭子自行贬黜，辞去高级任命。

让季平子没想到的是，熟悉礼制的叔孙昭子知道自己有理，他当即抗议说："叔孙氏发生家祸，杀死嫡子而立了我这个庶子，所以我才到了今天这个地位。如果您打算利用我家的祸乱而使我落败，那么我听到命令了。如果您不打算废弃国君关于官员任命的命令，那么朝廷上本来就有我的位置！"叔孙昭子第二天上朝时更加咄咄逼人，他命令官吏说："我将要跟季孙打官司，倒要看看谁有道理，你们在记录双方辩词时不要有所偏颇！"

根据《礼记》相关篇章的记载，叔仲穆子所说的"子弟辈在朝堂上的位次不得超过父兄辈"是周王室王族所遵行的礼制，而周王室官员所遵行的礼制中明确规定，子弟辈可以接受超过他的父兄辈的高级任命。如果将鲁国与周王室进行类比，那么叔孙昭子应该遵行的是周王室官员的礼制，也就是说，他的行为并没有任何违礼之处。季平子很可能是在仔细查考礼书后发现自己被叔仲穆子蒙骗了，于是将罪责全部推给叔仲穆子。正是季平子的这番"甩锅"操作，将本来还在犹豫不决的叔仲穆子推到了叛乱团队中。

从上面的详细叙说中我们可以得知，鲁昭公第一次政变的三位骨干党羽并不是鲁昭公自己出手招募的，而是先有南蒯出于"先下手为强"的盘算，决定要以"张公室"为名义发动政变以推翻季氏，然后去联络鲁昭公扶植的公子卿官公子憖，在得到公子憖的支持后再去联络有心挤进六卿行列的叔仲穆子。也许有读者会认为，既然是这样，那么我们不能说鲁昭公在汇聚国内党羽方面做了什么积极主动的努力？然而，如果我们想得更仔细一些，鲁昭公的身影就会逐渐浮现出来。

这个思考的角度就是：当南蒯考虑以什么样的正当理由发动政变时，他为什么会想到"张公室"，又为什么会认为鲁昭公会对这个计划感兴趣？这是因为，一方面，南蒯作为季氏内部仅次于家宰的高级家臣，对于季氏如何欺压鲁昭公的内幕细节了解得非常清楚，知道季氏与公室之间的关系非常紧张；另一方面，南蒯通过观察分析鲁昭公的那些重要行动，比如说通过装疯继位、访问晋国行礼无懈可击、"逆行"访问楚国、不顾周礼规定与吴王联姻、力推公子憖进入六卿班子等，已经明确知道鲁昭公没有准备乖乖做傀僵，而是在积蓄力量准备对抗季氏。

因此，鲁昭公在"汇集国内党羽"方面所做的努力，并不是主动出击去游说拉拢有潜力的对象，而是像钓鱼人那样先打窝，然后放下钩子等待鱼儿上钩，这里说的"窝饵"就是他做的那些让明眼人能看出来自己抗争心志的行动，而"钩子"就是他力推进入六卿领导班子的公子慭。

鲁昭公之所以要这样做，是因为他很清楚，"四分公室"之后，他已经没有自己可以直接调动的人力物力，接下来如果执意要继续抗争的话，唯一能依靠的力量就是季氏的政敌。由于季武子/季平子在鲁国公朝上是执政卿，在季氏家朝是族长，大权在握，天天要做出涉及他人切身利益的决策，这样一来，他就一定会得罪人，一定会在鲁国卿大夫群体和季氏家臣群体内部树立政敌。

对于这些政敌来说，如果他们以"因为利益受损而报复季氏"为理由发动政变的话，那就是贵族之间为了利益而撕斗，完全没有正当性可言，无法争取到更多同情鲁昭公的卿大夫和其他国人的支持，而且各政敌之间很难联合起来；但如果他们以"张公室正朝纲"为理由发动政变的话，这场政变就具有了相当强的正当性，从而能够争取到更多同情鲁昭公的卿大夫和其他国人的支持，而且各政敌比较容易为了一个堂而皇之的共同目标而联合起来。

如果鲁昭公想要把季氏政敌汇集到他自己麾下，那么他应该怎么做呢？用抓鱼来作比方的话，简单来说有两个策略：一个是主动地"拿起抄网找鱼捞"，一个是被动地"打窝下钩等鱼来"。

如果采取主动策略的话，一方面难度很大，主要是很难找准对象，因为季氏政敌不会轻易暴露自己对季氏的怨恨，另一方面风险很大，因为鲁昭公主动出击联络卿大夫容易留下证据，而且会刺激季氏采取当年暗杀鲁宣公那样的极端举措。

如果采取被动策略的话，一方面难度不大，只要时不时地"打窝"，而且下好"钩子"就行；一方面风险也不大，因为"打窝"的那些行动，在表面上都是有正当理由的国事活动，而"钩子"公子憖本身也没有什么叛乱言行，季氏就算知道他是鲁昭公的亲信也没有理由采取断然行动。

考虑清楚之后，鲁昭公采取了被动策略，像一个耐心的钓鱼人那样静静地等着，最终在前530年前等来了南蒯、公子憖、叔仲穆子等人的联结。

公子憖到达晋国，南蒯背叛季氏

南蒯—公子憖—叔仲穆子团队商定叛乱计划后，公子憖将计划告诉了鲁昭公。鲁昭公看到自己这么多年"打窝""下钩"终于等来了大鱼，心中的欣喜可想而知。从这时开始，鲁昭公第一次政变进入实质性推进阶段，而鲁昭公也不再是清静无为的钓鱼人，而成为接下来行动的主动策划者和实施者。

如前所述，"争取内外呼应"是鲁昭公的总体策略，现在国内党羽已经基本准备停当，接下来要做的就是尽力争取国外干涉。鲁昭公先前曾经尝试与南方大国楚国建立友好关系，但并没有取得实质性成果。回头看来，还就是在访问晋国期间与"张公室派"卿大夫羊舌肸等人的联络取得了一些进展，而且晋国毕竟是对鲁国有管控责任的中原霸主。因此，鲁昭公最终决定，等待一个有正当理由访问晋国的机会，向晋国高层控诉季氏罪行，尽力争取霸主出手干预鲁国内政，然后国外干涉和国内起兵相互呼应，一举驱逐季氏。

于是，如前所述，在前530年夏天，鲁昭公带着公子慭一起前往晋国，表面上是为向霸主解释鲁国攻打莒国的缘由，实际上是准备在霸主面前控诉季氏欺压公室的罪行，挑动晋人出手驱逐季氏。然而晋人因为莒人的控诉而拒绝鲁昭公入境，于是鲁昭公只能掉头回国，而公子慭继续前往晋国都城。

政变团队骨干成员南蒯是一个政治敏感性很高的人，他得知鲁昭公被拒绝入境、只有公子慭前往之后，就已经料定此次"借助外力驱逐季氏"计划将不会成功：鲁昭公亲自前去都未必能谈成的大事，公子慭一个末位卿官怎么可能谈成？于是南蒯不再等待公子慭回国，而是直接带着费邑叛离季氏，投靠了齐国。

如南蒯所料，公子慭没能说服晋人出兵驱逐季氏，随后启程回国。他在到达卫国时听到鲁国已有内乱，于是丢下副使，自己快马加鞭赶回鲁国都城以探听详情。到了都城郊外时，他得知南蒯已经叛离季氏投靠齐国，知道大势已去，于是没有进入国都，而是直接出奔，也去了齐国。

公子慭出奔后，六卿领导班子有了一个空缺，笔者认为，最有可能补位的应该就是下文中为解救季平子作出了重大贡献的子服惠伯。此时六卿领导班子情况如下：

鲁 六 卿 表
（前530年公子慭出奔后）

位　次	人　物	族　属
一	季平子	季
二	子叔敬子	子叔
三	孟僖子	孟

位　次	人　物	族　属
四	叔孙昭子？	叔孙
五	臧为/臧昭伯？	臧
六	子服惠伯？＊	子服

到这个时候，南蒯已经占据费邑公开反叛，公子憖已经去了齐国，而一直在都城里的叔仲穆子由于并没有任何实质性动作，所以还没有暴露。季平子当时其实已经掌握了此次政变的部分内情，知道叔仲穆子也是团伙成员之一，但也没有什么真凭实据可以坐实叔仲穆子的罪过，因此还没办法在朝堂上公开惩处他。

季平子一方面想要驱逐叔仲穆子，一方面又忌惮有亲近国君倾向、又刚刚斗败了自己的叔孙昭子，于是想出了一个"一石二鸟"的计策，那就是私下要求叔孙昭子去驱逐叔仲穆子，希望叔仲氏把宗族被驱逐的仇都记在叔孙氏账上。叔仲穆子听说了季平子的安排，于是躲在家里不敢上朝。叔孙昭子命令官吏去通知叔仲穆子，让他继续上朝，表态说："我不会成为聚集怨仇的所在。"

南蒯出奔到齐国之后，在同年又回到了他长期担任长官的费邑，率领费邑民众继续反叛。前529年春天，子叔敬子率军围攻费邑，但没有成功，反而被费人打败。季平子很愤怒，命令只要见到城外的费人，就抓起来作为因犯。冶区父说："这样做是不对的。如果您见到费人，受冻的给他衣服，挨饿的给他食物，做他们的好主子，供应他们的缺乏困苦之处，费人前来投诚就会像回家一样,这样一来南氏就会灭亡了。民众如果背叛了的话,谁跟南氏住在围城里呢?如果用威严来让他们害怕,用愤怒让他们畏惧,民众会愤而反叛,这就是帮着南氏聚集民众了。如果各国诸侯都这样,费人无处可去,那么他们如果不亲近南氏,还能去哪里呢?"季平子听从了冶区父的建议,费人开始叛离南蒯。

羊舌肸精心设局,季平子会场被捕

自从前541年楚灵王弑君即位以来,楚国的发展势头一直很猛,令它的昔日争霸对手晋国相形见绌:前538年,楚灵王在得到晋国同意的情况下,在楚国境内举行了大型诸侯会盟,正式成为与晋国并立的霸主;前534年,楚灵王攻灭蔡国;前531年,楚灵王攻灭陈国。到前530年冬天时,楚灵王已经基本完成对吴国的战略包围,准备最终消灭吴国、统一南方。然而,前529年时,楚国内部反对势力突然在后方发动政变,楚灵王兵败身死。

到此时为止,晋国的中原霸业已经是摇摇欲坠。晋平公在经历了一段纵情声色的颓废生活之后,又开始大兴土木营建虒祁宫。前534年(晋平公二十四年)时,虒祁宫正式建成,晋国发出命令要求各盟国君臣前来道贺。晋平公向诸卿解释的理由肯定是"用豪华雄奇的虒祁宫来显示晋国的实力,从而获得诸侯的敬畏和归服"。然而,各诸侯国君臣在参观完虒祁宫回国后却并不这样看:他们认为晋国作为霸主一直在收取各诸侯国的贡赋,却一方面不愿拿出人力物力来管控中原国际秩序、抵抗楚国侵略扩张,另一方面将大量人力物力花在营建本国宫室上,这样的霸主要他有何用?因此,如同《左传》所描述的那样，"晋国虒祁宫建成之后，前往朝见的诸侯国高层在回国后都有了二心"。同盟国离心离德的一个典型案例就是，在前532年，鲁国公然违背晋国确立的国际秩序，入侵莒国夺取了郓地。

晋国君臣清楚地意识到，再这样下去晋国的中原霸业将要崩塌，这样一来晋国也不再有理由向各诸侯国收取贡赋，因此高层有人提议率领诸侯讨伐鲁国。在这种形势下，羊舌肸提出"不可以不向诸侯展现我们晋国的威力"，敦促六卿借此机会通过召开诸侯会盟来重新宣示晋国的中原霸主地位。晋国六卿虽然已不可能团结一致与楚国争霸，但也绝不会放过老对手突然主动退缩的天赐良机，何况首倡此事的人不是别人，正是因准确预言楚灵王败亡以及楚平王上位而声誉隆盛的羊舌肸，于是他们决定按照羊舌肸的倡议行事。

前529年秋七月二十九日，晋人在邾国南部集结军队。随后，晋昭公召集周王室代表刘献公以及宋、卫、郑、曹、莒、邾、滕、薛、杞、小邾等国君主在平丘[1]举行会盟。为了扭转晋楚停战以来晋国霸业衰颓的负面形象，继续震慑住中原诸侯，晋国六卿罕见地达成共识，从各卿大夫家族征调了四千辆兵车，拼凑出一支强大的"国家军队"，来参加这次会盟。

在平丘之会上，齐人提出不愿重温旧日盟约。羊舌肸前往齐国营帐与齐人谈判，最终迫使齐人同意参与盟誓。虽然齐国人最终服软了，但羊舌肸在回到晋国营帐之后仍然告诉诸卿说："诸侯与晋

---

1 平丘见图三。

国有嫌隙了！不可以不向诸侯示威！"秋八月四日，晋人当着诸侯的面开始操练军队，竖起军前大旗而不系飘带，表示仅为检阅。五日，晋人在大旗上系上飘带，表示将要用兵讨伐不听命的诸侯，这让诸侯代表（特别是齐国代表）非常害怕。

当时，鲁昭公率领鲁国使团参与会盟，执政卿季平子、卿官子服惠伯都在使团中。

邾人、莒人向晋国控诉说："鲁国从早到晚讨伐我国，我们差不多要灭亡了。我们之所以没有向晋国交纳贡赋，都是因为鲁国的缘故。"

晋昭公因此拒绝与鲁昭公会面，派羊舌肸到鲁国使团驻地告知说："诸侯国君将在七日举行盟誓，我国君主知道没办法事奉贵国君主了，请贵国君主不用劳驾。"

鲁卿子服惠伯对答说："贵国君主相信蛮夷的控诉[1]，断绝了与兄弟之国的友好[2]，抛弃周公的后代[3]，也只能随贵国君主的便了。我国君主听闻命令了。"

羊舌肸声色俱厉地威胁说："我国君主有四千辆装载甲士的战车在这里，就算是不讲道理横行霸道，也必然是很可怕的。何况我们遵循正道，哪里还会有什么敌人？牛就算是瘦了，如果扑倒在小猪身上，难道还怕小猪不死吗？南蒯、子仲（公子慭）作乱的忧患，鲁国难道可以抛下不考虑吗？如果我们动员晋国的兵众，使用诸侯的军队，依靠着邾国、莒国、杞国、鄫国的愤怒，来讨伐鲁国的罪

1　邾、莒为东夷国，故了服惠伯称之为"蛮夷"。
2　晋、鲁两国的实际始封君唐叔虞、伯禽都是周文王的孙子，所以两国是"兄弟之国"。
3　鲁国名义始封君是周公旦，所以鲁国是"周公的后代"。

过，利用南蒯、子仲二人造成的忧患，到时候想从鲁国求取什么会得不到呢？"

鲁人被羊舌肸的威胁给吓住了，只得表示听从命令。到了盟誓那天，鲁昭公没有参与。不过，接下来晋人并没有对鲁昭公采取其他措施，而是逮捕了季平子。会盟结束后，鲁昭公回到鲁国，而子服惠伯跟随季平子到了晋国。

按照羊舌肸传达的晋昭公命令，晋国惩治鲁国的矛头指向的是鲁昭公，为什么最后却逮捕了季平子，而放了鲁昭公？这个怪异的结局促使我们要重新审视羊舌肸先前的那段话。笔者认为，羊舌肸的话语表明，当时的晋国有一些卿大夫主张"利用南蒯、子仲二人造成的忧患"：这其中有人可能只是想借此要挟鲁国执政卿季平子，从而迫使鲁国按照晋国的意愿行事；而还有人可能是真想要支持南蒯、公子慭"重振公室"的行动，想要利用邾人、莒人的控诉做一个局逮捕季平子，从而帮助鲁昭公铲除季氏。

笔者进一步推测，羊舌肸正是持后一种观点。从本传上文的叙述中我们已经知道，羊舌肸是晋国著名的贤大夫，他以品德高尚、学识渊博、立场端正著称，被孔子誉为"古之遗直"。他一直担任国君的股肱辅臣，先后辅佐了晋悼公、晋平公、晋昭公，以匡扶君主、振兴公室为己任，并且将羊舌氏自我定位为"公族"，不与削弱公室的卿族合作，是一个立场坚定的"张公室派"大夫。《左传》《国语》记载的羊舌肸言论，绝大多数都是仗义执言、通情达理，唯有平丘会盟，从最开始的倡议"不可以不向诸侯展现我们晋国的威力"，到"诸侯与晋国有嫌隙了！不可以不向诸侯示威"，到

"我国君主有四千辆装载甲士的战车在这里，就算是不讲道理横行霸道，也必然是很可怕的""牛就算是瘦了，如果扑倒在小猪身上，难道还怕小猪不死吗"，可以说是蛮横无理、气势汹汹，与他本人一贯的风格迥然不同。所谓"事出反常必有妖"，羊舌肸的反常言论之下，一定有更深的谋划。

笔者认为，此次季平子被扣押事件的真相大概是这样子的：

鲁国"张公室派"卿官公子慭先前到达晋国之后，很可能联系了羊舌肸这位晋国的"张公室派"领袖，将政变团队想要借助晋国力量铲除季氏的计划告诉了羊舌肸，羊舌肸也答应为铲除季氏寻找机会。

当羊舌肸向晋国诸卿建议要抓住机会召开诸侯会盟时，很可能就已经提出，要充分利用鲁国内部南蒯、公子慭作乱的形势，公开惩治破坏国际秩序的鲁国，建议的措施是：

第一，鼓励邾人、莒人在会场控诉鲁国罪状。

第二，通过禁止鲁昭公参与盟誓来公开惩处鲁国。

第三，根据鲁国的态度来决定是否要进一步惩处鲁国，比如说率领诸侯联军讨伐鲁国。

由于羊舌肸提议要羞辱的是已经成为傀儡的鲁昭公，而鲁昭公得不到把持晋国政事的六卿的任何同情，因此六卿同意了羊舌肸的提议。对于晋昭公而言，六卿同意的事，他也只能照办。

议定之后，晋国发布命令召集各国诸侯派代表团前来开会，其中包括鲁昭公和季平子。在盟誓前的会议期间，邾人、莒人跳出来控诉鲁国欺凌小国，然后，羊舌肸来到鲁国使团驻地，宣布晋昭公的命令说，由于鲁国欺凌邾国、莒国，违背了霸主晋国制定并维护的国际法，因此晋昭公将拒绝在盟誓当天与鲁昭公会面，作为对鲁国的惩罚。

羊舌肸宣布晋昭公命令之后，浑然不知这是个圈套的鲁国执政卿季平子在鲁国君臣紧急协商会上提出，晋人的无理命令必须加以驳斥，鲁国的尊严必须得到维护，应该派出善于外交辞令的子服惠伯去驳斥羊舌肸。由于季平子的提议目的是捍卫鲁国尊严，因此鲁昭公也只能表示同意。

季平子不能搬上台面明说的考虑是：如果反驳晋人激化了形势，最差也就是当场逮捕鲁昭公，因为鲁昭公才是晋人惩处鲁国立威的靶子。此时南蒯叛乱仍在继续，季平子也知道政变的总后台就是鲁昭公，因此季平子其实是乐见鲁昭公被晋人抓走的。

鲁国君臣谋定之后，派出子服惠伯应对羊舌肸，指责晋国"相信蛮夷的控诉，断绝了与兄弟之国的友好，抛弃周公的后代"。没想到，一贯正直明理的羊舌肸变得蛮横起来，声色俱厉地威胁鲁国君臣，声称拒绝鲁昭公参与盟誓只是个开始，晋国有可能会召集诸侯军队来讨伐鲁国的罪过。羊舌肸怒斥鲁人，想要达到的目的有两个：

第一个目的，是为之后向晋国诸卿提议抓捕季平子寻找一个正当理由。子服惠伯指责晋国的言论，绝不可能是来自傀儡鲁昭公的旨意，因为鲁昭公一直想巴结晋国，而只可能是来自实际掌权的季平子的旨意。因此，如果真的想要让鲁国顺服晋国，就一定要惩处这个胆敢公然驳斥晋国命令的实权人物季平子。

第二个目的，是向季平子及其党羽放一个"烟雾弹"，让季平子及其党羽误认为晋国第一波惩罚是不允许鲁昭公参与盟誓，而第二波惩罚将会是晋国召集诸侯讨伐鲁国，总之都不是针对季平子个人而去的。

随后，羊舌肸向晋国诸卿报告，声称自己在鲁国使团驻地宣布晋昭公命令后，受到鲁人的公然驳斥，自己当时用"晋国将组织诸侯讨伐鲁国"暂时压制住了鲁人的嚣张气焰，然而自己认为，更好的进一步惩处方式应该是逮捕掌握实权且敢于顶撞晋国的季平子，这样做能用小得多的成本达到要挟鲁国就范的效果。当时晋国六卿的注意力主要放在发展各自卿家的经济军事实力，成就"化家为国"事业上，没有人愿意为了威慑鲁国而真的出兵讨伐，然而鲁人公然挑战霸主权威也不能不惩处，因此六卿再次同意了羊舌肸的提议。

于是，在鲁昭公被拒绝参与盟誓之后，季平子突然被扣押，而鲁昭公却毫发无损地回国了。直到这时，季平子及其党羽可能才反应过来，原来羊舌肸的目标是季平子，而他先前的言论是在为抓捕季平子造势。羊舌肸为了践行帮助鲁昭公"重振公室"的大义，不惜破坏自己长期保持的正面形象，设局抓捕季平子，这正是"君子讲大信而不讲小信"[1]的生动案例。

---

1 《论语·卫灵公》："子曰：'君子贞而不谅。'"

季平子最终获释，南蒯事败奔齐

季文子被捕同年冬天，鲁昭公前往晋国朝见晋昭公。晋卿中行穆子对执政卿韩宣子说："诸侯相互朝见，目的是为了重温旧日的友好。如今扣押了鲁国的卿官而又让鲁国的国君前来朝见，这是不友好的，不如推辞掉。"于是派大夫士景伯在河水边拒绝鲁昭公入境。这是鲁昭公第三次半途而废的晋国之旅。

笔者认为，鲁昭公此次前往晋国的真实目的，是想要在羊舌肸开了个好头的基础上乘胜追击，在晋人面前控诉季氏试图带领鲁国背叛晋国的罪行，促使晋人出面干预鲁国内政、驱逐季氏。然而，此时在晋国卿大夫群体里占主导地位的毕竟是以"壮大卿族"为基本政治立场的赵、魏、韩、范、中行、知六大卿族，而中行穆子正是中行氏的族长、晋国六卿中排第三的卿官。他此时很可能已经接受了季平子党羽子服惠伯的劝说，想要促成释放季平子，因此必须先确保鲁昭公不能到晋国朝堂上来控诉季氏的罪状。

正是为了达到这个目的，中行穆子与主张要惩处鲁国的羊舌肸唱反调，压根不提惩处鲁国的事，而是强调要重温鲁晋之间旧日的友好，然后就以"扣押了鲁国的卿官而又让鲁国的国君前来朝见，这是不友好的"为理由拒绝鲁昭公入境。实际上，中行穆子想说的是"扣押了鲁国的卿官是不友好的，应该把季孙放了"，这层言下之意已经很明显了。

季平子被扣押在晋国期间，想要置他于死地的鲁昭公没能来到晋国对他"落井下石"，而竭尽全力想要救他的子服惠伯则取得了成功。

子服惠伯这时候已经明白，强调"鲁国无罪，因此晋国应该释放鲁国代表季平子"是行不通的，因为晋人在平丘之会上已经公开宣告"鲁国有罪"，接下来假设晋人如自己所愿承认"鲁国无罪，晋国冤枉了鲁国"，这种认错无疑将严重损害晋国的霸主形象，即使是想要帮季平子脱罪的晋国诸卿也不能接受。因此，子服惠伯将他的策略调整为：先给晋国诸卿提供一些可以放到台面上说的、释放季平子的理由，确保季平子能够获释回国，再尝试是否能够"得寸进尺"争取更多权益。

　　在这种策略的指导下，子服惠伯私下对中行穆子说：

　　"鲁国事奉晋国，怎么就比不上东夷的小国？鲁国，是晋国的兄弟，土地还很大，晋国所命令的贡赋都能供应得上。如果为了蛮夷而抛弃了鲁国，使鲁国转而事奉齐国、楚国，对晋国有什么益处？亲近应当亲近的兄弟国家，赞助领土广大的国家，奖赏供给贡赋的国家，惩罚不能供给的国家，这才是盟主应该做的。您好好考虑一下吧！

　　"谚语说：'臣子只有一个，主子可有两个。'我们鲁国难道就没有别的大国可以事奉？"

　　中行穆子把子服惠伯的这番话转告给了韩宣子，而且说："楚国灭了陈国、蔡国，我们不能救援，却为了蛮夷而逮捕亲人，到底有什么意义呢？"

　　据《国语·鲁语下》的记载，子服惠伯还曾经直接去向晋国执政卿韩宣子求情：

　　　　晋国人逮捕了季平子。子服惠伯去见韩宣子，说：

"结盟，信义是关键。晋国作为盟主，应该主持信义。倘若举行盟誓而抛弃鲁侯，信义就有欠缺了。

"昔日栾盈发动内乱时，齐国乘晋国有祸难，攻占了朝歌。我国的先君鲁襄公不敢安居，派叔孙豹统帅全国的军队，包括腿脚有缺陷的残疾人都一起入伍，没有遗落在家里的男丁，全都跟从军吏出征。到达雍渝一带后，与贵国大夫邯郸胜共同攻击齐国的左军，牵制并俘虏了齐国的晏莱，齐军从晋国撤退以后才敢回国。我国并不是贪求出征远地会有什么好处；鲁国紧邻齐国，又相对弱小，齐人早晨驾车晚上就能到达鲁国，但鲁国不敢惧怕齐国报复带来的祸患，而与晋国共同承担忧患，还说：'这样做差不多能有益于鲁国吧！'

"如今晋国听信邾、莒这样的蛮夷小国而抛弃鲁国，对那些努力服事晋国的诸侯，将如何鼓励他们继续如此呢？如果晋国抛弃了鲁国仍然可以牢固地团结诸侯，我们又怎敢害怕被杀死呢？在事奉晋国的诸侯中，鲁国是最努力的了。如果因为蛮夷的缘故而抛弃了鲁国，难道不是得到蛮夷却失去诸侯的信任吗？您不妨计算一下利益再做决定，我们小国一定恭敬从命。"

子服惠伯的这一段言论中，"倘若举行盟誓而抛弃鲁侯"这一句特别巧妙。子服惠伯的意思是，逮捕季平子就是抛弃鲁昭公，因为季平子是鲁昭公的股肱之臣，没有季平子辅佐的鲁昭公是无法治理鲁国的。子服惠伯这样说的目的就是要把已经回国的鲁昭公和仍然被扣留的季平子绑定起来：如果你们晋人不想抛弃已经回国的鲁昭公，不想让他无法治理鲁国，那你们就必须放了鲁昭公的股肱辅臣季平子。

然而，无论是子服惠伯还是晋国诸卿都清楚，鲁国内政的真实情况并不是什么"季平子辅佐鲁昭公治理鲁国"，而是"鲁昭公被三桓诸卿架空，季平子率领三桓诸卿治理鲁国"。因此，子服惠伯的两段言论中真正会迫使晋国诸卿认真考虑的，是"鲁国难道就没有别的大国可以事奉"，"晋国为了蛮夷而抛弃鲁国"，翻译成白话就是：如果晋国继续扣押季平子，将会导致三桓铤而走险背叛晋国，转而事奉与晋国竞争的齐国或楚国。

子服惠伯不遗余力地奔走劝说起到了效果：羊舌肸所主张的"通过扣押季平子来惩处鲁国罪行，从而提升晋国的霸主权威"观点失去了晋国诸卿的支持，而子服惠伯所主张的"通过释放季平子来缓和紧张局势，防止鲁国铤而走险叛离晋国"得到了晋国诸卿的认同。于是晋国诸卿决定释放季平子。

然而，在子服惠伯看来，这个结果还不够好，因为晋人虽然已经同意释放季平子，但鲁国君臣作为一个整体仍然背负着霸主认定的罪行。因此，子服惠伯继续向晋人抗议说："我国君主不知道自己犯了什么罪，贵国君主会合诸侯然后就抓了他的卿大夫之长。如果贵国君主仍然认为我国有罪，那么季孙就是依据晋国判定我国有罪的命令受刑死去也是可以的。如果贵国君主说我国本来无罪，施恩免除了对季孙的惩罚，而其他诸侯国不知道事情真相的话，那就是季孙逃脱贵国的命令私自回国了，这怎么能算是免除了对季孙的惩罚呢？请求季孙能够顺从贵国国君的恩惠出席会盟。"

子服惠伯的意思是，他希望晋国能在公开场合承认鲁国无罪，进而无罪释放季平子，而不是让季平子偷偷摸摸地回国。子服惠伯为什么不见好就收，而是要"得寸进尺"？有这么两种可能性：

第一种可能性是，子服惠伯是季平子的私人党羽，他这样做的目的是为了维护季平子的私人利益。也就是说，子服惠伯第一步争取让晋人释放季平子，其目的是为了确保他基本的人身自由和安全；第二步争取让晋人宣布鲁国无罪，关键是为了推出鲁国执政卿季平子无罪，其目的是为了恢复季平子的名誉。

第二种可能性是，子服惠伯这样做的目的是为了维护鲁国的国家利益。也就是说，子服惠伯第一步争取让晋人释放季平子，其目的是确保鲁国的实际最高领导人能够平安回国处理政事，从而维护鲁国的政局稳定；第二步争取让晋人宣布鲁国无罪，其目的是为了恢复鲁国的国家名誉。

那么，子服惠伯到底是怎么想的？笔者认为，从子服惠伯的儿子子服昭伯[1]分析晋国君权下移至卿大夫局面的必然性来看，子服惠伯的真实想法可能是偏向于第二种可能性。子服惠伯对于鲁国君权下移至卿大夫的看法与晋国太史蔡墨恐怕是类似的（参见第464页），就是认为春秋时期在各主要诸侯国都发生的君权下移至卿大夫现象是合乎天道的必然趋势，而鲁国出现的情况是这个必然趋势的具体表现形式而已。因此，在大势已去的情况下，鲁昭公及其党羽试图借助霸主势力灭掉季氏反而是逆天而行。在这样的观念指导下，子服惠伯认为，为了维护鲁国的国家利益，他至少要设法解救真正主持鲁国政事的季平子，而最好是能够进一步恢复鲁国的国家名誉。

1　子服昭伯，姬姓，子服氏，出自孟氏，名回，谥昭，排行伯。子服惠伯之子。参见《鲁国国君与三桓世系图》。

回到事件本身，子服惠伯"得寸进尺"之后，晋国执政卿韩宣子感到很苦恼，因为晋国如果真的在公开场合承认鲁国无罪，逮捕季平子是一个错误，那么罗织盟国罪名、扣押盟国无罪执政卿的全部责任就要晋国来承担，这是正想要重新树立霸主形象的晋国诸卿绝对不可能去做的。韩宣子知道羊舌肸的基本立场是要打击季平子，而现在自己想做的也是不能让季平子得逞，于是他询问羊舌肸说："您能让季孙不再折腾、私下回国吗？"羊舌肸说："我做不到。但是鲋可以做到。"羊舌肸知道自己想要帮助鲁昭公严惩季氏的原定计划已经无法实现，现在唯一能够打击到季氏的就是不让季平子无罪回国，于是同意与六卿合作，让自己性情狡诈、能言善辩的弟弟羊舌鲋出马恐吓季平子。

羊舌鲋见到季平子，说："昔日鲋得罪了晋国先君（晋平公），自己投奔了贵国先君（鲁襄公）。如果没有武子（季武子）的恩赐，我根本到不了今天。鲋虽然获得了骨头回到晋国的恩惠，仍然感念您[1]使它长肉，怎敢不完全告诉您实情？让您回国您却不回国，鲋从官吏那里听说了，准备在西河[2]为您安排客馆，您准备怎么办？"羊舌鲋一边说还一边哭。季平子害怕了，同意在不宣布鲁国无罪的情况下先行回国，而子服惠伯仍不愿意放弃，继续争取晋人依礼遣送。前528年春天，季平子最终在鲁国并未洗脱侵略罪名的情况下回到了鲁国都城。

令季平子感到欣慰的是，自己回国后不久，依靠费邑顽抗的南蒯倒台了。两年前南蒯将要发动叛乱时，曾经组织费人盟誓，目的是

1　当年帮助羊舌鲋的是季武子，如今季武子已经去世，羊舌鲋便说自己对他的孙子季平子同样感恩。

2　西河即河水西岸，在陕西大荔、华阴一带，位于晋国西部边境，远离鲁国。

统一思想，共同反对季平子。当时季氏家臣中的司徒老祁、虑癸假装生病，派人请求南蒯说："臣下愿意接受盟誓，但是不巧生病了。如果托主子（指南蒯）的福能不死，请等到病情好转后再补上盟誓。"南蒯答应了他们。后来，季平子根据冶区父的建议善待费人，被围困在费邑中的民众想要叛离南蒯回归季氏的越来越多。老祁、虑癸抓住机会，说自己病已经好了，请求南蒯集合民众再举行盟誓，然后就在盟誓现场劫持了南蒯，对他说："群臣没有忘记他们的主子（季平子），因为害怕您而到了今天，已经听您的命令3年了。您如果不好好考虑如何退出，费人不能再对自己真正的主子狠心，恐怕不能再害怕您了。您到哪里不能满足自己的欲望呢？请把您送走。"南蒯请求给他5天时间，然后就出奔到齐国。至此，鲁昭公第一次政变彻底失败。

南蒯到达齐国之后，有一天陪着齐景公喝酒聊天。齐景公说："你是叛乱分子啊！"南蒯回答说："臣下是想要扩张公室啊。"旁边陪坐的齐大夫韩皙说："身为卿大夫家臣却想要扩张公室，没有比这更大的罪过了。"韩皙的意思是，南蒯是季氏家臣，他的唯一职责就是维护家主的利益，而无权去干涉国家政事。然而无论如何，韩皙敢于当着齐景公的面批评南蒯声称要"扩张公室"的言论，足见当时齐国也已经出现了严重的君权下移至卿大夫的状况。

鲁昭公朝见晋侯遭扣押，季平子不救日食显异志

前527年春二月十五日，子叔敬子去世。他的儿子叔辄[1]继任

1　叔辄，姬姓，子叔氏，名辄，字张，排行伯。子叔敬子之子。参见《鲁国国君与三桓世系图》。

子叔氏族长，并代表子叔氏进入六卿行列。叔辄在《春秋》《左传》中仅出现了一次，那就是前521年作为卿官去世，而且没有谥号，可以推知他是非常弱势的卿官，不可能继承父亲第二的高排位。最有可能的情况是，前三位重新被三桓占据，分别是季平子、孟僖子、叔孙昭子，第四、第五位由臧为/臧昭伯和子服惠伯占据，而资历最浅的叔辄垫底。此时六卿领导班子情况如下：

鲁 六 卿 表
（前527年子叔敬子去世后）

位　次	人　物	族　属
一	季平子	季
二	孟僖子？	孟
三	叔孙昭子？	叔孙
四	臧为/臧昭伯？、子服惠伯？	臧、子服
五		
六	叔辄？＊	子叔

前527年冬，鲁昭公前往晋国朝见晋昭公，《左传》认为此行的公开事由是为了"平丘会盟相关事宜"。杜预认为，鲁昭公此行主要目的是为了拜谢晋国去年释放季平子。然而，考虑到鲁昭公与季平子之间水火不容的关系，鲁昭公此行的真实目的恐怕只有他自己心里清楚。然而，鲁昭公到达晋国都城后，就被晋人扣留了下来，直到前526年夏才释放。

笔者认为，季平子归国之后，晋国诸卿商议后认为，一方面，晋国诸卿为了不引发鲁国局势动荡，不得不释放掌握鲁国实权的季平子；另一方面，晋国诸卿为了维护霸主的颜面，仍旧坚持鲁国有罪，而又不愿意大动干戈率军讨伐鲁国。于是，晋国诸卿决定抓住鲁昭公前来朝见的机会，逮捕鲁昭公并扣押一段时间，作为对鲁国罪行的正式惩罚，从而最终了结羊舌肸为了帮助鲁昭公而挑起的这场事端。

鲁昭公回到鲁国都城之后，陪同前往的子服昭伯（子服惠伯之子）对季平子说："晋国的公室，恐怕将要卑微了。国君年幼弱小，六卿强盛而奢侈骄傲，这种状况将会沿袭下去，沿袭久了就会成为常态，公室怎么能不卑微呢！"季平子嘲笑他说："你年纪还小，哪里懂得什么国家大事？"

前526年秋八月二十日，晋昭公去世。冬十月，季平子前往晋国，参加晋昭公的葬礼。在此期间，季平子亲眼见到了晋国六卿骄横跋扈的情状，于是感叹说："子服回（子服昭伯）说的话还真对。子服氏有个好儿子啊！"

季平子对子服昭伯的两段评价非常耐人寻味。从前文叙述我们都清楚，三桓诸卿在鲁昭公早期通过"废中军，四分公室"彻底剥夺了国君和公室的直属经济资源，是在主动地"使得公室卑微"。如果是这样的话，陪同鲁昭公回国的子服昭伯对着季平子说这番话，到底是在讽刺以季平子为首的三桓诸卿跋扈，还是在论述晋国君权下移至卿大夫现象的必然性？

然而，季平子虽然在一开始嘲笑子服昭伯年纪小不懂事乱说话，但是在得知实际情况后马上修改自己的说法，不仅不批评子服昭伯妖言惑众，反而称赞他有洞察力，这就不是一般人能做得出来的了。笔者认为，季平子这样说的目的是，表现出自己感念旧恩（子服惠伯帮助自己脱险的恩情)、宽宏大量、爱惜人才的高姿态，希望能够把有"亲公室"思想苗头、但同时也很有才干的子服昭伯争取到自己这边来。

从本年开始，《左传》中再没有关于子服惠伯的记载，应该是子服惠伯已经去世，而子服昭伯嗣位成为子服氏族长，并且代表子服氏进入六卿行列。最有可能的情况是，臧为/臧昭伯和叔辄占据第四和第五位，而资历最浅的子服昭伯占据第六位。此时六卿领导班子情况如下：

鲁 六 卿 表
（前526年子服昭伯进入六卿行列后）

位　　次	人　　物	族　　属
一	季平子	季
二	孟僖子？	孟
三	叔孙昭子？	叔孙
四	臧为/臧昭伯？、叔辄？	臧、子叔
五		
六	子服昭伯？＊	子服

前525年夏，周代历法的夏六月初一，也就是夏代历法的夏四月初一，在鲁国境内观测到了日食。鲁国的太祝、太史向六卿请示该用什么财礼来祭祀消灾。

叔孙昭子说："当发生日食的时候，天子贬损膳食，在土地神庙击鼓；诸侯在土地神庙进献祭品，在朝堂上击鼓，这是礼制的规定。——"

叔孙昭子正准备陈述在土地神庙具体该用什么财礼，季平子却拦住了他，说："别说了。只有正 (zhèng) 月初一，阴气还没发作，如果发生了日食，才需要击鼓、进献祭品，这是礼制的规定。其余月份是不需要这样做的。"

太史纠正季平子说："正月就是现在这个月。太阳的运行已经过了春分点，还没有到夏至，日、月、星都有了灾祸，在这时百官要降低服饰的档次；国君贬损膳食，离开正寝，躲过日食的时辰；乐工击鼓，太祝贡献祭品，太史诵读禳灾的文辞。所以《夏书》说，'日月交会不在正常位置上，盲人乐师击鼓，乡邑官驾车，庶人奔跑'，说的就是这个月的初一。相当于夏代历法的四月，叫作孟夏。"

季平子虽然被太史驳斥，却仍然拒绝采取措施祭祀消灾。叔孙昭子从朝堂上退下后说："那人将有异常的志向，他已经不把国君当国君了。"

夏、商、周三代历法由于正 (zhèng) 月设置不同，各相差一个月，所以夏历四月就是周历六月。夏历四月是夏历中夏季（四、五、六三个月）的第一个月，而周历六月是周历中夏季的第三个月。夏历与气候的匹配是最准确的，所以夏历四月/周历六月是气候意义上的夏季的第一个月。古人认为，这个月往后天气越来越热，因此这个月完全是由阳气统治，阴气在正常情况下不应该发作，是正阳之月，所以叫"正 (zhèng) 月"。这个正阳之月和表示每年第一个月的"正 (zhèng) 月"是两个概念。

古人相信，天象与世事有对应关系，如果正阳之月初一在天上发生月侵日的日食，那就意味着人间发生了阴气反常发作侵犯阳气的灾祸，所以国家要采取一系列行动来消灾。其他月份发生日食，则不算灾异，国家不需要采取行动消灾。

所谓的阴气侵犯阳气，反映在朝堂上就是臣下侵犯君主。所以，在正阳之月发生日食的时候采取措施消灾，其实就是帮助君主抑制臣下的举动。季平子先是辩称这个月不是正阳之月，然后在太史把道理已经讲得很清楚的情况下仍然拒绝禳救日食，说明他就是那个侵犯君主的臣下，因为他担心消灾会有利于君主而不利于自己。叔孙昭子正是看穿了这一点，所以说"那人将有异常的志向，他已经不把国君当国君了"。

叔孙昭子指责季平子不救日食是有侵害君主的异志，使得两人的关系进一步恶化。前521年夏天，晋顷公派卿官范献子前来鲁国访问，叔孙昭子主持接待工作。季平子想要让晋人厌恶叔孙昭子，于是下了一个套来搅乱叔孙昭子的工作。按照正常礼制，款待他国卿大夫应该用5牢[1]。季平子越过叔孙昭子直接命令有关部门用7牢来款待范献子。按理说，7牢比正礼5牢更加恭敬，范献子应该高兴才对，但是范献子不但不高兴，反而很愤怒。这是因为，季平子故意让有关部门的官员告知范献子说，这就是前528年鲁国招待齐国卿大夫鲍国的礼数。范献子愤怒地说："鲍国的地位低，他所属的国家比晋国小，而你让我接受鲍国曾经接受的牢礼，这就是看不起我们晋国。我回国后将把这件事汇报给我国君主！"鲁人很恐惧，于是又加了4牢，用11牢款待范献子。

叔辄忧祸乱哭死保族，叔孙遭扣留坚贞不屈

前521年秋七月初一（周历，即夏历五月初一），也就是正阳之月后面

1　1牢包括一头牛、一只羊、一头猪。

那个月，鲁国又观测到了阴侵阳的日食。鲁昭公问精通阴阳灾异的大夫梓慎说："这次日食是什么性质，预示着怎样的人间祸福？"梓慎回答说："在冬至、夏至、春分、秋分发生日食，不会有灾祸。其他时间发生日食则有灾祸，因为阳气不能战胜阴气，所以常表现为水灾。"

鲁昭公实际上想问的是，这次日食是否意味着鲁国臣下 (阴) 侵害主上 (阳) 的灾祸更加迫近，而梓慎不像叔孙昭子那样敢于直言时事，因此一方面肯定会发生阳气不能战胜阴气的灾害，但是在举例子的时候又只说自然灾害而不提及政治变难。

卿官叔辄见到日食天象之后，突然在公开场合大哭不止。同年秋八月二十五日，叔辄去世，弟弟叔鞅[1]继位成为子叔氏族长，并且代表子叔氏进入六卿行列。最有可能的情况是，第四和第五位由臧为/臧昭伯和子服昭伯占据，而资历最浅的叔鞅占据第六位。此时六卿领导班子情况如下：

鲁 六 卿 表
（前521年叔辄去世之后）

位　次	人　物	族　属
一	季平子	季
二	孟僖子？	孟
三	叔孙昭子？	叔孙

1　叔鞅，姬姓，子叔氏，名鞅，谥穆，排行伯。子叔敬子之子。参见《鲁国国君与三桓世系图》。

位　次	人　物	族　属
四	臧为/臧昭伯?、子服昭伯?	臧、子服
五		
六	叔鞅? *	子叔

叔辄为什么会因为日食崩溃大哭，并且随即去世?

从国内角度看，自前541年鲁昭公即位以来，前537年季武子率领三桓"四分公室"彻底架空鲁昭公，前530年公子慭、南蒯试图借助晋人的力量驱逐季氏失败，前529年平丘之会鲁昭公平安归国而季平子被晋人扣留，前526年鲁昭公前往晋访问被晋人扣留，前525年季平子不救正阳之月的日食，这一系列事件表明，鲁昭公与季氏之间的矛盾正在不断累积。

从国际角度看，根据《春秋》《左传》记载，从前526年季平子参加晋昭公葬礼之后，到前521年叔辄哭日食之前，鲁国在外交方面保持一种奇怪的"静默"现象：无论是鲁昭公，还是以季平子为首的诸卿，都没有出都城参与任何国际政治和军事行动。这可能是因为，在这段时间，中原诸侯国接连发生内乱，国际局势动荡：前524年，宋、卫、陈、郑四国都城在同一天发生火灾，很有可能是国内有意犯上作乱的卿大夫政治势力人为纵火[1]；前523年，许太子止犯上作乱，弑许悼公；前522年，宋卿族华氏、向氏犯上作乱，与宋元公之间发生暴力内乱，一度劫持宋元公；前522年，卫大夫齐豹犯上作乱，杀卫灵公之兄公孟絷，并迫使卫灵公出奔；前

1　四国大火事件参见刘勋（2021年）。

521年夏五月，宋国作乱卿族华氏、向氏在国内新乱党召唤下回到宋都城，继续犯上作乱。

笔者认为，叔辄哭日食，是有感于当时国内层面鲁昭公与季氏之间矛盾不断累积，国际层面不断发生大臣犯上作乱之事，担心鲁国也会如日食所预示的那样，在近期发生臣下驱逐君主的内乱。

然而，叔辄为何要哭得如此惨痛，以至于把自己给哭死了？笔者认为，这其实是春秋时期卿大夫家族族长经常会采取的一种行为，就是通过提前死亡来交换家族的平安和发展。举两个笔者分析过的例子：

前627年，晋国卿族先氏族长、晋军主帅先轸在取得了秦晋崤之战的胜利之后，对晋襄公听信秦女母亲文嬴的建议放走秦军将帅感到非常愤怒，在朝堂上公开斥责晋襄公，并且面对着晋襄公吐口水。同年秋八月，在与白狄的战斗中，先轸先是在军中公开悔过，然后故意不戴头盔血战而死。就这样，先轸用自己的"公开悔过＋战死谢罪"洗刷了先前公开顶撞晋襄公之后围绕着他的"恃功逼主"传言，把自己最终定格为一个尽忠报国、有血性但绝无谋逆之心的正面形象，也使得先氏能够在他去世后仍然保持住在晋国的地位：其子先且居随后就当上了晋军主帅（父子相继任主帅仅此一例），先氏仍然是当时最强盛的晋国卿族。总而言之，先轸用自己的速死，换来了先氏的继续强盛。

前574年，晋国卿族范氏族长范文子担心晋厉公即将发动政变，于是让家族中的祝者、宗人向祖先祈祷，求祖先赐自己快死，最终"如愿以偿"（其实应该是通过故意减损饮食、不治疾病来确保速死），在夏六月九日去世，儿子范宣子继位。由于范文子是祖先赐死，属于正常死亡，因此范宣子按照正常流程开始守丧。同年冬十二月政变发生时，范宣子以守丧为名拒绝政变双方的拉拢，杜门自守，使得范氏安然度过了这场政治危机。总而言之，范文子用自己的速死，换来了范氏的安宁。[1]

基于上述事例，以及卿族族长的"保族"责任，笔者推断，叔辄认为鲁昭公询问日食的性质是要马上发动政变的信号，因此将自己的焦虑和痛苦肆意释放出来，可能还加上故意减损饮食、不治疾病等手段，想要像范文子那样在政变发生前速死，从而使得子叔氏在内乱发生时可以用居丧为名杜门自守。当然我们知道，叔辄的预判虽然在方向上是正确的，但是在时机把握上还是比范文子差了一些：鲁昭公第二次政变直到4年后，也就是前517年才真正爆发。

同年冬天，鲁昭公前往晋国朝见晋顷公，到了河水边，被晋人拒绝入境，理由是当时晋国正要讨伐白狄鲜虞国。这是鲁昭公第四次半途而废的晋国之旅。

笔者认为，鲁昭公这次是在没有得到晋国命令或邀请的情况下主动前往晋国，其目的是想要向霸主控诉季平子的不臣之罪，请求晋人出手驱逐季氏。不过，在前528年释放季平子、前527年扣押鲁昭公之后，晋国诸卿已经非常清楚地表明了自己的立场，那就是"重视掌握实权的季平子，而蔑视已成傀儡的鲁昭公"，因此在接到边境官员的报告之后，随便找了个理由拒绝鲁昭公入境。

前520年夏六月，叔鞅前往周王室都城王城，参加周景王的葬

1　参见刘勋：《虎变：晋国大族的兴衰》，中华书局，2024年。

礼。这是叔鞅第一次作为卿官出现在春秋史时间轴中，距离前任族长叔辄去世（前521年）1年。周王室随后陷入内乱，交战双方一方是周景王生前想要立为嗣王的爱子王子朝及其党羽，另一方是尊奉宗法上更端正的王子猛为嗣王的卿族单氏、刘氏。

前519年春，邾国军队在回国时没有依礼向鲁国借道，遭到鲁国军队的伏击，领兵的3位邾大夫被鲁人俘虏。邾庄公亲自到晋国控诉鲁国，晋人派使者来鲁国问责。春正月，叔孙昭子前往晋国解释，晋人扣留了他。

同年春正月十二日，叔鞅去世。叔鞅的儿子叔诣[1]继位成为子叔氏族长，同时代表子叔氏进入六卿行列。最有可能的情况是，前面五位都不变，而资历最浅的叔诣占据第六位。此时六卿领导班子情况如下：

鲁 六 卿 表
（前519年叔鞅去世之后）

位　次	人　物	族　属
一	季平子	季
二	孟僖子?	孟
三	叔孙昭子?	叔孙
四	臧为/臧昭伯? 、子服昭伯?	臧、子服
五		
六	叔诣? *	子叔

晋人让叔孙昭子和邾大夫对坐诉讼。叔孙昭子说："列国的卿

1　叔诣，姬姓，子叔氏，名诣。叔鞅之子。参见《鲁国国君与三桓世系图》。

官（指叔孙昭子自己），相当于小国的君主，这本来就是周朝的制度。况且郳国又是东夷国，那就比一般小国地位还要低。我国国君任命的使者副手子服回在这里，请让他和郳大夫对讼，这是为了不废弃周朝的制度。"最终没有举行对讼。

晋国执政卿韩宣子让郳人聚集起来，准备把叔孙昭子交给他们处置。叔孙昭子听说以后，不带随从和武器，一个人来到晋国朝堂等待被捕。负责刑狱的晋大夫士景伯对韩宣子说："您没有妥善考虑这件事，而把叔孙交给他的仇人，叔孙一定会为国而死。鲁国丧失了叔孙，一定会以此为由灭亡郳国。郳君如果没有了国家，该回到哪里去？您到时候即使后悔，又怎么来得及？所谓的盟主，就是要讨伐违背命令的诸侯。如果放任盟国之间互相扣留对方的卿大夫，那还需要什么盟主？"

韩宣子听取了士景伯的意见，于是没有把叔孙昭子交给郳人，而是让叔孙昭子和子服昭伯分开各住一个客馆，以防止他们在后面的审讯中串供。士景伯听取了两人的辩词，然后向韩宣子汇报，最终晋人认定鲁国有罪，把叔孙昭子和子服昭伯都扣押了。晋人先把郳庄公送回国，然后准备长期扣押两位鲁国卿大夫作为惩罚，把叔孙昭子软禁在箕邑[1]，把子服昭伯软禁在另外一个城邑。

在叔孙昭子被软禁期间，范献子想要私下从叔孙昭子那里取得财货，以作为游说其他诸卿提前释放叔孙昭子的交换条件，于是向叔孙昭子求取头上戴的冠。叔孙昭子心里知道他是什么意思，于是请求提供范献子所戴冠的样式尺寸，然后给了他两顶冠，说："我这

1　箕见图二。

儿就这些了。"叔孙昭子这样做，一方面是表示不愿通过私下贿赂来求得幸免，另一方面是表示不愿直接得罪范献子。

如果我们回顾一下上文，前541年晋国大夫乐桓子向叔孙昭子的父亲叔孙穆子求取财货，当时是以求取衣带作为托辞。叔孙穆子不愿自己免于囚禁而使鲁国受祸，于是告知使者衣带太窄，撕下裳帛送给乐桓子。此处叔孙昭子的所作所为，可以说是继承了他父亲的风骨。

为了叔孙昭子的缘故，季氏家臣申丰带着财货来到晋国。叔孙昭子派人告诉申丰说："来箕邑见我，我告诉你该送什么财货。"申丰去见叔孙昭子，叔孙昭子就把他扣留在自己的住处，不让他有机会去向晋国高层行贿。

季平子在叔孙昭子被晋人扣押时派人来营救，然而营救用的又是私人行贿的方式，这显然是想乘人之危，通过施予私恩的方式迫使叔孙昭子归顺自己。因此，叔孙昭子扣留申丰，一方面是不愿意自己不明不白回国而让鲁国受祸，另一方面也是防备季氏日后借此事要挟叔孙氏。

同年冬天，鲁昭公为了解救叔孙昭子前往晋国。到了河水边时，鲁昭公由于生了急病，只能掉头回国。这是鲁昭公第五次半途而废的晋国之旅。

第二年（前518年）春，在下文所述孟僖子去世之后，士景伯到箕邑迎接叔孙昭子。叔孙昭子不知道士景伯这次来是什么目的，于是让家臣梁其胫等在门后面，说："我在门外如果向左回头并且咳嗽，那就杀了他；向右回头并且笑，那就不动。"叔孙昭子会见士景伯，士景伯说："我国君主因为当盟主的缘故，让您在这里待了很久了。我国微薄的礼物，将送给您的随从，让我来迎接您。"叔孙昭子接受了晋国的礼遇之后回国。

同年夏五月初一，发生了日食。占星家梓慎预测说："将要发生水灾。"日食是阴侵阳，水属阴，因此梓慎有此预测。然而，叔孙昭子并不同意梓慎的分析，他预测说："将要发生旱灾。此时太阳已经过了春分点，阳气应该已经强盛起来了，却仍旧不能战胜阴气，因此发生日食。阳气被阴气压制，不断郁积，之后一旦战胜阴气就将过分，能够不发生旱灾吗？阳气战胜不了阴气，就将不断积聚。"

很明显，叔孙昭子表面上说的是水旱灾害，而实际上说的是即将到来的鲁昭公武力政变：鲁昭公（阳气）长期被季平子（阴气）压制，不断郁积，之后鲁昭公（阳气）一旦发动政变战胜季平子（阴气）就有可能作出过分之事，比如杀死季平子、顺势灭孟氏、叔孙氏等。总而言之，鲁国在近期就会发生严重的政治动乱（旱灾）。

鲁昭公第二次政变：时机、过程和结果

引入吴国势力的失败尝试

前517年时，鲁昭公率领他的党徒发动武装政变试图讨伐季氏，兵败后出奔齐国，可以被称为"鲁昭公第二次政变"。在接下来的几节里，我们将从引入大国势力的失败尝试、参与政变的反季氏势力、政变的酝酿过程、政变的发生和结局等几个方面来详细探讨此次政变的来龙去脉。

如前所述，鲁昭公筹备政变的总体思路是：一方面尽力汇聚国内季氏的反对派作为政变骨干，一方面尽力争取大国势力作

为政变外援，然后挑选一个合适的时机联合国内外力量共同起事，达到驱除季氏的目标。不过，按照《左传》的记载，鲁昭公第二次政变依靠的完全是国内反季氏的卿大夫，大国势力似乎缺位了。

然而，《论语·述而》里的一段关于鲁昭公的记载，可能对应着鲁昭公在发动第二次政变之前一次试图引入吴国势力的失败尝试：

> 陈司败问："鲁昭公懂礼吗？"孔子说："懂礼。"孔子走出来，陈司败向巫马期作了个揖，让他走近自己，说："我听说君子不结党营私，难道君子也结党营私吗？鲁昭公当年从吴国娶了夫人，吴国和鲁国是同姓，不便称她为'吴姬'以彰显其失礼，于是称她为'吴孟子'。鲁昭公如果懂礼，谁不懂礼呢？"[1]

如前所述，前529年，就当楚灵王一切准备就绪、马上就要攻灭吴国之时，无法忍受楚灵王压榨和驱使的多股贵族反对势力和多国民众联合起来发动政变，逼迫楚灵王自杀，他的弟弟王子弃疾继位，就是楚平王。一方面，楚平王上位之后，立即放弃了楚灵王的"攻灭吴国，统一南方"战略，将国家战略调整为"保守维持"，对吴国转入守势。另一方面，从楚国极限施压中活过来的吴国信心大增，开始全力进攻楚国。

对于当时非常重视天命的吴国和其他诸侯国高层人士而言，楚

---

[1] 《论语·述而》："陈司败问：'昭公知礼乎？'孔子曰：'知礼。'孔子退，揖巫马期而进之，曰：'吾闻君子不党，君子亦党乎？君取于吴，为同姓，谓之"吴孟子"。君而知礼，孰不知礼？'"

灵王在攻灭吴国前夕突然兵败身死，楚平王一上任就彻底更改国策选择"躺平"，这绝不是只用常理就可以解释的现象，而是说明，上天已经抛弃长期眷顾的楚国，转而眷顾新兴的吴国，所谓"天方授吴"。即使是不从天命角度考虑问题的高层人士，也能看出楚灵王败亡之后，吴楚斗争的形势已经发生了根本性的转变，接下来楚国衰弱、吴国崛起是大概率事件。

鲁昭公应该就是密切关注吴楚斗争形势的中原诸侯国君之一，他在吴国尚未打败楚国之时就已经敏锐地意识到：楚国距离自己更远，而且已经进入衰弱期，维持住楚灵王时期的疆域尚且很困难，更不要说为了积累称霸业绩而北上干预中原国家内政；吴国已经与鲁国接壤，而且发展势头很猛，如果能够保持现在的势头打败楚国，接下来很有可能为了称霸而北上干预中原国家内政。根据对吴楚斗争形势的上述判断，再加上先前朝见楚灵王的失败经历，鲁昭公下决心要与吴王（最有可能是吴王僚）建立密切关系。

从《论语》中的记载我们可以知道，鲁昭公最终选择与吴王建立密切关系的方式，是娶了同为姬姓的吴王室女子为嫡夫人。鲁国是春秋晚期"礼崩乐坏"大背景下守周礼最严谨的国家，而国君娶嫡夫人又是不可能保密的国家大事，这样一个明显违背周礼规定、肯定会导致他国非议的联姻行动是如何得到季平子批准的？笔者推测，如果此事是鲁昭公主动推动的话，那么他用来说服季平子的说辞内容大致如下：

> 目前楚国衰弱、吴国崛起的形势已经非常明朗，而且吴国
> 已经与鲁国接壤，鲁国应该尽早布局，与吴国发展密切关系，

以确保吴国如果称霸之后鲁国的利益。此外，吴国也很想与中原主要诸侯国联姻，以提升自己的国际地位。鲁昭公目前还没有迎娶嫡夫人，此次愿意冒违背周礼"同姓不婚"规定的风险，迎娶吴王室女子为嫡夫人，以开启吴鲁交好的序幕。

从季平子的角度来说，一方面，鲁昭公的分析很有道理，鲁国的确需要与强势崛起的吴国发展友好关系；另一方面，鲁昭公此举是违背周礼"同姓不婚"规定的，这将进一步损害鲁昭公在中原各国中想要营造的"知礼守礼"形象，对于季氏而言有益无害。很可能是基于这样的考虑，季平子认可了鲁昭公的提议，吴鲁联姻顺利实施。

不过，吴王室女子孟姬成为鲁昭公嫡夫人之后，鲁国在正式场合如何称呼她成了个棘手的问题。如果按照惯例的话，应该称这位女子"吴孟姬"，但如果这样称呼的话，就会毫无遮掩地表明吴鲁联姻违背了周礼"同姓不婚"规定，吃相实在是太难看。最终，鲁国高层决定，在正式场合称鲁昭公嫡夫人为"吴孟子"，一方面彰显鲁国已经和崛起势头很猛的吴国成了亲家，另一方面避免了直呼"吴孟姬"带来的尴尬。

当然，从后来的历史发展来看，吴国并没有为鲁昭公驱除季氏提供实质性帮助，鲁昭公最终不得不完全依靠国内反季氏势力起兵。也就是说，鲁昭公这次"通过联姻结好吴国、发动吴国驱除季氏"的努力失败了。

然而，鲁昭公"通过联姻引入南方崛起强国势力以驱除三桓"的抗争策略竟然被鲁哀公完美复刻。据《左传》《史记》记载：

前473年冬十一月，强势崛起的越国灭掉了吴国，与鲁国直接接壤。

前471年闰月，鲁哀公前往越国，与越太子适郢交好，越国打算嫁王室女子给鲁哀公，而且打算封赏鲁越边境土地给他。季康子得知以后非常害怕，赶紧向越国高层进献贿赂，才使得越国没有这样做。

前468年秋八月，鲁哀公抱着"引入越国讨伐鲁国以驱除季氏"的期望，从都城出逃到大夫公孙有山氏那里，随后出奔到越国。当然，鲁哀公这次努力没有成功，最终鲁国国人迎回了鲁哀公，鲁哀公死在了公孙有山氏家中。

政变依靠的国内势力

由于未能成功引入吴国势力，鲁昭公接下来只能依靠国内的反季氏势力。实际上，鲁昭公之所以能够发动这场针对季氏的武装政变，是因为季氏在鲁国已经积累了不少仇怨。前537年鲁国"四分公室"，季武子领导的季氏独占两份，孟氏、叔孙氏各占一份，从此无可置疑地确立了季氏在三桓中的领袖地位。前528年季平子挫败鲁昭公第一次政变后，季氏在鲁国的统治地位得到进一步的巩固。在此之后，季平子作为季氏族长和鲁国执政卿，似乎是进入了一种有恃无恐、骄横跋扈的状态：他一方面在治理季氏家事时常有欺凌季氏族人的行为，因此与某些季氏族人结怨；一方面在治理鲁国国事时常有欺凌其他高阶卿大夫的行为，因此与一些高阶卿大夫结怨；一方面时常有僭越国君的行为，因此与一群对鲁昭公较为忠诚的低阶大夫结怨。这三股与季平子结怨的势力，就成为鲁昭公发动政变可以团结的国内力量。

《左传》的记载让我们得以详细了解这三股势力的基本情况：

一、季氏族人季公若

起初，季平子的叔叔季公鸟[1]娶了齐国卿官鲍文子的女儿（下文称作季姒），两人育有一子。季公鸟去世之后，季公鸟的弟弟季公若、季氏族人公思展、季公鸟的家臣申夜姑一起管理季公鸟的家。

季姒耐不住守寡的寂寞，和家臣饔人檀私通，后来害怕事情败露，于是让自己的侍妾鞭打自己，然后给鲁大夫秦遄的妻子、季平子的姑姑秦姬看，说："季公若想要让我陪睡觉，我不答应，他就拿鞭子打我！"秦姬告诉了季平子的弟弟季公之[2]。季姒又向季平子的弟弟季公甫告状，说："公思展和申夜姑要挟我，让我服从季公若！"季公之和季公甫都向季平子报告了这件事。

季平子相信了季公之和季公甫的报告，于是命令季氏私邑卞邑的家臣扣押了正在那里办事的公思展，并在国都内宅邸逮捕了申夜姑，准备杀掉他。季公若得知后大哭，哀伤地说："如果杀了这个人，那就等于杀了我。"准备为申夜姑求情。在季平子看来，季公若的反应更加坐实了他和申夜姑狼狈为奸的报告，于是让小吏把季公若挡在门外不让他进来，季公若在门外从早上等到中午也没能见到季平子。到了中午时，逮捕申夜姑的家臣前来请示如何处置犯人，季平子身旁的季公之让家臣赶紧把申夜姑杀了。季公若从此以后就与季平子结下了仇怨。

1　季公鸟，姬姓，季氏，名或字鸟。季武子之子。参见《鲁国国君与三桓世系图》。
2　季公之，姬姓，季氏，字之。季悼子之子。参见《鲁国国君与三桓世系图》。

根据季姒的描述，强奸季姒的主犯是季公若，从犯是公思展和申夜姑。季公若是季平子的叔叔，公思展是季氏族人家臣，而申夜姑是与季平子没有亲缘关系的家臣。季平子没有对主犯季公若采取任何直接行动，拘押从犯公思展，杀申夜姑，与三人和季平子的亲疏关系完全对应。此外，季平子不顾季公若哀求杀申夜姑，很明显是晚辈族长向长辈家臣展示自己的权威。其实，季平子未必完全相信季姒的控诉，但是他肯定是在借这个机会在家族中立威，树立一个敢于诛杀、又有分寸的族长形象。

二、高阶卿大夫臧昭伯、郈昭伯[1]

（一）臧昭伯

当初，臧氏族长、卿官臧昭伯有一次出使晋国后，一直觊觎族长之位的堂弟臧顷伯[2]偷了臧昭伯奉养的宝龟偻句占卜，卜问讲诚信吉利还是使诈吉利，龟卜的结果表明使诈吉利。臧顷伯因此下定决心实施他"搅乱臧氏、趁机上位"的阴谋。

当时臧氏家宰准备去晋国问候臧昭伯起居，臧顷伯就主动请求代替家宰前往。见到臧昭伯之后，臧昭伯问家里的情况，臧顷伯都正常对答；然而当臧昭伯问到自己的妻子和自己的亲弟弟时，臧顷伯就不愿回答，做出一副有难言之隐的样子。臧昭伯起了疑心，再三追问，臧顷伯都坚持不回答。后来臧昭伯从晋国回到鲁国，到达鲁国都城郊外时，臧顷伯出来迎接臧昭伯。臧昭伯再次询问自己妻

---

1 郈昭伯，姬姓，郈氏，名恶，谥昭，排行伯。厚成叔之后。参见《鲁国国君与三桓世系图》。

2 臧顷伯，姬姓，臧氏，名会，谥顷，排行伯。臧贾之子。参见《鲁国国君与三桓世系图》。

子和亲弟弟的情况，臧顷伯还是不回答。臧昭伯进入国都之后，住在自己家外面，然后派人去家中刺探，发现自己的妻子和亲弟弟并没有什么问题。臧昭伯意识到是堂弟臧顷伯在搞鬼，于是逮捕了臧顷伯，要用家法处置他。臧顷伯设法逃了出来，出奔到了大夫族郈氏的采邑郈邑。郈邑邑宰鲂假向季平子推荐臧顷伯，让他做了季平子属下的贾正，职掌市场交易。

后来某一天，臧顷伯带着会计账簿到季氏家中汇报工作，而与此同时，一直想要将其抓获的臧氏家宰已经摸清了臧顷伯的行踪，带着五个手持戈盾的家丁埋伏在附近的桐汝之门。臧顷伯从季氏家中一出来，臧氏家丁就冲出来要抓人，臧顷伯于是赶紧回头跑回季氏家中，臧氏家丁在季氏中门之外抓住了臧顷伯。季平子大怒，说："为什么拿着兵器冲到我家来？"季平子不仅解救了臧顷伯，还反过来逮捕了臧氏家宰。季平子从此与臧昭伯就结下了仇怨。

（二）郈昭伯

卿族季氏和大夫族郈氏两家曾经举行过斗鸡比赛。季氏给鸡穿上皮甲以增强防御力，郈氏就在鸡距[1]套上薄金属片以增强攻击力，最终郈氏的鸡取得了胜利。季平子因为斗鸡失败而愤怒，于是侵占了郈氏土地来扩大自己的宫室，还斥责郈氏不讲理。季平子从此与郈昭伯就结下了仇怨。

三、忠于公室的低阶大夫

有一回，鲁国在鲁襄公庙举行公室祭祀，正好季氏也在同一天举行私家祭祀。两场祭祀都需要专业舞者来表演乐舞，按照鲁国的

1　距，鸡脚后方生出的尖锐突起。

实际规则，公室祭祀要用八佾舞者，而私家祭祀要用六佾舞者，而当时可用的舞者总共只有八佾（一佾八人）。在这种情况下，季氏不但没有调整日期避开公室祭祀，还利用自己的权力优先保障私家祭祀按照六佾的正常标准进行。

因此，到了两场祭祀同时举行的那一天，只有两佾十六人在鲁昭公和观礼卿大夫们的注视下在鲁襄公庙表演乐舞，而其他六佾四十八人都在季氏家庙里表演。本来就与季平子有仇的臧昭伯对在场的大夫们说："这就叫作不让国君在宗庙酬谢先君襄公的功劳！"这个戏剧性的场面，以及臧昭伯煽动性的话语，使得在场许多大夫都开始怨恨季平子。"反季平子派"大夫的主体应该是直接为公室和国君工作的低阶大夫，他们的职属决定了这些人的政治立场本来就是偏向公室和国君的。

政变发动的时机

说完参与政变的三股反季氏势力，我们接着往下看这次政变的酝酿过程。触发这次政变"倒计时"阶段密集谋划的，很可能是三桓诸卿中排第二的孟僖子的去世。

前518年春二月二十日，孟僖子去世。孟僖子去世之后，他年仅13岁的儿子孟懿子继位成为孟氏族长，并且代表孟氏进入六卿行列。

从执掌政权的季氏与孟氏关系和睦、与叔孙氏关系紧张的情势来判断，最有可能的情形是孟懿子继承父亲的位次，而叔孙昭子仍然排第三。由于前517年鲁昭公攻打季氏时臧氏族长确定是臧昭伯，而且那时臧昭伯已经担任族长多年，所以可以确定前518年时臧氏族长已经是臧昭伯。子服昭伯最后一次在春秋史中出现是在前519年，因此，此时子服氏在六卿中的代表既可能是子服昭伯，也可能是他的儿子子服景伯[1]。六卿领导班子情况如下：

鲁 六 卿 表
（前518年孟僖子去世之后）

位　次	人　物	族　属
一	季平子	季
二	孟懿子？ *	孟
三	叔孙昭子？	叔孙
四	臧昭伯？	臧
五	子服昭伯/子服景伯？、叔诣？	子服、子叔
六		

在去世之前，孟僖子曾招来自己属下的公室大夫，说了这么一段盛赞鲁国儒士孔子的话：

礼制，是人的主心骨。贵族行为不遵循礼制，是没办法在官场和社会上立身的。

我听说鲁国将要出一个"达人"，他叫孔丘，是圣人[2]的后代，他的家族后来在宋国灭亡了。

他家族的始祖是弗父何，本应以先君嫡长子身份继承宋国

1　子服景伯，姬姓，子服氏，出自孟氏，名何，谥景，排行伯。子服昭伯之子。参见《鲁国国君与三桓世系图》。
2　指下文提到的弗父何和正考父。

君位，却将君位让给了自己的弟弟宋厉公。

到了弗父何的曾孙正考父，先后辅佐了宋戴公、宋武公、宋宣公，接受了三命[1]做上卿，反而更加谦恭。他常用的鼎上有这样的铭文："接受一命时低头，接受二命时弯腰，接受三命时把腰深深弯下。沿着墙根快步走[2]，也没人敢欺侮我。用这鼎煮稠粥，用这鼎煮稀粥，能糊口就行。"他的谦恭到了如此的地步。

臧孙纥（臧武仲）曾说过："具有昭明美德的圣人，如果在他活着的时候没能当上国君，那么他的后代必然会有达人。"现在恐怕会应验在孔丘身上吧！我如果能够平安去世，一定要把说（南宫敬叔）和何忌（孟懿子）托付给他，让我这两个儿子奉他为师，向他学习礼学，以稳固他们的地位。

根据孔子后来对"达者"，也就是这里所说的"达人"所作的解释[3]，达人不是只会坐而论道的学者，而是担任卿大夫或家臣的践行者。在此基础上，达人不是践行者中的表里不一、谋求声名之人，而是通达实务、做事顺成之人。因此，笔者认为，孟僖子说孔子是"达人"，他想要表达的意思是：孔子未来不会局限于成为一位学识渊博的优秀周礼学者，而是将要在现实政治中通达成功。也

---

1 命礼是周礼重要内容之一，是周王对诸侯、诸侯对卿大夫进行等级不同的册命和赏赐的礼制。据《周礼》《礼记》等传世文献记载，这种册命赏赐共有九个层次，命数越大则档次越高，赏赐的规格也越高。

2 沿着墙根走，避开道路中央，是谦恭的表现。

3 《论语·颜渊》："子张问：'士何如斯可谓之达矣？'子曰：'何哉，尔所谓达者？'子张对曰：'在邦必闻，在家必闻。'子曰：'是闻也，非达也。夫达也者：质直而好义，察言而观色，虑以下人，在邦必达，在家必达。夫闻也者：色取仁而行违，居之不疑，在邦必闻，在家必闻。'"

就是跨越阶层成为高级卿大夫。

笔者进一步推测，孟僖子在临终时押上孟氏的政治声誉盛赞孔子，并且把孟氏继承人孟懿子托付给孔子教导，是他想要实施的"推孔上位"计划的一部分。这个计划大概包括如下三步：

第一步，孟僖子临终发言力挺孔子，向季平子领导的鲁国卿大夫集团喊话，希望他们能认真考虑破格吸纳孔子的问题。

第二步，孟懿子作为孔子学生，在父亲发布的"达人"言论基础上继续鼓吹推荐孔子，争取说服季平子同意破格提拔孔子进入卿大夫集团。

第三步，季平子同意之后，援引齐桓公拔擢奇才管仲、秦穆公拔擢奇才百里奚、鲁庄公拔擢奇才曹刿的先例，利用与孔子长期保持着友好关系的鲁昭公[1]，走个"国君下令拔擢民间奇才"的组织程序，任命孔子为大夫。

然而，由于鲁昭公在第2年就发动了武力政变，导致鲁国政局进入将近10年的紧张动荡时期，而孟懿子也用实际行动表明他并不认同其父尊崇周礼的政治立场，孟僖子的"推孔上位"计划流产了。正如我们接下来会看到的，依靠孟氏举荐上位不成的孔子，曾经加入过鲁昭公的流亡团队，试图走齐桓公从亡功臣鲍叔、晋文公从亡功臣狐偃赵衰的路，实现从士人到卿大夫的阶层跨越。

---

[1] 据《孔子家语·本姓解》的记载，前532年（鲁昭公十年）孔子20岁生子之后，鲁昭公派使者赠送一条鲤鱼表示祝贺，孔子因而将儿子命名为"鲤"以示纪念。从那时起，热爱周礼的鲁昭公和民间礼学新秀孔子之间应该就保持着基于学术交流的友好关系。比如，据《左传·昭公十七年》记载，前525年郯国君主朝见鲁昭公，在会面时大谈上古礼制，孔子随后就见到了郯君向他学习。笔者认为，孔子见郯君应该就是在鲁昭公的安排下进行的。

前518年春二月孟僖子去世，前517年秋九月鲁昭公就发动了政变，这两件事发生时间如此前后紧接，很可能不只是巧合，而存在着因果关系。如果我们站在下文将要提到的政变谋划者季公若的角度来看，孟僖子去世、孟懿子居丧这段时间，确实是发动政变的最佳时机：

第一，以常理推测，孟懿子领导的孟氏至少会保持中立，甚至有可能倒向鲁昭公。

如前所述，孟僖子由于礼学粗疏被季武子利用后深以为耻，从此开始折节学礼，结识了儒士孔子，被他的品德才学所深深折服。于是，他在去世之前押上全部政治资源为孔子上位造舆论，想要促使鲁国高层破格任用孔子为大夫。也就是说，在前517年政变发生时，孟氏有如下两个情况：

（一）按照周礼中的丧礼规定，此时孟懿子仍然处于为父服丧期间，是不能从事刀兵之事的。由于孟僖子生前在家族内部一直营造"尊崇周礼"的文化氛围，如果嗣子孟懿子遵从其父教导的话，那么在政变发生时，孟懿子至少应该会遵从嗣子守丧之礼，保持中立不出兵。

（二）在守父丧期间，孟氏的公开政治立场应该仍然是孟僖子的"尊崇周礼"，这与鲁昭公的立场完全一致；新任族长孟懿子的公开导师是孟僖子为他选定的民间礼学大师孔子，而孔子一直与同样热爱礼学的鲁昭公保持友好关系。如果孟懿子非常认同其父的政治立场的话，鲁昭公一方甚至有可能将其争取过来。实际上，后来鲁昭公就是这么做的。

第二，以常理推测，叔孙昭子领导的叔孙氏至少会保持中立，甚至有可能倒向鲁昭公。

如上所述，三桓之一的叔孙氏族长叔孙昭子与三桓领袖季氏族长并不和睦：他在前532年就发表反对打压国君的言论，同年还差点跟季平子在朝堂上打官司，前525年揭露季平子内心中不把国君当国君的异常志向，前519年拒绝季平子派家臣前来晋国试图用贿赂来营救自己，前518年预测反季氏政变马上就要到来。如果叔孙氏没有出现家臣劫持家政的异常情况，那么在政变发生时，叔孙氏至少会保持中立，甚至有可能倒向鲁昭公一边。

实际上，接下来我们会看到，叔孙昭子允许政变策划者季公若随行到宋国传播政变相关消息，在政变即将发生前又出差在外以制造出"叔孙氏族长不在，只能保持中立"的形势。总而言之，叔孙昭子在表面上保持中立，而实际上在帮助鲁昭公一方。

政变酝酿的过程

最早开始组织谋划政变的人，就是上面说到的季公若。季公若向鲁昭公的太子公为[1]进献了一张宝弓，邀请他一起到郊外射箭，然后在郊外一起谋划如何驱逐季氏。公为回来之后，把季公若的谋划告诉了他的弟弟公果、公贲[2]。公果、公贲在一天晚上派侍人僚楠把谋划告诉了鲁昭公。当时鲁昭公正准备睡觉，听僚楠说季氏族人要谋划驱逐季氏，马上抄起床边的寝戈向僚楠砍去，僚楠吓得赶紧跑出了寝宫。鲁昭公嚷嚷着要抓住僚楠，但是又没有下达正式命令。此时的鲁昭公还不清楚季公若到底是真心想要发动政变，还是

1　公为，又称"公叔务人"。姬姓，名务人，字为，排行叔。鲁昭公之子。参见《鲁国国君与三桓世系图》。

2　公果、公贲，姬姓，字果、贲。鲁昭公之子。参见《鲁国国君与三桓世系图》。

在执行季平子的谋划，意图陷害自己，甚至不清楚僚楠到底是在为自己的儿子们传话，还是受季平子指使来挑拨自己和儿子们之间的关系，所以演了这么一出追杀僚楠的戏码。

僚楠被鲁昭公驱逐之后，很害怕，不敢出门，几个月都没有去公宫履职，但鲁昭公并没有因此而发怒。公果、公贲从鲁昭公的暧昧态度中看到了希望，于是第二次让僚楠去跟鲁昭公讲述驱逐季氏的谋划，可是鲁昭公又抄起寝戈作出要砍僚楠的样子，僚楠又再次跑出寝宫，不过这一回更多地是配合鲁昭公的表演了。

又过了一阵子，公果、公贲第三次派僚楠去见鲁昭公，鲁昭公这次没有驱逐僚楠，而是对他说："这种事不是你这种小人有资格说的。"僚楠把鲁昭公的话带给了公果、公贲，两个儿子终于明白了父亲的心意，认识到要想成事，自己必须承担风险，于是公果自己进宫把驱逐季氏的谋划告诉了鲁昭公。

前517年春天，叔孙昭子到宋国访问。此次访问除了国事之外，还有一个任务就是为季平子迎娶新妇。季氏族人季公若[1]的姐姐是小邾国君夫人，生了宋元公夫人。宋元公夫人为宋元公生了一个女儿，而季平子娶的就是这位跟他沾亲带故的宋元公女儿。这次叔孙昭子前往鲁国，季公若也一同前往，他告诉宋元公夫人，不要把女儿嫁给季平子，因为鲁国马上就要驱逐季平子了。

宋元公夫人觉得事情重大，于是告诉了她的夫君宋元公。宋元公把这个情况又告知了卿官乐祁犁，询问他该怎么办。乐祁犁说："您就把女儿嫁给季孙。如果真的发生政变的话，鲁君必然会

1　季公若，姬姓，季氏，名亥，字若。季武子之子。参见《鲁国国君与三桓世系图》。

失败出奔。鲁国的政权由季氏把持已经三代了[1]，鲁君丧失政权已经四代了[2]。失去了民众的支持而能够实现他的志向的国君，从来没有过。国君因此要致力于稳定和安抚他的民众。《诗》说：'民众丧亡，内心忧虑。'鲁君已经丧失民众了，怎么可能实现他的志向？鲁君安分守己等待命运安排还可以，一旦主动出击必定会给自己带来祸患。"

从上文所说的情况可以看出，此时的鲁国正处在一场针对季平子的武装政变前夕，造反派的领袖是鲁昭公，而季公若加入了反对季平子的鲁昭公党。此次他跟随叔孙昭子前来鲁国，主要目的就是要利用自己和宋元公夫人之间的亲戚关系，阻挠季平子和宋元公之间的政治联姻，从而抑制季氏势力的进一步增长。叔孙昭子的态度比较微妙，从他先前揭露季平子有不臣之心的言论判断，他与季平子不和，而比较同情鲁昭公，但他毕竟也是三桓之一叔孙氏的族长，因此他一方面容许季公若随团来宋国，但另一方面又没有直接参与季公若的破坏行动。

乐祁犁不仅准确预言了鲁国内乱的结局，还准确预言了叔孙昭子的死期。在款待叔孙昭子一行的宴会上，宾主喝酒喝得很开心，宋元公让叔孙昭子坐到自己近旁，两人聊得很投机，说着说着都哭了。乐祁犁从宴会回来后对旁人说："今年君主和叔孙恐怕都会死吧？我听说，'该哀伤的时候欢乐，该欢乐的时候哀伤，都是丧失了本心的表现。'人心中最精粹明亮的东西，叫作魂魄[3]。魂魄一旦

1　指季文子、季武子、季平子三代。
2　指鲁宣公、鲁成公、鲁襄公、鲁昭公四代。
3　古人认为活人由肉身形体和充盈其中的阳气组成。附气之神叫作"魂"，附形之灵叫作"魄"。

离开了，还怎么能够长久生存呢？**1**"

宋元公和叔孙昭子之所以会"语相泣"，是因为他们的心事有很大的交集。一方面，宋元公从前522年至前520年遭遇华、向之乱，他是一位不甘沦为傀儡的国君，与威逼自己的卿族华氏、向氏进行了殊死搏斗，取得了暂时的胜利，但仍然心有余悸。另一方面，叔孙昭子应该知道鲁昭公及其党羽即将在本年晚些时候发动驱逐季氏的武装政变，内心既想要支持鲁昭公，又担心鲁昭公驱逐了季氏之后会顺势驱逐孟氏、叔孙氏，从而危及家族利益，为此犹豫不决、焦虑不安。两人心有戚戚，虽不能明言心事，却能用半虚半实的酒局话语交流，因此会"语相泣"。

虽然季公若并没有能够阻止宋元公把女儿嫁给季平子，但鲁昭公还是决定继续推进政变谋划工作。鲁昭公把驱逐季氏的谋划告诉了卿官臧昭伯，臧昭伯认为这事很难成功；鲁昭公又告诉了大夫郈昭伯，郈昭伯认为能成功，劝鲁昭公下定决心干。

鲁昭公心里已经基本上决定要起事，又告诉了大夫子家懿伯 (东门襄仲之后)，希望听到他支持鼓励的话语，但子家懿伯却说："进谗言的人利用国君来行侥幸的事，事情如果不成功，国君会承受所有的恶名，这种事是不能做的。我国君主离弃民众已经好几代了，在没有民众支持的情况下想要成就大事，是没法保证一定成功的。而且政权掌握在季氏手里，恐怕很难制定出一个能战胜季氏的计划的。"

---

1 《左传·昭公二十五年》："'哀乐而乐哀，皆丧心也。'心之精爽，是谓魂魄。魂魄去之，何以能久？"

鲁昭公不愿意听这种丧气话，于是让子家懿伯退下，子家懿伯说："臣下已经参与听闻机密了，如果机密泄露了的话，臣下难逃嫌疑，将不得好死。"子家懿伯于是住在了公宫里。

据《公羊传》的记载，子家懿伯劝阻鲁昭公的话还不止上面这些：

> 鲁昭公想要杀了季平子，告诉子家懿伯说："季氏行事不合道义，僭越公室很久了，我想杀了他，怎么样？"
>
> 子家懿伯说："诸侯僭越天子，大夫僭越诸侯，由来已久了。"
>
> 鲁昭公说："我哪里僭越天子了？"
>
> 子家懿伯说："您在宫门前设立两座观楼，乘坐大路车，用红盾牌、玉斧头表演《大武》，用八行六十四位舞者表演《大夏》，这些本来都是天子才能用的礼仪。而且牛马仅仅对豢养自己的人顺从。季氏得民心已经很久了，您不必自取其辱了。"

在政变发生前夕，叔孙昭子离开了鲁国都城，前往鲁国公室墓地所在的阚地[1]，而鲁昭公也从公宫出来，住在鲁国公室储藏财货的长府。

叔孙昭子在政变即将爆发的时刻离开都城，到底是碰巧要去阚地办事，还是得知了消息后找借口离开，后人已无法确知。笔者倾向于后者，因为叔孙昭子一方面出于政治立场不愿意帮助季氏，一方面出于家族利益也不愿意参与驱逐季氏，于是找了个借口离开都城，以为这样可以不必在鲁昭公和季平子都向他求援时被迫做出困难的抉择，并且可以使得叔孙氏在政变发生时保持中立。然而，如

1　阚见图四。

同下文将会讲述的那样，叔孙氏家臣在族长不在的时候自作主张的能力远远超出了叔孙昭子的想象。

成功攻入季氏，最终事败出奔

前517年秋九月十一日，鲁昭公率领他的党徒发动了武装政变讨伐季氏。为什么选择这个时间点，分析起来有这么几层原因：

第一，如果家臣不劫持家政的话，族长在外的叔孙氏应该是保持中立的。

如上所述，此时三桓之一的叔孙氏族长叔孙昭子已经离开国都，如果叔孙氏按照正常行为模式行事，那么在族长不在的情况下，家臣是无权决定"如何应对鲁昭公攻打季氏"这种大事的，这样一来，叔孙氏必然保持中立。

从后面实际发生的状况来回溯的话，鲁昭公这个基于常理的判断的确错了，因为叔孙氏真的发生了族长不在时，家臣擅自决定出兵的非常事件。

第二，如果孟懿子不违背孟僖子教导和遗命的话，孟懿子领导的孟氏有可能保持中立，甚至有可能倒向鲁昭公。

这一条的理由在前面已经进行了详细论述，此处不再重复。从后面实际发生的状况来回溯的话，鲁昭公这个基于常理的判断的确也错了，因为孟懿子用实际行动证明，他和他的父亲完全不一样，他是逆子而不是孝子。

第三，基于以上两点，鲁昭公认为，如果此时率军攻打季氏，大概率是一 (鲁昭公) 对一 (季平子) 的对决，甚至有可能是二 (鲁昭公+孟懿子) 对一 (季平子) 的压制，胜算是最大的。

平心而论，虽然鲁昭公的上面两点都出现了判断失误，但是，如果鲁昭公决意要与季氏开战的话，他也不可能找到一个更好的开战时刻了。

鲁昭公率领他的党徒杀向国都内的季氏宅邸，在宅邸门口杀了季公之，然后就冲了进去。季平子在私家甲士护卫下退到一个高台上，向鲁昭公请求说："国君没有明察臣下是否有罪，就派遣有关部门的官吏拿着盾牌长戈来讨伐臣下，臣下请求退避到沂水[1]岸边来接受国君的详细调查。"鲁昭公没有答应。季平子又请求被囚禁在他的私邑费邑，鲁昭公也没有答应。季平子又请求在一个只有五乘马车的小团队护送下出奔他国，鲁昭公还是没有答应。

这时，跟随着鲁昭公的子家懿伯劝鲁昭公说："君主最好答应他！国家政令从他这里发出已经很久了，贫民大多依靠他得以生存，因此愿意为他卖命的人是很多的。等到日落天黑之后，一旦各种恶势力冒出来，结局就不可预知了。民众的愤怒是不能积蓄的，积蓄起来不治理的话，将会进一步发酵。愤怒积蓄发酵之后，民众将产生叛君的念头。一旦民众产生了这样的念头，有相同要求的人将会汇合起来反攻君主。到时候君主一定会后悔的。"鲁昭公没有听从子家懿伯的意见。

郈昭伯鼓励鲁昭公说："一定要杀了季孙！"鲁昭公原则上同意郈昭伯的意见，但是并没有指挥军队强攻高台，马上杀了季平子和保护他的都城宅邸家臣，而是派郈昭伯去孟氏的都城宅邸，以国君的命令把孟懿子请过来。

---

1 沂水（近鲁都者）见图四。

鲁昭公为什么既不急着攻杀季平子和他的都城宅邸家臣，也不让季平子团队出奔流亡？他请孟懿子来又是想要干什么？这里我们再来分析一下鲁昭公的思路。

　　首先，鲁昭公对"三桓"季氏、孟氏、叔孙氏的判断分别是：季平子及其都城宅邸家臣已经被自己率领的政变军队堵在了台上，他的私邑家臣和军队也不可能很快赶来，所以都城里的季氏已经被自己完全控制。当前叔孙昭子在外未归，都城里的叔孙氏在族长不在的情况下理应闭门自守，不会主动出击。孟懿子正在守丧，而且一直接受其父孟僖子的周礼教育熏陶，都城里的孟氏也理应闭门自守，不会主动出击。

　　在此基础上，鲁昭公认为，当前最重要的事，不是要立刻肉体消灭季平子及其都城私邸家臣，也不是按照普通政治斗争的规矩允许季平子团队出奔流亡。这是因为：第一，季氏在地方上有费邑等大块封地，有一支规模更大的家臣队伍和私邑军队，如果季氏族长和他的都城宅邸家臣队伍在没有正式定罪的情况下被国君私自攻杀或出奔流亡，很可能会引发季氏私邑家臣率领私邑军队进攻国都报仇。如果是出奔流亡的话，那么都城季氏团队肯定会与私邑季氏团队合兵一处，力量更大。第二，季氏自鲁僖公时期以来一直是三桓集团领袖，自鲁文公时期以来一直是鲁国卿大夫集团领袖，如果在没有正式定罪的情况下就被国君私自攻杀或被迫出奔流亡，很容易引发三桓集团甚至整个卿大夫家族集团的恐慌，导致卿大夫家族群起而攻杀或驱逐国君，从而重蹈晋厉公"发动武力政变攻灭卿族郤氏、最终被另外两个卿族栾氏和中行氏联合反杀"的悲剧。

　　鲁昭公深知，他发动政变的目的不是要和季氏争权夺利，而是要以"惩处有罪季氏"作为突破口，在鲁国开展一场"拨乱反正"的政治体制改革，改革举措可能包括将季氏占据的公邑重新划归公室，拔擢孔子这样的尊礼有才之人进入高级卿大夫行列，重新在国内政治生活中践行以"亲亲""尊尊"为基本要义的周礼等。

作为这套改革计划的第一步，鲁昭公现在要做的是要上演一场政治批斗会，以排第一的卿族季氏为批判对象，以排第二的孟氏为卿大夫集团代表和见证人，其主旨应该是"揭批季氏违礼欺君罪恶，申明国君拨乱反正纲领"。如果一切顺利进行的话，鲁昭公将当着孟懿子的面数落季平子及其祖先的所有罪行，季平子将承认罪行并深刻悔罪，然后鲁昭公、季平子、孟懿子将作为主要参与者进行一场由上天见证、向全社会公开的盟誓，确认今后鲁国内政改革的基本纲领。

就在鲁昭公和季平子在季氏宅邸中对峙、郈昭伯前往孟氏宅邸请人的时候，叔孙氏家臣中职掌军事的马正鬷戾召集叔孙氏宅邸中的家臣，问他们说："现在怎么办？"

众人没人敢回答。

鬷戾又问："我只是个家臣，不敢去探讨什么国家大事。我就问大家一句，有季氏和没有季氏，哪样对我们叔孙氏有利？"

众人都说："如果没有季氏的话，那叔孙氏也没法存在下去了。"

鬷戾说："那么我们赶紧去救援季氏吧！"

鬷戾于是率领着叔孙氏的徒众前往季氏宅邸，撞塌了围墙的西北角冲了进去。当时鲁昭公与季平子相持不下，鲁昭公的徒众认为一时半会不会有结果，于是都脱下了甲胄，端着箭筒盖喝水解渴。叔孙氏冲进季氏宅邸之后，没有费多大力气，就把鲁昭公的徒众给赶走了。

与此同时，孟懿子派人登上自己宅邸的围墙西北角，瞭望季氏宅邸内的情况。负责瞭望的人看到叔孙氏家的旌旗，下来告诉了孟懿子。孟懿子于是逮捕了前来游说的郈昭伯，在南门西面杀了他，然后就起兵讨伐鲁昭公的徒众。

在三桓的联合进攻之下，鲁昭公团队先前的谋划彻底崩盘，陷入非常凶险的境地。子家懿伯说："诸位大夫应该伪装成劫持了国君而攻打季氏的乱臣，然后背负这个罪行出奔他国，这样国君就能留下来。在此之后，意如（季平子）事奉国君的态度，也不可能不有所改变。"鲁昭公说："我不忍心这么做。"于是鲁昭公和臧昭伯到城中墓地谋划了一番，最终决定出奔。

臧昭伯出奔之后，季平子再次遵循"相忍为国"的原则，没有废黜臧氏，而是立了臧顷伯为臧氏新族长，臧顷伯也代表臧氏进入六卿行列。六卿中的第四、第五、第六位应该由子服昭伯、叔诣和臧顷伯担任，而最有可能的情况是资历更深的子服昭伯/子服景伯、叔诣占据第四位和第五位，而新加入的臧顷伯垫底。此时六卿领导班子情况如下：

鲁 六 卿 表
（前517年臧昭伯出奔之后）

位　　次	人　　物	族　　属
一	季平子	季
二	孟懿子？	孟
三	叔孙昭子？	叔孙

位　次	人　物	族　属
四	子服昭伯？ /子服景伯？、叔诣？	子服、子叔
五		
六	臧顷伯？　*	臧

鲁昭公流亡：屡次错过和解，最终客死他乡

齐国热情接待引争议，季氏同意和解又反悔

秋九月十二日，鲁昭公团队逃出鲁国都城，出奔到齐国，先是到达了齐地阳州。齐景公派使者通知鲁昭公，说自己将前往距离阳州比较近的平阴去慰问鲁昭公。鲁昭公为了表示对齐景公的谦恭，从阳州出发经过平阴，到了距离齐国都城更近的野井[1]去迎接齐景公。齐景公说："这是寡人的罪过。我本来是让有关部门的官员在平阴等着您，因为平阴靠近阳州的缘故。"

在会面期间，齐景公许诺说："从莒国边境向西，请允许奉送二万五千家民众和土地给君主，以等待君主的命令。寡人将率领着我国军队跟随君主的手下，君主怎么下令寡人就怎么办。君主的忧愁，就是寡人的忧愁。"鲁昭公听到这样有力的支持，正感到高兴，没想到子家懿伯给鲁昭公泼冷水，说："上天的福禄不会连续两次降临[2]。上天如果真的赐福给您，也不会超过我国的始封君周公，把

1　阳州、平阴、野井见图四。
2　子家懿伯的意思是，鲁昭公如果接受齐国二万五千家，将不能再得上天福佑回国复位。

重新得到鲁国作为福佑赐给您就已经足够了**1**。您如果就这样失去鲁国，而带着这二万五千家民众做齐国的臣子，谁还会谋求让您归国复位？而且齐国君主是一个不讲信用的人，我们不如早点去晋国。"鲁昭公不听子家懿伯的意见。

《公羊传》记载了齐景公与鲁昭公在野井会面的另外一些详细情况，进一步印证了鲁昭公热爱礼学、精通周礼仪节的特点：

> 齐景公在野井慰问鲁昭公，说："为什么您要离开鲁国的社稷呢？"
>
> 鲁昭公说："我这个亡国之人没有才能，没能守住鲁国的社稷，给贵国执政带来羞耻。"两次下拜叩头。
>
> 齐景公向子家懿伯表示庆贺，说："祝贺您使您的国君免于大难。"
>
> 子家懿伯说："臣下没有才能，使国君陷入大难之中，国君不忍心对我动用刑具、赐予死罪。"两次下拜叩头。
>
> 齐国上卿高子拿着一箪食物和四条干肉，齐国上卿国子拿着一壶水，说："我们国君听说您在外，还没有就餐，胆敢把这些食物送给您的随从。"
>
> 鲁昭公说："贵国君主不忘记我国先君，并把这种情义推及到我这个亡国之人，还赐给我这么隆重的礼仪。"两次下拜，用衣襟接住食物。

1　子家懿伯的意思是，得到二万五千家对于鲁昭公来说是非分之福，如果鲁昭公真的拥有这个福分，则必将失去鲁国。

高子说:"任何人都会遇到不吉利的事,您不必屈尊行此大礼。"

鲁昭公用食物祭祀而没有吃。

齐景公说:"寡人有先君留下来的粗陋衣服,自己不敢穿;有先君留下来的粗陋器具,自己不敢用,谨敢拿着它们请您使用。"

鲁昭公说:"我这个亡国之人没有才能,没能守住鲁国的社稷,给贵国执政带来了羞耻,岂敢屈辱您行此大礼,谨敢辞谢不受。"

齐景公说:"寡人有先君留下来的粗陋衣服,自己不敢穿;有先君留下来的粗陋器具,自己不敢用,谨敢坚持拿着它们请您使用。"

鲁昭公说:"因为我的宗庙在鲁国,有先君留下来的衣服,没有能够穿上;有先君留下来的器具,没有能够带着它们出来,谨敢坚持辞谢不受。"

齐景公说:"寡人有先君留下来的粗陋衣服,自己不敢穿;有先君留下来的粗陋器具,自己不敢用,请用这些来招待您的随从吧。"

鲁昭公说:"我这个亡国之人该用什么称呼呢?"

齐景公说:"哪个国君没有称呼呢?"

鲁昭公听了这话,放声大哭,鲁国大夫们也都哭。哭完之后,人围起来作墙,车上的帷席作席,马鞍作几,鲁昭公和齐景公以诸侯相遇之礼互相拜见。

孔子说:"他们的礼仪和言辞很值得一看啊!"

鲁昭公团队在齐国安顿下来之后,臧昭伯准备率领其他跟随者

举行盟誓，盟书上写的是："合力同心，好恶一致。心中明确谁有罪、谁没罪。[1]坚决跟从国君，不要里外串通。"

盟书写好之后，臧昭伯说这是鲁昭公的意思，拿给子家懿伯过目。子家懿伯说："如果盟书这样写的话，那我不能参加盟誓。羁不才，不能跟各位同心，而认为所有人都有罪。[2]我们这群人里还就是有人想要沟通内外，而且想要离开国君的。[3]而各位就喜欢这么一直流亡下去而厌恶重新回到安定的状态，我怎么能跟各位同心呢？各位让国君陷入如今的祸难之中，还有比这更大的罪过吗？如果沟通内外而离开国君为他奔走，能使国君快一点回国，为什么不允许沟通呢？又有什么好死守的呢？"最终盟誓还是举行了，而子家懿伯没有参加。

从此处以及接下来的《左传》其他记载可以清楚地看出，鲁昭公的从亡诸臣团队在政治立场上分为两派，我们可以将其命名为"强硬派"和"妥协派"。实际上，这两派在政变酝酿期间就已经开始斗争 (参见第439页)，而这种斗争贯穿整个流亡过程，直到鲁昭公去世之后双方才最终和解。下面我们来简单分析一下这两派的人员构成和基本主张。

一、"强硬派"以官职最高的卿官臧昭伯为领袖，是从亡团队中的绝对多数派，其基本主张是：

（一）驱逐长期把持鲁国朝政、欺凌公室的季氏。这是强硬派

1　盟书的意思是，明确留在鲁国的卿大夫有罪，跟随鲁昭公流亡的卿大夫无罪。

2　子家懿伯的意思是，留在鲁国的卿大夫驱逐鲁昭公，跟随鲁昭公的卿大夫使鲁昭公陷入当前的流亡境地，两者都有罪。

3　子家懿伯的意思是，他想要在国外流亡者与国内统治者之间进行沟通斡旋，而且将要离开鲁昭公而为其早日回国积极奔走。

自始至终坚持的首要目标，得到文献记载的充分支持。

（二）驱逐三桓集团的另外两个成员——孟氏和叔孙氏。如前所述，孟氏族长孟懿子已经通过实际行动表明了自己追随季氏、反对公室的政治立场。在此基础上，笔者认为，同情公室的叔孙昭子去世之后（见下文），强硬派的奋斗目标应该扩大到了"驱逐整个三桓集团"，这不仅是为了满足"清算三桓整体罪行"的道义要求，也是满足"腾出卿官席位给从亡诸臣"的利益要求。

（三）以臧昭伯、郈昭伯等从亡有功、尊崇鲁昭公的卿大夫为基础，重建六卿领导班子和卿族体系。

二、"妥协派"以大夫子家懿伯为领袖，是从亡团队中的少数派，能够确认的成员就是子家懿伯自己。此外，笔者同意李硕在《孔子大历史》里的说法，认为孔子在鲁昭公出奔之后不久就加入了鲁昭公的流亡队伍。在此基础上，笔者认为，当孔子身处流亡团队中的时候，他的政治立场也是"妥协派"[1]。

"妥协派"的基本主张是：

（一）与季氏达成和解，从而使得鲁昭公回到国都恢复君位。这是妥协派自始至终坚持的首要目标，得到文献记载的充分支持。

（二）要求季氏最大限度改正先前公开欺凌国君和公室的错误

1　笔者认为孔子是妥协派的主要依据是，根据孔子《春秋》课讲义编纂而成的《左传》，在记载两派言论时采取的是"一边倒"的立场，对妥协派言论记载得非常详细（441字），而且全部都是子家懿伯的个人言论；对强硬派言论记载得非常潦草（32字），而且除了郈昭伯的"必杀之"三个字以外，都是没有具体所指的群体言论。通过对子家懿伯的详细记载，《左传》塑造了一个近乎完美的君子形象：此人对鲁昭公从始至终忠贞不贰，难能可贵；此人中立而不倚，群而不党，可谓是中庸之道活的灵魂；此人料事如神，对形势的判断一再被事实证明是正确的；此人最终赢得了普遍的敬佩和尊崇。笔者认为，《左传》对于子家懿伯的"一边倒"记载和完美形象塑造，来自孔子《春秋》课讲义，而孔子在其《春秋》课上这样讲述子家懿伯，源于他在跟随鲁昭公流亡期间对子家懿伯的高度认同和崇敬。

做法。比如说，季平子在公开场合应该认真维护鲁昭公的礼仪尊严，与鲁昭公和平共处。然而，妥协派应该不会要求三桓通过退还吞并的公邑来实质性地尊君，因为这种要求一旦提出来，肯定无法促成双方和解。也就是说，妥协派很清楚，"三分公室"前鲁国"君强臣弱"的领土统治权分配格局是不可能重现的，能够争取让季平子承诺改正"四分公室"后的一些过分做法就已经很不错了。

（三）卿大夫体系仍然由三桓诸卿领导，但从亡卿大夫的位次有所晋升。

从鲁昭公的角度来看，"强硬派"其实是鲁昭公内心中政治激情的外在表现，而"妥协派"其实是鲁昭公内心中政治理智的外在表现。从鲁昭公听从哪一派的主张，就可以看出当时鲁昭公心中是激情还是理智占上风。

鲁昭公出奔之后，叔孙昭子从阚地回来，见到了季平子。

季平子向叔孙昭子下拜叩头[1]，说："您要拿我怎么办？"

叔孙昭子说："人谁不会死呢？您现在因为驱逐国君闻名天下，如果就这样不改而死了的话，子孙后代都不会忘记，不也很令人悲伤吗？我能拿您怎么办？"

季平子说："如果能让意得以改变态度事奉国君，这就是所谓的让死人再生、让白骨长肉般的大恩大德啊！"

叔孙昭子跟季平子谈妥之后，就到了齐国，准备与鲁昭公商议回国的事。妥协派领袖子家懿伯下令，如果有人在两人会谈期间前

1　下拜叩头，也就是所谓的"稽颡"，是在居丧时行的凶礼，季平子行此礼，是表明自己驱逐国君后，心情如同居丧时那样忧伤。

往国君馆舍的话，就把这人扣住。子家懿伯这样做的目的很明显，就是为了防止"强硬派"从亡者到场扰乱会谈。在密谈期间，叔孙昭子告诉鲁昭公说，他准备先安定国内民众，然后就接鲁昭公回国。被阻挡在会场外的"强硬派"流亡者知道当年在他们喝水休息时突袭他们的叔孙氏的族长来了，都非常愤恨，于是在路边设下埋伏，准备等叔孙昭子出来之后截杀他。一位叫左师展的鲁大夫把路边有埋伏的情况报告给了鲁昭公，鲁昭公让叔孙昭子从另一条路经由铸邑回国。

然而，正当叔孙昭子积极促成鲁昭公回国之时，他敏锐地发现季平子已经"有了别的想法"：季平子似乎已经开始放弃迎回鲁昭公的想法，转而倾向于担任摄政卿，将国君和执政卿两副担子一肩挑，与流亡的鲁昭公长期对峙。作为一个长期与季氏不和、持"尊君"政治立场的卿官，叔孙昭子先是提前离开国都想要保持中立，却由于家臣鬷戾自作主张率叔孙氏私家军帮助季氏，从而背上了"驱逐国君"的罪名；此后他试图迎回国君以洗刷罪名，不料又遭遇季平子中途变卦，不仅国君归国之事不会成功，而且又将背上"欺骗国君"的罪名。所有这些情况都让叔孙昭子感到非常痛苦，于是他在自己的寝室斋戒，并且命令叔孙氏的家祝、家宗人为自己祈求快死。冬十月十一日，叔孙昭子去世。

叔孙昭子去世之后，他的儿子叔孙成子[1]嗣位成为叔孙氏族长，同时代表叔孙氏进入六卿行列担任卿官，其位置应该仍在第三位。此时六卿领导班子情况如下：

1　叔孙成子，姬姓，叔孙氏，名不敢，谥成。叔孙昭子之子。参见《鲁国国君与三桓世系图》。

鲁 六 卿 表

位　次	人　物	族　属
一	季平子	季
二	孟懿子？	孟
三	叔孙成子？ *	叔孙
四		
五	子服昭伯？／子服景伯？、叔诣？、臧顷伯？	子服、子叔、臧
六		

齐国武装干涉遭破解，诸侯会盟商议终无成

前517年冬十一月，对鲁昭公遭遇感同身受的宋元公打算为了帮助鲁昭公复位而前往晋国。在出发之前，他梦见太子栾在太庙即位，自己与父亲宋平公穿着朝服做太子栾的辅相。宋元公预感到自己命不久矣，于是第二天就召见六卿交代了后事，然而自己仍然坚持上路。十三日，宋元公还没有出国境，就在宋地曲棘[1]去世。

同年冬十二月二十四日，齐景公率军包围位于齐鲁边境地区的鲁国郓邑（东郓）。到前516年春正月五日，齐景公攻下了郓邑，把它作为鲁昭公复辟的基地。同年春三月，鲁昭公从齐国回到鲁国，居住在由齐国控制的郓邑。

同年夏，齐景公准备用军队护送鲁昭公回国，下令任何卿大夫不得接受来自鲁国的贿赂。

1　曲棘见图三。

季氏家臣申丰、女贾带着两匹包裹得很低调的锦缎进入齐军营地，对齐景公宠臣梁丘据的手下高龁说："如果你能收买子犹（梁丘据），那我们季氏将帮助你成为高氏的族长，而且还将送你五千庾的粮食。"

　　高龁把锦缎拿给梁丘据看，梁丘据很想要。高龁说："鲁国人买了很多，有两百匹左右。因为目前道路不通，所以先拿一份样品给您看看。"

　　梁丘据接受了鲁人的贿赂，然后对齐景公说："群臣不尽力为鲁国君主而奔忙，并不是因为群臣不能好好事奉国君。比如说，我对这件事就有想不通的地方：宋元公为鲁国君主前往晋国，结果在曲棘去世；叔孙昭子谋求接他的国君回国，没有得病就死了。不知道是上天要抛弃鲁国呢，还是鲁国君主得罪了鬼神所以到了如今的境地呢？国君您最好是在棘地等着，派群臣跟随鲁国君主进入鲁国试探，根据作战结果来判断这件事能否成功。如果可以，我国军队战胜，您再动身增援，这样就没有对手了。如果群臣率领的军队没有什么成果，国君就不要屈尊前往了。"

　　梁丘据的这番话，心思不可谓不深沉：

　　首先，他完全是从维护齐景公的利益来立论，这就让齐景公不会认为他是在为季氏游说。

　　第二，他举了宋元公、叔孙昭子的例子来论证"鲁昭公出奔是遭天谴"的观点，隐含着齐景公帮助鲁昭公是逆天而行的意思，用这种"神逻辑"来动摇齐景公的决心，使得齐景公愿意接受他提出的方案，那就是先让群臣跟随鲁昭公攻入鲁国，齐景公根据战果再决定是否直接参与。

　　第三，齐景公一开始信誓旦旦要亲率军队护送鲁昭公回国，如今如果听从梁丘据的建议半途退出，这一点已经足以让跟随鲁昭公继续进军的齐国军队军心涣散。所以，从帮助鲁昭公归国复辟的角度看，按照梁丘据的建议去做，则一定是会失败的。这样一来，梁丘据也就达到了帮助季氏的目的。

齐景公听信了梁丘据的建议，于是派公子锄率领齐国军队跟随鲁昭公继续进军，逼近位于鲁国北部边境的成邑，成邑也是孟氏的主要私邑。

孟氏家臣、成邑大夫公孙朝对季平子说："大城邑本来就是为了保卫国家的。请让我们来承受齐国军队的攻打。"季平子表示同意。公孙朝担心季平子信不过自己，主动请求向季平子交纳人质，季平子没有同意，说："我信任你，这就足够了。"

公孙朝于是派人告知齐国军队说："孟氏，是鲁国大家族里面最破败的。孟氏征用成邑的民力和财货太过分，成邑民众不能忍受，想要投降齐国以求得到休息。"齐国军队按照公孙朝使者的请求包围了成邑，从外部施加压力，打算迫使成邑民众投降。后来，成邑又突然派出军队袭击了在淄水边饮马的齐国军队，然后向齐人解释说，这样做是为了让有抵抗齐国心志的民众感到满足，从而保证投降齐国的计划能够顺利推进。

等到鲁国军队完全做好了抵抗齐军的准备之后，成邑又派使者通知齐军说："没办法使民众服从，只能交战了。"也就是说，成邑先前的所有行为都只是为了把齐国军队主力吸引住，从而为鲁国军队整军备战争取时间。最终，双方在鲁地炊鼻交战，齐军虚张声势，没有致胜的决心，最终无功而返。

同年秋，鲁昭公参加了齐景公组织的郓陵[1]会盟，谋划如何将

1　郓陵见图四。

鲁昭公送回国内复位。会盟结束后，鲁昭公回到郓邑。

前515年春，鲁昭公从郓邑出发前往齐国朝见齐景公。随后，他从齐国回到鲁国，继续住在郓邑。

同年秋，晋国卿官范献子组织诸侯在扈地会面，主要议题之一就是谋划如何将鲁昭公送回国都复位。宋卿乐祁犁、卫卿北宫贞子都认为把鲁昭公送回国是有利的，于是坚决请求盟主晋国拿定主意，然后率领诸侯讨伐鲁国、送回鲁昭公。然而，此时范献子已经收取了季平子的大量贿赂，于是他这样答复乐祁犁和北宫贞子说：

"季孙（季平子）并不知道自己犯了什么罪，鲁君就这样突然讨伐他。季孙请求被关押、请求流亡，都没有得到鲁君允许，后来鲁君的军队又没有得胜，然后鲁君就自己跑出国去了。季孙怎么可能在根本没有准备的情况下赶走国君呢？

"季氏得以复位，是上天出手相救：上天平息了鲁君士兵的愤怒，而开启了叔孙氏救援季氏的心。不然的话，为什么鲁君士兵会在攻打季氏的关键时刻脱下甲胄端着盛水的箭筒盖子一边喝一边闲聊呢？叔孙氏害怕祸难蔓延，而自己决定要和季氏共存亡，这是符合天道的。

"鲁君出奔后守在齐国，三年了也没什么成果。季氏非常得到民众的拥护，就连淮夷都帮助他，他有十年的储备，有齐国、楚国卿大夫的支援，有上天的保佑，有民众的帮助，有坚守的决心，有列国君主的实权，都这样了还不敢宣扬，仍然派人去事奉鲁君，就好像他还在国内一样。

"所以我觉得这个事情很难办成。二位都是老成谋国的人，都想要把鲁君送回国，这也是我的愿望。我请求跟着二位包围鲁国，大不了一起死了罢了。"

乐祁犁、北宫贞子一听范献子说出这种蛮横的话就怕了，都推辞说不再谋求送鲁昭公回国。范献子于是辞退了曹、郏、滕这些也建议送鲁昭公回国的小国，并答复晋顷公说送回鲁昭公的动议得不到诸侯支持，事情没法办。

同年冬，孟懿子和季氏家宰阳虎率领军队讨伐郓邑。很可能此前季平子听闻晋人组织扈之会谋划帮助鲁昭公复辟，而鲁昭公又住在郓邑，于是决定先下手为强派兵讨伐。孟懿子的名字在《左传》记载中虽然排在前面，但他到本年不过16岁，而阳虎又是季氏家宰，因此，很有可能这一仗真正的统帅是阳虎，而孟懿子只是作为陪衬而已。

这次讨伐郓邑，也是阳虎第一次出现在文献记载之中。假如以上推测成立的话，阳虎本来是不得参与国事的季氏家臣，本年却和卿官孟懿子平起平坐，主导军事征伐这样的国家大事，可见季平子对他的信任和器重是非同寻常的。然而，季平子压根想不到的是，10年之后，就是这位特别得力的家臣，会悍然发动政变劫持自己的儿子季桓子[1]，并成为季氏实际上的控制者。

鲁昭公的徒众准备出城迎战。妥协派领袖子家懿伯却说："天命抛弃君主没有疑问已经很久了！最终使得君主败亡的，一定就是这些总是主张对抗的人。上天要降祸，这些人却想求取福禄，不也很难吗？如果还有鬼神保佑君主免于败亡的话，那么此战我方肯定会失败。哎呀！没有希望了呀！恐怕要死在这里了呀！"鲁昭公派子家懿伯前往晋国。不出子家懿伯所料，主张抵抗的"强硬派"从亡者在且知被打得大败。

1　季桓子，姬姓，季氏，名斯，谥桓。季平子之子。参见《鲁国国君与三桓世系图》。

鲁昭公被鲁国政府军打得大败之后，离开了郓邑前往齐国，不过郓邑仍然由齐人占据。齐景公请求按照接待国君的正规礼数，设享礼款待鲁昭公。"妥协派"领袖子家懿伯说："每天从早到晚都站在人家朝堂上，又行什么享礼？还是用宴礼饮酒吧。"于是改为礼数比较简便的宴礼。

宴礼开始之后，齐景公让职务为宰的大夫向鲁昭公敬酒，而声称自己有事不能久陪，离席而去。按照当时的礼数规定，如果是两国国君在宴礼中饮酒，齐景公应该亲自向鲁昭公献酒。如果是国君与臣下在宴礼中饮酒，君臣尊卑有别，则国君派宰向臣下献酒。如今齐景公派宰向鲁昭公献酒，说明齐景公已经把鲁昭公当作臣下一样看待；齐景公早早离席而去，就更加可以看出齐景公对鲁昭公的蔑视。

齐景公走后，宴礼现场就剩下了鲁昭公和随行的子家懿伯等人，还有先前逃到齐国的鲁卿公子慭，基本上成了"鲁国流亡君臣团聚宴会"。公子慭有一个名叫重的女儿，现在已经成了齐景公夫人，公子慭为了打破尴尬，提议说："请让重来见您。"子家懿伯实在看不下去了，于是带着鲁昭公离开了现场。

转投晋国错过和解机会，无人理睬重病客死他乡

前514年春天，鲁昭公将要前往晋国边境城邑干侯[1]。鲁昭公本来打算在齐国等晋国派人来接，"妥协派"领袖子家懿伯说："现在君主有求于人，而又舍不得在齐国的安逸，还会有谁同情您？君主还是辛苦一下，先到鲁、晋两国边境等着为好。"鲁昭公不听，仍

1　干侯见图三。

然派使者到晋国,请晋国派人来齐国接。晋人回答说:"上天降祸给鲁国,让君主在外面长期流亡。君主也应该派一个高级使者来屈尊正式问候寡人,而现在君主却留恋齐国的安逸,难道寡人还要派人去齐国迎接君主吗?"晋人让鲁昭公先到鲁、晋两国边境,然后派人迎接鲁昭公到干侯。

鲁昭公虽然到了晋国干侯,但并没有受到晋国欢迎,也没能见到晋顷公,于是在前513年春离开干侯,重新回到齐人控制的郓邑居住。齐景公派卿官高昭子来慰问鲁昭公,致辞时称鲁昭公为"主君"。根据当时的礼制,"主"是对卿的称呼,卿大夫称他国君主,则应该称"君"。如今齐国卿官高昭子称鲁昭公为"主君",是一种含混的称谓,含有把鲁昭公降格当成齐国卿官来对待的意味。子家懿伯说:"齐国已经在用贬低的态度对待君主了,君主再事奉齐国,只会招致更多的耻辱。"鲁昭公于是又离开郓邑前往晋国,在干侯住下。

曾经身处鲁昭公流亡团队中的孔子,此时在哪里?笔者同意李硕在《孔子大历史》里面的说法,那就是:孔子在深入了解了从亡团队的情况之后,大概在前516年左右就不再追随鲁昭公,而是前往支持鲁昭公复辟的齐国,成为卿官高昭子的家臣。在此基础上,笔者认为,孔子在齐国的政治身份应该是鲁昭公团队驻齐国联络员,正是因为此身份,才使得他这个低级贵族能够有资格像《史记·孔子世家》记载的那样观摩齐国各项国家级的礼乐活动,甚至与齐景公会面[1]。

---

1 《史记·孔子世家》:"昭公师败,奔于齐,齐处昭公乾侯(应为郓)。其后顷之,鲁乱。孔子适齐,为高昭子家臣,欲以通乎景公。与齐太师语乐,闻韶音,学之,三月不知肉味,齐人称之。景公问政孔子,孔子曰:'君君,臣臣,父父,子(转下页)

到前513年时，齐国已经不再支持鲁昭公，从亡团队在齐国都城的"联络处"也就没有了继续存在下去的意义。孔子先前试图在齐国谋得官职没有成功，而他恐怕也认为鲁昭公的复辟事业已经没有成功的可能，于是他没有追随鲁昭公前往晋国干侯，而是离开齐国回到了鲁国，重新做回一位儒士，研习礼乐和教授礼乐知识，并利用这些知识为贵族操办丧礼等礼仪事务。

同年夏四月五日，叔诣无病去世。由于叔诣在生前曾经提议要迎回鲁昭公，所以当时朝野有人怀疑叔诣是被季平子害死的。季平子听闻了这种传言，赶紧在朝堂上解释说："叔诣没有生病却不幸去世，这跟其他想要促成国君回国的人（叔孙昭子、宋元公）的结局一模一样，这都是上天的命令，不是我的罪过。"季平子这番话，把当时鲁国朝堂上风声鹤唳、暗流涌动的情势非常生动地揭示了出来。

叔诣去世后，也许是因为叔诣根本没有合格的儿子可以作为继承人，也许是因为季平子不愿意让政治立场偏向鲁昭公的叔诣的儿子继位，总而言之，最终子叔氏选择了子叔敬子-定伯阅-西巷敬叔一脉的子叔成子（名还，谥号成）继位成为子叔氏宗主，并代表子叔氏进入六卿行列担任卿官。后三位卿官的排序，最有可能的情况是，第四、第五位分别由子服昭伯和臧氏宗主占据，而资历最浅的子叔成子排在第六位。此时六卿领导班子情况如下：

（接上页）子。'景公曰：'善哉！信如君不君，臣不臣，父不父，子不子，虽有粟，吾岂得而食诸！'他日又复问政于孔子，孔子曰：'政在节财。'"

鲁 六 卿 表

（前513年叔诣去世之后）

位 次	人 物	族 属
一	季平子	季
二	孟懿子？	孟
三	叔孙成子？	叔孙
四	子服昭伯？/子服景伯？、臧某？	子服、臧
五		
六	子叔成子*	子叔

自从鲁昭公出奔之后，季平子做出善待鲁昭公的姿态，每年都会买一批马，还有流亡团队成员可以用的衣服鞋子，一起送到鲁昭公团队驻地。然而，鲁昭公团队前513年稳定居住在干侯之后，季平子第一次送马到干侯，鲁昭公一反常态，下令逮捕了送马的鲁国使者，并且把马卖了换取财物。鲁昭公的激烈行为给了季平子借口，季平子于是不再给鲁昭公送马。

鲁昭公赏赐了一件华美的羔羊皮衣给跟随他一起流亡的儿子公衍[1]，公衍没有使用，而是把它珍藏了起来。后来鲁昭公派公衍向齐景公进献一块龙纹宝玉，公衍把那件羔羊皮衣也一起进献给了齐景公，齐景公很高兴，于是把齐邑阳谷赐给了鲁昭公。鲁昭公听说公衍的行为使得自己得到了一个城邑，感到非常高兴，同时不禁回想起这样一件旧事：

1　公衍，姬姓，字衍。鲁昭公之子。参见《鲁国国君与三桓世系图》。

当年公衍、公为即将出生之前，他们的母亲同时住进产房，先生下来的是公衍。公为的母亲说："我们两个一同住进产房的，请求等我也生好之后再一起向国君报告。"三天后，公为生了出来。公为的母亲趁公衍的母亲没有注意到的时候出了产房，先向国君报告，说自己的孩子先出生，于是公为就成了哥哥，自然被立为太子。后来鲁昭公知道了实情，但也没有再改变两个儿子的长幼次序。

鲁昭公说："当时最初就是务人（公为）挑起了这场祸乱。而且务人后出生却当了哥哥，这场骗局已经延续太久了。"于是鲁昭公罢黜了公为，而将公衍立为太子。

前511年春正月时，鲁昭公仍然寄居在晋邑干侯。晋顷公已在1年前去世，新上任的晋定公想要派出军队护送鲁昭公归国复位。当时在六卿中排第二的中军佐范献子说："如果君主召季孙来晋国而他不来的话，那么季孙就的确是犯了不臣之罪了，这以后再讨伐他，怎么样？"晋定公答应了范献子的请求。晋国于是派出使者去鲁国，召请季平子到晋国。晋人使团中有范献子的亲信，他私下告知季平子说："您一定要来，我保证您不会有灾祸。"

夏四月，季平子跟着晋国卿官知文子前往干侯。在鲁昭公这边，"妥协派"领袖子家懿伯对鲁昭公说："君主这回一定要跟季孙回去。难道君主愿意因为不能忍受一时的羞耻，而终身蒙受羞耻吗？"鲁昭公说："好的。"然而，"强硬派"从亡者认为，晋国既然出面干预此事，季平子又来了干侯，鲁昭公一定要抓住这个机会斗败季平子，他们说："就在这一句话了，君主一定要驱逐他！"

知文子一行到达干侯之后，知文子根据晋定公的命令慰问鲁昭公，并且说："我国君主派跞（知文子）根据君命责问了意如（季平子），意如不敢逃避他的死罪。君主还是回国吧！"

　　鲁昭公说："贵国君主怀着施予恩惠的善念，顾念与我国先君的友好，如果要惠及到我这个流亡的人，将要让我回国清洁宗庙来事奉贵国君主的话，那么我不能再见到那个人！我如果能再见到那个人，必遭神谴，有河水做证！"

　　知文子一听这话，知道鲁昭公的意思是要晋国惩处季平子，马上捂住耳朵往外跑，说："我国君主生怕招惹罪过，怎么敢参与知闻鲁国的祸难？臣下请求回去向我国君主复命！"

　　知文子出来后对等在外面的季平子说："君主的愤怒还没有懈怠的迹象，您还是回去继续主持祭祀吧！"知文子的意思是让季平子回国继续摄行国君之事，因为主持国家祭祀是国君/摄政君最基本的职责。

　　子家懿伯说："君主乘一辆车进入跟随季孙前来的鲁国军队中，季孙一定会与君主一同回国的。"子家懿伯预料季平子将继续奉鲁昭公为君，但将不能容忍那些"强硬派"从亡者，所以出了这个主意。鲁昭公先前听信"强硬派"从亡者的意见，于是刚才在知文子面前表达了自己与季平子势不两立、希望晋国出面驱逐季平子的意愿，结果被知文子拒绝。鲁昭公此时明白，子家懿伯对形势的判断是准确的，因此当子家懿伯再次献计时，鲁昭公想要听从。然而，人数上占绝对优势的"强硬派"流亡者反对子家懿伯的意见，他们一同阻止鲁昭公，使得鲁昭公没能回国。

　　前510年冬天，孟懿子参与晋国卿官韩简子组织的诸侯联合行动，为周王室增修成周城，用来作为周王室的新都城。

同年冬十二月，鲁昭公重病不起。他拿出财物赏赐给一直追随他的从亡者们，没人敢接受。鲁昭公赐给"妥协派"领袖子家懿伯一堆虎形宝玉、一只玉环、一只玉璧，还有一套轻盈细软的衣服，子家懿伯接受了赏赐，其他大夫也都接受了赏赐。很明显，子家懿伯已经充分证明了自己的英明正确，获得了"强硬派"从亡者的敬佩，成为从亡团队的领袖。

　　十四日，鲁昭公去世。子家懿伯把鲁昭公赏赐给他的宝物都还给了收藏财物的府人，说"当时我接受是因为不敢忤逆君命"，其他从亡者也都把他们接受的赏赐还给了府人。

附录5：君权下移、季氏兴盛的分析解读

晋国卿官赵简子得知鲁昭公的死讯后，询问太史蔡墨说："季氏把他的国君赶出了国，但民众都服从他，诸侯都认可他；国君死在国外，却没有人怪罪他，这是为什么呢？"

蔡墨回答说：

"事物的存在有的成双，有的成三，有的成五，还有的是陪贰[1]。所以上天有日、月、星三辰（成三），大地有金、木、水、火、土五行（成五），身体有左右（成双），男人有配偶（陪贰）。周王有诸公，诸侯有诸卿，后者都是前者的陪贰。上天生下季氏，作为鲁侯的陪贰，时间已经很久了。民众服从季氏，不也很合适吗？鲁君世代沿袭先君的过失，而季氏世代勤勉地治理国政，民众渐渐也就忘记国君了。国君就算是死在国外，又有谁会可怜他呢？

"社稷没有恒常不变（指一直是某姓）的奉祀者，君臣之间没有固定不变的地位，自古以来就是这样。[2]所以《诗》说：'高高的堤岸变成河谷，深深的河谷变成山陵。'虞、夏、商三代君王的后代，到今天成为庶人，这是您所知道的。在《周易》的卦中，雷凌驾在《乾》上叫作《大壮》，这是上天的常道。[3]

"昔日成季友（公子友），是鲁桓公最小的儿子，也是夫人文姜最喜爱的儿子，文姜刚怀孕的时候曾经占卜过，卜人报告说：'生下来

1　指地位有尊卑差别的配偶，比如公为王之陪贰、卿为诸侯之陪贰、女为男之陪贰。

2　《左传·昭公三十二年》："社稷无常奉，君臣无常位，自古以然。"

3　《大壮》䷡，《乾》☰下《震》☳上。《震》为雷，在《乾》上，所以说"雷凌驾在《乾》上叫作《大壮》"。《乾》为天，为君。《震》为雷，为臣。《大壮》中，君在下，臣在上，大臣强壮，如同天上有雷，所以说"这是上天的常道"。

后有好名声，他的名字叫作友，将成为公室的辅佐。'等到成季友出生时，如同卜人所预测的那样，手上有个'友'字，所以就以此命名。后来成季友立了大功，接受费邑成为鲁国的上卿。到了季文子、季武子，世代增加功业，从未废弃旧的功绩。鲁文公去世后，东门遂（东门襄仲）杀嫡立庶，鲁君从此就失去了国家，政权落在了季氏手中，到现在这位已经四任国君了。民众根本不了解国君，国君靠什么能够夺回国家？

"因此担任国君，一定要慎重运用待遇和名分，不可以把这两样东西随便借给别人。" **1**

晋太史蔡墨的这一大段话，是对鲁国从隐公时期到昭公时期的两大趋势——君权下移和季氏崛起——背后原因的分析。这段分析中有不少高明的洞见，因此笔者在这里试图做一个初步的解读，解读的角度有两个：一个是鲁国君权下移、卿族壮大的过程和原因，另一个是季氏兴盛的过程和原因。

第一，蔡墨指出，鲁国以及其他中等诸侯国在春秋时期先后发生君权下移、卿族壮大的情况，有其共同的制度根源，这个根源就是周礼对于诸侯国君与诸卿之间政治关系的设定。

从此处以及《左传》其他地方对于"陪贰"的描述，我们可以总结出周礼对这种政治关系的一些基本设定：

（一）陪贰关系中的双方，礼制地位上是有高低差异的。按照蔡墨的说法，典型的三对陪贰关系，一是周王与诸公的关系，一是诸侯国君与诸卿的关系，一是贵族男子与妻妾的关系。在这三对关

---

1 《左传·昭公三十二年》："是以为君，慎器与名，不可以假人。"

系中，很明显周王、诸侯国君、贵族男子是地位高的一方，而诸公、诸卿、妻妾是地位低的一方。为了简明起见，接下来我们就把陪贰关系中处于较高地位的那一方叫作"主君"，把处于较低地位的那一方叫作"陪贰"或"陪贰集团"。

（二）陪贰关系中的双方，在数量上是有多寡差异的。以诸侯国君-诸卿为例，诸侯国君是单个人，是"寡"的一方；而诸卿是由多人组成的一个集团，是"多"的一方。诸侯国君在与诸卿对话的时候，自称"寡人"，而称诸卿为"二三子"，正反映了国君对这种数量多寡差异的清楚认识。

（三）地位低、人数多的陪贰集团内部还有礼制地位等级，因此存在着一名地位最高的首席陪贰。比如说，诸卿集团的首席陪贰就是所谓的"执政""执事"。执政卿就是典型的"平等者中的第一人"（first among equals）。

（四）陪贰集团作为一个整体，是权力仅次于主君的统治集团，与主君分权共治。以诸侯国君-诸卿为例，当国君在国内的时候，国君是国家政事最高决策者，但他不能独断专行，而是要与诸卿集团共同谋议达成共识后方可施行。当国君不在国都内的时候，执政卿是国家政事最高决策者，但他也不能独断专行，而是要与其他诸卿共同谋议达成共识后方可施行。

从上述周礼关于国君-诸卿陪贰关系的基本设定中我们可以看出，蔡墨的解读是非常具有洞见的，因为执政卿领导的诸卿陪贰集团原本就与国君分享治权，而且原本在国君不在国都时就可以接受国君的委托全权治理国政；说得再明白一点，"君权下移至诸卿集团"原本就是内置在周礼中的合规政治操作。

因此，如同我们在下文中将要看到的那样，所谓在春秋时期发生了"君权下移至诸卿集团"的现象，不是说这种现象在西周时期没有、春秋时期才有，而是说它在西周时期是一种不频繁的、可逆的、合乎周礼的政治操作，而在春秋时期则最终变成了一种全天候的、不可逆的、违背周礼的政治新常态。

第二，蔡墨指出，鲁国之所以会出现君权下移、卿族壮大的状况，一是因为鲁君世代沿袭先君的过失，二是因为季氏世代勤勉地治理国政，三是因为东门襄仲杀嫡立庶导致国君失去政权。

我们把蔡墨的解读摆在这里，然后从上面总结的国君-诸卿陪贰关系基本设定出发，以本书前面所做的详细分析为基础，简略地讨论一下鲁国君权下移、卿族壮大的历史进程。

（一）西周早中期：鲁国君臣领土统治权分配格局是"君集权"，君臣政事决策权分配格局是"君极强臣极弱，接近君集权"，长期保持基本稳定。国君外出时政事决策权会发生临时性下移，是符合周礼的正常政治操作，是不频繁的、可逆的。

西周早中期，鲁国受到周王室的严格管控，国家疆域不大，疆域内的土地绝大部分是国君/公室直辖的公邑。国君一方面控制着全国绝大部分的土地，另一方面不分封有中心城邑的大型私邑给诸卿，而只是授予他们相当于俸禄的小规模禄田。从权力角度来看，在这一时期，君臣之间的领土统治权分配格局是"君集权"。在领土统治权分配格局的基础上，国君和诸卿之间的政事决策权分配格局是周礼陪贰关系所规定的"君臣分权共治"，但这是一种"君极强臣极弱，接近君集权"的分权，国君权力稳固，君臣尊卑等级严明。

在这一时期，国际秩序处于周王室的强力管控之下，和平共存是国际秩序的基调，各诸侯国的疆域大小受到严格控制，外交活动都要遵照周礼安排来进行。在这样的前提下，鲁国君主出都城参与朝见会盟活动的频率不高（大约3年一次）而且时间可预期，虽然在出都城期间，根据周礼的设定，国内政事决策权会很自然地从国君下移至执政卿领导的诸卿集团，但这种下移是可逆的，在国君回国之后就会恢复到"君强臣弱，君臣分权共治"的常态。

（二）西周晚期至春秋早期：鲁国国君分封边境新占领土给卿大夫建立私邑，领土统治权从国君部分下移至卿大夫，君臣领土统治权分配格局变化为"君强臣弱，君臣分权"，但此后长期保持稳定。

西周晚期到春秋早期，周王室对中原诸侯国的控制力度不断衰弱，并在春秋初年完全崩溃。在两周之际这段"既无周王又无霸主"的管控空窗期，鲁国也开始通过攻灭周边小国来开疆拓土，取得了一定成就。然后，鲁国君臣共同决定，仿照周王室把王畿外围土地分封给王室卿大夫建立私邑的做法，开始把边境新占领土分封给诸卿，建立高度自治的私邑。这样一来，卿族也成了有大型封地、有中心城邑、有私民、有私家武装的地主，国君和诸卿之间直辖土地规模的差距显著缩小，这就为春秋时期卿族壮大提供了经济军事实力基础。

从权力角度来说，在这一时期，领土统治权从国君部分下移至卿大夫，君臣之间的领土统治权分配格局从西周时期的"君集权"调整为"君强臣弱，君臣分权"。

不过，春秋早期的管控空窗期并没有持续太长时间，接下来大国霸主兴起，开始有效管控国际秩序，使得鲁国进一步大规模开疆拓土的可能性不复存在，而且鲁国原本就是保守周礼最为谨严的国家，所以就鲁国而言，国君拥有的公邑并没有变得越来越少，诸卿拥有的私邑也并没有变得越来越多，"君强臣弱，君臣分权"的领土统治权分配格局一直保持到春秋晚期"三分公室"改革之前。

（三）春秋早期至春秋晚期"三分公室"前：外事压力导致国君频繁出都城，迫使君主常态化下放政事决策权给诸卿。在此基础上，诸卿主动维护"强化诸卿，虚化国君"的新体制，抗拒国君夺回政事决策权，导致政事决策权从国君深度下移至卿大夫，形成"君极弱臣极强，君臣分权"的君臣政事决策权分配格局，与"君强臣弱，君臣分权"的领土统治权分配格局形成尖锐错位。

从春秋前期鲁国大规模开疆拓土结束之后，到"三分公室"改革剥夺公邑之前，君权下移的主要途径不是领土统治权的下移，而是政事决策权的下移，表现如下：

第一，春秋早期诸侯探索自治带来的外事压力，以及春秋中期服从大国霸主带来的外事压力，迫使历任鲁国君主都不得不常态化地频繁外出，因此不得不常态化地允许政事决策权下移至诸卿集团。这种政事决策权的下移在鲁僖公服从齐桓公时期达到高峰，引发"强化诸卿，虚化国君"内政治理新体制的建立。

春秋早期，由于包括鲁国在内的中原主要诸侯国开始探索诸侯自治的国际秩序新模式，这导致鲁国君主出都城参与外事活动的频率和时长显著增加，从而导致政事决策权更加频繁、更加长久地下移至诸卿集团。

春秋中期，鲁僖公为了应对霸道政治形势下大国霸主齐桓公施加给仆从国的霸政压力，被迫在频繁地、长时间地、开始结束时间不可控地出国参与霸政行动，在此期间无法治理国政，必须将自己手中的政事决策权下放给诸卿集团领导的看守政府。诸卿中的部分成员当然也经常需要出国参与霸政行动，但由于诸卿不是一个人而是多人组成的集团，部分成员出国不会整个集团的稳定，这使得诸卿集团成为稳定运营国政的唯一选择。

在此基础上，诸卿以"消除国君频繁、长时间、开始结束时间不可控地出国对内政稳定运营造成的冲击"为正当理由，说服国君同意建立"强化诸卿，虚化国君"的内政治理新体制，不仅在国君出国期间赋予诸卿集团完全的政事决策权，即使在国君在国内期间也将国政继续委托给执政卿领导的诸卿集团去处理，而国君自己则保持一种"垂拱南面"的虚君状态。

根据笔者在前面所做的分析，大概在鲁僖公在位前期，这种内政治理新体制已经基本建立。鲁僖公之所以能够同意这样的安排，一方面是迫于霸政压力的实际需要，另一方面也是因为高度信任自己的叔父、恩人、执政卿公子友。

第二，诸卿集团越来越理直气壮地常态化掌控国政，并成功地挫败了国君数次试图夺回政事决策权的行动。

习惯成自然，诸卿集团在常态化执掌国政的政治实践熏陶下，逐渐在思想上真心认为，"国君垂拱、诸卿秉政"就是最适合于春秋时期动荡局势的内政治理模式，应该长期坚持下去；诸卿集团就应该是政事决策权的实际拥有者，而国君就应该满足于做一个对诸卿集团所作决议点赞支持的虚君。这种理念在诸卿集团中不断滋长，最终在前643年导致孟穆伯领导的诸卿集团擅自出兵攻打项国，导致鲁僖公在淮之会现场被齐桓公扣留。三桓领导的诸卿集团随后用鲁僖公做筹码与齐桓公博弈的所作所为进一步证明，此时的诸卿集团已经理直气壮地认为，自己就是国家政事决策权的拥有者，为了他们认可的国家利益，让国君被霸主再多扣押一阵子也没关系。

在从鲁僖公后期到鲁襄公初期这段时间里，鲁国国君应对政事决策权下移的态度大概有"不接受"和"接受"两类：

一类是"不接受被架空虚化，试图夺回权力"。持这种观点的有后期鲁僖公、鲁宣公、成年鲁襄公。这其中，后期鲁僖公试图通过扶植新卿族和挑动诸卿集团内斗来削弱诸卿集团、加强自身权威；鲁宣公与拥立自己的恩人东门襄仲及其嗣子东门子家结盟，试图先通过在直辖公邑推行"初税亩"改革以增强公室经济军事实力，然后联络晋国里应外合驱逐季氏、打击三桓；鲁襄公在楚国期间，得知诸卿集团趁自己不在国内时公然夺取公邑，一度考虑要鼓动楚国讨伐鲁国以驱逐季氏、打击三桓。然而，这些国君的反抗行动都被诸卿集团消解和挫败，鲁宣公甚至为此付出了被季文子暗杀的代价。

一类是"接受被架空虚化，与诸卿集团和平共处"。持这种观点的有鲁文公、鲁成公。比如说，鲁成公认为鲁宣公反抗行动的失败证明此类行动毫无意义，与诸卿集团和平共处是唯一现实的选择；他拒绝配合母亲穆姜为践行鲁宣公遗命而发动的反季氏政变，最终导致穆姜–叔孙宣伯政变的失败。

到前562年"三分公室"改革前，政事决策权已经从国君深度下移至卿大夫，形成"君极弱臣极强，君臣分权"的君臣政事决策权分配格局，与"君强臣弱，君臣分权"的领土统治权分配格局形成尖锐错位。

（四）"三分公室"和"四分公室"：诸卿仗恃其政事决策权绝对优势，发动政务改革瓜分公邑，导致领土统治权深度下移至卿大夫，形成"君极弱臣极强，君臣分权"的君臣领土统治权分配格局，与"君极弱臣极强，君臣分权"的君臣政事决策权分配格局完全匹配，至此鲁国政治到达了"国君彻底傀儡化，诸卿共掌国政"稳态。

鲁宣公、穆姜的反抗行动让诸卿集团意识到，虽然诸卿集团已经在政事决策权方面具备了绝对优势，但只要国君领导的公室还掌握着大量可以提供军需物资和兵员的公邑，或者说还掌握着领土统治权的大头，诸卿集团就不可能稳固地掌握政权。于是，以季文子/季武子为领袖的诸卿集团先是在鲁襄公成年之前长期全权执掌国政，然后在鲁襄公成年亲政后的第2年就悍然推出了"三分公室"这个系统性解决方案：

（一）以"扩军备战应对动荡国际局势"为正当理由建立三军。

（二）以"三桓勇挑重担"为正当理由将三军承包给三桓来建设和运营。

（三）以"将提供军赋的公邑分给三桓管理，以理顺军赋征收流程"为正当理由将公邑分成三份，分别交给三桓来管理。

"三分公室"的用意是诸卿集团通过夺取国君的直辖经济军事资源，或者说夺取国君的领土统治权，来从根本上架空国君，摧毁国君发动政变夺回权力的欲念。然而，由于三桓集团内部的不团结，只有季氏实现了所分公邑的事实私有化，彻底切断了其所分公邑与公室的经济联系。

于是，在鲁昭公即位后的第5年，以季武子为领袖的诸卿集团又推出了"四分公室"这个终极解决方案：

（一）以"裁军节用以适应晋楚讲和新形势"为正当理由撤销中军。

（二）以"公邑需要重新分配"为正当理由将公邑分为四份，不平均地分配给三桓。其中，"将公邑分配给根本没有管理国家军队的叔孙氏"的操作，彻底暴露了三桓就是要削弱公室的真实意图。

（三）连正当理由也不要了，直接切断所有公邑与公室的经济联系，让它们全部在事实上变成三桓的私邑。

"四分公室"之后，诸卿集团自认为已经将政事决策权和领土统治权都抢夺到自己手里，公室已经被彻底架空，鲁国政治已经走到了"国君彻底傀儡化，诸卿共掌国政"的稳态。在这样的情势下，如果国君是一个理性人的话，那么他唯一的选择就是像子家懿伯所说的那样，做一个安静的傀儡。

然而，诸卿集团"四分公室"的重磅侵犯引起了鲁昭公的绝地反击：鲁昭公不是诸卿集团所期待的那种理性人，他抱着一种"知其不可而为之"的决绝信念，一方面不断尝试联络晋、楚、吴等大国干预鲁国内政，一方面汇聚国内的反季氏势力作为自己的党羽，先后两次发动反季氏政变，第一次在晋国成功扣押了季平子，第二次成功攻入季氏宅邸，将季平子逼到高台之上。

当然，诸卿集团对形势的判断最终被证明是正确的：鲁昭公的两次政变都归于失败，最终客死异乡。鲁昭公的失败，确认鲁国君权下移进程真的已经到达了稳态，在可预见的未来不会再有回转的可能。

如果把笔者的分析和蔡墨的分析进行比较的话，可以有这样几点评论：

（一）蔡墨所说的第一个导致君权下移的原因，"国君世代沿袭他的过失"，是很有见地的。

具体说来，鲁国君主世代沿袭的过失，先是在春秋早中期频繁地、长时间地将政事决策权下放给诸卿集团，后是在春秋晚期不能采取有效行动从诸卿集团夺回权力，不能保护公邑不被诸卿集团瓜分。在此基础上，笔者通过本书前文的内容，进一步揭示了这样一个情况：在春秋早中期，国君之所以会频繁地、长时间地下放权力，主要不是因为国君懒惰或者愚蠢，而是因为他们先是迫于春秋初期中原诸侯探索自治的国际形势（鲁隐公、鲁桓公），随后迫于春秋早中期大国霸主施加的霸政压力（鲁庄公、鲁僖公），不得不这么做。

（二）蔡墨说的第二个导致君权下移的原因，"季氏世代勤勉地治理国政"，也是很有见地的。

权力下移是"一个巴掌拍不响"的历史进程，一方面需要国君交出权力，另一方面需要诸卿集团在接收了治权后，能够积极有效地运用权力和保住权力。以季氏为代表的鲁国诸卿集团世代勤勉地治理国政，正是在积极有效地运用权力。在此基础上，笔者通过本书前文的内容，进一步揭示了这样一些情况：以季氏为代表的诸卿集团之所以能够将君权下移塑造成一个不可逆的、终结于"君极弱臣极强"的历史进程，既是因为他们能够充分运用权力，也就是勤勉治理国政；也是因为他们能积极保住权力，也就是断然采取行动挫败国君发动的夺权政变，并且进而通过瓜分公邑而彻底架空公室。

（三）蔡墨说的第三个导致君权下移的理由，"东门襄仲杀嫡立庶导致国君失去政权"，从表面史事来看是错的，但从深层实质来看是对的。

从表面史事来看，东门襄仲杀嫡立庶扶持鲁宣公上台后，接下来所做的并不是剥夺鲁宣公的权力，而是打着"张公室"的旗号，与鲁宣公结成同盟一起反对以季氏为首的三桓集团。实际上，在东门襄仲去世后，他的儿子东门子家继承父亲遗志，继续推进"张公室""反三桓"事业，最终为此付出了出奔流亡的代价。

从深层实质来看，如同本书前面分析的那样，东门襄仲杀嫡立庶是用暴力方式主动侵犯君权，把东门氏的地位从国君下面的一个卿族提升到与国君平起平坐的政治同盟者，其"张公室"其实是以"卑公室"为前提的。东门襄仲杀嫡立庶使得鲁国君权下移进程发生了历史性转折，从良性的、可逆的，转变为恶性的、不可逆的，而这为随后三桓集团用果断行动挫败历次国君反抗行动树立了榜样。

第三，蔡墨指出，季氏成为并长期稳居鲁国卿族首位的原因，一是因为季氏承受天命陪贰公室，二是因为季氏世代建立功勋、增益家业。

蔡墨总结的季氏崛起并把持鲁国政权的两条理由，第一条"季氏承受天命"无法证明或证伪，在这里存而不论；第二条"季氏世代建立功勋、增益家业"则很有见地，值得进一步申说。

首先，即使我们抛开季氏在所有日常内政外交活动中的建立的功绩，而只看最重大的"平定政变"和"推行改革"两项，也可以梳理出如下这样一个颇为丰满的"季氏政治功业大事记"：

（一）平定公子庆父政变。

前662年至前659年，季氏始祖公子友高举"尊君""尊周礼"的正义旗帜，坚决执行鲁庄公遗命，坚决捍卫君位传承"父死子继"的周礼正道，先后诛杀反叛兄长公子牙和公子庆父，最终拥立鲁庄公庶子鲁僖公，终结了鲁国"一朝父死子继，一朝兄终弟及"的怪异政治传统，确立了符合周礼的"父死子继"君位传承制度。值得注意的是，季氏族长公子友在诛杀了两位兄长之后，并没有将二人的家族赶尽杀绝，而是帮助被杀兄长后代建立孟氏、叔孙氏，从此形成以季氏为首的三桓集团。

（二）平定鲁宣公-东门氏政变。

从前609年至前591年，季氏族长季文子高举"惩治杀嫡立庶罪人"的正义旗帜，率领三桓集团与高举"反三桓张公室"旗帜的鲁宣公-东门氏联盟展开了长期斗争，最终鲁宣公在发动政变前夕暴毙，东门氏被驱逐，以季氏为首的三桓集团从此稳定控制鲁国朝政。值得注意的是，季文子在平定政变之后，并没有灭东门氏，而是将东门襄仲的儿子仲婴齐立为卿官，将东门氏改为仲氏，允许其在鲁国卿大夫家族群体中继续存在。

（三）平定穆姜-叔孙宣伯政变。

前575年，鲁宣公遗孺穆姜和叔孙氏族长叔孙宣伯联合发动政变，导致季文子在晋国参会时被扣押。不过，在子叔声伯的营救下，季文子成功脱身，回国后刺杀了政变团伙成员公子偃，软禁了穆姜，驱逐了叔孙宣伯。季文子此役有惊无险，恩威并施，进一步巩固了季氏在三桓集团中的领袖地位。值得注意的是，季文子在平定政变之后，也并没有消灭或驱逐叔孙氏，反而是从齐国召回叔孙穆子，使得叔孙氏得以存续。

（四）推动"作中军""三分公室"改革。

前562年，季氏族长季武子高举"面对危局勇于担当"的正义旗帜，及时推出"作三军，三分公室"改革，由三桓直接控制三军，并且部分剥夺国君的直辖经济军事资源，为以季氏为首的三桓集团彻底架空公室奠定基础。在三家之中，季氏的赋税政策最为激进，完全切断所分公邑与公室的联系，成为"四分公室"改革的先声。

（五）推动"废中军""四分公室"改革。

前537年，季武子高举"审时度势精兵简政"的正义旗帜，实施"废中军，四分公室"改革，三家都执行季氏的赋税政策，完全剥夺公室的直辖经济军事资源，完全架空鲁昭公。从这时起，以季氏为首的三桓集团完全控制鲁国朝政。在三家之中，季氏独得二分之一的公邑资产，进一步巩固其在三桓中的主导地位。

（六）平定鲁昭公两次政变，扼杀鲁昭公复辟图谋。

前530年至前528年，隐忍多年的鲁昭公发动第一次政变，其党羽晋大夫羊舌肸一度得手扣押了季平子。不过，在子服惠伯的营救下，季平子成功脱身回国。随后，政变骨干季氏费邑邑宰南蒯也被其邑民驱逐，政变失败。前517年，鲁昭公发动第二次政变，成功攻入季氏宅邸，将季平子围堵在高台之上。不过，在叔孙氏、孟氏的营救下，鲁昭公团队失败，出奔齐国。此后，季平子又挫败了鲁昭公团队试图利用齐、晋等大国力量来谋求复辟的军事和外交行动，最终使得鲁昭公客死在晋国。

在梳理季氏政治功业史事的基础上，我们可以进一步归纳总结季氏崛起的成功经验。笔者认为，季氏之所以能够成为鲁国卿族集团中最成功的一个，与它秉持的政治理念有密切关系。季氏秉持的政治理念有一个发展变化的过程，大体经过了如下三个阶段：

（一）在公子友-季文子时期，季氏长期秉持一种"相忍为国"的政治理念。

公子友在公子庆父之乱后保存失败的叔孙氏、孟氏，季文子在鲁宣公-东门氏政变之后保存失败的东门氏（改名为仲氏），季文子在穆姜-叔孙宣伯政变之后保存失败的叔孙氏，都是体现这种"相忍为国"政治理念的典型案例。笔者认为，季文子通过奉行"相忍为国"，积攒了政治声誉软实力，这与季文子通过勤勉治国积攒政治声誉软实力、通过建设私邑来积攒经济军事硬实力相辅相成，是季氏能够在这段时期历次政治斗争中胜出，并且获得鲁国卿族领袖地位的重要原因。

（二）在季武子时期，季氏的政治理念发生重大变化，从"相忍为国"转变为"强横欺君"。

季武子在鲁襄公时期发起"三分公室"改革并且用最激进的方案切断分得公邑与国君/公室的经济联系，又在鲁昭公时期发起"四分公室"改革彻底架空国君/公室，都是体现这种"强横欺君"政治理念的典型案例。笔者认为，季氏通过奉行"强横欺君"，一方面的确进一步增强了季氏的经济军事硬实力，但另一方面也引起了同情国君/公室的卿大夫的反感，削弱了季氏的政治声誉软实力，进而为季平子时期君臣兵戎相见埋下伏笔。

（三）在季平子时期，季氏的政治理念再次发生重大变化，从"强横欺君"转变为"刚柔并济"。

季平子继位后，延续了季武子的"强横欺君"理念，进一步激化了季氏与公室之间的矛盾，导致了鲁昭公两次发动政变试图夺回权力，而自己也两度身陷极度危险之中。

然而，在逐出鲁昭公之后，季平子在政治实践中不再坚持"强横欺君"，而是改为"刚柔并济"。具体说来，就国内政治而言，季平子一方面继续担任执政卿，把持住内政外交各项实权；但另一方面又保持君位悬空不另立新君，从而规避"权臣擅行废立"的罪名。就国际政治而言，季平子一方面高举"愿意谈判和解迎回鲁昭公"的政治正确旗帜，以削弱大国霸主靠武力护送鲁昭公归国的正当性，另一方面又高举"抵抗大国入侵干涉"的政治正确旗帜，以增强自己靠武力从郓邑逐出鲁昭公团队的正当性。正是因为季平子能够审时度势调整政治理念，使得他能够成功应对鲁昭公出奔后的各种内政外交挑战，最终熬死了鲁昭公，取得了这场旷日持久的政治斗争的胜利。

通过梳理上述"季氏政治理念变迁简史"，我们可以很清楚地感受到，大致来说，季氏先是通过秉持"相忍为国"理念来重点积攒其政治声誉软实力，然后通过秉持"强横欺君"理念来重点积攒其经济军事硬实力，然后又通过秉持"刚柔并济"理念来应对鲁昭公政变及复辟这一最严峻的政治危机，从而使得季氏能够一直保持一种不断积累、不断成长的发展状态，很早就成为鲁国"第一卿族"，并一直保持住了这一崇高的政治地位。

通过梳理上述"季氏政治功业大事记"和"季氏政治理念发展简史"，我们可以很清楚地看到，季氏在三桓集团中的主导地位，进而在鲁国政治中的主导地位，都是经历了一百多年的历史演进而形成的，也是经历了多次残酷的政治斗争而形成的，具有很强的历史合法性，因此在国内得到从贵族到民众的普遍认可，在国际上也得到其他主要诸侯国高层的认可。

如果说到鲁国高层的季氏支持者的话，叔孙穆子、子叔声伯、子服惠伯、子家懿伯等鲁国卿大夫都是见于文献记载的人选。值得注意的是，根据《左传》的记载，上述鲁国卿大夫都是品行端正、尽心国事、才干水平高的贤大夫，并不是以阿谀奉承为能事的季氏私党。说到其他诸侯国高层的季氏支持者的话，那么分量最重的无疑就是这位晋国太史蔡墨。他们都明确表达了这样一种观点：季氏是鲁国政治体系的支柱，季氏的安危与鲁国的安危是一种直接绑定的关系。

我们之所以能够读到上述卿大夫的言论，是因为《左传》的详细记载。笔者认同"《左传》来源于孔子历史课讲义"的主流说法，并进一步认为，孔子在自己的历史课上从正面讲述这些卿大夫关于季氏的观点，表明孔子认同他们的观点，而不认同鲁昭公从亡团队"强硬派"的"消灭或驱逐季氏"主张。正是在这样的观点指导下，孔子才会在中途离开鲁昭公从亡团队，回到季氏控制下的鲁国，并且在其后的政治生涯中一直采取"接受季氏任用，辅佐季氏执政，同时对季氏过失坦诚批判"的中道立场。

孔子对季氏展现出一种"善恶不相掩"的中道态度，而季氏对孔子和他培养出的弟子也展现出了一种"唯才是举"的积极态度。就孔子本人而言，他在51岁时受到季桓子破格提拔，从士人一举跃升为高级卿大夫，得以施展其政治才华；68岁时在卫国陷入困境，又在弟子冉求的运作下，被季康子[1]礼聘回国担任国老，得以在祖国安养晚年。就孔门弟子而言，子路、冉雍、冉有都曾经担任季氏家臣团队的一号人物——季氏家宰，而高柴、闵子骞都曾经有机会担任季氏家臣团队的二号人物——季氏费邑邑宰。总而言之，孔门在春秋晚期鲁国的发展壮大，与季氏的荫庇和支持是分不开的；而季氏在春秋晚期鲁国的长期执政，与孔子及其弟子做出的贡献也是分不开的。

1　季康子，姬姓，季氏，名肥，谥康。季桓子之子。参见《鲁国国君与三桓世系图》。

定公时期：
阳虎政变闹剧一场，
孔子改革昙花一现

日月逝矣，岁不我与！

——阳虎

鲁昭公去世余波不断，季平子去世乱兆已现

前509年夏天，叔孙成子前往干侯迎接鲁昭公的灵柩。这是叔孙成子首次出现在春秋史时间轴中，距离前任族长叔孙昭子去世（前517年）8年。

在叔孙成子上路之前，季平子对他说："子家子（子家懿伯）先前屡次跟我交谈，没有不契合我的心意的。我想要重用他，和他一起处理国家政事。您一定要留住他，而且顺着他的意思来。"季平子的这番表态，明显是在弘扬他的先祖季文子的"相忍为国"理念，通过向鲁昭公从亡团队领袖子家懿伯表达善意，来争取从亡团队中可用之人的归顺。

叔孙成子到达干侯之后，子家懿伯改变早晚到鲁昭公灵柩前哭泣的时间，其他时间就闭门不出，故意不见叔孙成子。叔孙成子请求与子家懿伯见面，子家懿伯推辞说："羁（子家懿伯）先前还没来得及见您，就跟随着国君出国了。国君没有命令要求我会见您就去世了，所以我不敢私自会见您。"

叔孙成子派使者告诉子家懿伯说："实在是公衍[1]、公为的乱谋，使得群臣得不到机会事奉国君。如果由公子宋担任社稷的祭主的话，那么群臣是愿意的。凡是跟随国君出国的，谁可以回国，都将由您决定。一方面，您的宗族子家氏目前没有可以接替您的继承人；另一方面，季孙愿意和您一起处理国家政事。这些都是季孙的

1　据《左传》的记载，最开始与季公若谋划驱逐季氏的是公为，公衍并没有参与。由于鲁昭公在流亡期间立公衍为太子，而季平子不愿意让鲁昭公的儿子继位，所以附带中伤公衍。

意思，让我来告诉您。"公子宋是鲁昭公的弟弟，此时也在流亡队伍中。很有可能季氏先前已经派人与公子宋联络过，认为此人比太子公衍要安全。

子家懿伯回答说："如果说到拥立新君，那么鲁国朝堂上有各位正卿、大夫和占卜用的宝龟在，我不敢知晓这件事。如果说到跟随国君出奔的人，那么那些表面上跟随国君出逃的人，可以重回鲁国都城；那些参与了暴力行动然后随国君出逃的人，可以让他们离去另寻出路。如果说到我，那么国君在生前只知道我出国，并不知道我回国，我将逃亡他国。"

从亡团队跟随着鲁昭公的灵柩回国，到了鲁国都城外的坏隤时，公子宋离开队伍先进入了鲁国都城。从亡者们知道鲁昭公生前所立的太子公衍即位无望，于是全部掉头出奔到别的国家。

夏六月二十六日，公子宋正式即位，就是鲁定公。

鲁昭公下葬之前，季平子派役徒到了国君墓地所在的阚公氏，想要挖一条沟将鲁昭公墓和其他先君墓隔开，从而将鲁昭公隔离在公族墓群之外。这时大夫荣成伯劝告他说："国君活着的时候您不能事奉他，国君死了之后您又要隔离他，是为了要自我彰显罪过吗？就算您忍心这么干，您的后人一定会以此为耻的。"季平子才没有这么干。

季平子又问荣成伯说："我想要给国君定一个谥号，让子孙后代知道他的事迹。"季平子既然敢说"让子孙后代知道他的事迹"，可见当时鲁国关于鲁昭公事迹的"标准说法"必然是偏袒季平子而指责鲁昭公的。如果这个谥号符合于这个"标准说法"，那一定是恶谥。荣成伯回答说："国君活着的时候您不能事奉他，国君死了之后您又要把恶谥加给他，是为了自我申明无罪吗？有什么用呢？"季平子才没有这么干，最终定了"昭"这个属于美谥、但又往往给予不得善终之人的谥号。有意思的是，鲁昭公从亡团队的骨干人物臧昭伯、郈昭伯，他们的谥号也都是"昭"，这应该不是偶然，而是根据鲁昭公谥号来定的。

秋七月二十二日，鲁昭公被安葬在墓地道路以南。鲁先君墓群应该在墓地道路以北，这样季氏虽然没有挖沟，还是达到了使鲁昭公墓与先君墓隔离的目的。将近10年之后，当时担任司空、负责工程营造的孔子命人在鲁昭公墓外挖沟扩大公族墓地，才重新把鲁昭公墓和先君墓群合在一起，这也是曾经跟随鲁昭公流亡的孔子为鲁昭公尽的最后一份心力[1]。

如果说季平子对鲁昭公从亡团队的态度是弘扬了先祖季文子"相忍为国"的传统，那么他对鲁昭公丧葬事宜的态度可以说是弘扬了父亲季武子"强横欺君"的传统。季武子那些"强横欺活君"的行为，在损害季氏政治声誉软实力的同时，至少还实质性增强了季氏的经济军事硬实力；而季平子这些"强横欺君"的行为，除了损害季氏政治声誉、增大季氏政治风险之外实在毫无正面意义。季平子在已经取得了实质性胜利的情况下仍然不依不饶，一而再再而三地要贬损、侮辱已经去世的鲁昭公，这样做虽然使得季平子发泄了他的怨恨，但却会引发同情鲁昭公的贵族势力的反感，而这种反感又正好是想要发动政变除掉季平子的阳虎所需要的。

前507年春正月，鲁定公前往晋国想要朝见晋定公，到了河水

1　孔子在担任司空时维护鲁昭公墓之事参见李春红（2009年）。

边被晋人拒绝入境，于是无功而返回到鲁国都城。

同年冬，孟懿子和邾隐公在拔地会盟，增进两国的友好关系。

前506年春三月，鲁定公参与晋定公组织的召陵之会，谋划入侵楚国，最终无功而返。

前505年夏六月，季平子视察鲁国都城以东地区的私邑，回来时，还没到都城，十七日在防邑（东防）去世。他的儿子季桓子（名斯，谥号桓）继位成为季氏族长，并代表季氏进入六卿行列任执政卿。此时六卿领导班子情况如下：

鲁 六 卿 表
（前505年季平子去世之后）

位　次	人　物	族　属
一	季桓子*	季
二	孟懿子？	孟
三	叔孙成子？	叔孙
四	子服昭伯？／子服景伯？、臧某？、子叔成子？	子服、臧、子叔
五		
六		

季氏家宰阳虎准备用玙璠来作为季平子入殓时的随葬品。玙璠本来是国君才能佩戴的美玉，鲁昭公出奔之后，季平子担任摄政君，因此长期佩戴此玉。鲁定公即位后，并未将此玉收回。阳虎这样做，其实是为了将季平子长期僭越为君的事实用葬仪的方式坐实，为自己接下来以"张公室"为理由发动政变积累合法性依据。

可是，保管玙璠的家臣仲梁怀却拒绝把宝玉交给阳虎，说："步态改变了，佩玉也应该做相应的改变。"根据当时的礼制，国君和卿大夫的步态和佩玉各有规定，越是尊贵之人，步幅越慢越短，所佩的玉也越宝贵。鲁昭公出奔在外时，季平子行君步，入宗庙佩戴君玉。如今鲁定公已即位5年，季平子在生前应该已经重新做回执政卿，改行臣步。仲梁怀是忠于季平子的家臣，他看穿了阳虎试图将季平子与僭越国君大罪绑定的谋划，因此挺身而出加以阻止。

阳虎想要驱逐仲梁怀，先跟季氏家臣中的另外一位实权人物——费邑邑宰公山不狃商量。公山不狃说："他是为了国君着想，您为什么要怨恨他呢？"阳虎因此暂时没有采取行动。公山不狃是阳虎政变的核心党羽，深知阳虎即将以"张公室"为名发动政变的内情。公山不狃认为，虽然仲梁怀是忠于季氏的家臣，但是他的这个主张在客观上起到了维护国君尊严的效果，因此不应该打压。

等到季平子安葬之后，新任族长季桓子巡视东部地区的私邑，到了费邑。费邑邑宰公山不狃到郊外迎接并慰劳季桓子，季桓子对他也非常礼敬；公山不狃接下来慰劳仲梁怀，仲梁怀对他却不礼敬。仲梁怀很可能已经听闻阳虎、公山不狃将要发动政变的风声，虽然没能成功说服季桓子先下手为强惩治阳虎和公山不狃，但是自己绝不可能礼敬公山不狃。

公山不狃想到先前自己为仲梁怀说情的事，对仲梁怀的态度感到特别愤怒，于是对阳虎说："您赶紧把他给赶走吧！"至此，季氏家臣队伍的一号人物——家宰阳虎，以及二号人物——费邑邑宰公山不狃联合起来发动反季氏政变的图谋已经是一触即发。

前505年秋七月四日，叔孙成子去世。叔孙成子的儿子叔孙武叔**1**继位成为叔孙氏族长，并代表叔孙氏进入六卿行列，应该仍在第三位。此时六卿领导班子情况如下：

鲁 六 卿 表
（前505年叔孙成子去世之后）

位　次	人　物	族　属
一	季桓子	季
二	孟懿子？	孟
三	叔孙武叔？＊	叔孙
四	子服昭伯/子服景伯？、臧某？、子叔成子？	子服、臧、子叔
五		
六		

阳虎政变过程：发难劫持季氏，实际控制国政

前505年秋九月二十八日，季氏家宰阳虎抓住季氏、叔孙氏族长先后去世的时机发动政变，他囚禁了季氏族长季桓子、族人/家臣公父文伯**2**，然后驱逐了家臣仲梁怀。冬十月十日，阳虎杀了族人/家臣公何藐。十二日，阳虎和季桓子在鲁国都城正南门内公开盟誓。十三日，阳虎组织季氏成员共同祈求天神惩罚不守昨日盟誓的人，在会上还驱逐了公父文伯和季平子的姑婿秦遄，两人都出奔到齐国。

1　叔孙武叔，姬姓，叔孙氏，名州仇，谥武，排行叔。叔孙成子之子。参见《鲁国国君与三桓世系图》。

2　公父文伯，姬姓，公父氏，名歜，谥文，排行伯。公父穆伯之子。参见《鲁国国君与三桓世系图》。

从上述记载可以推想到的是：

第一，阳虎杀公何藐，驱逐公父文伯、仲梁怀、秦遄，是为了清除季氏族人、家臣和外戚中的反对势力，只留下支持或者至少不敢反对自己的人，从而为自己控制季氏提供组织人事层面的保障。

第二，阳虎与季桓子以及其他季氏成员在城门这样的公开场所举行盟誓，是在向季氏成员和全体国人宣告，自己这样做不是见不得人的背叛家主、犯上作乱行为，而是可以公之于众的、符合道义的政变，从而为自己随后控制季氏提供合法性层面的保障。

阳虎政变无疑是春秋晚期震动鲁国乃至于中原各主要诸侯国的大事。关于这次政变，笔者想在这里探讨这样两个问题：

第一，无论是从周礼的规定来说，还是从春秋时期的实际情况来说，卿族家臣最基本的操守就是忠于家主，背叛家主乃是大逆不道的行为。那么，劫持家主、杀害其他家臣的阳虎在公开盟誓时，到底是怎样论证自己"造反有理"呢？

笔者认为，阳虎所宣扬的政变原因应该与他的"革命前辈"南蒯是一致的，那就是"张公室"。在冬十月十二日的盟辞中，应该有这样的内容：

（一）高举周礼中的君臣大义作为立论依据，将此次政变定性为"拨乱反正"的"张公室"行动。

（二）揭露季平子"强横欺君"的重要罪状，为阳虎惩罚季平子之子季桓子提供合法性依据。由于阳虎最晚在前535年（鲁昭公七年）时已经在季氏担任家臣，而且在季平子时期担任最高阶的家宰，因此他一定掌握不少季平子"强横欺君"的确凿事实，既包括国人皆知的公开事件（比如前文第430页提到的"六列四十八人舞于季氏之庭"），也包括国人不知道的内部事件（比如后文提到的"季平子有了别的想法"的具体内容）。我们有理由相信，盟辞的这一部分一定是相当有力的。

（三）称颂阳虎一方面追求人臣道义，通过惩罚季桓子来清算他父亲的罪行；另一方面也没有违背家臣道义，没有杀害或是驱逐季桓子，而是要求季桓子与他的父亲季平子划清界限，带领季氏重新尊奉鲁定公及其所领导的公室。

第二，如果说阳虎公开宣扬的是一场为了"张公室"而发动的政变，那么阳虎放着季氏家宰的安稳日子不过，冒着极大风险囚禁族长、杀死同僚，到底是为了达到什么目的呢？

简单来说，阳虎政变的目的一定有"为义"和"为利"两个层面，也一定有"公开"和"不公开"两个层面。可以想见的是，阳虎在盟辞中公开的目的一定是"为义"的，而阳虎内心中揣着的目的，到底有多少是"为义"，多少是"为利"的，我们就无从知晓了。由于上文已经分析了阳虎政变的公开（为义）目的是"张公室"，因此接下来我们着重分析阳虎政变的不公开（为利）目的。

笔者认为，阳虎最开始的想法，与他的"革命前辈"南蒯是一样的，那就是想要顶破家臣这个天花板，升格成为公臣，具体点说是公臣当中地位最高的卿官。但是，由于鲁国现行制度中没有将家臣提拔为卿官的正常渠道，所以阳虎的思路是：

第一步，先以"张公室"为名义发动政变，摆脱家主季桓子对自己的实际控制，但仍然保持季氏家宰的身份。

第二步，根据政变后的具体形势，走一步算一步，从没有路的地方踩出一条路来，争取转正成为一位真正的卿官。

从下文的叙述我们可以看到，阳虎在实践中采取的转正路径是

"先取得卿官实力基础，再取得卿官政治地位"：

（一）前503年春，阳虎获得了齐国归还的讙、阳关两个大邑，拥有了卿官的实力基础——大面积的私邑。这一步阳虎做成了。

（二）前502年冬，阳虎下决心要杀掉孟氏、季氏、叔孙氏的现任族长，由他自己和党羽季寤[1]、叔孙辄[2]担任三桓的新族长，从而名正言顺地取得卿官的政治地位。这一步阳虎失败了，随后出奔。

从这之后，鲁国进入到阳虎专政时期，直到前502年阳虎事败逃出国都为止。这一时期鲁国的内政模式应该有两个版本，一种是官方宣传版，一种是实际运行版：

一、官方宣传版：鲁定公恢复其应有的尊贵，是鲁国的最高领导人。执政卿季桓子率领季氏和孟氏、叔孙氏一方面尊奉鲁定公，一方面领导属下官员做好政府各项工作，而阳虎仍然是季氏家宰。

二、实际运行版：阳虎的公开职务仍然是季氏家宰，但是他一方面直接控制季氏，像操纵提线木偶那样操纵季桓子，一方面凭借季氏压倒性的实力，迫使孟氏、叔孙氏也服从他。三桓听命于阳虎，而三桓的属下官员听命于三桓，因此阳虎掌握着鲁国政事的最后决策权。可以想见，在公开场合，阳虎在表面上尊崇鲁定公，也要求三桓都尊崇鲁定公，毕竟"张公室"是他发动政变的"初衷"；但是鲁定公心里很清楚，自己能够享受这种表面上的尊崇就应该知足，不要妄想从"狠人"阳虎那里获得实质性的权力。

1　季寤，姬姓，季氏，名寤，字言。季平子之子。参见《鲁国国君与三桓世系图》。

2　叔孙辄，姬姓，叔孙氏，名辄，字张。叔孙成子之子。参见《鲁国国君与三桓世系图》。

无论是哪个版本，"尊君"都是这一时期的鲜明特色。我们可以从鲁定公出国都记录中看到阳虎"尊君"带来的显著变化。一般来说，鲁国君主外事活动的事由可以分为两类，一类是"外交性"的，比如参加会盟、到大国朝见；一类是"军事性"的，也就是率领军队征伐。统兵权是君权中最为硬核的部分，因此在这两类活动中，身为统帅、手握兵权的军事性行动无疑是更能彰显君主权威的。这样一来，我们从鲁国君主主导军事性外事活动的情况就可以推知他在表面上受到的尊崇。

比如说，鲁襄公在位期间见于《春秋》记载的外事活动共24次，其中有8次是军事性行动；鲁昭公在位期间见于《春秋》记载的外事活动共10次，其中连一次军事性行动都没有。与之相对应的是，鲁襄公与三桓关系总体上关系比较缓和，三桓在表面上也比较尊重鲁襄公，允许他率军出国；鲁昭公在前537年废中军之后就与三桓关系紧张，三桓因此在表面上也不再愿意尊崇鲁昭公，而是将统兵权牢牢抓在手里，不给鲁昭公率军出征的机会。

鲁定公见于《春秋》记载的外事活动共十次，其具体事由和分类如下表所示：

年　　月	鲁定公外事活动具体事由	事由分类
前507年春正月	前往晋国朝见，被晋人拒绝入境	外交性
前506年春三月	参加盟主晋国组织的召陵之会，其他与会国代表除齐国外皆为国君	外交性
前504年春二月	作为主帅，率军入侵郑国	军事性
前502年春正月	作为主帅，率军入侵齐国	军事性
前502年春二月	作为主帅，率军入侵齐国	军事性

年 月	鲁定公外事活动具体事由	事由分类
前502年夏	与救援鲁国的晋军在瓦地会面	半军事性
前500年夏	与齐景公在齐地夹谷会面	外交性
前498年冬十月	与齐景公在齐地黄会面	外交性
前498年冬十二月	作为主帅，率军包围鲁地成	军事性
前496年夏	与齐景公、卫灵公在卫地牵会面	外交性

从表中可见，鲁定公的五次军事性/半军事性行动中，有四次发生在阳虎专政时期（前505年—前502年），有一次发生在孔子策动三桓堕三都时期（前499年—前498年），而这两个时期的共同特点都是"张公室"。很明显，在这两个时期，鲁定公在表面上都得到了三桓的尊崇，而为他争取到这种尊崇的，一个是阳虎，一个是孔子。

阳虎成功原因：积累权势，招揽人才

阳虎成功劫持家主，杀逐家臣，进而把持季氏家政和鲁国国政，可以说是达到了春秋晚期家臣政变"成就"的巅峰。阳虎是孟氏小宗阳氏的族人，其父辈默默无闻，但他自己却能在以季氏族人为主体的季氏家臣体系中不断往上爬，最晚在前515年已经做到季氏家宰，这些事实已经非常明显地提示我们，阳虎是一个进取心和才干都极强的优秀人物。然而，为什么优秀的阳虎会走上发动政变的险路，他又为什么能够政变成功呢？

在探讨这个问题之前，笔者首先以卿族季氏为例，梳理一下鲁国卿家的内部结构和家臣体系。

季氏的"家"由宅邸和私邑两个部分组成，宅邸位于国都地区，私邑位于分封该私邑时的鲁国边境地区。平时季氏族长在国都内的朝廷和官府工作，在宅邸居住。族长偶尔会到私邑视察，比如说前505年季平子、季桓子所做的那样。相应地，季氏的家臣体系也包括两个团队，一个是和族长一起居住在国都的宅邸家臣团队，一个是很少见到族长的私邑家臣团队。

家臣体系中最重要的两个职官是家宰和邑宰。家宰住在国都宅邸，是整个家臣体系的最高长官，也是宅邸家臣团队的直接长官；邑宰住在私邑，是家宰的下属，也是私邑家臣团队的直接长官。

根据文献记载的归纳，家宰的主要职掌有：一、总管卿家财务；二、主管族长日常生活；三、为族长出谋划策；四、在族长不便时代表族长处理外事；五、统领宅邸家臣团队；六、统领宅邸的私家军队；七、参与任命和监管邑宰。这里要说明的是，宅邸私家军队的直接指挥官不是家宰，而是马正。

邑宰的主要职掌有：一、管理私邑财务，收取私邑赋税；二、统领私邑家臣团队；三、统领私邑内的私家军队，保卫私邑安全，并带兵协助族长参与战事；四、管理私邑内的民众；五、为族长出谋划策。这里要说明的是，私邑私家军队的直接指挥官也不是邑宰，而是马正。

在了解了鲁国卿家的家臣体系概况之后，我们进入正题。笔者认为，阳虎政变成功的原因主要有两方面：

第一，阳虎充分利用季平子在担任摄政卿期间以及鲁定公在位初期对他的长期信任和倚重，成长为一位权势远远超过正常水平的"超级家宰"，并逐渐产生了发动政变改变命运的野心。

要探寻阳虎超常政治权势的来源，我们有必要梳理一下阳虎发动政变前长期事奉的家主——季平子的经历：

前535年，季武子去世，季平子继位成为季氏族长、鲁国执政卿。

前530年，鲁昭公第一次政变爆发，公子憖出奔，季氏费邑邑宰南蒯占据费邑叛乱。

前529年秋八月，季平子在平丘之会期间被晋人扣留，前528年春获释回到鲁国。之后不久，南蒯放弃费邑，出奔齐国。

前517年秋九月十一日，鲁昭公发动第二次政变，次日出奔齐国。在此之后，季平子担任摄政卿，行使国君和执政卿的各项职责。

前515年冬，孟懿子、季氏家宰阳虎攻打鲁昭公栖身的郓邑。这是阳虎第一次出现在文献记载中。

前509年夏六月二十九日，鲁定公即位，季平子卸任摄政卿，回到执政卿职位。季平子担任摄政卿将近8年。

前505年夏六月，季平子去世，季桓子继位成为季氏族长、鲁国执政卿。

前505年秋九月二十八日，阳虎发动政变，囚禁季桓子，成为季氏家政和鲁国国政的实际控制者。

在季平子的人生履历中，与阳虎政变相关性最大的无疑是从前517年到前509年担任摄政卿的这8年，因为阳虎第一次出现在历史记载中就是在这一时期，而且阳虎在这一时期结束4年后就发动了政变。

以下几点对于我们推测季平子在这8年里的境况会有所帮助：

（一）季平子应该是鲁国历史上第一位长期僭居君位的执政卿，

而鲁国是中原各诸侯国中最为保守、周礼传统最为强大的一个。

（二）在这8年里，季平子在前6年（前517到前512年）没有任何出国都的记录，仅仅在前511年前往晋国一次，而这一次是得到了晋国高层的安全保证的。

（三）在前515年，季平子派家宰阳虎代表自己率军出国都讨伐郓邑，一同前去的还有卿官孟懿子。不参与国事是家臣最基本的操守，但是季平子却主动打破这个规矩让阳虎参与军事征伐这种国家大事，而且一上来就赋予阳虎与卿官平起平坐的职权。

综合以上信息，以及"鲁昭公流亡"各节中的叙述，笔者认为可以这样重构季平子在这八年里的经历，在这其中就包含了阳虎成长为"超级家宰"的过程：

前517年鲁昭公出奔至齐国之后，季平子面临着非常困难和凶险的政治局面：

（一）在国内层面，同情国君和公室的卿大夫认为，鲁昭公是被季氏为首的三桓侵犯到无路可退之后被迫发动政变，这件事无论如何是季平子的错。这股反对势力很有可能会抓住季平子出国等机会推翻季平子政权，迎回居住在鲁国郓邑（被齐国控制）的鲁昭公。

（二）在国际层面，宋、卫、曹、邾、滕等中原诸侯国的君主与鲁昭公同病相怜，他们希望鲁国的强邻齐国和中原霸主晋国能够主持公道，将鲁昭公送回国都复位。

在这样的情势压迫下，季平子经历过一段思想迷茫混乱的时期，他最开始认为自己承受不了国内外形势的重压，曾经一度听从叔孙昭子的劝告，同意让叔孙昭子从齐国迎回鲁昭公；

然后过了一段时间后又认为，他和鲁昭公之间已经撕破脸，不可能再回到以前的君臣关系，绝不能迎回鲁昭公，也就是叔孙昭子后来察觉的"季平子有了别的想法"。在冷静下来之后，季平子理清了思路，决定要走一条"长期对峙"的路线：

（一）坚持"季氏无罪被国君讨伐"的原则立场，既不主动派人迎回鲁昭公，因为这样等于是承认自己先前的确有罪过；也不主动派人追捕鲁昭公，因为这样只会证明自己的确有冒犯君主的思想；而是一方面开始以摄政卿的身份常态化统治鲁国，另一方面与流亡的鲁昭公长期对峙，静观其变。

（二）坚持"内政稳定压倒一切"的内政定位，小心谨慎地看守好国家，不离开国都参加外事活动，沉着应对国内层面"张公室派"势力发动政变的风险。

（三）坚持"积极争取大国同情"的外交定位，派可靠的使者到齐国、晋国进行贿赂和游说工作，申述自己的无辜和无奈，从而化解国际层面大国试图武力护送鲁昭公归国复位的风险。

总而言之，季平子决定长期担任在政治正当性上备受争议的摄政卿，在国际层面与仍然在世的国君鲁昭公长期对峙，与国内层面与潜藏在暗处的反对派势力长期共存。无独有偶，在一千九百多年后的明朝初期，明成祖朱棣推翻明惠宗朱允炆之后，当上了在政治正当性上备受争议的皇帝，他在中央层面要与可能对自己心怀不满的前朝旧臣长期共存，在地方层面要与可能仿效自己谋反的藩王长期共存。相似的政治情势使得季平子和明成祖产生了相似的人才需求，那就是：季平子和明成祖都需要有一批政治可靠、调遣方便、能力出众的心腹之臣来执行各项重要性高、敏感性高的机要国事。

明成祖的解决之道是开始让原来专门服务皇帝家事的宦官来处理正常朝廷官员不方便参与的机要国事，比如担任密使、复核税收、职掌东厂、监督京营、守备南京、出镇各地等，因为宦官没有独立自主性，完全依附于皇帝，政治上最为可靠；宦官与皇帝一起在内宫生活，随叫随到，私密性高，调遣起来最为方便；宦官虽然不像科举士大夫那样饱读诗书，但其中不乏进取心而且精明强干之人。

笔者认为，类比明成祖，季平子的解决之道就是开始重用原来专门服务季氏家事的宅邸家臣来处理正常朝廷官员不方便参与的机要国事，因为"家主眼皮底下"的宅邸家臣比"天高家主远"的私邑家臣更加缺乏独立自主性，完全依附于家主，在政治上最为可靠；宅邸家臣与家主一起在国都宅邸中生活，随叫随到，私密性高，调遣起来最为方便；宅邸家臣中虽然有很多由于宗法血缘关系而被任用的宗法型家臣，但也有不少由于才智能力而被任用的才干型家臣，而且即使是宗法型家臣里面也不乏精明强干之人。

从文献记载来看，得到季平子重用的宅邸家臣，最早的是前516年夏打入齐军营地贿赂游说齐景公宠臣梁丘据的申丰、女贾，然后就是515年秋在扈之会举行前贿赂游说晋卿范献子的不知名家臣。在这些家臣的努力下，齐国为送回鲁昭公而讨伐鲁国的军事行动由于齐景公的缺席而大打折扣，最终无功而返，而晋国也放弃了组织诸侯联军护送鲁昭公复辟的计划。

在成功稳定住国际压力后，季平子在前515年下决心动用武力逼迫鲁昭公离开鲁国境内的郓邑，使得他真正成为寄人篱下、仰人鼻息的流亡君主，这样会显著增加鲁昭公复辟的难度。对于季平子来说，这场讨伐郓邑的战斗，火候把握很重要：既要击溃鲁昭公的抵抗，使得鲁昭公在郓邑待不下去出奔齐国；又不能真把鲁昭公杀了，从而让自己成为弑君的罪犯。由于自己必须镇守都城不能率军出战，因此他必须把这个任务交给一个在政治上绝对可靠、在能力上能准确理解自己的意图并将其实现的心腹之臣。

季平子最终选择的就是家宰阳虎，虽然让家臣阳虎与卿官孟懿子共同率军肯定是严重违反了鲁国的政治常规。这个选择足以说明，阳虎在此时已经是整个宅邸家臣队伍最得到季平子信任和器重的股肱家臣。阳虎也的确没有让季平子失望，他作为这次军事行动实际上的总指挥，率领军队击溃了鲁昭公的徒众，逼迫鲁昭公离开郓邑出奔齐国。

伐郓之战胜利后，季平子对阳虎的信任和器重必然又上了一个台阶。笔者认为，在这以后，季平子一方面将季氏家事几乎完全交付给阳虎决策和处理，而自己仅拥有最终决策权和否决权但很少真正使用，使得阳虎在实际上成为"执行族长"；另一方面也经常派阳虎处理机要国事，使得阳虎成为季平子统治鲁国最得力的助手。季平子也正是因为拥有了阳虎这样一位"你办事我放心"的股肱家臣帮他管住季氏、盯牢朝廷，才敢于在摄政的第6年，也就是前511年离开国都前往晋国。

从阳虎的角度来说，在季平子担任摄政卿期间，原本就很有进取心的阳虎充分利用季平子对他的信任和倚重，一方面在季氏家臣体系内部开始培植佩服自己才干、认同自己理念超过佩服和认同季平子的党羽，一方面在处理机要国事的过程中不断结识与自己气味相投的卿大夫，积累政治资本，成长为权势远远超过正常水平的"超级家宰"。

如上所述，在季平子摄政的中后期，阳虎的政治实践已经远远超过了常规家宰，而实际上达到一方面全权治理季氏家事、一方面深度参与治理鲁国国事的卿官水平，他的政治野心也一定会相应地转型升级。阳虎开始问自己这样一个问题：如果家主季平子才干能力还不如自己（季平子如此信任倚重自己已经说明了这一点），尚且能够克服道义上和能力上的心理障碍，抓住机会突破自己的执政卿身份，向上升级成为实际上的国君，那么自己为什么不能克服道义上的心理障碍（能力上本来就没有问题），抓住机会突破自己的家宰身份，向上升级成为实际上的卿官，甚至转正成为真正的卿官呢？笔者认为，阳虎的"黑化"大概在季平子摄政中期已经完成，而阳虎有意识地为政变进行筹划准备的行动可能在同一时期已经开始。

前509年鲁定公即位之后，季平子在表面上交还了国君的职权，重新做回执政卿，但他在鲁国的权势不大可能会有实质性的削弱，鲁定公只不过是对季平子的决策表示赞同的傀儡而已。实际上，季平子试图擅自改建鲁国君主墓地、给鲁昭公评定恶谥、鲁定公前往晋国被拒绝入境等事件都可以从侧面佐证笔者的这个推测。在这种情形下，阳虎很可能继续扮演着"超级家宰"的角色，继续在季氏内部和鲁国朝廷积累政治资本，而且这种积累已经具有明显的目的性，其目的就是发动政变升为卿官。

季平子在人生最后一两年，随着自己健康状况的恶化，很可能更深度地依靠阳虎来管理季氏家事和处理政务，而阳虎也很可能在这期间基本准备就绪，开始严肃地考虑和谋划发动政变的时机和方式。

很明显，发动政变的最佳时机就是季平子刚去世、季桓子刚继位的时候。于是在这个时候到来时，阳虎迈出了为政变铺垫的第一步，那就是主张用玙璠来作为季平子的随葬品。他的这个计谋不可谓不狡诈：从表面上看，阳虎作为季氏家宰，要求用玙璠陪葬是在尊崇家主的丰功伟业，思路非常端正；但实际上，这是在坐实季平子的僭越罪行，为接下来以"张公室""讨逆贼"为名义发动政变准备铁证。如上文所述，仲梁怀识破了阳虎的诡计，巧妙地加以阻止，但也因此成为阳虎发动政变时的重点打击对象。

不过，阳虎很可能出于怜惜仲梁怀的才能，希望日后能够将其招入自己的团队，因此没有杀了仲梁怀，而只是将其驱逐出境。而这就很自然地引出了阳虎能够政变成功的第二条理由，那就是"注重培植党羽、笼络人才"。

第二，阳虎知道政变不是靠他一个人就能干成的事业，因此他非常注重培植党羽、搜罗人才，组织起了一支足以控制季氏、操控鲁国的政变团队。

阳虎政变成功，肯定不是他一个人单打独斗能够做到的。实际上，阳虎一方面用驱逐甚至谋杀的方式果断清除季氏内部的反对派势力，另一方面一直在积极培植党羽、搜罗人才。从《左传》记载来看，在政变和执政期间，阳虎成功笼络的党羽至少有这样三群人：

一是阳虎作为族长所率领的阳氏族人。阳氏本来是孟氏的一个默默无闻的旁支，在这个家族的成员看来，阳虎就是他们家族最成功、最有魄力的一任族长。阳氏族人是阳虎政权最为核心的政治力量，据《左传》记载，前502年阳虎图谋杀季桓子时，押送季桓子前往蒲圃的就是阳氏族人。

二是费邑邑宰公山不狃和他所控制的私邑家臣团队。虽然南蒯作乱失败之后，世袭费邑宰的南氏已经被清除，但是继任的邑宰公山不狃似乎是继承了南蒯背叛家主的"光荣传统"，和家宰阳虎结成了攻守同盟，甚至在阳虎出奔之后还继续占据费邑坚持斗争。家宰和邑宰分别是卿族宅邸家臣团队和私邑家臣团队的大总管，这两位大总管如果联手发动政变，可以说已经基本锁定胜局。

三是对三桓心怀不满的朝廷卿大夫和卿大夫的家臣。比如说，当时，季桓子的弟弟、季氏家臣季寤，公鉏的曾孙、季氏家臣公鉏极[1]，前述费邑邑宰公山不狃在季氏不得志，叔孙武叔的庶弟叔孙辄在叔孙氏不得志，叔仲昭伯的后代叔仲志[2]在鲁国做大夫不得志，这五个对三桓心怀怨恨的卿大夫家臣都投靠了阳虎。

实际上，阳虎政变成功之后，仍然在继续积极谋求吸纳优秀人

1　公鉏极，姬姓，公鉏，出自季氏，名极。隐侯伯之子。参见《鲁国国君与三桓世系图》。

2　叔仲志，姬姓，叔仲氏，出自叔孙氏，名志。叔仲穆子之子。参见《鲁国国君与三桓世系图》。

才，这其中最著名的就是下一节将要详细讨论的"阳虎招募孔子"之事。

阳虎招孔子：孔子先被说动后又反悔

《论语·阳货》详细记载了阳虎试图招募孔子的事情经过：

> 阳货（即阳虎）想要孔子来见他，孔子不去，他就送孔子一只蒸熟了的小猪，迫使守礼的孔子到他家来道谢。孔子打听到他不在家的时候，前往拜谢，路上遇到了他。阳货对孔子说："来！我跟你说话。"孔子走上前去。阳货说："怀揣着宝贝却听任国家政事迷乱，可以叫作有仁德吗？"孔子没吭声。阳货自己接话说："不可以。——喜好参与政事却屡次错过时机，可以叫作有智慧吗？"孔子又没吭声。阳货又自己接话说："不可以。——时光飞逝，岁月不帮我们啊。"孔子说："好吧，我准备做官从政了。"

当然，我们知道，这次招募的最终结果是失败的：孔子并没有加入阳虎政权，而是在几年之后加入了鲁国中央政府。

接下来，笔者将从阳虎招募孔子的原因、阳虎劝说孔子的话术、孔子最终拒绝加入的原因三方面来分析此事。

首先，我们来探讨阳虎招募孔子的原因。

从表面上看，孔子只是一位把为士人提供礼学培训、为贵族操办礼事作为职业的儒士，没有任何在鲁国政府担任官职的经历，阳虎为什么会对他感兴趣呢？分析起来，大概有这样五个层面的考虑：

第一，孔子已经积攒了从士人直接跃升为卿大夫所需的崇高政治声誉。

从前文所述我们可以知道，孔子大概在前535年（17岁）之后不久就已经成为卿官孟僖子的礼学老师，在前532年（20岁）已经与鲁昭公建立了友好关系，在前518年（34岁）更是被孟僖子誉为"达人"，一度有望在孟氏推举下实现从士人到卿大夫的跨越。36岁到39岁间，孔子在齐国观摩礼乐、应对齐侯，又使得他进一步获得了国际声誉。也就是说，孔子绝不是一位默默无闻的普通儒士，而是一位与国君和卿大夫交往密切，具备"破格提升"政治声誉的民间奇才。

第二，孔子已经积攒了从士人直接跃升为卿大夫所需的丰富政治经验。

根据《史记·孔子世家》的记载和李硕《孔子大历史》的分析，孔子从15岁到30岁之间一直在季氏担任家臣，工作业绩非常优秀。前517年鲁昭公出奔之后，孔子曾经投奔寄居在郓邑的鲁昭公流亡团队，后来离开郓邑前往齐国，担任鲁昭公团队的驻齐代表，游走在齐国高层，观摩各项大型礼乐活动，与齐景公会面谈论治国之道，在前513年左右回到鲁国。也就是说，孔子绝不是一位只会教学相礼的普通儒士，而是一位有丰富的国内国际政治经验，具备"破格提升"政治才干的民间奇才。

第三，孔子和阳虎一样，是胸怀远大政治抱负，并且想要突破自身家世背景限制来践行其政治抱负的时代英才。

孔子为什么会超越其他儒士，得到国君和卿大夫的赏识，特别是被孟僖子认为是将有远大政治前途的"达人"？孔子为什么会在36岁时跳出四平八稳的儒士生活圈，投入风险极大的鲁昭公复辟事业？孔子在39岁回到鲁国重做儒士之后，为什么还要在教学过程中冒着风险批判季氏和三桓的僭越行为（详见下文）？

所有这些问题指向的答案只有一个，那就是：孔子绝不仅仅是一个满足于在儒士教学舒适圈里"坐而论道"的学者，一个满足于通过小规模生活实践"独善其身"的修行者；他是一个热衷于跳出舒适圈"起而行之"的行动者，是一个热衷于通过大规模政治实践来"兼济天下"的政治人。在孔子看来，只有在与民众切身利益直接相关的治国理政实践中，才能真正践行以"爱人"为核心要义的仁德；只有在与形形色色政治人物直接互动的权利政治博弈中，才能真正运用以"知人"为核心要义的智慧。接下来我们会看到，阳虎鼓动孔子加入"革命"政权的言辞，就是针对孔子的政治抱负而去的。

第四，孔子的政治主张"存季氏""张公室"，与阳虎是基本一致的。

前面我们指出，孔子因为不同意强硬派"消灭或驱逐季氏"的做法，所以在加入鲁昭公流亡团队后不久就离开团队去了齐国。然而，如果孔子对于鲁国"君弱臣强"政治现状完全满意的话，他从一开始就不会加入鲁昭公流亡团队。

从《论语》等传世文献的记载来看，孔子的政治理想是"在东方建设一个遵行西周礼制的国家"[1]，在这样一个"理想国"里，"国

---

1 《论语·阳货》："公山弗扰以费畔，召，子欲往。子路不说，曰：'末之也已，何必公山氏之之也？'子曰：'夫召我者而岂徒哉？如有用我者，吾其为东周乎！'"

君按照礼制任用卿大夫，卿大夫尽心尽力事奉国君"[1]，高层呈现出一种"君君，臣臣"的有序状态。孔子在齐国期间，齐桓公问他为政之道的关键，孔子的回答就是"君君，臣臣，父父，子子"。[2]

然而，鲁国当时的实际状况是君权衰微（"君不君"）、三桓（特别是季氏）专权（"臣不臣"）；而且从很大程度上来说，正是季氏主导的"三分公室""四分公室"等"臣不臣"的行为造成了"君不君"的后果。因此，孔子对季氏专权是非常不满的，对季武子、季平子"强横欺君"的做法是非常反感的，他赞成"张公室"，也就是恢复国君实力和权威，将君臣之间的实力对比和权力分配变回到符合周礼规定的状态。

实际上，在前513年回到鲁国之后，虽然孔子生活在季氏控制的鲁国政局之下，但他在教学中却一直在批判季氏以及三桓的违礼僭越行为[3]，而这些批评言论很可能成为吸引阳虎前来召请孔子的"香饵"。

总而言之，孔子既承认季氏对鲁国政治稳定的决定性作用，也就是主张"存季氏"，也希望恢复国君/公室在鲁国政治中应有的最高地位，也就是主张"张公室"。从上一节的叙述可知，"存季氏""张公室"也正是阳虎的政治主张。也就是说，孔子和阳虎在政治主张方面可以说是"同志"。

---

1 《论语·阳货》："定公问：'君使臣，臣事君，如之何？'孔子对曰：'君使臣以礼，臣事君以忠。'"

2 《史记·孔子世家》："景公问政孔子，孔子曰：'君君，臣臣，父父，子子。'景公曰：'善哉！信如君不君，臣不臣，父不父，子不子，虽有粟，吾岂得而食诸！'"

3 《论语·八佾》集中记载了孔子对季平子在担任摄政期间各种僭越违礼行为的严厉批评性言论，比如"孔子谓季氏：'八佾舞于庭，是可忍也，孰不可忍也？'"，"三家者以《雍》彻，子曰：'"相维辟公，天子穆穆"，奚取于三家之堂？'"。

第五，孔子想要实现阶层跃升成为卿大夫，而参与阳虎政权是一条看似疯狂但并非没有可行性的途径。

从传世文献记载来看，像孔子这样的士人，如果想要在春秋时期实现阶层跃升成为大夫，有这样两条途径可以走：

（一）重臣举荐、国君破格提拔。这条途径所依据的先例是齐桓公破格提拔管仲、秦穆公破格提拔百里奚、鲁庄公破格提拔曹刿，特别是重臣鲍叔牙举荐、齐桓公破格提拔的管仲故事。如前所述，孔子曾经想走这条途径，通过孟氏族长举荐、鲁昭公破格提拔成为大夫，然而鲁昭公第二次政变的突然爆发使得他没能成功。

（二）跟随国君流亡、事成后得到破格提拔。这条途径所依据的先例是鲍叔牙跟随齐桓公、狐偃赵衰等跟随晋文公流亡立功终成重臣。如前所述，孔子也曾想走这条途径，通过跟随鲁昭公流亡立功终成重臣，然而鲁昭公复辟事业的失败使得他没能成功。

孔子39岁时（前513年）脱离鲁昭公团队回到鲁国后，虽然得益于季氏对从亡臣子的宽大处理而没有受到打击，但无论是走"破格提拔"途径还是走"从亡立功"途径都已经没有可能了。他所谓的"四十不惑"，很重要的内容就是认识到，自己这辈子想要实现阶层跃升估计已经没有希望了，好好做个儒士教学授徒、相治礼事，就是他接下来唯一可能的人生图景。

然而，当孔子走到他人生的第47个年头，他当年在季氏的家臣同事阳虎却发动政变控制了鲁国政权，从而凭空制造出了一条以前从未有过的阶层跃升新途径，那就是"接受阳虎召请，在'革命'政权担任卿大夫"。这条途径看似疯狂，但在当下却是实实在在向孔子敞开的唯一机会。

其次，我们来探讨阳虎劝说孔子的话术。从《论语》的记载我们可以看出以下两点：

第一，阳虎对孔子的政治抱负非常了解，并且通过质疑孔子在践行政治抱负方面"知行不合一"来打开孔子的心理防线。

孔子追求仁德，阳虎就质疑说，你在认知层面自诩拥有通过治理一个国家来践行大仁德的高远理想，但在践行层面却满足于通过教一小群学生践行小仁德的狭隘实践，你不觉得自己知行脱节很虚伪吗？孔子追求智慧，阳虎就质疑说，你在认知层面自诩拥有知人善任、治国安邦的大智慧，但在践行层面却屡次失败、连一个大夫官职都谋求不到，你不觉得自己眼高手低很可笑吗？这两点质疑揭穿了孔子自从上一轮政治冒险失败后一直居处的一种自欺欺人的、知行不合一的自我认知骗局，从而打开了孔子的心理防线。

第二，阳虎对孔子的生命焦虑和遗憾非常了解，并且把唤醒孔子的生命紧迫感作为激励孔子加入自己"革命"政权的兴奋剂。

要理解孔子的生命焦虑，我们就要深入了解"五十岁"在孔子心目中大概意味着什么。

（一）50岁是绝大多数人寿命的上限。学者通过分析先秦墓地埋葬人口的死亡年龄指出，先秦人能活到50岁及以上的人极少[1]。根据《左传》的记载，晋公子重耳的白狄妻子季隗认为，50岁是进棺材的年龄，公子重耳让她等到50岁，就等于是让她一直等到死。[2]

---

1 先秦人口年龄结构参见焦培民（2007年）、阎步克（2022年）。

2 《左传·僖公二十三年》："〔公子重耳〕将适齐，谓季隗曰：'待我二十五年，不来而后嫁。'〔季隗〕对曰：'我二十五年矣，又如是而嫁，则就木焉。请待子。'〔公子重耳〕处狄十二年而行。"

最重要的是，根据《论语》的记载，孔子希望上天能多给他几年寿命，让他能活到50岁，有足够的阅历学问积累来学习《周易》。[1]这些材料都提示我们，包括孔子在内的春秋时期人认为，50岁是一道坎，绝大多数人在这个年龄之前就会死去。

（二）50岁是普通士人成为老年人、享受"社区养老"待遇的下限。学者通过分析先秦礼书后指出，如果像孔子这样的士人能幸运地活过50岁，他就脱离了"子弟"队伍而跻身于"父老"行列[2]。具体说来：1. 士人"50岁开始算作衰老（始衰）"，这应该是源于古人对于绝大多数人活不过50岁的认识。2. 士人"50岁开始在社区中享受养老待遇"，包括"吃不一样的饭食"，"在家中挂鸠杖"，"不干体力活"，"在乡饮酒礼中坐在堂上享受席位爵待遇"[3]，"改变称谓方式，用伯仲相称"[4]。

（三）50岁被认为是高级贵族担任高级官职的下限。据《礼记·内则》的记载，对于有资格担任卿大夫的世袭卿大夫家族人员而言，礼制规定他们"40岁可以出任官职""50岁可以担任大夫这种高级官职"。当然，这些年龄限制可能主要是用来卡那些卿大夫家族的一般族人的，因为对于这些家族的族长而言，他们往往在前人族长去世或告老之后就直接"顶班"成为高级卿大夫，这时他们的年纪往往远远小于50岁。

当时孔子已经47岁，如果他考虑自己的现实处境，也就是身

1　《论语·述而》："子曰：'加我数年，五十以学《易》，可以无大过矣。'"

2　参见阎步克（2022年）。

3　《礼记·王制》："凡养老，有虞氏以燕礼，夏后氏以飨礼，殷人以食礼，周人修而兼用之。五十养于乡……五十异粮……五十始衰……五十杖于家……六十不从力政……五十而爵……。"

4　《礼记·檀弓上》："幼名，冠字，五十以伯仲，死谥，周道也。"

为一个普通士人，那么他会为这两件事感到焦虑：第一，自己能不能活过50岁这道坎，人生会不会马上就要结束了；第二，假设自己能活过50岁的话，那么自己再过几年就要成为"老年人"，开始挂着鸠杖养老等死了，那些曾经让自己憧憬的政治理想肯定无法实现了。然而如果他考虑自己的理想抱负，那么他会为这样一件事感到遗憾：他早已具备了担任优秀卿大夫的品德和学识，要是他在此之前已经实现阶层跃升进入大夫群体的话，再过几年就将达到担任高级卿大夫的年龄，可以在政治上真正大有作为了。

理解了孔子的这些生命焦虑和遗憾，我们就能明白，同样体验过这些生命焦虑的阳虎，用"时光飞逝，岁月不帮我们"去刺激孔子，可以说刺到了孔子的痛点，这才使得言语谨慎的孔子会在当场做出"准备出来做官"的口头承诺。

最后，我们来探讨孔子最终没有加入阳虎政权的原因。

我们知道，孔子回去之后经过深思熟虑改变主意，最终拒绝了阳虎的召请，没有在阳虎政权担任官职。接下来我们可以分析一下，孔子为什么觉得接受阳虎招募、在"革命"政权中担任卿大夫是不可取的？

在政变前的鲁国政权中，国君是纯礼仪性的傀儡君主，所有实质性的权力都由季桓子领导的诸卿集团所把持，权力分配完全违背了周礼规定的"君强臣弱"正统结构，呈现出"君极弱臣极强"的现实结构。在阳虎政变后的革命政权中，所有实质性的政事决策权最终都由阳虎把持，然后在阳虎的强力安排下，政事决策权在公开场合按照周礼的规定分配给国君和诸卿集团，重新呈现出符合正统的"君强臣弱"政事决策权分配结构。

然而，由于"四分公室"确立的"君极弱臣极强"领土统治权分配结构并没有改变，因此"革命"政权的"君强臣弱"政事决策权分配结构是没有相应经济军事实力支撑的空中楼阁，完全依靠阳虎团队的革命恐怖主义来维持。一旦来自阳虎的强力支持消失，鲁国政权肯定会马上迅速坍缩回"君极弱臣极强"政事决策权分配结构，与"君极弱臣极强"领土统治权分配结构重新匹配起来。

　　在"革命"政权中，鲁定公在公开场合重新掌握了以"待遇与名分"为核心的政事决策权，而这就包括依照先例破格提拔士人的权力。因此，如果孔子不反悔的话，接下来会发生的事情就是：阳虎在幕后推动，卿官领袖季桓子在朝堂上重提孟僖子的"达人"预言向鲁定公举荐孔子，鲁定公顺水推舟破格提拔孔子担任卿大夫。然而，如果孔子真走这条路的话，那么他就成了"革命"政权"不拘一格选贤举能"的第一人，此后其个人命运就与"革命"政权的命运高度绑定。一旦阳虎团队失败、诸卿集团重新掌权的话，孔子就一定会成为复辟政权清算打击的首要对象。

　　笔者认为，孔子应该就是意识到，阳虎建立的这个强扭的"革命"政权很不稳定，随时可能崩溃坍塌，因此接受"革命"政权领袖阳虎召请担任卿大夫是一条看似能"一夜暴贵"、却也随时有可能"一夜暴毙"的险路，因此在深思熟虑之后改变了主意，没有在阳虎政权出仕。如果我们把孔子的那句话"好吧，我准备做官从政了"理解为孔子向阳虎承诺要加入"革命"政权的话，那么孔子当然是没有兑现自己的诺言。

　　然而，阳虎在孔子心中点起的那团把握时代机遇、践行仁德智慧的火并没有熄灭，孔子最终在他50岁时得到鲁国中央政府的破格录用，真的做官从政了。如果我们把孔子的那句话"好吧，我准备做官从政了"理解为孔子向阳虎承诺要走出"坐而论道"的舒适区、走上"起而行之""知行合一"的艰险道路的话，那么孔子最终兑现了自己的诺言。孔子说"君子讲大信而不讲小信"[1]，用他这句话来评点他自己这段人生转型期的言行，倒是非常恰当。

然而，我们也要注意到，阳虎在政变初期敢于大开杀戒，在这时却并没有用强力逼迫孔子出仕，这也体现出阳虎对于孔子的理解和宽容。笔者认为，"孔子曾被阳虎招募、并曾经公开应允阳虎"的事随后恐怕已经传开，这就为后来阳虎同党公山不狃、晋国作乱家臣佛肸招募孔子埋下了伏笔。

根据《史记·孔子世家》的记载，阳虎和孔子还有一个非常神奇的关联点，那就是他们长得很像，以至于后来孔子团队途经卫国匡邑时，曾经被阳虎欺凌过的匡人把孔子错认成阳虎，为了报仇把他关押了5天，差点杀了他。考虑到这一层的话，阳虎和孔子的关系就更加令人寻味了：长得跟阳虎极其相似、出身背景也同样低微的孔子，当场答应加入阳虎政权共同致力于"张公室"事业，后来经过深思熟虑没有加入，但最终以自己的方式致力于阳虎所倡导的"张公室"事业。某种程度上可以这么说，阳虎是暴力革命版的孔子，而孔子是非暴力改良版的阳虎。

阳虎专鲁政：服从晋国，组织盟誓，谋求卿官

前504年春二月，鲁定公率军入侵郑国以惩罚郑国背叛晋国，

---

1 《论语·卫灵公》："子曰：'君子贞而不谅。'"

季桓子、孟懿子和阳虎都在军中，整支军队的实际控制者是阳虎。阳虎这样做的目的，是为了表明鲁国坚定尊奉晋国为霸主，认真履行仆从国义务。

这里要说明的是，阳虎在外交政策上选择坚定服从晋国并非因循旧例，而是有点"逆势而为"的意味。当时鲁国面临的国际形势是这样的：

一方面，晋国霸业衰颓。前546年晋楚停战之后，晋国六大卿族忙于发展各自家族的实力，而且逐渐分裂成赵-魏-韩-知和范-中行两个敌对集团明争暗斗，因此难以团结一致经营中原霸业。前506年，晋国诸卿曾大张旗鼓组织诸侯讨伐楚国，又无功而返，使得晋国的霸主权威不但没有得到强化，反而进一步削弱。

另一方面，齐国谋求复霸。一向不服晋国的齐国抓住晋国霸业走下坡路的机会，又开始谋求再续齐桓霸业的前缘，成为东土诸侯国的领袖。实际上，就在第二年，也就是前503年，齐国带领郑国、卫国公开另组同盟，背叛了晋国。

从争霸态势来看，晋国衰颓、齐国进取；从地理位置来看，晋国遥远，齐国迫近。因此，对于鲁国执政者来说，顺乎地缘政治利益考量的外交策略应该是背叛晋国而服从齐国。实际上，阳虎事败出奔之后，鲁国在前500年也的确是这样做的。然而，从本年直到前502年的政治实践来看，阳虎却选择了一条表面上看符合道义要求但却违背利益考量的道路，那就是坚定事奉日薄西山的霸主晋国，并且主动出兵攻打背叛晋国的齐国、卫国、郑国。

阳虎这样选择的主要原因应该有三个：

第一，阳虎在国内匡正季氏、尊崇国君，在国际上信守盟约、尊崇霸主，这使得中原霸业摇摇欲坠、仆从国分崩离析的晋国不但没有任何理由发动讨伐除掉阳虎，反而还要容忍甚至支持阳虎实际控制的鲁国政权。

第二，阳虎通过不随波逐流、坚守盟约不背叛晋国的行为，进一步树立自己尊崇道义、忠诚守信的正面形象，回击国内反对派势力从"背叛家主""道德败坏"角度对自己进行的舆论攻击。

第三，通过主动攻打邻近的各叛晋诸侯国，将国际军事争端设定为鲁国的头等大事，从而吸引国内舆论从质疑自己专擅季氏家政和鲁国国政的痛点上移开，也就是我们常说的"通过挑起战争来转移国内矛盾"。

鲁国军队前往郑国路上第一次途经卫国时，阳虎要求不得向卫国依礼借道；等到回国第二次途经卫国时，阳虎又迫使季桓子、孟懿子驾车直接从卫国都城南门冲进去，再从卫国都城东门冲出来。阳虎这样做的目的，一方面是向晋国表忠心，因为此时卫灵公正准备要叛离晋国转投齐国；另一方面是故意让季氏、孟氏得罪友好邻邦卫国，从而巩固自己的专权地位。

卫灵公听说鲁国军队的所作所为之后，非常愤怒，准备派宠臣弥子瑕去追击鲁国军队。贤大夫公叔文子当时年纪已经很大了，听闻此事之后，赶紧坐着人力车去见卫灵公，劝谏说：

"当年鲁昭公落难时，如果可以帮助鲁侯归国复位，卫文公的舒鼎、卫成公的昭兆（宝龟）、卫定公的磬鉴这三件国宝，国君（卫灵公）愿意从中拿出一件来贿赂诸侯；如果诸侯愿意为鲁侯复辟之事而出力的话，公子和诸位大臣的儿子，国君愿意把他们送给诸侯当作人质，这都是群臣们所听闻的。如今国君却要用小的愤怒去掩盖旧日的大德，恐怕不可以吧！

"太姒[1]的儿子里面，只有周公旦、康叔封[2]关系和睦，如果效仿小人抛弃了鲁卫之间的友好关系，不也是很不正当吗？上天这是要增加阳虎的罪过，其目的是要让他失败，您姑且等着就行了，怎么样？"

卫灵公听从了公叔文子的意见，这才没有发兵追击。

夏天，季桓子前往晋国，目的是要进献本年早先攻打郑国所获得的俘虏。阳虎强迫孟懿子一同前去，让后者去回报晋定公夫人早先送给鲁国的财礼。依礼制，朝聘他国国君与夫人，一位使者可兼任，本来不需要为夫人而额外加派使者。此处阳虎强迫孟懿子专门前往回报晋定公夫人，一则为了困辱正卿，二则希望讨好晋国。

孟懿子经过晋国执政卿范献子的房屋时，突然大声对屋里的范献子喊话说："阳虎如果不能在鲁国安居，而来到晋国以放下负担，晋国如果不让他做中军司马，必遭神谴，有先君为证！"范献子在里面回答说："我国君主如果有官职出缺的话，将任命合适的人。我又能知道什么呢？"孟懿子知道阳虎没有家族根基，又过于专横，将不能长久把持鲁国政事，日后必将出奔晋国，所以对范献子说了这番话，一则使晋人得知阳虎专横、驱使正卿的情状，以及日后必将出奔晋国的前景；二则以鲁国先君之名恳请晋人将大夫职位中最尊贵的中军司马留给阳虎，让他出奔晋国之后能安心留在晋国，而不会再回鲁国为害。

执政卿范献子对卿官赵简子说："鲁人已经很厌恶阳虎了。孟孙

---

1 太姒，周文王妃。
2 周公旦为鲁国始封君，康叔封为卫国始封君。

（孟懿子）知道阳虎必败的征兆，认为他一定会前往晋国，所以强行为他提前向晋国请求，这是为了给阳虎求取日后进入晋国的禄位。"

前504年秋天，阳虎又与鲁定公、季桓子、孟懿子、叔孙武叔在周社[1]盟誓，召集国人在亳社[2]盟誓，并且在五父大道旁祭神诅咒不守盟誓的人。这是叔孙武叔第一次出现在春秋史时间轴中，距前任族长叔孙成子去世1年。

如果与前505年盟誓相比较的话，前505年那次可以说是一次向都城国人公开的家族性盟誓，而这一次则是正式包括国君、三桓和全体国人的国家性盟誓。阳虎组织这样一场高规格、全覆盖的盟誓活动，应该是为了达到如下两层目的：

第一，再次宣扬自己去年发动政变的正当性，以及自己通过政变重建的官方宣传版治理结构的合法性，回击国内反对派势力在政变后对自己进行的各种或明或暗的舆论攻击。

第二，要求全体国人在神灵面前庄严宣誓，认同政变的正当性和官方宣传版治理结构的合法性，并用诅咒来恐吓国人，使得他们不敢加入反对派势力。

前504年冬天，季桓子、孟懿子率军包围仍然被齐军占据的郓邑，此次行动仍然是被阳虎逼迫所为。

前503年春天，齐国把郓邑、阳关邑都归还给鲁国。接下来，阳虎迈出了从卿族家臣升格为卿官的第一步，那就是获得了这两个

1　鲁国都城内供周人祭拜的土地神庙。
2　鲁国都城内供商人后裔几倍的土地神庙。亳是商朝旧都之名。

在正常情况下只有卿官才能占有的大邑作为领地，成为鲁国历史上第一位拥有卿官级别领地的卿族家臣。不过，从阳虎的"尊君"立场推测，阳虎获得郓、阳关这两个大邑，应该是走了这样一个公开流程：首先，鲁定公在鲁国朝堂上合规地将齐国归还的郓、阳关赏赐给征战有功的季桓子作为季氏私邑，然后"家主"季桓子再在季氏朝堂上征引西周时期王廷卿大夫家族分封私邑给家臣的旧例[1]，合规地将郓、阳关赏赐给"家臣"阳虎作为阳氏私邑。根据《左传》的记载，后来阳虎又获得了讙邑[2]作为领地。

前503年秋天，齐国分别与郑国、卫国结盟，组成以齐国为首的诸侯联盟，公开背叛霸主晋国。随后，齐国上卿国惠子率军讨伐晋国的忠诚仆从国鲁国。季氏家宰阳虎为季桓子驾车，孟氏成邑邑宰公敛阳为孟懿子驾车，准备要晚上偷袭齐国军队。齐人已经得到了消息，所以故意毁坏军容军貌，设下埋伏等待鲁国军队来钻。公敛阳说："虎！不考虑夜袭齐军的忧患，你一定会死！"季氏家臣苫越说："虎！如果你让两位卿官陷入祸难，不用等待有关部门的命令，我一定杀了你！"阳虎害怕了，下令撤军，所以鲁国军队没有中埋伏失败。与季氏家宰平级的公敛阳和位于季氏家宰之下的苫越竟然都敢直呼阳虎之名痛斥他，而不惧怕阳虎打击报复，说明此时阳虎在鲁国努力营造的公众形象绝不是一个专横跋扈、"顺我者昌逆我者亡"的权臣，而是一位致力于端正朝纲、不贪求个人权势的义臣。

1　关于西周时期王廷卿大夫家族分封私邑给家臣的情况，参见朱凤瀚（2004年）。
2　讙见图四。

前502年春正月，鲁定公率军入侵齐国，以报复去年齐国对鲁国的讨伐。同年二月，鲁定公再次率军入侵齐国，《左传》明确记载阳虎在军中。同年夏天，齐国上卿国惠子、高昭子率军讨伐鲁国西部边境。夏天晚些时候，晋国执政卿范献子、卿官赵简子、卿官中行文子率军救援鲁国，鲁定公与晋人在卫国瓦地[1]会面。同年九月，季桓子、孟懿子率军入侵卫国，报复卫国先前对晋国的背叛。所有这些军事和外交行动的真正决策者当然还是阳虎，其目的仍然是坚定尊奉晋国为霸主，讨伐与晋国作对的齐-郑-卫联盟。

阳虎落败：谋杀季孙中途生变，负隅顽抗最终出奔

前505年以来实际控制季氏和鲁国政事的政治实践，让阳虎意识到这样的现实形势：想要从卿族家臣凭借才干和功绩直接升格为卿官，与季桓子、孟懿子、叔孙武叔等世袭卿官同朝为官是根本行不通的，因为"卿族族长世袭卿官"已经成为鲁国政治制度的基本规定，以及绝大多数贵族头脑中根深蒂固的基本原则。最终，阳虎意识到，如果想要实现"从家臣到卿官"的初心，能走得通的路只有一条，那就是：

第一步，用某种具有政治正当性的方式，逐步杀掉季桓子、孟懿子、叔孙武叔。

第二步，由出自孟氏的自己担任孟氏新族长，同时立季氏族人、党羽季寤为季氏新族长，立叔孙氏族人、党羽叔孙辄为叔孙氏新族长。阳虎、季寤、叔孙辄都是三桓族人，从宗法血缘角度的确

---

1 瓦见图三。

可以被立为三桓族长；三人都是靠政变上位，自然会团结一致，同舟共济。

第三步，根据"卿族族长世袭卿官"的基本原则，由鲁定公正式任命三位新族长担任卿官。

前502年冬十月一日，将在两天后动手杀季桓子的阳虎突然在太庙举行历代先君合祭。在这次祭祀活动中，阳虎把已经沿袭了123年的"逆祀"改回成"顺祀"，也就是按照鲁闵公牌位在前、鲁僖公牌位在后的次序祭祀先君（关于逆祀、顺祀参见第137页）。十月二日，将在一天后动手杀季桓子的阳虎又在鲁僖公庙用隆重的规格祭祀鲁僖公。

阳虎为什么要这样做？要理解这个问题，我们需要回忆一下前面分析得出的两个结论：

第一，前626年至前625年，以三桓诸卿为首的"逆祀派"卿大夫和以东门襄仲为首的"顺祀派"卿大夫围绕着鲁闵公和鲁僖公祭祀顺序问题展开长时间交锋，最终三桓诸卿取得胜利，前625年秋八月的先君合祭采取了"逆祀"的做法，并且一直沿用到本年。

第二，鲁僖公在前643年淮之会后就一直致力于打压三桓诸卿，而培植以东门襄仲和臧文仲为首的亲国君诸卿。

有了以上背景知识之后，阳虎的行为就变得很好理解了。从阳虎前505年发动政变后立即与季氏成员公开盟誓，后来又在前504年召集国君、三桓、国人进行公开盟誓等行为来看，阳虎是非常注重为自己的行为寻找正当性依据的。因此，阳虎在谋杀季桓子两天前，将三桓在123年前造成的"逆祀"改回合乎祭祀正礼的"顺祀"，又在谋杀季桓子一天前，隆重祭祀在淮之会后就一直致力于打压三桓的鲁僖公，都是在宣示自己秉持周礼大义、继承先君遗志、"张公室"、"反三桓"（这里特指反对欺凌国君的三桓诸卿）的坚定政治立场，为接下来对三桓族长将要采取的"斩首"行动提供正当性。

接下来，阳虎正式启动针对三桓族长的"斩首"行动。阳虎计划冬十月三日在季氏宅邸外的蒲圃设享礼款待季桓子时将其杀掉，然后在冬十月四日率领季氏各私邑（应该包括公山不狃所控制的费邑）的兵车攻打孟氏和叔孙氏，杀掉孟懿子和叔孙武叔。

阳虎确定了计划之后，便向季氏各私邑的兵车部队下令说："四日在国都内某地集结。"孟氏成邑邑宰公敛阳得知了这件事，告知孟懿子说："季氏突然向各私邑的兵车部队下命令，是什么原因？"孟懿子说："我没听说这件事。"公敛阳说："这样的话，阳虎就是要作乱。祸难一定会波及您，先预作准备吧！"于是，公敛阳与孟懿子约定在三日，也就是蒲圃享礼当天，率领成邑的孟氏兵车部队进入鲁国都城。

与此同时，被阳虎控制的季桓子也在设法自救。据《公羊传·定公八年》的记载，在蒲圃享礼举行前的这段时间，季桓子已经被阳虎软禁，不过孟氏和叔孙氏争取到了派使者轮流给季桓子送饭的安排。在冬十月三日前几天，季桓子用指甲在食器的盖板上刻写道："冬十月三日，阳虎将在蒲圃这个地方杀我，有力量救我的话，就在这天动手吧！"

从后面季桓子请求林楚驾车去孟氏、孟氏在自家门口设局收容季桓子的表现反推，孟氏接到季桓子的求救信息之后，设法通过使者与季桓子取得了联系，表示如果季桓子自己能想办法从阳虎党羽的挟持中挣脱出来，那么孟氏愿意收容季桓子。

三日那天，阳虎驾车在前面走，季氏家臣林楚为季桓子驾车，虞人拿着钺、盾乘坐马车在季桓子车的左右挟持，阳虎的堂弟阳越驾车殿后，一行人准备去蒲圃。

季桓子突然对林楚说："你的祖先都是季氏的良臣，你就这样继承你的先辈吗？"

林楚回答说："臣下听到您这话已经太晚了。阳虎执政，不光季氏，整个鲁国都已经服从他了。违背他就是找死，臣下如果死了对主子也没有什么益处。"

季桓子说："哪会太晚呢？你能带我去孟氏宅邸吗？"

林楚回答说："臣下不敢怕死，就是担心不能让主子免于祸难。"

季桓子说："去做吧！"

孟氏从奴仆中选了三百名壮丁，在宅邸门外的空地上为孟氏族人公期建房子，实际上是准备接应季桓子。到了大道路口时，林楚突然用策打马使其激奋，于是季桓子的马车在大路上飞奔起来，阳越在后面用箭射季桓子，没有射中。季桓子的马车冲进孟氏宅邸之后，这些壮丁赶紧把大门关上，还有人从门间往外射箭，射死了随后追来的阳越。

季桓子逃脱之后，阳虎劫持了鲁定公和叔孙武叔，然后率领仍然服从他的阳氏族人攻打季氏宅邸。就在这时，公敛阳率领成邑的孟氏兵车部队从东城北门进入鲁国都城，和阳氏在南门之内发生第一场战斗，孟氏私家军没能战胜阳氏族人；又在城内一个叫棘下的地方发生了第二场战斗，阳氏族人被打败。

阳虎见大势已去，于是脱下甲胄冲进公宫，窃取了宝玉、宝弓之后就和党羽逃出了鲁国都城。出城之后，天色已晚，于是阳虎决定在城外的五父大道旁歇脚，阳虎睡下，让他的党羽做饭。他的党羽说："追兵恐怕马上要到了！"

阳虎说："鲁人听说我出逃了，都高兴自己能死得晚点，哪有空来追赶我？"

他的党羽说："嗨！还是赶紧上车继续赶路吧，有公敛阳在啊！"

与此同时，在鲁国都城里，孟氏成邑邑宰公敛阳请求追击阳虎，孟懿子没有答应。公敛阳接着提出干脆杀了躲在孟氏宅邸的季桓子，由孟氏代替季氏执政，孟懿子害怕公敛阳会再次掀起动乱，赶紧把季桓子送回了季氏宅邸。在季桓子回家之前，季寤在季氏祖庙向祖宗——斟酒祭告，然后出奔。

阳虎逃出都城地区之后，进入自己的领地讙邑、阳关邑继续抵抗。前501年夏天，盘踞在此两邑的阳虎把窃取的宝玉和宝弓还给了鲁国公室。同年夏六月，鲁国军队讨伐阳虎盘踞的阳关邑。阳虎让人焚烧阳关邑的一个城门，鲁国军队受惊，阳虎趁机冲出包围圈，出奔到齐国。

阳虎转型：逗留齐国屡兴诈谋，加入赵氏屡建功勋

阳虎到齐国之后，请求齐国出兵讨伐鲁国，说："攻打多回，一定能够攻占鲁国。"齐景公准备答应阳虎。鲍文子劝谏说：

"我曾经在鲁国大夫族施氏家中担任家臣，依我的观察，鲁国还不可以夺取。鲁国上下还算和平，民众还算和睦，能够事奉大国，又并没有遭受天灾，为什么要夺取它？

"阳虎这样建议是想要让齐国军队劳累。齐国军队疲于奔命，

大臣们死伤的必然很多，他自己就会在这时兴起诈谋。阳虎本来是季氏的宠臣，却准备要杀了季孙，从而危害鲁国，现在又想要在齐国得到收容。这是一个亲近富有而不亲近仁爱的人，君主要他有什么用？君主比季氏更富有，而齐国比鲁国更大，这正是阳虎想要倾覆的。鲁国已经免除了这个心腹大患，而君主又收留他，恐怕会造成危害吧！"

鲍文子这番话里面，说阳虎是一个"亲近富有而不亲近仁爱的人"，是对阳虎在道德层面贬低最狠的一句话。很可能是对一句当时广为流传的阳虎名言的嘲讽和曲解。据《孟子·滕文公上》记载，孟子在劝谏滕文公要轻徭薄赋时提到，阳虎曾经说过这样一句话："富有的人就不可能仁爱，仁爱的人就不可能富有。"[1]从这句话直到战国时期还能为孟子所知晓反推，阳虎很可能是在一个公开场合说的这番话，在当时就广为传播，成为一句连鲍文子都知道的"阳虎名言"。阳虎当时说这句话，目的大概有两个：

第一，揭露三桓富甲鲁国背后的黑暗内幕。那就是，他们都是靠着"不仁爱"的手段聚敛的财富，比如说前面提到的赋税"苛政"。

第二，表明自己虽然是季氏家宰，却不愿再与季桓子同流合污，勇敢地站出来揭露季氏内幕，从而营造自己的正义形象。

就这样，打着"张公室"旗号的阳虎，说的一句用来揭露卿族致富黑幕、标榜自己正义形象的话，现在却被敌视阳虎的齐国卿大夫曲解，用来证明阳虎是一个专找富有团体下手的恶人。

---

1 《孟子·滕文公上》："阳虎曰：'为富不仁矣，为仁不富矣。'"

齐景公听取了鲍文子的建议，于是逮捕了阳虎，准备把阳虎送到齐国东部地区。让齐人没想到的是，阳虎表示，他非常愿意去齐国东部。齐人觉得阳虎的态度可疑，于是把他囚禁在齐国西部边境地区。上述奇怪操作的背后是阳虎与齐人在斗智：齐人最初想要把阳虎安置在齐国东部，是因为这一地区远离中原，阳虎如果出逃则必须横穿齐国，非常困难。阳虎实际上希望被安置在靠近中原的齐国西部地区，以便于出奔到其他国家。但他预料自己如果主动提出愿意去齐国东部，齐人由于认为阳虎狡诈，必然会反其道而行之。齐人果然中计，认为阳虎此举有诈，于是将其安置在靠近中原的齐国西部地区。

阳虎到达齐国西部之后，把所居住的城邑里的马车都借来，用刀在车轴上刻出很深的凹槽，再缠麻掩盖好刻槽后归还给马车的主人。车轴被深刻后，在快速行驶时容易折断。阳虎预期自己逃跑时，邑中的齐人会驾着这些马车追赶他，到时候车轴折断，则难以追上。

阳虎在做好这些准备之后，藏身在一辆装满衣物、有封闭车厢的葱灵车（即衣车）里逃跑。齐人驾车追赶，最终抓住了阳虎。齐人意识到边境地区的官民无法控制住阳虎，于是把他囚禁在齐国都城严加看守。然而阳虎再次利用葱灵车出逃，这次终于成功。阳虎先是逃到了齐国西部邻国宋国，然后从宋国到了晋国。

当时晋国的赵氏、魏氏、韩氏、知氏、范氏、中行氏正处在"化家为国"的发展进程中，都在想方设法扩大领地、增强实力，急需有智术诈谋的杰出人才。阳虎敏锐地意识到六家之中，赵氏具有最大的发展潜力，于是设法加入了赵氏，成为赵简子的家臣。

前497年，晋国六大卿族发生内战，赵、魏、韩、知四家把范、中行两家驱逐出国都，接下来赵简子便率领赵氏的私家军队与范氏、中行氏的私家军队在晋国东部地区交战。前493年，赵简子为了反制卫国对范氏、中行氏的支持，决定要把流亡在晋国的卫太子蒯聩送到卫国边境城邑戚邑，用来威慑卫国都城内的卫出公政权。夏六月十七日，赵简子一行在夜晚行军迷了路，这时候阳虎建议说："我们就一直往右走到达河水，渡过河水之后再向南走，一定能到达戚邑。"赵简子一行按照阳虎的建议行进，果然摆脱困境到达戚邑，成功地将太子蒯聩送进城里。

同年秋八月，齐国准备运粮救济范氏，郑国卿官罕达、驷弘派兵护送，范昭子准备出来迎接。赵简子率军半路堵截，在戚邑与郑国军队相遇。阳虎建议说："我军战车数量少，应该派插有大旗的前锋兵车与罕达、驷弘前锋兵车对阵。罕达、驷弘从后跟随来到，他们看到我军的样子，将会有惧怕之心，这时我军跟他们作战，必然能够大败郑国军队。"赵简子采纳了阳虎的建议，最终取得了这场战斗的胜利。

从我们可以见到的这两则材料来看，阳虎成为赵简子的臣子之后，发生了从乱臣到功臣的转型，他充分利用自己在地理、军事等方面的才能，以及先前由于在鲁国专政、从齐国逃脱而积累起来的个人威慑力，为赵氏击败范氏、中行氏的事业做出了重要贡献。那么，阳虎为什么会发生这样的转变呢？

阳虎在鲁国时，凭借自己的过人才干，已经在季氏家臣团队中做到了职位最高、权力最大的家宰，季氏已经拿不出更高的职位来满足他的政治抱负。阳虎发动政变控制鲁国政权之后，原本想要探索出一条让他这样家世背景低微、但政治才干过人的奇才能够顺利实现阶层跃升成为卿大夫的新路，然而在实际运作中发现，"既有卿大夫家族族长世袭卿大夫职位"仍然是绝大多数统治阶层人士认同的政治常规，鲁国贵族阶层的顽固保守远超他的预估。阳虎既然不可能杀尽所有的贵族人士，最终也就被迫走上了"先夺取私邑从而具备经济军事实力基础、再夺取孟氏族长之位从而具备任职资格"的路，当然这条完全屈从于传统的路也没有走通。

阳虎加入晋国赵氏之后，从表面上看，他又回到了担任卿族家臣的老路，而且他还没有当上赵氏家臣团队的一号人物，混得还不如在鲁国季氏的时候好，为什么此后的阳虎不再谋划作乱，而是勤勤恳恳为赵氏效力呢？

关键的原因在于，晋国赵氏是一个能够满足阳虎政治抱负的新型政权。赵氏从名义上说是一个晋国卿族，是鲁国季氏的对应物，它是晋国分封分权体制的一部分，是晋国日渐走向分裂灭亡的乱局的一部分。然而，赵氏在实际上是一个实行君集权体制的、发展势头非常迅猛的"准诸侯国"，是战国七雄之一的赵国的雏形。

具体说来，阳虎加入赵氏时的晋国，其实际政治局面是"傀儡公室充当门面、赵、魏、韩、范、中行、知六个准诸侯国各自谋求发展"。就赵氏而言，其族长赵简子的主要角色不再是晋国的卿官，而是"赵氏国"的君主；他每天致力于推动的政事，不再是如何治理晋国，而是广纳天下才干之士建设高水平官员队伍，在领地建设强大军队，派遣高水平官员率领强大军队开疆拓土，总而言之是迅速增强"赵氏国"的经济军事实力，为即将到来的六大准诸侯国内战做准备。可以说，赵简子的工作状态，与春秋时期诸侯国卿官的差别很大，而与战国时期集权军国的君主非常类似。

如果我们反观阳虎的老雇主季氏，可以很清楚地看出为什么它对阳虎的吸引力远远不如赵氏。其实，季氏同样可以被看作是一个君集权的政权，其政权性质与赵氏在本质上是一样的。但是，季氏在发展潜力上远远不如赵氏，具体说来就是，季氏不可能走赵氏"化家为国"道路，而只能继续作为三大卿族之一，缩在鲁国的躯壳之中。这是因为，鲁国作为一个整体，已经没有开疆拓土的发展空间，在这样的前提下，如果鲁国三桓谋求分裂鲁国成为三个独立国家，它们将比鲁国母体更加弱小，更容易被齐国、吴国等周边大国所吞并。因此，季氏虽然已经和孟氏、叔孙氏一起瓜分了鲁国现有的土地，但停在了"领导三桓专擅鲁国朝政"的阶段，而没有更进一步独立建国。由于季氏已经到达了它作为一个政权发展的天花板，已经无法"外翻"而只能"内卷"，这就决定了它不可能提供阳虎渴求的建功立业的机会，而这应该就是当初促使阳虎跨出季氏家宰舒适圈的根本原因。

如果我们反观阳虎曾经一度控制的鲁国，也可以很清楚地看出为什么它对阳虎的吸引力远远不如赵氏。首先，和季氏一样，鲁国在国家体量方面也同样是无法"外翻"而只能"内卷"，这决定了鲁国同样无法提供阳虎渴求的建功立业的机会。其次，分封分权体制在鲁国已经发展到了"臣极弱君极强"的烂熟终极状态，想要在这样的制度泥潭里建设一个君主集权、不看家世、选贤举能的新型国家，在当时看是绝不可能成功的，阳虎的挣扎和失败已经非常清楚地证明了这一点。

总而言之，此时的赵氏，是一个面向未来的新型集权军国，它致力于"外翻"而不是"内卷"，它的统治者赵简子对阳虎这样胸怀远大政治抱负的奇才张开双臂欢迎接纳，而不像齐国君臣那样怀疑贬斥。可以想见，当阳虎来到晋国赵氏时，他一定有一种"终于找到了组织"的感觉：他意识到，自己终于不用把时间精力再浪费在没有发展前途的季氏家宰事业上，也不用把时间精力再浪费在与鲁国旧体制进行没有胜算的搏斗上，在接下来的人生中，他在名义上是晋国卿族赵氏家臣，实际上是准赵国大夫，他将为一位尊重其抱负、赏识其才干、又能够驾驭其野心的英主奉献自己的全部力量，为一个新型集权军国的发展壮大做出自己的贡献。

孔子从政：突破阶层投身政治，夹谷会盟一战成名

前502年冬天阳虎失败逃出国都之后，他的党羽、费邑邑宰公山不狃占据着费邑继续抵抗。公山不狃也希望招募时年50岁的孔子加入他的团队，于是就有了《论语·阳货》记载的这么一段：

> 公山弗扰凭借费邑发动叛乱，召孔子，孔子想去。子路不高兴地说："没地方去而已，为什么要去公山氏那里？"孔子说："召我去的人，难道是白白召我吗？如果有人用我的话，我大概能够在东方建立一个与当年文武时期周邦比肩的理想国吧！"[1]

《史记·孔子世家》的版本披露了更多细节：

> 公山弗扰（即公山不狃）凭借费邑发动叛乱，派人去召孔子。

---

1 《论语·阳货》："公山弗扰以费畔，召，子欲往。子路不说，曰：'末之也已，何必公山氏之之也？'子曰：'夫召我者，而岂徒哉？如有用我者，吾其为东周乎！'"

孔子遵循西周之道很久了，但处处受到压抑没有施展才能的地方，没人能任用自己，他说："周文王、周武王从丰、镐这样的小地方兴起而最终称王天下，如今费邑虽然小，可能差不多够了吧！"子路不高兴，说："没地方去而已，为什么要去公山氏那里？"孔子说："召我去的人，难道是白白召我吗？如果有人用我的话，我大概能够在东方建设一个与当年文武时期周邦比肩的理想国吧！"然而最终也没有去。**1**

乱党一再试图招募孔子的举动引起了三桓诸卿的高度重视，就在公山不狃招募孔子失败后不久，很可能就是前502年左右，季桓子领导的鲁国高层主动作为，破格任命时年50岁的孔子担任中都宰。从当时的政治形势推测，孔子经历的任命流程应该还是"重臣季桓子推荐、鲁定公破格提拔"，而季桓子在推荐孔子时很可能重提了孟僖子预言孔子是"达人"的旧事。

孔子在中都宰任上干得有声有色，大概在前501年51岁时受到进一步破格提拔，进入中央政府担任主管工程营造的司空。司空原本是孟氏族长长期担任的职务，孔子之所以能担任这个职务，可能是季桓子与现任孟氏族长孟懿子进行了协商，孟懿子同意以"遵行父之道"为依据，让出司空的职务来实现父亲孟僖子想要推孔子上位的遗愿。

大概在前500年52岁时，孔子已经再次调整职务，担任主管捕盗刑狱的司寇。司寇原来是卿族臧氏世袭的职务，臧昭伯跟随鲁

---

1 《史记·孔子世家》："公山不狃以费畔季氏，使人召孔子。孔子循道弥久，温温无所试，莫能己用，曰：'盖周文武起丰镐而王，今费虽小，傥庶几乎！'欲往。子路不说，止孔子。孔子曰：'夫召我者岂徒哉？如用我，其为东周乎！'然亦卒不行。"

昭公流亡后，臧氏实力衰落，至此三桓拔擢孔子代替臧氏族长担任此职[1]。

孔子出任司寇这个常设职务期间，还同时担任"摄相"（代理相）这个临时职务。"相"是春秋时期对卿大夫体系最高长官的称呼，正常情况下由某国排位第一的卿官来担任，全面负责政府各项工作[2]。在孔子生活的时代，鲁国的"相"一直是由季氏族长担任，有《国语·鲁语上》"季文子相宣、成，无衣帛之妾，无食粟之马"为证。到前500年时，执政卿季桓子授权孔子担任"摄相"，就是要支持孔子实施他一直在鼓吹的、能将鲁国改造成"理想国"的综合改革。

就这样，在尝试"重臣推荐、国君破格提拔"途径失败、尝试"跟随国君流亡立功"途径失败、考虑尝试"加入阳虎'革命'政权"途径但最终反悔之后，孔子在他人生的第50个年头，终于通过"20岁时已经得到国君馈赠礼遇""34岁时被卿官孟僖子誉为'达人'""47岁以来屡次受到乱党召募"等事件，积攒了足够的政治势能，进而向上奋力一跃，实现了从儒者到官员的阶层跃升，并且一直向上升迁到了高级卿大夫的层级。

接下来我们要讲述的"夹谷之会扬国威""师徒合力堕三都"，都是在孔子担任司寇兼摄相期间做出来的标志性政绩。我们首先来看孔子在夹谷之会上的出色表现。

前500年春天，鲁国抛弃了阳虎专政时期尊奉晋国的外交战

1　孔子担任中都宰、司空、司寇情况参见李春红（2009年）。
2　关于春秋时期"相"的概况，参见汪秀丽（2017年）。

略，转而与强邻齐国讲和。同年夏天，已经是鲁国高级卿大夫的孔子辅相着鲁定公与齐景公在齐地夹谷[1]相会。对于这个孔子政治生涯中的"高光时刻"，《左传》《穀梁传》《史记》《孔子家语》都有记载，以下描述所依据的文献是以《孔子家语》为主，辅以《左传》。

夹谷之会前，在鲁国这边，孔子对鲁定公说："我听说参与盟会这种文事，一定要有武的准备；组织征战这种武事，一定要有文的准备。[2]古代诸侯因文事或武事出了自己的封疆，一定要配备相应的官员跟从，请配备掌军政的左右司马。"鲁定公听从了他的建议。

在齐国这边，大夫犁弥对齐景公说："孔丘这人懂礼却缺乏勇气。如果在盟会现场让莱人[3]拿着武器劫持鲁侯，一定能让鲁国屈服。"齐景公也听从了他的建议。

到了盟会的地方，筑起行礼的土坛，三层土垒台阶。鲁定公和齐景公以半路相遇之礼相见，作揖相让后登上土坛。互相献酒结束之后，齐人突然暗中指使当地的东夷莱人拿着兵器鼓噪，要劫持鲁定公。孔子快速登上台阶，带着鲁定公退避，说："士兵拿起兵器跟他们战斗！我们两国君主在此会盟增进友好，远方夷人的俘虏竟敢持兵器来扰乱它，这不是齐国君主用来传令诸侯的应有内容。远方图谋诸夏，夷人扰乱诸华，俘虏冒犯盟誓，武器逼迫交好——这些悖乱的行为，从神明来说是不祥，从德行来说是不义，从为人来说是失礼，齐国君主必定不会这样做。所以这必定是无主的夷人乱

1　夹谷见图四。

2　《孔子家语·相鲁》："臣闻有文事者必有武备，有武事者必有文备。"

3　莱国为东夷国，前567年已被齐国所灭。夹谷本来是莱人流落聚居的地方，齐景公可就地召唤使用他们。

党,尽管消灭他们!"齐景公内心愧疚,挥手让莱人退避。

过了一会儿,齐国演奏宫中的乐舞,俳优侏儒在双方代表面前表演。孔子快步前进,沿着台阶上了坛,站在第二阶上说:"匹夫迷惑侮辱诸侯,罪当诛杀,请右司马速速行刑!"于是斩杀侏儒,砍断手足。齐景公害怕,露出惭愧的神色。

将要盟誓时,齐人在双方事先商定的盟书上临时加了一条:"齐国军队如果出国境远征,鲁国一定要派三百辆兵车跟从我国,有盟誓做证!"孔子马上派兹无还回答说:"齐国一定要还给我国汝水以北的田地,让我国有能力供应齐国命令所需,也有盟誓做证!"

接下来,齐景公提出要设享礼款待鲁定公。孔子对梁丘据说:"齐、鲁两国的传统礼数,您没听说过吗?会盟之事已经完成,而又增设享礼,是突然让官员无故劳累。而且牺尊、象尊不拿出宫门,美好的乐舞不在野外合奏。在夹谷这种野外地点举行享礼,如果上述牺尊、象尊、乐舞都具备,则是抛弃了礼制;如果不具备,那就得用秕了稗了一样的替代品。用秕子稗子,君主有耻辱;抛弃礼制,名声丑恶。您为什么不好好考虑?享礼,是用来昭明美德的。如果不能昭明美德,不举行更好。"于是就没有举行享礼。

齐景公回国,责备他的群臣说:"鲁国的臣子用君子之道辅佐他们的君主,而你们却偏偏要用夷狄之道辅佐寡人,使我得到这些罪责。"于是将先前侵占的鲁国四个城邑以及汶水以北的田地归还给鲁国。

叔孙家臣据城叛乱,忠臣驷赤奇谋平叛

前500年秋天,三桓中的叔孙氏又发生了家臣叛乱。这场叛乱的源头还要追溯到前505年叔孙成子去世之前。当时叔孙成子想要

立叔孙武叔为继承人，宅邸家臣公若藐坚决劝谏反对。然而，叔孙成子不顾公若藐的反对，坚持立了叔孙武叔为继承人，然后就去世了。叔孙武叔既然排行"叔"，则一定不是长子，而很可能与季悼子情况相似，是叔孙成子的爱子。公若藐劝谏的详细内容已不可知，但据春秋时卿大夫选择继承人时常有的状况推测，公若藐反对的理由很可能是因为叔孙武叔之立不合"有嫡立嫡，无嫡立长"的礼制。

叔孙武叔成为叔孙氏新族长之后，另一位反对叔孙武叔的宅邸家臣公南派贼人想要放冷箭射杀叔孙武叔，但没有成功。公南的职级比公若藐高，他担任叔孙氏的马正，与先前季氏家的公锄一样职掌宅邸家臣团队的军事。公南刺杀叔孙武叔失败之后，也许是因为乱谋没有暴露，也许是因为叔孙武叔势单力薄，所以公南不仅没有被叔孙武叔铲除，还利用他的职权将同党公若藐任命为叔孙氏私邑郈邑的邑宰。公南是宅邸家臣中掌管军事的重臣，地位相当于阳虎政变中的季氏家宰阳虎；他任命同党公若藐为邑宰，地位相当于阳虎政变中的季氏邑宰公山不狃。很明显公南是在模仿阳虎的做法，由此可见阳虎政变在此后鲁国政治动乱中的"模范带头作用"。

叔孙武叔稳定了他的族长地位之后，马上着手要消除公南-公若藐团队对自己地位的威胁。叔孙武叔命令叔孙氏私邑郈邑的马正侯犯杀了公若藐，但侯犯却表示他做不到。叔孙武叔的一位养马人出主意说："我拿着一把剑经过朝堂，公若藐肯定会问：'这是谁的剑？'我就说是您的剑，公若藐肯定会提出想看一看。我伪装粗鲁不懂礼节，交给他剑的时候用剑尖对着他，然后就可以顺势杀了他。"叔孙武叔同意了。当养马人在朝堂上假装不慎将剑推向公若藐时，公若藐意识到自己中计了，大喊道："你想要把我当吴王吗?"[1]然而为时已晚，养马人还是把公若藐刺死了。在得知了公若藐的死讯之后，侯犯亮明了他作为公若藐同党的身份，占据郈邑发动叛乱。

前500年夏天，叔孙武叔、孟懿子率军包围郈邑，没能攻克。同年秋天，叔孙武叔、孟懿子联合齐国军队再次包围郈邑，还是没能攻克。叔孙武叔对当时在郈邑城外的郈邑工师驷赤说："郈邑不光是叔孙氏的忧患，也是社稷的忧患。准备拿它怎么办?"驷赤回答说："臣下将要致力于的事情，就在《扬水》最后一章的四个字里面。"叔孙武叔一听这话，马上向驷赤行稽首大礼。《扬水》应该就是《诗经·国风》里的《扬之水》，最后一章有"我闻有命"四个字，驷赤的意思是他接受叔孙武叔的命令，将致力于从内部挫败侯犯的叛乱。

驷赤对侯犯说："郈邑处在齐国、鲁国之间，却两边都不事奉，必然是不可以的。您为什么不寻求事奉齐国，借此来统御民众? 不然的话，民众恐怕将要叛变了。"侯犯听从了驷赤的意见，派人去齐国表达了愿意归附的设想。

齐国使者来到郈邑时，驷赤和与他同谋的郈人在郈邑中宣告说："侯犯准备用郈邑和齐国作交易，齐人要把郈邑的民众迁走!"民众听说之后都非常恐慌。驷赤又把民众恐慌的情况告诉侯犯说："民众的言论有异常了。与其被众人杀死，您还不如拿郈邑与齐人

1　公若藐的意思是，养马人想效仿专诸用鱼肠剑刺杀吴王僚一样刺杀自己。

做交易。这样可以在齐国得到和郈邑一样大的土地，而且患难可以得到缓解，为什么非要死抱着这个郈邑不放？齐人想用郈邑来逼迫鲁国，所以一定会加倍给您土地。而且为什么您不在家门口多堆放一些甲胄以防备意外？"侯犯说"好"，于是在自家门口堆放了很多甲胄。

侯犯请求拿郈邑与齐国做交易。齐国派官员前来考察郈邑。齐人马上要到的时候，驷赤派人在城邑中奔走呼号说："齐国军队到了！"郈人非常恐慌，于是穿上侯犯先前放置在门口的甲胄，包围了侯犯。驷赤做出要射杀郈人的样子，侯犯阻止他，说："帮我想想如何免于一死吧！"

侯犯请求出逃，郈人答应了他。驷赤提出要到郈邑以西的齐国宿邑去，驾车在前开路，侯犯驾车殿后。侯犯每出一道城门，郈人就从后面把门关上。当侯犯到了外城城门口时，郈人拦住了侯犯，说："您带着叔孙氏的甲胄出城，官员如果要为这件事责罚我们，群臣害怕会摊上死罪。"驷赤说："叔孙氏的甲胄是有标识的，我可不敢拿出去。"侯犯对驷赤说："您留下跟他们清点吧！"驷赤于是留下，侯犯出奔齐国。齐人也明白了这完全是一场骗局，于是将刚拿到手的郈邑土地簿册送还给鲁人。

同年冬天，叔孙武叔前往齐国访问。齐景公设享礼款待他，说："子叔孙（指叔孙武叔）！如果郈邑在贵国君主的其他边境，寡人能知道什么呢？因为恰好和我国交界，所以胆敢为贵国君主分忧。"叔孙武叔回答说："这可不是我国君主的愿望。我们事奉您，用的是我们的领土和国家政权的人力物力，怎敢用叛变的家臣来劳烦您的官员？那不良善的臣子，是天下都厌恶的人，您难道要用不良善的臣子来作为给我国君主的恩赐吗？"

前499年冬天，鲁国跟郑国讲和，子叔成子前往郑国参与盟誓。当时晋政多门，国势衰弱，霸主地位渐失，此前齐、郑、卫已经背叛晋国而另组同盟。去年鲁国与齐国讲和，今年鲁国又与郑国讲和，实际上就是加入齐－郑－卫同盟而背叛晋国。这是子叔成子作为卿官第一次出现在春秋史时间轴中，距离上任族长叔诣去世（前513年）15年。

孔子堕三都：谋划、实施和结果

说服季桓子堕三都，明为三桓暗为公室

前499年至前498年，鲁国发生的大事就是"堕三都"，也就是"拆毁三都的城墙"。"都"是"大城"的意思，"三都"是指三桓的核心私邑，即叔孙氏的郈邑，季氏的费邑，以及孟氏的成邑。经过三家的长期经营，这三个核心私邑的城堡已经达到了大城的规模。

关于"堕三都"改革的谋划过程，《左传》记载最为简略：

> 仲由（即子路）担任季氏家宰，准备要毁坏三都的城墙。

在《左传》版本中，似乎"堕三都"改革是子路的主意，没有提到他的老师孔子。

不过，根据《史记·孔子世家》的记载，司寇兼摄相孔子才是"堕三都"改革的真正策划者：

> 孔子对鲁定公说："卿大夫家中不应该私藏甲胄，卿大夫

采邑不应该有百雉规模的城墙。"于是指派季氏家宰子路具体筹划毁坏三都城墙的行动。

《孔子家语·相鲁》版本与《史记·孔子世家》大致相同，不过孔子的谏言更加详细：

> 孔子对鲁定公说："卿大夫家中不应该私藏甲胄，卿大夫私邑不应该有百雉规模的城墙，这是古代的制度。如今三家都逾越了制度，请都加以减损。"于是指派季氏家宰子路具体筹划实施毁坏三都城墙的行动。

按照《史记》或《孔子家语》的叙事逻辑，孔子既然是向鲁定公建言献策，那么决策者自然是鲁定公，要么是鲁定公直接下令要子路具体操办此事，要么是鲁定公同意孔子的建言，要求孔子想办法去做，而孔子则指派子路具体操办此事。一方面，鲁定公在本年确实曾率领军队包围孟氏的成邑，所以《史记》《孔子家语》说此事牵涉到了鲁定公应该是可信的。但是，当时季氏专权、鲁定公形同傀儡，说鲁定公能下令"堕三都"，这与当时的政治情势很不符合，令人难以相信。

《公羊传》则提供了一个不同的说法：

> 孔子在季桓子手下任职，三个月下来季桓子对孔子言听计从。孔子说："卿大夫家中不应私藏甲胄，卿大夫私邑不应该有百雉规模的城墙。"于是率领军队毁坏郈邑城墙，又率领军队毁坏费邑城墙。

按照《公羊传》的说法，孔子劝谏的话和《史记》《孔子家语》所记是一样的，但是孔子说服的人不是鲁定公而是季桓子。也就是说，最终是季桓子下决心要堕三都，这在当时的政治情势下比较说得通。

综合《左传》《史记》《孔子家语》《公羊传》的说法，结合孔子的政治思想和当时鲁国的政治状况，笔者重构的孔子"堕三都"改革谋划内容大致如下：

前500年侯犯之乱平息之后，季桓子和叔孙武叔应该已经意识到，私邑邑宰（及其党羽）作乱的情况已经严重到了非治理不可的地步。私邑邑宰有根据地、有实权，长期不受族长的直接管控，极易滋生割据一方、犯上作乱的反叛欲念。对于季桓子和叔孙武叔来说，他们一方面肯定不能放弃私邑，因为私邑是卿族政治权力的经济基础；但另一方面也不能再让邑宰有能力占据私邑作乱。一个能够兼顾这两个方面的"中庸"解决方案，是季桓子和叔孙武叔所迫切需要的。

讲清楚了季桓子、叔孙武叔此时面临的政治困境，我们就可以来探讨这么三个问题：为什么孔子要推动"堕三都"？为什么孔子能够推动"堕三都"？"堕三都"的公开理由是什么？

第一，孔子之所以要推动"堕三都"，是为了践行"张公室"的政治理想。

如前所述，孔子的终极政治理想，是要在东方建设一个遵行西周礼制的、与文武时期周邦比肩的、"君君，臣臣，父父，子子"的"理想国"。据《孔子家语·相鲁》，则孔子"堕三都"的真实目的是"加强公室，削弱私家，从而促进君尊臣卑正礼的恢复"。也就是说，孔子认为，通过推动实施"堕三都"，可以显著地削弱卿族的军事实力，这就能为治理卿族"臣不臣"乱象奠定基础，从而为实现自己的终极政治理想迈出坚实的第一步。

那么，孔子为什么认为，真实目的是为了削弱卿族实力的"堕三都"倡议，能够得到卿族族长季桓子、叔孙武叔的支持？这是因为，这个方案正好能够满足季桓子和叔孙武叔当下的迫切需求，那就是一方面能够实质性地降低邑宰占据私邑发动叛乱的风险，保证自己能在国都宅邸安心做官；另一方面又没有放弃私邑，从而不会严重损害卿族权力的经济基础。

笔者认为，季桓子、叔孙武叔不可能不清楚拆毁费邑城墙会削弱季氏、叔孙氏的军事实力，他们的底线思维恐怕是：由于三桓并没有把"四分公室"获得的公邑还给公室，也没有把由自己掌控的左右两军还给公室，国君傀儡化的经济和军事基础并没有改变，所以虽然季氏与公室的实力差距缩小了一些，但是鲁国的财权、军权、政权仍然掌握在三桓手中，国君翻不了盘。

第二，孔子之所以能够推动"堕三都"，是因为此时他已经积累了推动此事的重大有利条件。

首先，孔子此时在季桓子支持下担任司寇兼摄相，深得季桓子赏识和信任。其次，子路是最早跟随孔子的弟子之一，他当时已经成了季氏家宰。所以，孔子知道自己一旦能够说服季桓子，"堕三都"的具体策划和推行是有组织保障的。

从孔子的政治立场来推测，孔子应该首先是向他所尊崇的国君鲁定公提出建议，不出所料得到了鲁定公的支持；然后再向掌握实权的季桓子提出建议，也不出所料得到了季桓子的支持。由于国君和执政卿在这个问题上的态度是一致的，所以关于"堕三都"的命令应该是通过最为符合周礼的方式下达的，那就是：国君鲁定公下令给执政卿季桓子，季桓子遵命奉行，然后交给"季氏小朝廷"的首席执行官——家宰子路去制定具体计划。因为是季桓子认同的命令，所以"堕三都"能够得到贯彻落实；因为是鲁定公下的命令，所以后面鲁定公率军包围成邑也就顺理成章了。

第三，孔子"堕三都"的公开理由是"打击卿族私邑违礼逾制行为"，这个理由看似冒险，实则稳妥。

值得注意的是，孔子公开提出的"堕三都"理由，既不是他的真实理由——"削弱卿族的军事实力"，也不是季氏、叔孙氏内心能够认同的理由——"降低卿族邑宰占据私邑发动叛乱的风险"，而是"卿大夫家中不应该私藏甲胄，卿大夫私邑不应该有百雉规模的城墙，这是古代的制度。如今三家都逾越了制度，请都加以减损"。那么，为什么季桓子、叔孙武叔能够认同孔子用"三大卿族违背先君旧制"这个很刺耳的理由来倡议"堕三都"？

这其中一个很重要的原因就是，有强烈意愿拆毁私邑城墙的季桓子、叔孙武叔，为了在拆毁城墙之后保持三大卿族的实力均衡，要找一个打击面更大的理由，把邑宰公敛阳忠诚可靠、没有强烈意愿拆毁成邑城墙的孟懿子一起"拉下水"。如果孔子公开说，"堕三都"的理由就是要"削弱卿族的军事实力"，那肯定是自投死路，别说孟懿子，就算季桓子、叔孙武叔也是不可能答应的；如果孔子公开说，"堕三都"的理由是"降低卿族邑宰占据私邑发动叛乱的风险"，那孟懿子可以说，"我家邑宰公敛阳忠诚可靠，我认为没什么风险，所以我不同意拆毁成邑城墙"。这样分析下来，孔子公开说的这个理由，还真就是最合适的，而季桓子、叔孙武叔虽然被孔子打了脸，但为了实现"迫使孟氏也拆毁私邑"的目标，还得捂着脸说"打得好""打得对"。

二都被毁孟氏逃脱，改革无望孔子出走

由于"堕三都"是实权人物季桓子支持、名义最高领导人鲁定公下令，而孟懿子慑于季桓子、叔孙武叔的压力也没有公开反对，于是这个计划马上进入了实施阶段。

叔孙氏拆毁郈邑城墙的行动比较顺利。前498年夏天，叔孙武叔率领军队包围自家的郈邑，比较顺利地将郈邑城墙拆除了。

季氏拆毁费邑城墙的行动就曲折得多，因为此时的费邑仍然被当年阳虎作乱的同党、费邑邑宰公山不狃所占据。当公山不狃得知季氏准备出兵拆毁费邑城墙之后，他决定先发制人，于是跟躲在费邑的叔孙辄一起，率领费人主动出击攻入鲁国都城。

公山不狃乱党冲进城之后，鲁定公和季桓子、叔孙武叔、孟懿子一起进入季氏宅邸避难，登上宅邸中的季武子之台，这说明当时季氏的所谓"宅邸"实际上比公宫还要险固。费人冲进了季氏宅邸，强攻季武子之台，没能攻下，可是箭都已经射到鲁定公的身边了。在这危急时刻，到底是应该让所有士兵死守在高台上确保国君和三卿的安全，还是应该派一部分士兵下台与乱党搏斗？在鲁定

公和三卿不知如何是好的时候，孔子站出来拿了主意，他命令申句须、乐颀带着士兵从台上冲下来与公山不狃乱党搏斗，最终击退了乱党。都城里的国人此时也已经组织了起来追击乱党，在姑蔑再次击败了他们，公山不狃、叔孙辄出奔到齐国。

公山不狃的激烈反抗更加坚定了季桓子的决心，他立即和孟懿子一起率军包围费邑，最终在前498年夏天结束前拆毁了费邑的城墙。季桓子应该是故意要带上孟懿子，其用意一是要以身作则，"我季氏都拆了你孟氏还等什么"，二是让孟懿子现场体会邑宰发动私邑民众叛乱的严重后果，从两方面给孟懿子施加压力，促使孟懿子尽快落实"堕三都"的既定政策，拆毁成邑的城墙。

不过，就在鲁国高层准备落实拆毁成邑计划的时候，成邑邑宰公敛阳对孟懿子说："如果毁坏了成邑，齐人必然可以南下直抵鲁国都城。而且成邑，是孟氏的保障。如果没了成邑，那就没有孟氏了。您就装糊涂，我将坚持抵抗不让成邑被拆掉。"

在孟氏拒绝自行拆毁的情况下，鲁定公在前498年冬十二月亲自率领军队包围成邑，试图落实强拆政策。笔者认为，鲁定公亲自率军出征，应该是孔子向季桓子提出的建议，经季桓子同意后实施的。孔子向季桓子提议时的说辞大概是："堕三都"是国君鲁定公正式发布的、三桓都认可的国家政策，如今季氏、叔孙氏都已经按照政策拆除了私邑城墙，而孟氏反悔拒不执行政策，国家必须出手强制执行。此事如果由鲁定公率军执行，从明面上说名正言顺，从利益考量上来说能够避免季氏、叔孙氏与孟氏直接发生冲突而结仇，是最为合理稳妥的安排。季桓了被孔子合情合理的言辞说服，于是同意鲁定公率军出征。

鲁定公这次攻打孟氏成邑的军事行动最终没有成功，而接下来孟氏成邑城墙也一直没有被拆毁。此时的鲁国军队归属私家已经超过60年（从前562年"三分公室"开始算起），不可能坚决服从鲁定公；而成邑从未发生过叛乱，长期经营之下已经非常强大险固，所以鲁定公的军事行动失败也就在意料之中了。

笔者进一步猜测，在鲁定公包围成邑期间及结束以后的时间，孟氏一定是在积极游说季桓子、叔孙武叔，请求停止支持孔子依据"堕三都"政策推动强拆成邑城墙的行动。孟氏所用的主要理由应该有两个：

第一，拆除成邑会危及鲁国的国家安全。

如成邑邑宰公敛阳所说，"如果毁坏了成邑，齐人必然可以南下直抵鲁国都城"。

第二，孔子"堕三都"的真正目的不是为了卿族"清理门户"，而是为了打击卿族、壮大公室，其用心叵测不可不防。

孔子用来说服季桓子、叔孙武叔同意自毁私邑城墙的主要理由是，这两家的私邑在过去的确成了邑宰叛乱的根据地。然而，孟氏并未发生邑宰叛乱，而孔子仍然要不依不饶地推进强拆行动，甚至说服季桓子同意让鲁定公亲自率军执行强拆行动。季桓子和叔孙武叔如果能从孔子的话术中跳脱出来冷静地分析形势的话就会发现，孔子这一番操作的净结果就是：卿族最重要的硬实力基础——私邑——遭到了"去军事化"，而鲁定公的权力竟然上升到了超过阳虎专政时期的水平，因为在阳虎时期，鲁定公能率领军队参与国际军事行动，而在孔子担任摄相的第三年，鲁定公竟然能率领军队攻打三桓私邑。

因此，孔子真正想要做的，其实并不是他私下与季桓子沟通时所说的"阴谋"，那就是帮助卿族"清理门户"；而是他一直公开鼓吹的"阳谋"，那就是打击卿族违礼行为，而打击卿族的最终指向是壮大公室，重建周礼规定的"君尊臣卑"正确秩序。一言以蔽之，在某种意义上，孔子其实是阳虎的继承者，正在沿着阳虎开创的"张公室"路线继续往前走，季桓子如果不能看穿这一点，赶紧叫停的话，未来一定会大难临头。

　　鲁定公在前498年底率领军队攻打卿族孟氏私邑，这是孔子担任摄相期间发生的最后一件政治大事，也是孔子"张公室"努力的巅峰。

　　鲁国国君上一次对卿族采取军事行动是在前517年，那时鲁昭公率领党羽发动武装政变，成功攻入季氏宅邸，但最终兵败出奔齐国。那年孔子35岁，只是一位士人儒者，在"张公室"的政治理想和"从亡立功跨越阶层"利益考量的共同推动下，丁一年后加入了鲁昭公流亡团队，随即离开团队成为驻齐代表，最终放弃从亡，回到鲁国。

　　如今，孔子已经是司寇兼摄相，他抓住了"孟氏拒绝强拆，从而与季氏、叔孙氏对立"的有利形势，充分利用季桓子对他的赏识和信任，竟然说服季桓子同意让鲁定公亲自率军攻打孟氏。可以想见，当鲁定公身着戎装站在主帅战车上指挥军队前进时，他一定过了一把有军权、有尊严的正常国君的瘾。对于孔子来说，因为他从一开始就设定了"在体制内通过巧妙运作来推进'张公室'事业"的改革模式，因此，"国君率军队打击卿族"也就是他能达到的最高程度了。

在做出"夹谷之会扬国威""师徒合力堕三都（实际是二都）"等标志性政绩的同时，孔子充分行使摄相统筹推进各项工作的权力，在鲁国推行以"治理整顿"为手段、以"拨乱反正"为目标的综合改革，试图将鲁国改造成天命信仰向他揭示的那个理想国。比如说，根据《史记·孔子世家》的记载，孔子改革的早期收获其实是非常出色的：

> 孔子当政三个月，贩卖猪羊的商人就不敢漫天要价了；男子和女子根据性别不同分别走道路的两边，遗失在路上的财物没有人捡了据为己有；外地商旅来到鲁国，用不着向官员们求情送礼，就能得到他们来寻求的东西并满意地回去。

然而，在消除了邑宰作乱风险之后，鲁国高层又回到了鲁君无权、三桓专政的老样子，而且季桓子开始贪图享乐，接受了齐人贿赂的美女和乐师，多日不听政；参加了郊祭之后，又偷懒不向诸位卿大夫致送祭肉。孔子意识到自己不可能在鲁国实现建设理想国的远大目标，但又坚信自己一定会在天命加持下在天下某个地方实现自己的理想，于是在前497年、55岁时离开鲁国，开始了"周游列国以寻找机会推动体制内改革"的艰辛历程。

孔子周游践行天命，邾君求饶在劫难逃

前497年夏天，鲁国在鲁地比蒲举行大阅兵。

这一年在国际上发生了一件大事，就是晋国卿族赵氏和范氏、中行氏之间爆发内战，晋国卿族魏氏、韩氏、知氏站在赵氏一边，

而齐、鲁、卫、郑等国支持范氏、中行氏。赵氏一开始时处于劣势，秋七月，赵简子从国都出逃到赵氏核心私邑晋阳[1]。同年冬十一月，形势发生逆转，范氏、中行氏出逃到位于河北平原的范氏核心城邑朝歌[2]。

前496年秋天，鲁定公在卫国牵地[3]与齐景公、卫灵公会面，谋划如何救援在晋国卿族内战中处于不利地位的范氏、中行氏。

大概在赵简子出逃到晋阳时，赵氏私邑中牟[4]邑宰佛肸趁机叛离赵氏，占据中牟成立了一个割据政权。佛肸向当时正在周游列国寻找机会的孔子发出过邀请，据《论语·阳货》的记载：

> 佛肸召孔子，孔子想去。子路说："从前我听老师说过：'亲自做不良善之事的人的地方，君子是不会进入的。'佛肸凭借中牟叛变，您却要前往，是要怎样呢？"孔子说："对，我是说过这话。但是，不是说坚固吗，真正坚固的话磨也磨不薄；不是说洁白吗，真正洁白的话染也染不黑。我难道是匏瓜吗，怎能只挂着而不能吃呢？"[5]

不过，孔子最终也没有加入佛肸的割据政权。通过先后拒绝阳虎、公山不狃、佛肸，孔子向外界明确宣告，自己践行天命的方式

---

1 晋阳见图二。
2 朝歌见图二（即原卫1）。
3 牵见图三。
4 中牟见图二。
5 《论语·阳货》："佛肸召，子欲往。子路曰：'昔者由也闻诸夫子曰："亲于其身为不善者，君子不入也。"佛肸以中牟畔，子之往也，如之何？'子曰：'然，有是言也。不曰坚乎，磨而不磷；不曰白乎，涅而不缁。吾岂匏瓜也哉，焉能系而不食？'"

▶ 图23 能原镈,春秋晚期,故宫博物院藏。据学者研究,记载了越国调解郑国与莒国领土争端的盟辞内容。

不是"带头闹革命建立新政权",而是"辅佐君主进行体制内改革"。在接下来的十多年里,孔子先后在卫灵公、陈湣公、卫出公朝廷担任客卿,最终没有在任何一个国家取得成功,但另一方面也没有因为激进革命行为而丢掉性命,而在这个过程中,他对于天命的理解也逐渐发生改变。

前496年秋天,鲁国再次在比蒲举行大阅兵。正当鲁定公仍在比蒲参加大阅兵时,郑国君主郑隐公来到军营中与鲁定公会面。就在大阅兵后不久,鲁国派军队修筑位于东部边境地区的莒父邑[1]和霄邑。

---

1 莒父见图四。

前495年春正月，邾隐公来到鲁国朝见鲁定公。同年夏五月二十二日，鲁定公去世，不久之后，邾隐公来鲁国奔丧，参加了鲁定公的葬礼。

纵观《左传》记载，在此之前，邾国一直是一个在齐国支持下抵抗鲁国侵略的倔强小国。然而，自从前500年齐鲁夹谷之会后，鲁国加入了以齐国为首的反晋联盟，与齐国关系日益密切；而齐国为了得到鲁国支持从而与晋国相争，很可能已经"投桃报李"，表示将容忍鲁国吞并一直与其为敌的邾国。鲁国连续两年在比蒲举行大阅兵，应该就是在得到了齐国默许之后，向邾国示威。邾隐公也意识到对于邾国而言，地缘政治形势已经急剧恶化，因此一改往日与鲁国为敌的常态，两年之内两次朝见鲁国君主，而且在鲁定公去世后立刻来奔丧，这明显是有两重目的：一是向鲁国示好，二是想多了解鲁国内部情况。不过，鲁国灭邾的决策已定，邾国已经在劫难逃。

鲁国的地缘政治野心还不止于吞并邾国。从地图上看，莒父和霄都位于鲁国东部边境。笔者认为，鲁国之所以修筑这两个城邑的城墙，很可能是想要巩固鲁国的东部边境地区，并且以它们为根据地向东部继续扩张。

总而言之，鲁定公最后3年的鲁国史事看起来零散，但却透露出这样一个重要信息：在基本化解了家臣作乱这个系统性风险后，鲁国三桓集团准备要在地缘政治方面有所突破。当时晋国霸业已衰，齐国为了争取鲁国的支持而默许鲁国可以有所发展，而新兴大国吴国暂时还不能对鲁国构成直接威胁，鲁国很有可能希望抓住此时机向大国势力相对空虚的东部、南部扩展。

附录6：孔子"五十知天命"新解

一、孔子对天命的初始理解

孔子晚年回顾自己一生时说：

> ［吾］五十而知天命。[1]

如果我们梳理孔子的生平，可以很清楚地看到，他的人生明显分为50岁之前和50岁以后两段，以"50岁得知了上天赋予我的使命"(知天命) 作为分水岭：

在五十知天命之前，孔子除了在36岁到39岁进行过一段政治冒险之外，其他绝大部分时间都是在鲁国过着习礼教礼、相治礼事的儒士生活。

然而，在五十知天命之后，孔子彻底跳出了儒士生活舒适圈，开启了为践行政治理想而不懈奋斗的崭新人生。50岁时，他受到公山不狃召请后，明确表示自己想要"在东方建立一个与文武时期周邦比肩的理想国"。51到55岁，孔子进入鲁国政坛，首先试图在鲁国试图推行他所信仰的政治理念，发动了包括"堕三都"在内的一系列体制内改革行动，取得了阶段性成果，但最终未能撼动"君极弱臣极强"的鲁国体制。从55岁到57岁，孔子在鲁国改革失败后没有气馁，而是开始周游列国，多次试图在其他国家进行改革，推

---

1 《论语·为政》："子曰：'吾十有五而志于学，三十而立，四十而不惑，五十而知天命，六十而耳顺，七十而从心所欲不逾矩。'"

行他的政治理念，最终都没有成功。从68岁到73岁，孔子意识到自己已经不可能在有生之年实现自己的政治理念，于是通过编著和讲授《春秋》来阐述自己的政治理念，希望后世能有人沿着他的路线继续奋斗。

从孔子人生的剧变，我们可以感受到"知天命"的力量，"知天命"不是你知道了就知道了，后面日子该怎么过还怎么过；而是你知道后就无法再安居，必须起来践行它。如果不能让人产生如此剧烈的改变，不足以称为"知天命"。孔子五十知天命，与佛陀菩提树下悟道、穆罕默德山洞受启示有共通之处，是人类文明史上的重大事件之一。接下来，我们可以从五个方面来探讨孔子"知天命"的内涵。

第一，孔子在50岁知天命之后，他自己对于天命内容的初始理解是：上天选择他作为周文王之道的唯一传承者，在上天护佑下，他将通过收徒讲学来传承周文王之道的知识，还将辅佐英明掌权者在人间重建一个复兴周文王之道的、与当年文武时期周邦比肩的理想国。

支撑这第一点的证据，按照时间顺序，有这样几条：

（一）公山不狃召孔子之事

此事发生在前502年，孔子50岁时，在《论语·阳货》和《史记·孔子世家》都有记载，相关记载在前面已经引述过。在较完整的《史记·孔子世家》版本中，孔子说了两句分量很重的话：

> 周文王、周武王从丰、镐这样的小地方兴起而最终称王天下，如今费邑虽然小，可能差不多够了吧！

召我去的人，难道是白白召我吗？如果有人用我的话，我大概能够在东方建设一个与当年文武时期周邦比肩的理想国吧！

对于孔子这两句话的意义，我们可以从下面3个方面进行分析阐述：

1. 孔子的这两句话，是在陈述自己对于所领受天命的理解。

孔子宣称，自己想要接受叛臣公山不狃的邀请去费邑，不是要加入叛乱，而是要以费邑作为根据地，干出与当年周文王、周武王比肩的伟业，"在东方建设一个与当年文武时期周邦比肩的理想国"。孔子在当时的身份只是一个没有任何官职的儒士，如果我们不认为孔子是神经错乱说疯话，也不是强词夺理为自己想要加入叛乱分子做辩护的话，那么孔子敢这么说的唯一可能性就是：他是在陈述自己对不久前得知的天命的理解，因为他只有在天命加持的情况下才有可能实现上面说的伟大事业。

实际上，孔子虽然坚信自己的确是领受了天命，但正因为他认为自己并不是狂人说疯话，而是在陈述连自己都觉得难以置信的"事实"，所以当他勇敢地把自己所理解的天命说出来的时候，采取了一种非常冷静而克制的表达方式：首先，孔子并没有直接宣称自己是得到了天命加持，给自己留了余地；其次，孔子用了"可能差不多够了吧""大概能够……吧"这样的说法，来和缓整句话的语气，让整句话听起来不那么像狂人疯话。

2. 孔子认为，自己所领受的天命的重要内容，是通过政治实践复兴周文王之道，在人间重建一个与当年文武时期周邦比肩的理想国。

这里要注意的是，就这条材料本身而言，孔子其实并未明确自己传承的到底是周文王之道，还是周文王、周武王之道兼而有之。

需要指出的是，孔子对周文王之道和周武王之道的态度是不一样的。据《论语·泰伯》记载：

> 孔子说："……三分天下周文王已经得到了两份，却仍然服事殷王室，这时期周邦的德行，可以说是至高无上的圣德了。"[1]

孔子认为周文王的功德是至高无上的圣德，很重要的一个方面就是他虽然实力足够而且德高望重，却仍然遵守君臣上下之义服事商纣王。

又据《论语·八佾》记载：

> 孔子认为《韶》舞"形式上美好极了，内容上又正确极了"，认为《武》舞"形式上美好极了，内容上还不够正确"。[2]

《韶》舞是展现虞舜功德的乐舞，而《武》舞是展现周武王功德的乐舞。一般认为，孔子称《韶》尽善，《武》不尽善，表达了孔子对虞舜不以武力得天下的赞同，以及对周武王用武力以下犯上得天下的批评。

根据周文王和周武王在君臣大义方面的比较，以及下面列举的其他证据，我们可以确认，孔子传承的是周文王之道。

3. 孔子第二句话中的"如果有人用我的话"，是在陈述自己践行天命的方式，那就是"辅佐君主开展体制内改革"。

1　《论语·泰伯》："孔子曰：'……三分天下有其二，以服事殷。周之德，其可谓至德也已矣。'"
2　《论语·八佾》："子谓《韶》'尽美矣，又尽善也'，谓《武》'尽美矣，未尽善也'。"

孔子第二句话里面特别需要引起注意的，是"如果有人用我的话"这个前提条件。也就是说，孔子表示，自己践行天命建立理想国，不是要走"带头闹革命建立新政权"的激进路线，也就是绝不谋求像阳虎那样通过领导政变夺取某国政权，然后作为国家实际最高领导人来推进理想国建设；而是要走"辅佐君主开展体制内改革"的温和路线，那就是通过游说获得类似于齐桓公的某国君主的认同，然后在君主支持下以类似于管仲的国家执政卿身份来推进理想国建设。

（二）孔子匡地被困之事

此事大概发生在前496年、孔子56岁时，在《论语·子罕》和《史记·孔子世家》中都有记载[1]，其中《史记·孔子世家》版本完全包含了《论语·子罕》版本并介绍了前因后果：

> 孔子团队将要前往陈国，经过匡邑。……阳虎曾经欺凌过匡人，匡人于是围困了孔子。孔子的状貌像阳虎，匡人围困了他五天。……匡人围攻孔子越来越急，弟子们害怕了。孔子说："周文王去世之后，文道不都在我这里了吗？上天要是准备消灭这文道，那我这个死得晚的人就不会掌握这文道了；上天要是不准备消灭这文道，匡人能把我怎么样？"

孔子说这番话的目的是为了论证自己肯定不会死，从而安慰弟

1　《论语·子罕》："子畏于匡，曰：'文王既没，文不在兹乎？天之将丧斯文也，后死者不得与于斯文也；天之未丧斯文也，匡人其如予何？'"《史记·孔子世家》："将适陈，过匡。……阳虎尝暴匡人，匡人于是遂止孔子。孔子状类阳虎，拘焉五日。……匡人拘孔子益急，弟子惧。孔子曰：'文王既没，文不在兹乎？天之将丧斯文也，后死者不得与于斯文也。天之未丧斯文也，匡人其如予何！'"

子不要恐慌，在论证过程中进一步阐述了自己对天命的理解。孔子的完整论证逻辑是这样的：

1. 上天把完整的周文王之道传到了我身上，而且只传给了我这一个人，所谓"都在我这里了"。

2. 受到春秋时期"礼坏乐崩"的历史发展态势影响，当时有一种悲观的看法，认为上天的计划是想要最终消灭周文王之道。但是，这种悲观的看法是错误的：如果上天的计划真是要消灭周文王之道的话，它就完全没有必要再费那个劲把周文王之道传到我身上。所以，上天绝没有计划要消灭周文王之道，而是要保全它。

3. 如果上天是要保全周文王之道，而我又是周文王之道的唯一天选传承人，那么上天就一定得保住我的性命，所以我肯定不会在还没有将周文王之道发扬光大之前就被匡人杀死。

因此，孔子的这番话明确无误地表明，他对自己所受天命的理解是：自己是周文王之道的传承者，不仅是传承者，还是天选的传承者，是唯一的传承者。当然，这个"传承"是广义的，既包括通过收徒讲学来在思想文化层面传承周文王之道，也包括通过推动体制内改革来在现实政治层面复兴周文王之道。

（三）孔子被宋国卿官桓魋谋害之事

此事大概发生在前492年、孔子60岁时，在《论语·述而》《史记·孔子世家》中都有记载[1]，其中《史记·孔子世家》版本完全包含了《论语·述而》版本并介绍了前因后果：

---

1 《论语·述而》："子曰：'天生德于予，桓魋其如予何？'"《史记·孔子世家》："孔子去曹适宋，与弟子习礼大树下。宋司马桓魋欲杀孔子，拔其树。孔子去。弟子曰：'可以速矣。'孔子曰：'天生德于予，桓魋其如予何！'"

孔子离开曹国前往宋国，与弟子在大树下研习礼仪。宋国司马桓魋想要杀死孔子，准备用弄倒大树的方法行凶。孔子得到消息后就离开了。弟子说："可以加快速度逃跑啦！"孔子说："上天在我身上生发了这样的大德，桓魋能把我怎么样？"

笔者认为，结合上文那些直接把孔子和周文王联系起来的记载，并且与周文王当年受商纣王迫害而终无祸患，而宋国是商王后裔等史事进行联系可知，孔子在这里所说的"德"，最有可能就是足以复兴周文王之道的大德。

（四）孔子对周礼的看法

此外，根据《论语·八佾》的记载：

孔子说："周代礼制是以夏、商二代的礼制为参照审视自己的基础上而制定的，整体呈现出一种多么丰富的文道啊！我信从周代礼制。"[1]

也就是说，孔子认为周礼的本质是文道，而这文道当然源出周文王之道。孔子说他信从周代礼制，也是从另一个层面表明他是周文王之道的继承者。

二、孔子如何获知和确认天命

孔子"知天命"的方式与周文王类似，都是通过一场内容非常

---

1 《论语·八佾》："子曰：'周监于二代，郁郁乎文哉！吾从周。'"

震撼的大梦来获知天命。在这场促成孔子"知天命"的大梦中，具体向孔子宣告天命内容的应该是周公。

根据《逸周书·程寤解》以及清华简《程寤》篇的记载，周文王之妻太姒做了一个意象奇特的梦，惊醒后告知周文王，周文王命灵巫、祝祈、巫率、宗丁等专业人士解读之后宣称，这个梦意味着皇天上帝将原本属于商政权的天命转授给周邦。周文王和太子发一起拜谢吉梦，从皇天上帝那里领受了天命[1]。

周文王通过梦启获知天命之事提示我们，梦启也大概率是孔子获知天命的一种方式。这种假设得到了《论语·述而》记载的支持：

> 孔子说："我衰老得多么厉害啊！很长时间我都没有再次梦见周公了。"[2]

这句记载提示我们，作为周文王之道的传承者，孔子知天命的方式也应该是与周文王一致，那就是通过一场内容非常震撼的受命之梦，这场梦也许是孔子自己做的，也许是其他与孔子有密切关系的人（比如孔子妻子亓官氏）做的。在这场梦中，向孔子传达天命具体内容的不是别人，就是周文王之子、西周开国元勋、鲁国始封君、制

---

1 清华简《程寤》："惟王元祀正月既生魄，太姒梦见商廷惟棘，乃小子发取周廷梓树于厥间，化为松柏棫柞。寤惊，告王。王弗敢占，诏太子发，俾灵名凶祓，祝忻祓王，巫率祓太姒，宗丁祓太子发，币告宗祊社稷，祈于六末山川，攻于商神，望烝，占于明堂。王及太子发并拜吉梦，受商命于皇上帝。兴，曰：'发，汝敬听吉梦，朋棘敹，梓松柏副，棫覆柞，柞化为蘖。呜呼！何警非朋？何戒非商？何用非树？树因欲，不违材。如天降疾，旨味既用，不可药，时不远。惟商戚在周，周戚在商，……择用周，果拜不忍，绥用多福。……'"
2 《论语·述而》："子曰：'甚矣吾衰也！久矣吾不复梦见周公。'"

礼作乐总设计师、孔子毕生偶像周公。

在领受天命之后，孔子开始为了践行天命而不懈奋斗，每当觉得实在坚持不下去的时候，就往往会在梦中见到周公，而周公在梦中又会再次重申当年那个梦中传达的天命，激励孔子不忘初心、牢记使命，继续奋斗下去。因此，当孔子在晚年很长一段时间不再梦见周公之后，他认为那股支撑着自己像年轻人那样不懈奋斗的天命已经离开了自己，自己在丧失了天命之后真的已经衰老了。

虽然我们已经无法推测孔子这场大梦的更多细节，但还是可以通过文献中记载的两次"知天命"大梦，来试图想象孔子的情形。由于孔子大梦的其他细节实在没有证据可以依凭，所以笔者只是将这两个有参考价值的"知天命"之梦的内容罗列在下面，各位读者可以自行完成接下来的想象。

（一）周文王"知天命"之梦。据清华简《程寤》记载：

> 在王元年正月既生霸这一天，文王夫人、太子发母亲太姒梦见商朝王廷长满了荆棘，居然小子发取了周廷的梓树种在商廷荆棘之间，化为松柏棫柞。太姒从梦中惊醒，把梦告诉了文王。文王不敢占卜，于是召唤太子发，命令灵巫总负责蔽志，祝忻为文王蔽志，巫率为太姒蔽志，宗丁为太子发蔽志，以币帛告于宗庙社稷，向天地四方山川祈祷，向商人的神祇攻解，望承在明堂占卜，结果为吉梦。文王及太子发一起拜谢吉梦，从皇天上帝那里领受本来属于商的天命，然后站起来，说：

"发！你要恭敬地听从吉梦。殷商朋比荆棘[1]，仇视梓松[2]，梓松柏育生了柞棫[3]，柞木化为丹膔保护梓松[4]。

"呜呼！要警惕什么，不是朋比的小人吗？要戒惧什么，不是殷商吗？要用什么呢，不是树木[5]吗？用树木要依据我们的愿望要求，但不能违背树木的本质。违背本质，就好像上天降下恶疾，人违背自然规律，吃多了有害健康的甘美食物，因此不可救药，离死亡之时不远了。[6]

"商人的忧虑来自周，周人的忧虑来自商。……上天选择了周，我们要果断地改变不忍让民众战斗死亡以灭商的心，伐纣灭商以获得多福。……"

（二）曹国贵族"知天命"之梦。据《左传·哀公七年》记载：

当初，有一个曹国贵族梦见多位统治者站在曹国土地神庙里谋划该如何让曹国灭亡，这其中就有周文王之子、曹国始封君曹叔振铎。曹叔振铎说请等待公孙强来，其他统治者都同意了。

梦做到这里，这位曹国贵族就惊醒了，第二天起床后，他在曹国都城里到处寻找一个叫"公孙强"的人，没有找到。这位曹国贵族告诫他的儿子说："我死了以后，你只要听说公孙强

1　荆棘比喻奸佞小人。
2　梓松比喻周。
3　比喻周能招致贤人。
4　比喻贤人叵以保护周。
5　树木比喻人才。
6　比喻殷纣宠信奸佞，不可救药。

执掌政事，就必须赶紧离开曹国！"

等到曹伯阳即位之后，喜好田猎野兽和用弓箭射鸟。曹国都城外农业区出了一个叫公孙强的人，他善于射鸟，射下了一只稀有的白雁，进献给曹伯，顺道给曹伯讲了打猎射鸟的要诀，让曹伯很高兴。曹伯又跟他谈起国家大事，发现他竟然很有想法，大喜过望。公孙强因此得到曹伯的尊崇，曹伯破格任命他为司城来治理国事。做梦贵族的儿子听说了这些以后，就赶紧遵从父命离开了曹国。……

第三，孔子"五十知天命"应该还与他50岁时研习《周易》有关，用《周易》进行占筮对于孔子"知天命"可能起到了很重要的作用。

支持这第三条的证据，主要是《论语·述而》的这条记载：

> 孔子说："让我多活几年，到50岁时去学习《周易》，可以没有大过错了。"[1]

由于孔子顺利地活过了50岁这道坎，一般认为，孔子应该在这一年认真研习了《周易》。

笔者同意李零在《丧家狗》中提出的观点，那就是，孔子五十学《周易》和孔子五十知天命，这两个"五十"应该不是巧合，因为《周易》记载的占筮之法原本就是古人与上天沟通、探知天命的最重要方法，在春秋时期特别流行。也就是说，孔子五十研习《周

---

1 《论语·述而》："子曰：'加我数年，五十以学《易》，可以无大过矣。'"

易》，很重要的目的就是为了帮助他"知天命"。那么，孔子是先用《周易》占筮来探知天命、然后做梦领受天命，还是先做梦领受天命、再用《周易》占筮来确认天命？根据下文的分析，笔者倾向于后者。

实际上，这第三条与第二条"孔子是周文王之道的天选继承者"也是呼应的，因为按照传统说法，《周易》六十四卦原本就是周文王被商纣王拘禁在羑里期间从八卦推演出来的。也就是说，孔子50岁研习《周易》，也正是他传承周文王之道的表现之一。

第四，梦中启示和筮占结果相符，很可能促使孔子确认自己真的领受了天命。

据《国语·周语下》的记载，周武王在孟津举行的誓师仪式上宣誓说："我的梦启和我的占卜相符合，承袭吉祥的预兆，讨伐殷商必定能够得胜！"[1]这说明，无论是周武王自己，还是在场听誓的各同盟方国人士，都相信这样一个原理：如果一个预言得到梦启和占卜两种相互独立的天人沟通方式的加持，那么这个预言就一定会应验。

据《左传·昭公七年》的记载，到了春秋晚期的前535年（孔子17岁），卫国君主卫襄公去世后，卫国卿官孔成子与史官史朝讨论立庶长子公孟絷还是他的弟弟公子元为嗣君的问题时，史朝认为应该拥立公子元，因为孔成子和史朝都梦见卫国始封君康叔告诉自己要立公子元，而孔成子两次用《周易》占筮的结果也被史朝解释为指

1　《国语·周语下》："（单襄公曰：）吾闻之《大誓》，故曰：'朕梦协朕卜，袭于休祥，戎商必克。'"

向立公子元。史朝说："康叔在梦中命令我们立公子元，您两次占筮的结果也告诉我们应该立公子元，占筮结果承袭梦中启示，这是当年周武王所采用的确认方式，您不听从还想要怎样？"[1]由此可见，春秋晚期的贵族仍然相信，梦启和占筮相符，意味着某个预言值得信用。

在这些记载的提示下，笔者揣测，孔子应该是先在梦中接受了自己领受天命的启示，然后用《周易》占筮此事，占筮结果是"吉利"。由于梦中启示和占筮结果完全符合，这使得孔子认定自己的确领受了天命，而这也能够很好地解释为什么接下来他如此笃信这个天命，愿意为它抛家舍业、周行天下。

三、孔子晚年对天命理解的转变

第五，孔子在人生最后几年对天命的理解发生转变：一方面，孔子仍然认为自己是周文王的天选继承者；另一方面，孔子认识到，自己领受的天命并不包括在现世辅佐有德王者复兴周文王之道。

前481年（孔子71岁、去世前两年），鲁人在都城以西郊野地区狩猎时俘获了一只麒麟，并将其杀死，但是不认识它是什么野兽。孔子观看了麒麟尸体之后，断定它就是麒麟。接下来发生的事，《公羊传》是这样记载的：

> 麒麟是仁兽，有王者的时候就到来，没王者的时候就不到

---

1 《左传·昭公七年》："（孔成子曰：）康叔命之，二卦告之，筮袭于梦，武王所用也，弗从何为？"

来。有人报告说："猎获了一只像麇而有角的动物。"孔子说："它为谁而来呢？它为谁而来呢？"翻起袖子擦眼泪，泪水沾湿了袍子。……鲁国都城西部猎获麒麟时，孔子说："我的道走到穷途末路了。"[1]

《孔丛子·记问》是这样记载的：

> 言偃问道："飞禽以凤凰为尊，走兽以麒麟为尊，因为它们都是很难捕获的。敢问如今麒麟现世，会有谁来对应这个祥瑞呢？"孔子说："如果天子施行德政，将要达到太平盛世时，会

图24　西晋麒麟画像砖，酒泉市博物馆藏。

---

[1] 《公羊传·哀公十四年》："麟者仁兽也，有王者则至，无王者则不至。有以告者曰：'有麇而角者。'孔子曰：'孰为来哉！孰为来哉！'反袂拭面涕沾袍。……西狩获麟，孔子曰：'吾道穷矣！'"

有麒麟、凤凰、神龟、神龙先降临人间作为祥瑞。如今周朝将要灭亡，天下没有共主，这麒麟是为谁而来呢？"于是一边流着眼泪一边说："我和众人的关系，就像麒麟和野兽的关系一样。麒麟一出现就被杀死，意味着我的道走到穷途末路了！"[1]

综合上述两条记载，笔者认为最合理的解释是：

孔子在领受天命时，他所理解的天命具体内容是：自己是周文王的天选继承者，将在有生之年辅佐某位英主，重建一个与文武时期周邦比肩的理想国。然而，到前471年时，孔子已经是风烛残年，而他的理想国事业没有任何成功的迹象，孔子当时应该已经开始反思自己对天命的理解是否存在偏差。

等到孔子见到被杀死的麒麟时，他的疑惑终于得到了澄清：

一方面，麒麟这一祥瑞的出现向孔子表明，自己真的是领受了天命的，是继承周文王之道、能够辅佐有德王者成就太平盛世的圣哲之人。

另一方面，麒麟出现就被杀死这一悲剧结局向孔子表明，孔子对于天命的理解是有偏差的，具体说来，他领受的天命并不包括在有生之年建立理想国、在现世复兴周文王之道，这与孔子面临的现实状况也完全吻合。

在孔子看来，这只出现又被杀死的麒麟就是上天派来澄清他的疑惑、指出他的错误的使者。孔子当时还完全预料不到自己复兴周文王之道的事业要到300年后的西汉时期才会最终获得巨大成功，

---

1 《孔丛子·记问》："言偃问曰：'飞者宗凤，走者宗麟，为其难致也。敢问今见，其谁应之？'子曰：'天子布德，将致太平，则麟凤龟龙先为之祥。今宗周将灭，天下无主，孰为来哉？'遂泣曰：'予之于人，犹麟之于兽也。麟出而死，吾道穷矣。'"

从他掩面痛哭的失控表现来看，他当时无法理解为什么周文王的天选继承者不能在现世取得成功，但麒麟出现就被杀又让他不能不接受这种"自相矛盾"的天命。

《论语·子罕》的另一条记载进一步佐证了笔者对于晚年孔子天命认知转变的猜测：

> 孔子说："凤鸟不到来，黄河也不出河图，我算是完了！"[1]

凤鸟、河图都是圣王将要出现并创建太平盛世的祥瑞。孔子之前一直认为自己领受了天命，将在活着的时候辅佐有德王者成就周文王功业、在现世成功建立理想国，所以他一直在期待着凤鸟、河图的出现。如今他年事已高，而凤鸟、河图仍然没有出现，这个事实和"麒麟出现马上又被杀死"的事件一起让他意识到，自己将不会在现世复兴周文王之道，所以他会悲哀地说："我算是完了！"

无论如何，上天已经给出"关于孔子所受天命内涵的明确解释"，对孔子来说，在现世继续努力已经没有意义，因此他一直保持的那种与继续奋斗匹配的年轻心理状态逐渐丧失，而一直激励他的周公也不再在梦中出现了。

前479年，孔子去世，享年73岁。《礼记·檀弓上》记载了孔子最后一次露面的详细情况：

---

1 《论语·子罕》："子曰：'凤鸟不至，河不出图，吾已矣夫！'"

孔子一早起来，背着手曳着手杖，在寝门外安详地散步，并唱道："泰山将要崩塌了，栋梁将要塌坏了，哲人将要枯萎了！"唱完后又进去了，在门口坐着。

子贡听到后说："泰山崩塌，我们还能敬仰什么呢？栋梁塌坏，我们还能依靠什么呢？哲人枯萎，我们还能效法谁呢？夫子恐怕将生病了吧？"于是立即进去看望。

孔子叹息着说："赐，你来得这么迟啊！我昨天梦见自己坐在两楹之间祭祀。夏后氏在东阶之上停殡，死者仍在主位；殷人在两楹之间停殡，死者介于客人与主人之间；周人在西阶之上停殡，就是把死者当作客人了。而我是殷人。明王在现世没有兴起，那么天下谁会尊奉我坐在两楹之间的尊位上呢？既然我不是坐在两楹之间尊位的公卿，那么这个梦的意思是我大概快要死了。"于是卧病，七日就去世了。[1]

从上述记载我们可以知道，孔子对于自身天命的最终理解是：

第一，孔子说自己是周礼祭祀体系中特别崇高的泰山，是周代礼乐文明大厦的栋梁，是精通周文王之道的哲人，也就是说，孔子仍然相信自己是拥有天命的周文王之道的天选传承者。

第二，孔子说"明王在现世没有兴起"，也就是说，孔子承认，自己领受的天命并不包括辅佐明王在现实政治层面复兴周文王之

---

1 《礼记·檀弓上》："孔子蚤作，负手曳杖，消摇于门，歌曰：'泰山其颓乎？梁木其坏乎？哲人其萎乎？'既歌而入，当户而坐。子贡闻之曰：'泰山其颓，则吾将安仰？梁木其坏、哲人其萎，则吾将安放？夫子殆将病也。'遂趋而入。夫子曰：'赐！尔来何迟也？夏后氏殡于东阶之上，则犹在阼也；殷人殡于两楹之间，则与宾主夹之也；周人殡于西阶之上，则犹宾之也。而丘也，殷人也。予畴昔之夜，梦坐奠于两楹之间。夫明王不兴，而天下其孰能宗予？予殆将死也。'盖寝疾七日而没。"

道，而只包括以整理文献、收徒讲学的方式在思想文化层面来传承周文王之道。实际上，孔子去世前留下的最后这段对话，就不是一个号召同道中人继续奋斗的政治遗言，而是一堂"运用礼学知识解梦"的周礼专业课，这正是孔子"知行合一"的体现。

附录7：三桓家臣擅权/叛乱诱因探究

由于缺乏春秋前期、中期卿族家臣的史料，我们已经很难像前面章节研究君权下移至卿大夫那样详细剖析卿权下移至家臣的完整过程。因此，在本节和下一节中，笔者将依据文献中现有的春秋晚期家臣史料，探讨鲁国卿族家臣在春秋晚期擅权/作乱的特殊性诱因和普遍性诱因。所谓特殊性诱因，就是作用于某一类卿族家臣的诱因；所谓普遍性诱因，就是作用于所有类型卿族家臣的诱因。

春秋晚期的昭公、定公、哀公时期，鲁国发生了一系列卿族家臣擅权和叛乱事件。这些事件的主角都是三桓家臣，按照时间顺序先后罗列如下：

一、竖牛家乱：叔孙氏宅邸家臣竖牛为了复仇，曲意逢迎族长叔孙穆子，成为负责叔孙穆子日常起居的近臣，实际上分掉了家宰的部分职权。竖牛成为内务总管之后，先是欺骗族长叔孙穆子杀死自己的嫡长子孟丙，然后又欺骗叔孙穆子驱逐了嫡次子仲壬。前538年（鲁昭公四年），竖牛饿死叔孙穆子，拥立庶子叔孙昭子为新族长，此后暂时掌握叔孙氏实权。前537年，竖牛又杀死嫡次子仲壬，最终被叔孙昭子所驱逐，出逃时被杀。

二、谢息事件：前535年（鲁昭公七年），孟氏族长孟僖子在国外访问期间，孟氏成邑邑宰谢息擅自与季武子达成协议，舍弃成邑来换取桃邑以及莱山、柞山。

三、南蒯政变：前530年（鲁昭公十二年），季氏费邑邑宰南蒯试图驱逐季平子失败之后，占据费邑继续反叛，直到前528年才被忠于季氏的家臣驱逐出境。

四、鬷戾事件：前517年（鲁昭公二十五年），叔孙氏族长叔孙昭子在国内阚地期间，叔孙氏宅邸家臣、马正鬷戾擅自率领国都宅邸的私家军队救援季氏，最终驱逐了鲁昭公。

五、阳虎政变：前505年（鲁定公五年），季氏家宰阳虎联合费邑邑宰公山不狃发动叛乱，劫持了族长季桓子，控制了季氏家政，从而实际控制鲁国国政。前503年，阳虎占据了郓邑、阳关邑作为根据地，继续控制鲁国国政。前502年，阳虎谋杀季桓子失败，出奔到讙邑、阳关邑，前501年出奔到齐国，最终投靠晋国卿族赵氏。

六、公山不狃之乱：前501年（鲁定公九年）阳虎出奔后，费邑邑宰公山不狃占据费邑继续反叛，前499年攻入鲁国都城，事败后出奔至齐国。

七、公南-侯犯之乱：前500年（鲁定公十年），叔孙氏宅邸家臣、马正公南图谋刺杀叔孙武叔失败后，将同党公若藐任命为郈邑邑宰。后来公若藐被叔孙武叔派人刺杀，公若藐同党、郈邑马正侯犯伺机占据郈邑发动叛乱，同年事败出奔齐国。

八、公孙宿之乱：前480年（鲁哀公十五年），孟氏成邑邑宰公孙宿占据成邑发动叛乱，同年事败出奔至齐国。

在所有家臣职官之中，擅权叛乱最为频繁的家臣是私邑邑宰，全部8次事件中有4次直接由邑宰发动，2次与邑宰相关。下面我们来探讨一下导致三桓邑宰擅权叛乱的特殊性诱因。

第一，私邑远离国都，导致邑宰专擅私邑政事，是三桓邑宰擅权叛乱的特殊性诱因之一。

卿族私邑在分封时都位于当时的鲁国边境地区，与族长居住的国都宅邸相距甚远。以发生过叛乱的三桓私邑为例：季氏费邑位于鲁莒边境地区，与鲁国都城直线距离约90千米，往返最短时间约15天；孟氏成邑位于鲁齐边境地区，与鲁国都城直线距离约35千米，往返最短时间约6天；叔孙氏郈邑位于鲁齐边境地区，与鲁国都城直线距离约56千米，往返最短时间约9天。

虽然族长和家宰在名义上是宅邸家臣和私邑家臣的上级，但是私邑与宅邸的物理距离使得族长和家宰在实际上不可能直接统治私邑：一方面，族长和家宰不可能频繁地前往私邑直接处理政事，因为族长/家宰在国都有繁重的朝政和家政要处理，而且往返于宅邸和私邑之间会耽误大量时间；另一方面，邑宰也不可能通过使者向族长和家宰汇报每件政事，等收到族长和家宰批复后再根据批复施行，因为在当时的交通条件下这样做效率太低，甚至可能误事（比如外敌入侵这种紧急事务）。

在这些现实条件限制下，鲁国卿家在私邑治理问题上采取的是"深度放权，高度自治"策略。卿家设立邑宰作为私邑家臣的长官，并且赋予邑宰很大的政务、军务、财务决策权，使得邑宰能够直接决策各项私邑政事，而不用事事向族长和家宰汇报。

谢息事件让我们生动地了解到邑宰的决策权有多大。首先要明确的是，从上下文来看，谢息并不是一个图谋损害孟氏利益的乱臣，而是一位从头到尾都想要捍卫和增进孟氏利益的忠臣，也就是说，他的所作所为都是在正常范围内的。季武子在接到霸主晋国的命令之后，没有派使者前往鲁昭公使团与族长孟僖子商议，也没有派使者前往孟氏宅邸与孟氏家宰商议，而是直接派使者到成邑与邑宰谢息商议，这说明季武子认为谢息决定在紧急状况下有权力决定是否要交出成邑。谢息一开始拒绝交出成邑，是因为他认为这样对孟氏不利，而不是因为他无权做这个决定；后来他听到季武子的完整方案之后，认为交出成邑对孟氏有利，于是就直接同意了季武子的提议，这更说明邑宰能够在没有得到族长和家宰批准的情况下直接决定将自己治理的私邑交给国家处置。

从文献记载看，卿家也设置了一些机制来监管和威慑邑宰。比如说，前505年季平子临终前曾经巡视鲁国东部地区的私邑，季桓子继位之后继续完成巡视，族长的这种巡视当然对邑宰能起到一定的监管效果。但是，在春秋时期分封分权的整体政治氛围下，族长和家宰对于邑宰的监管是非常宽松的，与秦汉时期依托监御史、刺史对郡县长官进行的严格监管不可同日而语。

对于私邑家臣和民众而言，真正有权威的领导人就是他们天天能见到的邑宰，各项政事都是由他最后决策，而偶尔前来视察的族长与他们的生活并没有什么直接关系，长此以往必然造成私邑臣民"只知有邑宰，不知有族长"的状况，成为助长邑宰野心、促成邑宰发动叛乱的民意基础。让情况变得更加严重的是，三桓领袖季氏那里甚至出现了邑宰世袭的情况：南遗和他儿子南蒯先后担任费邑邑宰，从前566年南遗第一次出现至前528年南蒯放弃费邑出逃，南氏控制费邑至少38年之久，这让费邑家臣和民众习惯于服从南氏，成为导致南蒯敢于发动政变的重要诱因。

第二，私邑城防坚固，可以为叛乱提供军事保障，是邑宰擅权叛乱的特殊性诱因之二。

春秋初期鲁国公室将边境地区新占领土分封给卿大夫作为私邑时，一个主要考虑就是将卿大夫维护自身利益的行动力转化为守卫国家边境地区的行动力；如果所有卿大夫都为了家族私利而守护好自己的私邑，那么国家边境地区的安全也自然得到了保证。

卿大夫为了守护自己的私邑，自然要在私邑的核心地区修筑具有坚固城墙的城堡。这种具有很强军事功能的城堡在外敌入侵时起到的是保卫卿家和诸侯国利益的正面作用；但是，如果邑宰依靠私邑发动叛乱时，它所起到的就是抵抗族长或国君平叛军队的负面作用。比如说，前530年季氏费邑邑宰南蒯占据费邑发动叛乱，第二年春天子叔敬子率领军队攻打费邑就没能攻克，一直到前528年费邑家臣起事驱逐南蒯才结束了叛乱。又比如说，前500年叔孙氏郈邑马正侯犯占据郈邑发动叛乱，叔孙武叔、孟懿子两次联合率军攻打郈邑都没能攻克，最后还是依靠郈邑家臣驷赤诱骗侯犯出城才结束了叛乱。

由于私邑远离国都这个事实无法改变，而私邑城防坚固这个事实是可以改变的，所以在南蒯之乱、侯犯之乱以后，三桓中的季氏、叔孙氏接受了孔子提出的建议，痛下决心拆除了费邑、郈邑的城墙。然而，没有发生邑宰叛乱的孟氏仍然心存侥幸，顶住压力没有拆毁成邑的城墙，而这就为鲁哀公时期成邑邑宰公孙宿发动叛乱埋下了伏笔。

如果说私邑远离国都、城防坚固是促成春秋晚期邑宰或其党羽擅权和叛乱的特殊性诱因的话，那么促成春秋晚期宅邸家臣（家宰1次，内臣1次，马正2次）擅权和叛乱的特殊性诱因可能有哪些呢？

第一，族长频繁和长期外出，不是导致宅邸家臣擅权/作乱的重要特殊性诱因。

类比君权下移至卿大夫的研究结论，一个可能会导致族长权下移至家宰的政治情势是：族长外出期间，家宰代行族长职权，全面掌管卿族家政。为了探究这个可能性，我们可以研究一下三桓族长的外出强度，包括外出频次和平均路途最短时间。首先我们来看外出频次：

从图25中可以看出，由于三桓诸卿和其他卿官共同承担卿大夫的外事任务，所以分摊到三桓中的每一家，即使是最高值（鲁定公时期的孟氏），也只是0.53次/年，也就是大约2年外出一次。在家臣叛乱爆发前的鲁襄公时期，三桓外出频次大致相当，分别为0.39次/年、0.35次/年、0.48次/年，也就是大约2—3年外出一次。

然后我们来看平均路途最短时间：

从图26中可以看出，三桓诸卿外出的平均路途最短时间大多在1个月到2个月之间。在家臣叛乱爆发前的鲁襄公时期，三桓诸卿的平均路途最短时间分别为47.4天、46.0天、59.5天，对应的平均外出最短时间大概在3个月左右。

如果把鲁襄公时期作为关注重点的话，三桓族长在这一时期大概每2—3年会出一趟3个月左右的远门。在族长外出期间，家宰领导宅邸家臣实际管理卿家。应该说，"族长外出"情势当然会促进宅邸家臣擅权和叛乱，但是，由于分配给卿官的外事任务是由诸位卿官/族长分担的，而不是集中在某位专管外交的卿官/族长身上，因此分摊到每一位卿官/族长的任务不算繁重。也就是说，如果"族长外出"算是一个特殊性诱因的话，那么这个特殊性诱因的效力也远没有前面所说的私邑远离国都、族长监管长期缺位那么严重。

第二，族长在日常生活中出现的各种不能有效行使族长权力的特殊状况，是宅邸家臣发动擅权/作乱事件的特殊性诱因。

与私邑家臣很不同的是，宅邸家臣与族长居住在一起，直接在

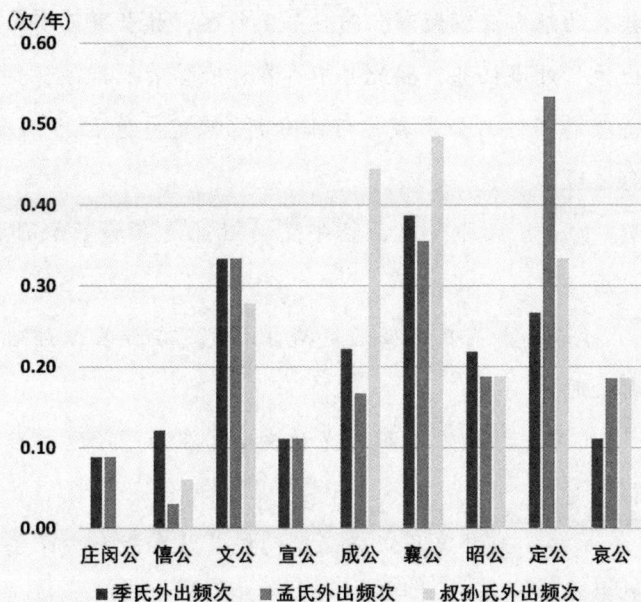

▶ 图25 鲁国三桓诸
卿外出次数分时段统
计图

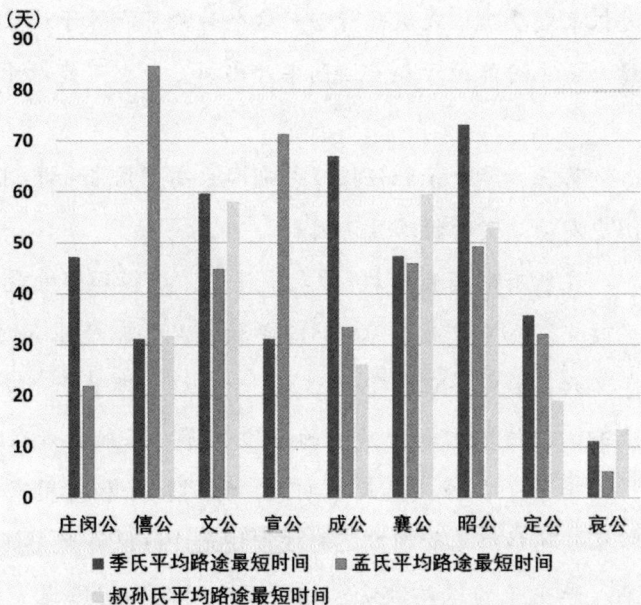

▶ 图26 鲁国三桓诸
卿外出平均路途最短
时间分时段统计图

族长的眼皮底下做事，而且如上所述，族长并没有每年都长时间外出执行外事任务，因此并不存在族长监管长期缺位促使家臣专权的情况。不过，如果我们仔细分析4次宅邸家臣擅权或作乱的时机，会发现：

（一）叔孙氏内臣竖牛发动叛乱是在族长叔孙穆子卧病在床之后。

（二）叔孙氏马正籲庾擅自用兵是在族长叔孙昭子外出不在国都之时。

（三）季氏家宰阳虎发动政变是在季平子刚去世、季桓子刚继位之时。

（四）叔孙氏马正公南发动叛乱是在叔孙成子去世、叔孙武叔刚继位之时。

很明显，宅邸家臣每次都是抓住族长不能有效行使族长权力的时机来发动擅权或叛乱行动，这个时机可能源于族长新接班地位不稳（2次），可能源于族长因国事外出（1次），也可能源于族长年老卧病（1次）。

第三，季平子担任摄政卿期间，高度信任和重用家宰阳虎，是阳虎发动政变的特殊性诱因。

在所有的家臣擅权/作乱事件中，规模和影响最大的无疑是阳虎政变。如前所述，从前517年秋九月鲁昭公出奔之后，到前509年夏六月鲁定公正式即位之前，季氏族长季平子一直担任鲁国的摄政卿，行使国君和执政卿的各项职责。正如笔者在前文分析的那样，季平子在担任摄政君期间，特别信任和重用家宰阳虎，不仅将家政托付给他管理，还打破常规允许他像卿大夫那样处理国家大事。季平子的这些做法，相当于主动向阳虎输送了大量的政治资源，使得阳虎无论是在季氏家中还是在鲁国朝堂上都获得了远远超过一个常规家宰的地位和权威，而这就成为阳虎在季平子去世后发动政变的特殊性诱因。

上面我们分析了三桓私邑家臣和宅邸家臣擅权/叛乱的特殊性诱因，下面我们继续来分析三桓家臣擅权/叛乱的普遍性诱因。

某些有能力、有野心的卿族家臣从三桓诸卿侵犯乃至剥夺君权的成功实践，以及为这些实践辩护的时髦政治理论中受到激励和鼓舞，从而下决心突破礼制的规定，侵犯甚至剥夺族长权力，以谋求实现自己的政治野心/理想，这是三桓家臣擅权/叛乱的普遍性诱因。

不妨列举一下8次三桓家臣擅权/作乱的主观动因：

（一）竖牛作乱，是为了报复当年叔孙穆子抛弃他们母子的旧怨。

（二）谢息擅权，是为了抓住机会增进孟氏的利益。

（三）南蒯政变，"义"的层面是为了"张公室"，"利"的层面是为了让自己从卿族家臣升格为卿官。

（四）叔仲擅权，是为了在鲁昭公政变的危机时刻抓住机会救援季氏，从而确保叔孙氏的利益。

（五）阳虎政变，"义"的层面是为了"张公室"，"利"的层面是为了让自己和党羽从卿族家臣升格为卿官。公山不狃是阳虎的党羽，其主观动因与阳虎基本一致。

（六）公南、公若藐作乱，是反对叔孙成子违背宗法制将不是嫡长子的叔孙武叔任命为族长。侯犯作乱的主观动因，是将公若藐的遗志践行到底。

（七）公孙宿作乱，是不堪忍受族长孟武伯¹对成邑的压榨和欺凌。

如果我们观察这七个事件中最早一个——竖牛家乱发生的时间段，会发现它发生在前562年（鲁襄公十一年）三桓"作中军，三分公室"改革和前537年（鲁昭公五年）三桓"废中军，四分公室"改革之间，而三桓实施这两次改革的重要目的之一是通过瓜分公邑/公民来彻底制服国君。也就是说，当三桓族长侵犯剥夺国君权力进入决战阶段时，他们的家臣也开始明目张胆地侵犯剥夺三桓诸卿的族长权力。这绝不是巧合，而是蕴含了因果关系。

笔者认为，当君权下移至卿大夫的历史进程进入恶性阶段，也就是诸卿开始主动地侵犯剥夺君权之后，一定会在自己家族内部开始宣扬一套类似于晋太史墨所言"臣尊君卑合乎天道"的政治理论（参见附录5），其目的是给自己那些明显违背周礼"君尊臣卑"大义的行动提供正当性解释，从而来统一家臣思想、凝聚家臣人心。前562年三桓开始实施"三分公室"政策之后，彻底制服国君已经没有悬念，而这套"臣尊君卑合乎天道"理论的合理性和现实性也得到了强有力的验证。

然而与此同时，三桓家中有能力（主要是非族人家臣）、有志向（如谢息）、有野心（如阳虎）、有怨念（如竖牛）的家臣也开始琢磨这样一个问题：如果三桓诸卿主动出击侵犯剥夺君权是合乎天道的话，那么家臣主动出击侵犯剥夺族长权力不也是合乎天道的吗？在这种"上行下效"思路鼓舞下，部分宅邸家臣（主要是家宰）抓住族长无法正常行

1　孟武伯，姬姓，孟氏，名彘，谥武，排行伯。孟懿子之子。参见《鲁国国君与三桓世系图》。

使权力的时机，或者利用族长在特殊时期给予的超常政治权威，发动擅权或叛乱行动；而部分私邑家臣（主要是邑宰）则利用私邑远离国都、城防坚固的优势发动擅权或叛乱行动，以谋求实现自己的欲望乃至理想抱负，于是就有了我们在历史记载中看到的那些家臣擅权和叛乱事件。

三桓家臣是鲁国卿大夫家臣中的佼佼者，而季氏家臣则是三桓家臣中的佼佼者。因此毫不奇怪的是，就擅权/叛乱所要实现的理想抱负而言，季氏家臣的"段位"也是最高的。从前文总结可以看出，孟氏、叔孙氏家臣擅权/作乱事件的直接动因都是个人性、家族性的，比如家臣报私仇（竖牛）、家臣在紧急时刻自作主张维护家族利益（谢息、鬷戾）、家臣与族长因为宗法继承问题闹翻（公南、公何藐）、家臣与族长因为内部管理问题闹翻（公孙宿），还都达不到"政变"的级别。然而，南蒯、阳虎发动的叛乱的确达到了"政变"级别，因为他们公开宣扬的政治理想，都是控制甚至消灭以季氏为领袖的三桓，从而解除三桓对公室/国君的长期压迫和侵夺，扩张公室/国君的权力，维护周礼"君尊臣卑"的大义。

当然，在这个堂而皇之的公开版本之下，有更加让人能够相信的真实政治野心，那就是争取与自身才能功绩相匹配的政治地位，使自己从依附性的卿族家臣升格为有私邑、有地位的卿官。如果南蒯、阳虎泉下有知，得知在他们造反失败后不到100年，在魏文侯统治下的魏国，李悝、吴起、西门豹等一大批家世背景不高但才能出众的士人能够通过光明正大的途径上升到相国、西河郡守、邺令这样的高位，而从魏国出走的公孙鞅后来甚至在秦国建立了一套完全根据功劳来加官晋爵的军功爵制，心中会不会感到由衷的欣慰和羡慕呢？

结语：
春秋时期鲁国治权
下移的层次与进程

春秋时期，鲁国内部治权下移的进程可以分为两个层次：

第一个是在诸侯国层次，治权从国君下移至卿大夫。

从时间角度来说，这一层次的治权下移在春秋早期中原诸侯一方面抓住机会开疆拓土、一方面开始探索自治时就已经启动，在庄公时期鲁国成为霸主仆从国之后不断发展，在文公末年东门襄仲杀嫡立庶之后进入恶性阶段，在宣公、成公、襄公时期不断深化，经历了季文子挫败鲁宣公-东门子家政变图谋、季文子挫败穆姜-叔孙宣伯政变图谋、季武子推动"三分公室"改革等标志性事件，在鲁昭公早期三桓"四分公室"后达到"三桓掌控国政，国君实为傀儡"的权力分配稳态。

从权力角度来说，这一层次的治权下移过程分为如下三个阶段：

（一）春秋早期，国君分封边境新占领土给卿大夫作为私邑，导致领土统治权分配格局从"君集权"变为"君强臣弱，君臣分权"，也就是领土统治权部分下移至卿大夫。此时鲁国政事统治权分配格局与领土统治权分配格局是大致匹配的，也是"君强臣弱，君臣分权"。

（二）春秋早期到晚期，国君迫于诸侯自治、大国霸政任务等外部压力下放政事决策权给卿大夫，然后卿大夫从被动转为主动，进一步夺取更多政事决策权，导致政事决策权分配格局从"君强臣弱，君臣分权"变为"君极弱臣极强，君臣分权"，也就是政事决策权深度下移至卿大夫。

（三）春秋晚期，卿大夫仗恃其政事决策权绝对优势，通过推行"三分公室""四分公室"改革进一步夺取领土统治权，导致领土统治权分配格局也从"君强臣弱，君臣分权"变为"君极弱臣极强，君臣分权"，也就是领土统治权深度下移至卿大夫。

至此，鲁国政治达到了"国君彻底傀儡化，诸卿共掌国政"的稳态。在这个稳态里，以季氏为领袖、以三桓为代表的卿大夫家族集团在经济基础层面控制了国家全部土地资源和国家军队，从而在上层建筑层面稳固地把持朝政；国君在经济基础层面完全依靠卿大夫家族集团交纳贡赋来供养，从而在上层建筑层面稳定地成为一个完全受制于卿大夫的傀儡。

如果把这一稳态比喻成一个坚固的牢笼的话，那么第一位被装到牢笼里的君主就是鲁昭公，可想而知，他在牢笼中的挣扎也会是最猛烈的。鲁昭公先是试图引入霸主晋国势力来驱逐季氏，后来干脆自己亲自上阵带兵攻打季氏，无奈这个牢笼实在是太过坚固，鲁昭公虽然拼尽了全力也没能冲破，最终落得个流浪异国、客死他乡的下场。

在鲁定公时期，由三桓扶植的国君已经不再挣扎，但季氏家宰阳虎又以"张公室"为名义发动政变，尊君派卿大夫孔子也曾以"张公室"为真实目的说服季桓子下令"堕三都"。然而，这些抗争也都没有改变鲁昭公时期业已形成的稳态。

第二个层次是在卿大夫层次，治权从卿大夫下移至家臣。

这一层次的治权下移在何时启动已不可详考，随着卿大夫宅邸家臣队伍和私邑家臣队伍的壮大而不断发展，在鲁昭公早期叔孙氏宅邸家臣竖牛作乱之后进入恶性阶段，在鲁昭公时期进一步深化，经历了孟氏邑宰谢息事件、季氏邑宰南蒯政变、叔孙氏宅邸家臣竖戾事件等标志性事件，在鲁定公早期季氏家宰阳虎政变期间一度达到"家臣凌驾卿大夫"的极端态，随后由于孔子"堕三都"改革取得部分成功而回归到"卿大夫驾驭家臣，家臣参与国政"的稳态。

在这个稳态里有如下表现：

一方面，卿大夫家族长仍然是家臣的主子，对家臣有足够的掌控力，家臣长期凌驾于卿大夫的情况没有再发生。在鲁哀公时期，虽然又发生了孟氏成邑邑宰公孙宿的叛乱，但这场叛乱同年就平定了，没有改变卿大夫驾驭家臣的局面。

另一方面，卿大夫主动起用优秀家臣帮助自己处理国家政事，以尽量满足这些家臣的政治进取心。比如说，在阳虎政变之后，季氏家宰作为季氏族长心腹之臣直接参与国家大事似乎成了常态，前499年季氏家宰子路具体操办"堕三都"，以及前484年季氏家宰冉求率鲁军抵御齐军，都是明确证据。

总而言之，鲁国内部的权力分配结构，无论是国君-卿大夫层次，还是卿大夫-家臣层次，在鲁定公时期都已经达到了一种稳态。因此，在鲁哀公时期，鲁国虽然发生了孟氏邑宰公孙宿叛乱、三桓"用田赋"改革、鲁悼公[1]政变这样的事变，但这些事变就像是一潭死水里偶尔激起的微澜，都没有改变鲁国"三桓执掌国政，国君实为傀儡"的内政困局。一言以蔽之，这种稳态至少延续到了春秋时期结束，貌似没有任何改变的希望了。

然而，到了战国时期，这种稳态竟然被打破了。童书业先生的研究显示[2]，大概在战国鲁元公之时，季氏衰弱，离开国都退守费邑，成为一个小国君主。季氏退出鲁国政治之后，剩下的孟氏、叔孙氏已不足为患，鲁国君主开始收回治权，进行了一定程度的制度

1　鲁悼公，姬姓，名宁，谥悼。鲁哀公之子。参见《鲁国国君与三桓世系图》。
2　参见童书业（1980年）。

变革，成为一个与战国时代大潮流合拍的中央集权国家。然而，中央集权并不是免死金牌，改革后的鲁国依然弱小，最终被楚考烈王领导的楚国所灭。

专论：君集权大国的诞生

问题：集权军国如何从先前分权诸侯国反向变革而来？

"君集权"[1]是从秦朝开始的历代中国王朝遵循的基本制度设定，它与"大一统"一起，成为中华政治文明最重要的两个特征。

实际上，包括秦国在内的战国时期七大雄国，都已经是采取君集权体制的新型军国。一般认为，战国时期君集权军国的前身，是西周和东周春秋时期的诸侯国。然而，在西周和东周春秋时期，无论是名义上广有天下的周邦，还是名义上拥有各自疆域的各诸侯国，它们都是基于分封制的君臣分权政权，和战国时期的中央集权军国可以说是完全对立的。因此，一般认为，从春秋时期到战国时期，发生了一场从分权到集权的180度的反向变革，这场变革塑造了后来的秦朝，因此被称为"周秦之变"。

于是，笔者接下来要问这样一个问题：战国时期的君集权政权，到底是怎样从周代君臣分权政权反向变革过来的？接下来，笔者将尝试在的基础上深入而系统地探讨这一问题，并且解释三个目标诸侯国——晋国、楚国、鲁国——在这一历史进程中所做出的贡献。

周代的治理结构可以分为周朝、周邦、诸侯国、卿大夫家族这四个场域，其中周朝是第一个层次，周邦+诸侯国是第二个层次，周邦或诸侯国内部的卿大夫家族是第三个层次。我们接下来将把"周代政权是君臣分权体制"的笼统常识放在一边，深入剖析上述每一个场域的制度细节和演变历程，在其中寻找君集权的制度根源。

1　本文用"君集权"而不是"中央集权"，是有意为之，原因将在下文中进行说明。

子曰:"名不正,则言不顺"。在展开分析之前,笔者首先要做一些正名的工作。

第一,"君集权"和"中央集权"。

本文中所说"君集权"或"君臣分权","君"和"臣"不是仅仅指代君主和大臣,而是指代在某个政治场域中"处于上位的政治集团"和"处于下位的政治集团"。根据本文接下来的分析,在周朝、周邦、诸侯国、卿大夫家这四个政治场域里的政治集团间博弈关系,分别是"周邦vs诸侯国","周王室vs王廷卿大夫家族","诸侯公室vs诸侯卿大夫家族","家主vs家臣"。如果要用一套通用的简称来指代这四对博弈关系的话,最合适的就是"君vs臣"。这是因为,在天下场域,诸侯国是周邦的"守土之臣",那么周邦自然是诸侯国的"君";在周邦场域或诸侯国场域,周王室/诸侯公室与卿大夫家族之间当然也是君臣关系。在卿大夫家族场域,家主和家臣之间的主臣关系其实也是一种君臣关系(详见下文分析)。因此,如果严谨地说,本文主要想揭示的,就是从"君臣分权体制"中孕育出"君集权体制"的过程。

那么,能不能用"中央vs地方"来通指这四对博弈关系呢?笔者认为不能。周邦、周王室、诸侯公室的确是中央性的政治实体,但是,拥有私邑的卿大夫家族是横跨中央和地方的,因为一方面,卿大夫家族的家主在位于国都的中央政府担任高官,并且和一部分家臣一起聚居在位于国都地区的宅邸,因此具有中央性;另一方面,卿大夫家族又派出另一些家臣直接治理位于诸侯国外围的地方私邑,因此具有地方性。所以,不能用"中央vs地方"来通指这四对博弈关系。

"君集权"和"中央集权"又是什么关系呢?下面我们会看到,

在诸侯国层面，君集权的关键，就在于不给卿大夫家族分封地方私邑，从而消灭卿大夫家族的地方性，使得卿大夫完全成为中央官僚队伍的一部分。因此，当君集权实现时，中央集权也就实现了。所以，严谨地说，本章想要揭示的，是一个从"君臣分权体制"中孕育出"君集权体制"，从而实现"中央集权体制"的历史进程。

第二，关于"治权"的构成。

周王室、诸侯公室或卿大夫家族的治权，可以分为"政事决策权"和"领土统治权"两大块，以诸侯公室为例：

"政事决策权"可以细分为"内事决策权"和"外事决策权"，是指君臣在决策国家内政外交事务时，国君领导的诸侯公室拥有多大的决策权。

"领土统治权"可以细分为"领土直接治权"和"领土间接治权"，其中"领土直接治权"是指诸侯公室直接派遣官吏统治某片领土的权力，而"领土间接治权"是指诸侯公室将某片领土分封给卿大夫家族建立高度自治的私邑后，通过管控卿大夫家族来间接统治某片领土的权力。由于领土直接治权的力度远远强于领土间接治权，而且领土直接治权的力量对比会决定诸侯公室能在多大强度上对卿大夫家行使领土间接治权，为了简明起见，本文分析时忽略领土间接治权，说到的"领土统治权"约等于"领土直接治权"。

这里要注意的是，在本书的设定中，一个政权的领土统治权是一个可量化的概念，它的大小不仅取决于它直接统治的领土面积，还取决于它从领土上汲取经济军事资源力度的大小。也就是说，如果这个政权直接统治的领土面积没有变化，但是它从这片领土上汲取经济军事资源的力度不断下降，那么它的领土统治权也是在不断减弱的。

领土统治权和政事决策权之间的基本关系是：在一个不受外部因素干扰的政治实体内部，某个政治集团领土统治权的大小，能决定这个集团政事决策权的大小。以诸侯国为例，诸侯国的政事决策团队由国君和卿大夫组成，国君是诸侯公室的首领，而卿大夫是诸侯卿大夫家族的首领。在国君和卿大夫在商议国事时各有多大的政事决策权，说到底是由诸侯公室和诸侯卿大夫家族各自直接统治多大比例的领土决定的，也就是由各自拥有多大的领土统治权决定的。比如说，就晋文公之后的晋国而言，由于晋文公将几乎全部领土都分封给了卿大夫家族(特别是各大卿族)，所以晋国迅速建立起了"诸卿把持朝政、国君非常弱势"的局面，后来晋灵公、晋厉公曾试图在没有领土统治权支撑的前提下，用暴力政变改变现状夺回政事决策权，最后的结果都是政变失败、国君被执政卿杀死。

不过，如同笔者在本书中详细论证的那样，一个政治实体内部领土统治权和政事决策权之间的对应关系会受到外部因素的干扰。比如说，对鲁庄公时期及以后的鲁国而言，虽然诸侯公室直接统治的公邑总规模大于卿大夫家族集团直接统治的私邑总规模，但由于国君被迫频繁地、无法预期地、长时间地外出参与霸主国组织的霸政行动，在外出期间被迫常态化地将国政移交给诸卿领导的看守政府，导致国君的政事决策权下移至诸卿，也就是说，在"君强臣弱"的领土统治权分配格局尚未发生变化时，政事决策权分配格局已经变成了"君弱臣强"。到了春秋晚期的鲁昭公时期，诸卿利用手中占绝对优势的政事决策权，实施"三分公室""四分公室"改革，将国君公邑在事实上转变为卿大夫私邑，才让领土统治权和政事决策权的分配格局重新匹配了起来，都变成了"君极弱臣极强",进而将国君彻底架空。在此之后,鲁昭公、鲁哀公虽然多次试图夺回权力,但都因为没有直属公邑的经济军事资源支撑而最终失败,领土统治权对政事决策权的支配作用在这时才显现了出来。

因为领土统治权与政事决策权之间在长期来看存在这种决定-被决定关系,为了使得论述更加简洁和聚焦,除开某些需要同时讨论领土统治权和政事决策权的段落,接下来本文讨论的治权分配格局中的"治权",就是指领土统治权。

第一轮正名完毕,下面我们开始在周朝、周邦、诸侯国和卿大夫家族里寻找君集权的制度根源。这里我们又要进行第二轮的正名。

一、周朝

所谓"周朝",就是周邦加上诸侯国组成的政治实体。这其中,周邦是诸侯国的共主,是周朝的最高政治实体。实际上,在西周金文中,周朝最高政治实体叫作"周邦",其他由周邦分封的政治实体叫作"某邦"(如晋邦、齐邦、郑邦),并不存在一个"邦"和"国"的差别。不过,为了突出周邦的特殊性,以及照顾人们对诸侯政治实体的习惯称呼"诸侯国",本文采用"周邦""诸侯国"的折中说法[1]。

二、周邦、周王室、王廷卿大夫家族

所谓"周邦",就是位于王畿的周王室加上王廷卿大夫家族构成的政治实体。这其中:

所谓"周王室",本义是指以现任周王和他未分封的直系近亲

---

1 周朝各政治实体在金文中的名称,参见张海(2017年)。

(公子、公孙) 构成的狭义王族为核心的，包含妃嫔、直属官吏、直属百工、直属奴隶、府库财产、直辖土地 (称县或公邑)、直辖军队在内的政治经济共同体。按照周礼的安排，周王室应该是周邦内部的最高统治实体，所以文献中又常用"周王室"来指代周邦。

所谓"王廷卿大夫家族"，就是以在周邦朝廷担任卿大夫的家主及其直系近亲构成的狭义卿大夫族为核心，包含妻妾、直属家臣、直属奴隶、府库财产、直辖土地 (称为禄田或私邑)、直辖军队在内的政治经济共同体。这类政治共同体，严格来说应该叫"卿大夫家"，"室"与"家"严格对应，但是绝大多数学术论著都习惯称"卿大夫家族"，本文为了便于衔接也这样称呼。

三、诸侯国、诸侯公室、诸侯卿大夫家族

所谓"诸侯国"，就是诸侯公室加上诸侯卿大夫家族构成的政权。这其中：

所谓"诸侯公室"，本义是指以现任诸侯国君和他未分封的直系近亲组成的狭义公族为核心的，包含妻妾、直属官吏、直属百工、直属奴隶、府库财产、直辖土地 (称为公邑)、直辖军队在内的政治经济共同体。按照周礼的安排，诸侯公室应该是诸侯政权内部的最高统治实体，所以文献中又常用"诸侯公室"来指代诸侯政权。

所谓"诸侯卿大夫家族"，就是以在诸侯政权朝廷担任卿大夫的家主及其直系近亲构成的狭义卿大夫族为核心，包含妻妾、直属家臣、直属奴隶、府库财产、直辖土地 (称为禄田或私邑)、直辖军队在内的政治经济共同体。[1]

1　上述周王室、诸侯公室、卿大夫家族的定义，参见朱凤瀚（2004年）。

周朝分权格局演化：周邦衰败，诸侯崛起

从政治地理角度看，周朝的领土包括周邦及诸侯国直接统治的东亚广大地区，称为"天下"。

周邦在天下范围内分配领土统治权的基本制度是"直辖+分封"：一方面，周邦直接统治宗周、成周二都及其周边地区，也就是所谓的"王畿"；另一方面，周邦将王畿外的土地分封给同姓内亲[1]、异姓外戚[2]、先代之后[3]和周边既有君长[4]，建立高度自治的诸侯国，作为周邦的藩篱屏障。

在这一层级的领土统治权分配格局中，直接统治王畿的周邦是君，直接统治王畿外广大土地的诸侯国是臣，周邦和诸侯国分权共治天下，这是典型的君臣分权。从西周到春秋时期，周邦-诸侯国领土统治权分配格局经历了如下演变历程：

一、西周早期：君臣分权，君强臣弱

在这一时期，王畿"方千里"，而某个诸侯国最大也不过"方百里"，周邦直接统治的领土总面积和任何一个诸侯国相比具备压倒性的优势。从权力的角度说，这意味着周邦的领土统治权与任何一个诸侯国相比具备压倒性的优势；从实力的角度说，这意味着周邦的经济军事实力和任何一个诸侯国相比具备压倒性的优势。

1　比如封周文王之子周公于鲁。
2　比如封周王室外戚吕尚于齐。
3　比如封商纣王庶兄微子启于宋。
4　比如封熊绎于楚。

比如说，西周早期周王室拥有的武装力量规模是十四师 (西六师+殷八师)，而单个诸侯国的武装力量规模是一师，周王室的绝对优势一目了然[1]。

实际上，周邦正是为了能够长期保持对单个诸侯国的压倒性优势，因此制定并实施了关于各级诸侯国领土规模大小的礼制规定[2]，不允许任何一个诸侯国逾越礼制开疆拓土；还制定并实施了关于规范诸侯国外交活动的礼制规定[3]，不允许任何一个诸侯国逾越礼制进行"串联"，也就是组织诸侯国联盟与周邦对抗。

因此，在西周早期，周邦-诸侯国领土统治权分配格局是"君臣分权，君强臣弱"：一方面，天下领土统治权由周邦和诸侯国分享，这就是"君臣分权"。另一方面，周邦对任何单个诸侯国都具备压倒性的领土统治权优势，这就是"君强臣弱"。

二、从西周早期到晚期：君臣分权，从君强臣弱到君弱臣强

在这一时期，随着时间推移，周邦和诸侯国内部各自发生如下变化：

从西周早期到西周晚期，由于受到周边戎狄和诸侯国的挤压，以及"王室要带头遵守领土规模规定"的约束，周王室无法持续扩大王畿的总面积。王畿的总面积没有扩大，而王畿内的土地性质逐渐从周王室直辖的公邑 (县) 转变为王廷卿大夫家族直辖的私邑，也

---

1 关于西周早期周王室和诸侯国军事力量对比，参见雷鹄宇（2014年）。

2 春秋晚期时，郑卿子产征引周礼规定说："昔天子之地一圻，列国一同，自是以衰。今大国多数圻矣，若无侵小，何以至焉？"（《左传·襄公二十五年》）

3 春秋晚期时，晋大夫叔向征引周礼规定说："是故明王之制，使诸侯岁聘以志业，间朝以讲礼，再朝而会以示威，再会而盟以显昭明。"（《左传·昭公十三年》）

就是逐渐私有化[1]。由于周邦从私邑汲取用于王朝公共事务的经济军事资源的力度远远小于从公邑汲取的力度，因此，周邦的领土面积虽然没有明显缩小，但是它的领土统治权却因为土地私有化而不断衰弱。

与此同时，诸侯国在封疆内开垦荒地、发展农业、增殖人口，也就是说从同样面积的领土中汲取经济军事资源的力度不断提高，而且它们在西周时期很少甚至不分封私邑给卿大夫家族[2]，内部一直保持着君集权的领土统治权分配格局，没有发生明显的领土私有化现象，所以它们的领土统治权在不断增强。这种情况在被周王室设定为"方伯"的一等诸侯国（晋、卫、鲁、燕、齐、随）那里表现得尤其明显。

因此，从西周前期到西周晚期，周邦-诸侯国领土统治权分配格局的状态逐渐从"君臣分权，君强臣弱"过渡到"君臣分权，君弱臣强"，也就是说，唯一的周邦不断衰弱，而一些诸侯国不断壮大，周邦对这些崛起的诸侯国逐渐丧失领土直接治权的压倒性优势，故而对诸侯国行使领土间接治权的力度不断下降。发展到西周晚期时，有些诸侯国已经开始挑战周邦管控的国际秩序，比如说发动叛乱抗拒王命，又比如说私自吞并周边小国扩大领土。

三、从西周末年到春秋早期：君臣分权，君极弱而臣极强

西周末年，衰弱的周邦被以西申国为首的叛王诸侯国集团击

1　关于周邦内领土私有化，参见吕文郁（2006年）、李峰（2007年）。
2　关于西周时期诸侯国内部很少甚至不分封私邑，参见吕文郁（2006年）。

败，以宗周为首都的周邦覆灭。周平王在以晋国、郑国为首的勤王诸侯集团护送下东迁到成周王畿，重建周邦。春秋时期的周邦，直接统治的王畿面积只有原来面积的十之二三[1]，早已不具备西周早期那种对单个诸侯政权的压倒性领土统治权优势。相比之下，诸侯国群体经过西周晚期到春秋早期的一轮开疆拓土之后，已经初步形成了"位于外围的晋、楚、齐、秦四大国"加上"位于腹里的鲁、卫、郑、宋、陈、蔡六中等国"的基本形势。这里提到的十个诸侯国政权，任何一个的领土统治权体量都比周邦强大。

总而言之，在春秋时期，周邦-诸侯国治权分配关系的状态已经是"君极弱臣极强"，也就是说，周邦所拥有的领土统治权已经缩小到与一个小诸侯国相当，不再具有管控诸侯国的实力基础，只剩下一个暂时还没有被剥夺的"天下共主"头衔。在此基础上，周邦担任顶层管控者的国际旧秩序宣告崩溃，大国霸主担任顶层管控者的国际新秩序逐渐形成。

周邦分权格局演化：王室衰弱，卿族强盛

从政治地理角度看，周邦的领土包括周王室及王廷卿大夫家族共同直接统治的王都及周边地区，称为"王畿"。

周王室在王畿内分配领土统治权的基本制度仍然是"直辖+分封"：

一方面，周王室派官吏直接统治王都以及部分环绕王都的内圈王畿土地。这部分归周王室直辖的内圈王畿土地叫作"公邑"，也

1　关于东周时期周邦领土大小，参见吕文郁（2006年）。

叫"县"，它就是后世郡县制的"县"的源头。这种县最开始可能是块状的直辖小邑，所谓"块状县"；后来逐渐形成一个环状的直辖区域，所谓"环状县"。但无论是环状县还是块状县，这种县都是位于都城周边的、不包含中心城堡的直辖农业区，与春秋时期远离都城、具备中心城堡的楚/秦县完全不同。[1]

另一方面，周王室将王畿外围土地分封给王廷卿大夫家族，建立高度自治的私邑。王廷卿大夫家族的家主、家主近亲和一部分家臣日常居住在国都地区的中央宅邸，而派遣另一部分家臣治理远离中央宅邸的地方私邑，所以王廷卿大夫家族是一个横跨中央和地方的政治实体。实际上，在西周金文中，王廷卿大夫家族也被叫作"邦"，而后世也经常把王廷卿大夫家族称为"畿内国"[2]。

在这一场域的领土统治权分配格局中，直接统治王畿内圈（含王都）的周王室是君，直接统治王畿外围私邑的王廷卿大夫家族是臣，周王室和王廷卿大夫家族分权共治王畿，属于典型的君臣分权。

在西周时期，周王室–王廷卿大夫家族领土统治权分配格局经历了如下转变：

西周早期，周王室直接控制的王都加上直辖县总面积处在历史进程中的最大值，而由卿大夫家族集团直接控制的私邑总面积处于历史进程中的最小值，周王室的经济军事实力和单个王廷卿大夫家族相比具备压倒性的优势。因此，周王室–王廷卿大夫家族的领土统治权分配格局是"君臣分权，君强臣弱"：一方面，如上所述，周王室与王廷卿大夫家族分权共治王畿；另一方面，周王室对任何

1　关于西周时期的县，参见王进锋（2018年）。
2　关于王廷卿大夫家族的称呼，参见雷鹄宇（2014年）。

单个王廷卿大夫家族都具备压倒性的领土统治权优势。

随着时间推移，王畿的总面积没有扩大，而原本属于直辖公邑的土地又持续性地、合法合规地被分封给新增以及有功的王廷卿大夫家族，这导致周王室直辖公邑总面积越来越小，而王廷卿大夫家族私邑的总面积越来越大。

与土地从周王室到王廷卿大夫家族群体的转移相适应的是，随着时间推移，周王室的经济军事实力不断衰弱，而王廷卿大夫家族群体的经济军事实力不断增强。比如说，到西周晚期，周王室在组织对外征伐时，依靠的已经不是自己直辖的军队，而是王廷卿大夫家族的私家军队[1]。

此外，由于王廷卿大夫们同在一个朝廷任职，串联结盟的难度远比相距遥远的各诸侯国政权要低，因此，统计意义上的"王廷卿大夫家族群体"很容易转变成为政治意义上的"王廷卿大夫家族集团"，形成合力与周王室进行博弈。

在此基础上，从西周前期到西周晚期，周王室-王廷卿大夫家族领土统治权分配格局的状态逐渐从"君臣分权，君强臣弱"转变为"君臣分权，君弱臣强"，周王室不断衰弱，而王廷卿大夫家族相对不断变强，周王室逐渐丧失间接治理王廷卿大夫家族的能力，而王廷卿大夫家族对周王室的反向制约日益严重。

晚周三王——周厉王、周宣王、周幽王——都想要采取措施逆转这一发展趋势，重振周王室的经济军事实力，但他们的努力都宣告失败。比如说，周厉王想通过"专利"新政收回原本就属于周王室的山林川泽，从而加强周王室的领土统治权，重振周王室的中央财政，

1　关于周王室和王廷卿大夫家族的军事实力对比，参见朱凤瀚（2004年）。

却遭到"国人"——也就是王都内的王廷卿大夫家族势力——的激烈反对,最终被赶出了王都。[1]周厉王出奔之后,王廷卿大夫家族集团竟然没有立其他王子为王,而是建立了一个以诸侯共伯和为虚君,以卿大夫领袖周公、召公为实际领导人的"共和"政权,并且就这样统治周邦长达14年之久,这个集团的强势可见一斑。[2]

到了春秋时期,周邦直接统治的王畿面积大大缩水,在这个范围内,周王室和王廷卿大夫家族的领土统治权分配格局仍然处于"君臣分权,君弱臣强"状态。在此基础上,周王室和王廷卿大夫家族的政事决策权分配格局也必然是"君臣分权,君弱臣强"。比如说,春秋晚期周敬王与他的哥哥王子朝之间的王位争夺战,实际上就是支持两人的王廷卿大夫家族集团之间的内战,支持周敬王的至少有单氏、刘氏、巩氏、甘氏,支持王子朝的至少有召氏、尹氏、南宫氏,最终是支持周敬王的王廷卿大夫家族集团取得了胜利。

中原诸国"分封私邑",构建君臣分权诸侯国

从政治地理角度看,"诸侯国"的领土包括诸侯公室和诸侯卿大夫家族共同治理的国都及边境内地区。

根据春秋晚期的治权分配格局,诸侯国可以分为两类,一类是君臣分权型诸侯国,一类是君集权型诸侯国。下面我们来分别探讨这两类诸侯国的治权分配格局的演化历程,首先来看君臣分权型诸侯国。

1　周厉王专利及国人暴动之事,参见晁福林(1992年)。
2　共伯和、周公、召公联合执政之事,参见杜勇(2019年)。

绝大多数主要诸侯国属于君臣分权型诸侯国，比如晋、齐、鲁、卫、郑、宋、陈、蔡等国。正如笔者在《不服周》一书中陈述的那样，这些国家都是"初创型分封"，也就是周邦将始封君及其族人分封到一块原本不属于他们的新占土地上去，建立诸侯国，成为周邦的守土之臣。这些诸侯国是周朝封国体系的骨干力量。

西周早期和中期，这些诸侯国的领土规模受到周邦的严格控制，大概比今河南省一个县的平均面积略小一些[1]，应该小于周王室直辖区域（王都+周边直辖公邑），完全可以实现公室直辖。在此基础上，诸侯公室比照周王室直接派遣官吏治理直辖公邑的制度，直接派遣官吏治理封疆内绝大部分土地。与此同时，诸侯公室基本上不分封大型私邑给诸侯卿大夫家族，而只是赏赐小规模禄田作为诸侯卿大夫的俸禄来源。[2]由于地方上没有高度自治的诸侯卿大夫家族私邑，因此这时期诸侯公室-诸侯卿大夫家族领土统治权分配的格局就是"君集权"。

然而，到了西周晚期，随着周邦对诸侯国控制力度的不断减弱，各主要诸侯国开始突破原有疆界，通过吞并周边更小的诸侯国或者驱逐毗邻的戎狄来扩大自己的领土。随着各诸侯国实控领土的不断扩大，它们必须确定一个策略来占据和治理这些位于原有直辖领土外的边境新占领土。

这些诸侯国公室的策略选择是"分封私邑"：就是遵循周礼分封大传统，遵照与现实情况最相符合的先王制度——也就是周王

1　西周时期诸侯国领土规模，参见吕文郁（2006年）。

2　有学者从西周金文记录和考古发现中发现了少量诸侯公室给诸侯卿大夫家族分封私邑的证据，但这类证据的数量与西周时期周王室给王廷卿大夫家族分封私邑的证据相比非常单薄，西周时期诸侯国内分封私邑应该是零星、小规模的现象。参见李春利（2013年）。

室将周王畿内距离都城较远的土地分封给王廷卿大夫家族作为私邑——的做法，一方面继续派遣官员直接统治国都周边公邑，一方面将边境新占领土分封给诸侯卿大夫家族，建立高度自治的私邑。[1]

这样一来，这些诸侯国在春秋早中期抛弃了本国西周时期的"君集权"领土统治权分配格局，转而建立起了类似于西周时期周邦的"君强臣弱，君臣分权"分配格局，从而建立起周代历史上第一批君臣分权型诸侯国。接下来，这类诸侯国走上了三条演化路径：

一、演化出多个强盛卿族共治国政，最终瓜分母国各自独立建国

这类国家其实只有一个，那就是晋国。晋国是春秋四大国中最强大的诸侯国，也是整个春秋中晚期的中原霸主国，长期依据周王室的授权管控中原国际秩序。正如笔者在《虎变》一书中详细论述的那样，晋国政治的演化情况大致如下：

晋国是周武王之子叔虞的封国，西周初年始封于唐（今山西省曲沃县、翼城县），后改封于晋（今山西省曲沃县、翼城县之间），晋成侯时都邑迁徙到曲沃（今山西省闻喜县东南），晋穆侯时迁徙到翼（可能在今山西省曲沃县），春秋时期晋献公时迁徙到绛，晋景公时迁徙到新田（今山西省侯马市）。上述都邑所在地相距不远，属于同一个地理单元内部的短距离调整。

晋武公、晋献公抓住国际秩序顶层管控者缺位的战略机遇期，在今山西省中南部大肆开疆拓土，并将新占领土分封给有功的卿大

1　关于春秋时期诸侯国分封私邑给卿大夫家族，参见吕文郁（2006年）。

夫家族，作为他们的家族私邑。当然，此时的晋国公室在国都及周边地区仍然直接统治大量公邑，这样一来，晋国在春秋早期确立了"君臣分权，君强臣弱"的领土统治权分配格局。

晋惠公战败被俘虏到秦国之后，他的心腹吕甥假托晋惠公的命令，宣布在晋国实行"作爰田"新政，就是把公室直接统治的内地公邑大量赏赐给卿大夫家族，以换取他们对救晋惠公回国的支持。

晋文公归国夺权成功之后，为了激励国内的卿大夫为他那几乎不可能成功的称霸理想而奋斗，果断实施新政，将先前"晋献公分封边境新占领土"和"晋惠公分封内地公邑"的做法制度化，将几乎全部的领土分封给有功卿大夫，成为卿大夫家私邑，从而在春秋中期确立了"君臣分权，君极弱而臣极强"的领土统治权分配格局。这里要指出的是，晋文公也曾尝试过在新占领的南阳地区设立楚式直辖县，但这场"设县直辖"改革在不久之后就被废止了。

一方面，晋国公室的这种做法将卿大夫的功绩（特别是开疆拓土的军功）与他们的私家利益紧密绑定起来，将分封制固有的短期激励红利发挥到极致，激励卿大夫们努力奋斗，以"攘夷"为正当理由继续向北、向东开疆拓土，从而使得晋国作为一个整体不断强大。因此，晋国从晋文公时期到三家分晋时为止，一直是中原经济军事实力最强大的国家。

另一方面，这种做法导致晋国内部迅速形成了一批家主担任卿官、私家拥有越来越多私邑的强盛卿族，它们在为晋国霸业做出重大贡献的同时，也积极壮大本家的经济军事实力，并且相互进行残酷的政争，将中衰卿族淘汰出局。与此同时，诸卿族又作为一个整体主动夺取国君的政事决策权，在"君臣分权，君极弱而臣极强"的领土统治权分配格局基础上，构建了一个"君臣分权，君极弱而臣极强"的政事决策权分配格局。考虑到领土统治权与政事决策权的决定–被决定关系，产生这样的情况也顺理成章。

春秋中晚期时，晋国已经形成了公室傀儡化、世袭卿族把持实权共治国政的"卿族政治"局面。到了春秋晚期，赵、魏、韩、知、范、中行六大卿族启动"化家为国"事业，全力扩大自家地盘、增强自家实力，相互争斗也不断升级，使得晋国表面上的经济军事总实力不断增强，而内部的政治统一度则不断降低。最终，赵、魏、韩三家胜出，在战国初期瓜分晋国，升级成为三个诸侯国。

二、演化出多个强盛卿族共治国政，但并不分裂诸侯国各自建国

在春秋时期长期属于霸主仆从国的鲁、卫、郑、宋等中等诸侯国都属于这一类，而鲁国是这类国家的典型代表。根据笔者在本书中的详细分析，鲁国的演化情况大致如下：

鲁国是周文王之子周公旦的封国，西周初年始封于奄，鲁炀公时都邑迁徙到曲阜。奄、曲阜都位于今山东省曲阜市的市区，属于小区域内部的微调。

鲁国在春秋早期抓住顶层管控者缺位的战略机遇期，开疆拓土取得一定成就，并随即将部分边境新占领土分封给卿族作为私邑，基本上是一个卿族分得一处有中心城堡的大型私邑。当然，这一时期的鲁国公室在国都及周边地区仍然直接治理大量公邑，从而在春秋中期形成了"君臣分权，君强臣弱"的领土统治权分配格局。

由于鲁国周边是齐、卫、宋等实力更强或相当的诸侯国，可开拓空间非常有限，而且霸主管控的国际新秩序在春秋早中期确立后，齐国、晋国等大国霸主禁止鲁国进行进一步的侵略扩张，这导

致从春秋早中期到春秋晚期"三分公室"改革之间，鲁国的"君臣分权，君强臣弱"领土统治权分配格局长期保持相对稳定。

然而，从鲁庄公时期开始，鲁国成为中原霸主国的仆从国，先后事奉齐国和晋国。为了应对齐桓公、晋文公施加在鲁国的霸政压力，特别是为了应对鲁国君主被迫频繁地 (几乎每年都有)、无法预期地 (霸主随叫随到)、长时间地 (三个月到一年) 外出参与霸政行动对鲁国内政运营造成的严重冲击，鲁国君主被迫常态化地将其政事决策权移交给诸卿领导的看守政府，进而促成鲁国内政运营模式转变为"诸卿常态化执掌国政，国君在与不在一个样"。

从鲁僖公后期到鲁襄公前期，以季氏、孟氏、叔孙氏"三桓"为代表的诸卿集团越来越理直气壮地常态化掌控国政，并且成功挫败了国君数次试图夺回权力的政变行动。在这一时期，鲁国出现了领土统治权分配格局和政事决策权分配格局错位的状况，也就是说，一方面，领土统治权分配格局应该仍然是"君臣分权，君强臣弱"；另一方面，政事决策权已经从公室下移至卿族，政事决策权分配格局逐步变成"君臣分权，君弱臣强"。

为了彻底摧毁公室反扑的经济军事实力基础，三桓卿族集团在春秋晚期先后发动"三分公室"和"四分公室"改革，最终将全部公邑在事实上转变为三桓的私邑。在此之后，鲁国的领土统治权分配格局和政事决策权分配格局不再错位，都是"君臣分权，君极弱而臣极强"。

然而，由于鲁国就国土总体量而言原本就只是一个中等诸侯国，而且周边环绕着大国齐国、中等国宋国和卫国，后来南部又与崛起的吴国、越国接壤，如果三桓像晋国那样三分鲁国独立建国的话，建成的三个新诸侯国必然是实力更弱的小国，更容易被强邻攻灭，因此三桓采取了"维持现状"的策略，和彻底傀儡化的公室"貌不合神更离"地苟安维持下去。

这种治权分配的稳态一直维持到了战国前期。到战国鲁元公时，鲁国君主开始收回治权，成为一个与战国时代大潮流合拍的君集权国家，然而，鲁国积弱已久，周边已经没有任何拓展空间，进行了集权改革后的鲁国最终仍被楚国所灭。

三、演化出单个强盛卿族胜过其他竞争者，最终灭旧国建新国

这类国家其实也只有一个，那就是齐国。齐国是春秋四大国之一，也是第一个得到周王授权成为霸主的诸侯国，齐桓公去世后虽然未能再当霸主，但也一直保持住了大国地位。

齐国是周王室外戚吕尚的封国，西周初年始封于营丘，齐献公时都邑迁徙到临淄（今山东省淄博市齐都镇）。营丘、临淄相距不远，属于同一地理单元的短距离调整。

齐国在春秋早期抓住顶层管控者缺位的战略机遇期，开疆拓土取得较大成就，并随即将部分新占领土分封给卿族作为私邑，但公室仍然占据大量公邑，从而在春秋中期形成了"君臣分权，君强臣弱"的领土统治权分配格局。

这里要指出的是，在公室控制的都城周边公邑地区，齐国建立了属-县-乡-卒-邑的行政区划体系，一属有十县，一县有三乡，一乡有十卒，一卒有十邑，一邑有三十家。也就是说，齐县是一种在规模方面整齐划一的直辖行政单位，是首都周边公邑行政区划体系中的一个层级。

与这种领土统治权分配格局相适应的是，从齐僖公到齐桓公时期，国君拥有足够强的政事决策权，能够领导诸卿步步为营地推进

称霸事业，实施规模宏大的管仲改革，这表明当时的政事决策权分配格局也是"君臣分权，君强臣弱"。

接下来齐国政治的演化历程可以分为以下三个阶段：

（一）齐孝公至齐灵公时期。这是齐桓公诸子争立的时期，也是卿族开始崭露头角的时期。这些崭露头角的卿族主要是高（齐文公之后）、国、崔、晏、陈、鲍六家，其中前三者在西周时期就已经立族，后三者为外来卿族。

（二）齐庄公至齐简公时期。这是齐国公室与卿族、卿族与卿族反复斗争的时期，其中崔、庆、栾、高（齐惠公之后）、晏、管、鲍诸家先后衰亡，只剩下日渐强大的陈氏和日渐衰弱的国、高（齐文公之后）二氏。

（三）齐平公时期。这是陈氏专齐时期，陈氏灭鲍氏、弑齐简公，政权完全落入其手中。[1]

也就是说，到了春秋晚期，齐国的领土统治权分配格局情况不明，但政事决策权分配格局已经演变成为"君臣分权，君极弱臣极强"。最终，陈氏在战国前期灭姜姓齐国，建立以陈氏作为公室的新齐国。

周边楚秦"设县直辖"，构建第一批君集权大国

君集权型诸侯国主要就是两个，一个楚国，一个秦国。正如笔者在《不服周》一书中陈述的那样，这两个诸侯国都是"羁縻型分封"，也就是周王室出于羁縻周边地区既有政权的目的，承认这

1　从齐僖公到齐平公的齐国政治演化进程，参见屈会涛（2014年）。

些既有政权的合法性，将他们纳入周朝封国体系中来，所谓的"封地"就是他们的现居地。

从西周晚期到春秋早期，楚国、秦国这两个位于周边地区的国家也抓住了周王室衰弱的战略机遇期，积极侵略扩张，获得了大量的新占领土。随着楚、秦公室实控领土的不断扩大，它们也必须确定一个策略来占据和治理这些位于原有直辖领土外的边境新占领土。

楚王室[1]、秦公室的策略选择是"设县直辖"：就是表面上违背周礼分封大传统，参照西周前期周王室以直辖方式治理王都附近地区（称为"县"），以及西周前期诸侯国以直辖方式治理其原本较小疆域的做法，将这种直辖方式向外推广到新占领土，在距离都城较远的新占领土上设立由诸侯公室直辖的"县"，由诸侯王室任命非世袭的长官来治理。

需要指出的是，楚/秦设县的方式是灭掉一个小国，就在小国旧地基础上设立一个县，这个县既包括原为小国都城的中心城堡，也包括中心城堡周边的农业区。由于不同小国的规模（面积和人口）差异很大，因此楚/秦所设县的规模差异自然也很大。很明显，楚/秦县既不同于位于王都周边、不包括中心城堡的周县，也不同于位于国都周边、不包括中心城堡、规模方面整齐划一的齐县。

这样一来，楚、秦在春秋早中期不但没有抛弃本国西周时期的"君集权"领土统治权分配格局，反而是坚持其根本性质，并进一

1　楚君熊通在前704年自立为王，从此以后楚公室升级为楚王室，而建立县制在熊通称王之后。

步拓展集权规模、提升集权水平，从而建立起周代历史上第一批君集权型大国。

楚国、秦国是周代历史上第一批君集权体制的诸侯大国，作为"正面典型"对于君集权体制在战国的全面胜利起到了非常重要的作用。下面笔者将对这两个诸侯国的发展历程进行简要论述。

一、楚国

根据笔者在《不服周》一书中的详细论述，楚国从远古到春秋时期的发展历程大致如下：

楚人是一个历史非常悠久的中原芈姓古族，最早居住在今河南省新郑市境内。到了商代，楚人所在的祝融部族集团受到商人的强力打压，被迫向西南迁徙，在商朝晚期到达今陕西省商洛市境，并参与了周人灭商的军事行动。

西周初年时，周王室将楚人君长熊绎"分封"在京宗（据清华简《楚居》），对应《史记·楚世家》的丹阳，在今河南省淅川县境。如前所述，这种分封可以被称为"羁縻型分封"，因为被封的楚国实际上是早已存在的政权，而被封的地域也是楚国原本就占据的地域，分封只是在名义上将楚国拉入周王室的封国体系。

西周中晚期周楚关系的基本状况是"周强楚弱，周打击遏制楚"。比如说，周昭王曾率领六师大举伐楚，在汉水边遭遇天灾全军覆没。周厉王曾经在南土发动一系列强势军事行动，迫使楚君熊渠暂时收敛其发展扩张的步伐。到周宣王时，周王室在楚国北面和东面布置了申国、吕国等众多封国，试图遏制楚国跨过汉水向外扩张。

西周中晚期楚国发展的基本状况是"在迁徙中谋求发展"。楚国君主和他的臣民为了应对来自周王室和南土其他族群的压力，一直在大巴山和大别山之间的区域迁徙他们的都邑，熊绎时从京宗迁到夷屯，熊渠时迁到发渐，熊蘩时迁到旁屽，熊延时迁到乔多，熊仪时迁到都，熊率时迁到焚，熊鹿时迁到宵。这些都邑都位于方城山-桐柏山-大别山屏障 (以下简称"屏障") 以西地区。

西周时期的楚国，其领土统治权分配格局是君集权还是君臣分权？笔者的看法是：

1. 在西周时期的大部分时间里，楚国从实控疆域角度说是比较小而且在移动的，从人口分布角度说是非常紧凑的，从领土统治权分配格局角度说是君集权的。也就是说，绝大多数楚人居住在楚国都邑及其周边不大的区域内，接受楚国公室的直接治理。正因为如此，在遇到周王室打击或周边族群侵袭时，楚人才能够在楚国公室领导下迅速集合起来进行迁徙，寻找下一个可以落脚的宜居地理单元。

2. 在周昭王伐楚大败后出现的战略机遇期里，楚国一度控制了较大的疆域，并试验了君臣分权的分封制。据《史记·楚世家》的记载，周夷王时期周王室衰弱，楚君熊渠抓住机会大肆侵略扩张，楚国疆域达到西周时期的最大值。在此基础上，熊渠采用了周王室的方法，将自己的三个儿子分封到新占领的江水沿岸地区。不过，当周厉王开始大规模讨伐南方之后，楚国马上开始战略收缩，中止了分封制的试验。

春秋早期，楚君熊通抓住顶层管控者缺位的战略机遇期，开始在南土积极谋求发展。熊通/楚武王做了三件大事，确定了楚国的国家发展战略和君集权体制：

1. 熊通在位期间，攻克或制服了南阳盆地南部的唐国和蓼国、随枣走廊中部的随国、江汉平原南部的州国，并尝试攻占南阳盆地北部的申国，为接下来完全占领屏障以西的南阳盆地、随枣走廊、江汉平原这三个地理单元打下了坚实基础。前701年，屏障以东的蔡国和屏障以西的邓国君主会面，探讨楚国接下来突破屏障东进淮水流域的可能性。

2. 前706年（熊通三十五年），熊通公开表达了他想要北上争霸的意愿，同时要求周王室提升他的封爵，使得现在是子爵君主的他能够参与由公、侯、伯爵诸侯主导的中原国际政治博弈。[1]前704年（熊通三十七年），当熊通提升封爵的要求被周王室拒绝之后，他干脆抛弃了周王室赐予他的子爵封国地位，一步到位自立为王，楚国从此成为与周邦分庭抗礼的王级政权。

3. 楚武王晚年，楚人成功灭掉了位于荆东汉西核心区南端的权国。当面临如何治理新占领土的问题时，楚武王没有比照周王室将王畿外围土地分封给卿大夫家作为私邑的做法，而是比照周王室派官吏直接治理王畿内圈直辖"县"的做法，于前704年至前691年间在权国旧地设立了中国历史上第一个有明确记载的、与后世集权帝国郡县制有直接关联的县，任命了中国历史上第一位非世袭"县长"——县尹斗缗。后来斗缗联合权国遗民发动叛乱，楚武王镇压了叛乱，任命了新的县尹，坚定推进县制改革，从此确立了用"设县直辖"的办法治理新占领土的基本国策。由于将领土统治权集中于王室的县制是君集权体制的基石，所以建立了县制的楚国成为春秋时期第一个在全国疆域内采用君集权体制的诸

---

1 《史记·楚世家》："我，蛮夷也。今诸侯皆为叛相侵，或相杀。我有敝甲，欲以观中国之政，请王室尊吾号。"

侯大国。

上述第1、2条合起来，可以推测出熊通/楚武王想要推行的国家发展战略是：以军事行动为主要手段，先拿下屏障以西地区，再从山间孔道越过屏障，一面东进淮水、江水流域开疆拓土，一面北上中原腹地参与争霸，推动楚国从"南蛮"升级为"南方之王"，最终取代周王室升级成为"天下新王"。可以说，"东进北上，扩张升级"，是熊通/楚武王确立的楚国发展愿景，也是后代历任楚王恪守的先王之命。

从前740年熊通即位开始，到前529年楚灵王"灭吴未捷身先死"为止，楚国武、文、成、庄、穆、共、康、灵诸王践行楚武王确立的发展战略，领导楚国东进开疆拓土、北上中原与中原诸侯联盟争斗，坚持不懈奋斗了211年。在这期间，特别值得一提的是三个"实力高峰时刻"和两个"心灵高峰时刻"：

1. 前632年晋楚城濮之战前夕，楚成王领导楚国达到了第一个实力高峰时刻。

2. 前597年邲之战胜利之后，楚庄王领导楚国达到了第二个实力高峰时刻。此外，前606年楚庄王派使者向周王室询问九鼎轻重，明确表达出"一统天下，改朝换代"的愿望，标志着楚王达到了第一个心灵高峰时刻。

3. 前530年楚军围徐逼吴时，楚灵王领导楚国达到了第三个实力高峰时刻。此外，前530年楚灵王派出使者向周王室要求九鼎，明确表达出"一统天下，改朝换代"的愿望，标志着楚王达到了奋斗期的第二个心灵高峰时刻。

在前528年楚平王即位开始，到前506年吴王阖闾攻破楚郢都为止，楚国经历了一段23年的沉沦期。然而，从前505年楚昭王回到郢都开始，楚国触底反弹，又开始了一个新的奋斗期。

春秋时期，楚国的政治中心并没有因为国家强大而安定下来，而是继续频繁迁徙，仅就武王至昭王时情况而言，武王迁徙2次（宵—免郢—疆郢），文王4次（疆郢—湫郢—樊郢—为郢—免郢），堵敖1次（免郢—都郢），成王2次（都郢—湫郢—睽郢），穆王1次（睽郢—为郢），庄王4次（为郢—樊郢—同宫之北—蒸之野—为郢），共王、康王、郏敖0次（为郢），灵王1次（为郢—秦溪之上），平王0次（秦溪之上），昭王5次（秦溪之上—嬺郢—鄀郢—为郢—秦溪之上—嬺郢）。在这些正式都邑或临时居地中，除了秦溪之上位于屏障以东的淮水流域，其他都邑都位于屏障以西地区。

春秋时期的楚国，在治权分配格局方面看是典型的君集权国家。根据笔者专著《不服周》中所做的总结，其君集权的性质体现在如下几个方面：

1. 全国领土统治权集中于楚国王室。其中，王都及附近土地由王室派遣官员直接治理；广大的地方领土上设立直辖县，由王室派遣非世袭的县公直接治理。这一条是接下来几条的基石。

2. 领土统治权和政事决策权都集中于王室领袖——楚王。比如说，楚王是全国武装力量的实际最高统帅，并且掌控着中央最高行政官（令尹）和直辖县行政长官（县公）的任免和奖惩。

3. 中央官僚机构的权力集中于令尹。

4. 中央和地方高级官员职位集中于王族。

总而言之，春秋时期楚国的政治体制是以楚王为核心、以县制为基石的君集权体制。楚王手握各项国家最高权力，他通过优先任命近亲王子来掌控中央卿级高官班子，通过任免和奖惩令尹来掌控整个官僚体系，通过中央直辖的县制来掌控国内的绝大部分领土。

二、秦国

秦人是一个历史非常悠久的中原嬴姓古族，最早居住在今山东省境内。西周初年，秦先人首领飞廉率部众参与东土大叛乱，失败后逃到商奄（今山东省曲阜市）。周公东征灭商奄之后，命令寄居在商奄的秦先人长途跋涉西迁到宗周王畿以西地区，为周邦抵御西戎、戍守西部边陲。西迁秦先人最早居地是邽（可能在今甘肃省甘谷县），其后定居于西犬丘（今甘肃省礼县）。

秦先人首领大骆生二子，次子为非子。非子一族后来离开西犬丘，在汧水、渭水之间为周孝王牧马有功，得封于秦（可能在今甘肃省清水县），成为周的附庸国，秦人称"秦"始于此，此支嬴姓秦人就是后来建立秦国的"秦嬴"；其父大骆一族仍居住在西犬丘，可称为"骆嬴"。西周晚期周厉王之时，西戎灭骆嬴，此后只有秦嬴一族。周宣王任命秦人首领秦仲为大夫，率秦人抗击西戎，在秦庄公时收复西犬丘，庄公、襄公、文公（初期）居于西犬丘。

西周末年，秦襄公伐戎救周有功，周平王封其为诸侯，秦国至此正式跻身诸侯国行列。周平王在册命秦襄公时发誓说，如果秦人能够驱逐关中盆地的戎人，就能拥有戎人占领的土地。秦人抓住了这个战略机遇期，襄公、文公、宁公、武公坚持不懈攻伐戎狄，逐步占领了整个关中盆地。

春秋时期，秦文公时将都邑迁到汧渭之会（可能在今陕西宝鸡陈仓区魏家崖村），秦宪公时迁到平阳（今宝鸡陈仓区太公庙村）。秦德公时迁到雍（今宝鸡凤翔区南郊），雍成为整个春秋中期和后期的秦国都城。这三个地方都位于今宝鸡市境，也就是汧水、渭水交汇的区域[1]。

1　从西周到春秋时期的秦国历史，参见刘勋（2023年）（a）。

当面临如何治理新占领土的问题时，秦人与楚人一样，没有比照周王室将王畿外围土地分封给卿大夫家的做法，而是比照周王室派官吏直接治理王畿内圈的直辖县的做法，在戎狄旧地设立县进行直接治理。文献记载的第一批秦县，是秦武公在前688年打败了邽地、冀地的犬戎后在当地设立的县，在时间上稍晚于楚国在楚武王晚期建立的权县（前704年—前691年）。秦国从此确立了用"设县直辖"的办法治理新占领土的基本国策，成为春秋时期继楚国以后第二个在全国疆域内采用君集权体制的诸侯大国。

值得注意的是，根据《史记·秦本纪》记载，秦武公本人下葬时首次施行人殉，一次性随葬了66人，这也标志着秦国贵族丧葬人殉制度的正式建立。秦武公下葬施行人殉，清楚地说明了两点：第一，虽然秦人占据的是宗周故地，而且秦国也是周朝邦国体系中的伯爵诸侯，然而秦国贵族文化其实具有浓厚的蛮夷特色，与尊崇周礼、反对人殉的中原诸侯国（齐、晋、鲁、郑、宋、卫、曹等）有很大不同；第二，秦武公君权强盛，而且有意识地通过人殉制度来向其臣民彰显这一点。

秦穆公时期，秦国一度试图东进中原参与争霸，不幸遭遇强势崛起的东邻晋国。前627年崤之战后，秦国东进中原的崤函道被晋国阻断，东进中原已无可能。此后，秦国一方面与楚国结盟，偶尔会独自或与楚国联合出兵攻打晋国，在晋楚长期斗争中客观上起到了策应楚国的作用；另一方面向没有大国阻碍的西戎地区发展，取得了面积广大的土地。

秦穆公之后，秦国淡出了中原国际政治舞台，导致传世文献中对春秋中晚期秦国的记载非常少，所以我们无法对秦国的县制和君集权体制给出一个像楚国那样详实可靠的描述。然而，我们可以找到证据证明，秦穆公及以后的秦国，至少在政事决策权分配格局方面来说仍然是一个君集权体制的诸侯国：

1. 秦穆公用贤臣殉葬。根据《左传·文公六年》和《史记·秦本纪》的记载，前621年秦穆公去世时，随葬了177人，其中包括三位秦国贤臣奄息、仲行、鍼虎。秦人为三位贤臣的死感到哀痛，为他们创作了《黄鸟》这首诗，保存在《诗经·秦风》中。秦穆公不仅用人殉葬，而且用著名贤臣殉葬，这充分体现了秦穆公君权的强盛，是同时期君臣分权国的君主想都不敢想的。

2. 秦国贵族下葬人殉制度演变。学者研究指出，从春秋早期到战国中期，秦国君主墓葬的殉人数量呈现上升趋势，比如说，春秋早期秦武公下葬时殉人66人，春秋中期秦穆公下葬时殉人177人，而春秋晚期秦景公下葬时殉人186人。与此同时，秦国卿大夫墓葬的殉人人数一直较为稳定，大概是3—7人。君主墓葬和卿大夫墓葬殉人数量差距在春秋时期不但没有缩小反而扩大，这从一个侧面反映了春秋秦国的君集权水平在春秋中后期是上升而不是下降的。[1]

3. 秦景公驱逐后子。春秋晚期时，秦桓公非常喜爱太子石（后为秦景公）的亲弟弟后子，秦景公继位后继续优待后子，给他国君级别的待遇，按《左传·昭公元年》的说法是，秦景公和后子"如二君"。然而，秦景公晚年（秦景公三十六年，死前4年）下决心驱逐后子以绝后患，后子虽然怨恨秦景公，却并没有起兵反抗，而是带着一千辆马车的庞大队伍离开了秦国。这个事例说明，秦国公室尊宠先君儿子，虽然可以赏赐给他大量的财产和奴仆供其享用，却不会给他

---

[1] 秦国贵族丧葬殉人情况参见王超翔（2021年）。

▼ 图27　秦公一号大墓，《宝鸡简史》，2017年。

分封大型私邑使得他能够培育私家军队、割据作乱，因此一旦国君下定决心，可以比较顺利地将先君儿子赶走。

4. 秦景公墓的超大规模。目前，考古发掘和研究已经证明，位于春秋时期秦国都城雍城遗址范围内的秦公一号大墓，墓主就是春秋晚期的秦景公。秦公一号大墓长300米，深24.5米，面积5 334平方米，是我国迄今发掘出的最大古墓，也是西周以来墓内殉人最多的古墓，墓内"黄肠题凑"是迄今发掘出时代最早、等级最高、形制最大的葬具。[1] 春秋晚期的秦国一般被认为是春秋四大国中国家实力最弱的一个，然而它竟然能征发人力物力为自己的君主修建出如此空前绝后规模的墓葬，唯一的解释就是，当时秦国的政治体制是尊崇君主、能够集中力量办大事的君集权体制。

从秦晋崤之战以后，秦国和楚国这两个君集权型大国就结成了同盟。有意思的是，与春秋时期其他短命的诸侯国同盟关系完全不同的是，秦楚同盟从春秋中期一直延续到战国中期秦国变法图强之后，是东周时期历时最长的大国同盟关系。笔者认为，政治体制层面的高度相似，以及在此基础上产生的理念层面的高度相互认同和信任，是促使秦楚同盟关系长期稳定的因素之一。

值得一提的是，考古研究发现，楚国从春秋中期开始出现贵族下葬殉人现象，春秋晚期达到鼎盛，战国时期开始衰落。[2] 楚国建立县制稍早于秦国，而秦国建立贵族下葬人殉制度早于楚国，笔者认为，这两组时间上的前后关系很有可能对应着两个君集权大国之间在集权相关制度方面的相互学习借鉴。

"分封私邑" vs "设县直辖"：策略抉择分析

在梳理了君集权型诸侯国和君臣分权型诸侯国的具体案例之后，我们开始探究他们为什么会选择各自的政治体制，从中归纳出君集权型诸侯国形成的原因。由于我们在这里探讨的"权"，最为核心的就是领土统治权，所以接下来我们仔细探讨的其实是，为什

1　秦公一号大墓情况参见赵生祥（2001年）。
2　楚国贵族丧葬殉人情况参见杨茂（2010年）。

么君臣分权型诸侯国会选择导致分权的"分封私邑"策略来统治新占领土，而君集权型诸侯国会选择导致集权的"设县直辖"策略来统治新占领土。

第一个分析的角度，是从这两类诸侯国的建国历史背景入手。

正如笔者在《不服周》一书中对晋、鲁、卫、蔡、郑、齐、陈、宋、楚、秦十个有详细记载的诸侯国的建国历史背景进行分析之后所归纳的那样：

（一）诸侯公族/王族来源

君臣分权型诸国中，七国公族来自周王室内亲外戚，宋国公族来自商王室后裔，在始封之前都没有自己的政权。

君集权型诸国的王族/公族都来自与商周王室没有亲戚关系的中原古族，在始封之前早已建立了政权。

（二）周代分封类型

君臣分权型诸国的分封类型都是"初创型分封"，也就是周王室出于建立新诸侯国的目的，将始封君及其族人分封到一块原本不属于他们的新占土地上去，建立新诸侯国，成为周王室的守土之臣。

君集权型诸国的分封类型都是"羁縻型分封"，也就是周王室出于管控周边既有政权的目的，承认这些既有政权的地位，将他们纳入周朝封国体系中来，所谓的"始封地"就是他们的现居地。

（三）始建地域和始封地域

君臣分权型诸国的始建地等于始封地，都位于春秋时期的中原地区。

君集权型诸国的始建地位于中原地区，而始封地位于周边的戎蛮地区，始建地到始封地之间相距遥远，也就是说，该国从始建到始封，中间经历了长时间、长距离的迁徙。

（四）君长居地迁徙情况

君臣分权型诸国的都邑在始封之后，至多长距离迁徙一次，绝大部分时间都稳定在一地，迁徙次数不多，而且即使迁徙也是短距离调整，这与它们是周王室严格管控的中原守土之臣的定位是一致的。

君集权型诸国在始封之后，仍然在为生存和发展而进行长距离、多次迁徙，这与它们是周王室松散羁縻的归附政权的定位是一致的。

上面的数据强烈提示这样一种可能性，一个国家是选择"分封私邑"策略还是选择"设县直辖"策略，与这个国家的建国历史背景有直接关联。沿着这个思路，笔者提出，导致这两类诸侯国在治理新占领土问题上采取不同策略的部分原因，应该是这两类诸侯国的君臣在政治和历史认知上存在显著差异，而这种差异的根源是这两类国家在建国历史背景上的显著差异。根据笔者在《不服周》一书中所做的分析，这种认知差异主要表现在如下几个方面，其中君集权诸国以文献记载详细的楚国为例：

（一）对周礼/分封制的认知

君臣分权诸国的公室原本就是周王室的内亲外戚，或者被周人礼敬的商王后裔，西周始封之后一直受周王室的管控、保护和教化，高度认同周文化，高度尊崇周礼/分封制。当然，由于周王室的严格控制，这些诸侯国在西周时期没有条件在其国内实行分封制。在西周覆灭之后，这些国家的君臣仍然非常尊崇周礼/分封制。

楚人拥有与周人很不相同的独特本族文化，楚国公室与周王室只有松散羁縻关系，而且长期受到周王室的敌视和打击，因此楚国君臣对周礼/分封制没有偏好。

（二）对西周灭亡教训的认知

君臣分权型诸侯国高层身处分封制构建的既得利益格局中，他们认为，实行分封制不是西周灭亡的原因，西周晚期三王试图打破既得利益格局、加强王室集权的"暴政"才是西周灭亡的原因。因此，中原诸侯国君臣应该吸取西周灭亡历史教训，在治理边境新占领土问题上拨乱反正，继续选择"分封私邑"策略。

楚国高层认为，实行分封制就是周邦灭亡的原因，因为它导致西周王室衰弱、王廷卿大夫家族和王畿外诸侯国壮大，最终导致西周王室被这两股势力联合绞杀。因此，楚国应该吸取周邦灭亡历史教训，在治理边境新占领土问题上不走周王室的分封老路，而是从周人以前就有的直辖实践中汲取经验教训，尝试采用一种直辖的新策略。实际上，在这个新策略里，直辖行政单位的名称用的就是西周王都周边直辖地区的名称——县。

（三）对集权强势君主的认知

君臣分权诸国在分封后长期处于相对稳定、文明、有周王室援助的状态，其发展模式是安土重迁、以和为贵、稳中求进，因此这些诸侯国的贵族和民众对于一个权力欲强、野心勃勃的强势集权君主没有迫切需求，他们更认同的是一种"君臣分权共治"的局面。与此同时，周王室希望这些诸侯国各安其分、各守其土，也不希望这些诸侯国中出现谋求打破现有封国体系的强势集权君主。

也就是说，虽然这些诸侯国在西周时期的领土统治权分配格局是"君集权"，政事决策权分配格局也是"接近君集权"，但这些国家的卿大夫认为这是周王室严格管控诸侯国领土规模造成的实然后果，并不是他们认同的应然安排，他们向往的是王畿实施分封制后形成的"君臣分权"格局。

与此不同，楚国在分封后一直在条件艰苦的南蛮地区谋求生存和发展，频繁迁徙都邑，从头开始拓荒垦殖，随时准备抵御周边蛮夷部落的侵袭。在这个过程中，楚国不仅得不到周王室的援助，反而还经常受到周王室的遏制和打压。要想在这样不稳定、险恶、无援助的外部环境下不溃散、不灭亡，唯一可行的模式就是万众一心服从一位集权强势君主，由这位集权强势君主领导贵族和民众克服各种困难，战胜各种敌人，谋求生存发展。

也就是说，楚国在西周时期的领土统治权和政事决策权分配格局原本就是"君集权"，而且这些国家的卿大夫认为这不仅是周王室打压楚国、限制其发展造成的实然后果，更是他们认同的应然安排。

总而言之，君臣分权型诸侯国在上述三个问题上的认知会促使他们在决策时选择合乎周礼分封大传统、导致君臣分权的"分封私邑"策略，而楚国在上述三个问题上的认知会促使他们在决策时选择不合乎周礼分封大传统、巩固加强君集权的"设县直辖"策略。

第二个分析的角度，是从"分封私邑"和"设县直辖"策略本身的好处和危害入手。

一、"分封私邑"策略的好处和危害

根据笔者在《不服周》一书中所做的分析，对于当时要做出决策的诸侯公室来说，从表面和眼前的角度来看，"分封私邑"策略其实是一个符合周礼传统、容易筹备实行、收效又快又好的策略：

（一）"分封私邑"符合周礼分封分权大传统，沿用周王室既有的王畿内分封卿大夫私邑制度，公室筹备实施难度小。

（二）"分封私邑"分摊政治责任和行政负担，公室政治风险小。

（三）"分封私邑"让卿大夫群体得到实惠，不会遭受卿大夫群体的质疑和反对。

（四）"分封私邑"不用刻意的制度设计就能够充分调动卿大夫家族积极性，达到公室和私家的短期"双赢"。

然而，对于诸侯公室而言，从根本和长远角度来看，"分封私邑"策略的害处也很明显：

（一）从根本上说，"分封私邑"会限制国君伸张他的权力意志，不是有野心抱负的国君真心想选择的策略。

（二）从长远上说，"分封私邑"会导致卿大夫家族壮大、公室衰弱、国家分裂。

二、"设县直辖"策略的好处和危害

对于当时要做出决策的诸侯公室来说，从表面和眼前的角度来看，"设县直辖"策略是一个比较难以实施、收效难以预料的策略：

（一）"设县直辖"不符合周礼分封分权大传统，需要为以前没有过的边境直辖县创设新制度，公室筹备实施难度大。

（二）"设县直辖"将政治责任和行政负担集中在公室，公室政治风险大。

（三）"设县直辖"让卿大夫群体得不到实惠，容易遭受卿大夫群体的质疑和反对。

（四）"设县直辖"必须实施一套有效的绩效考核制度才能充分调动卿大夫的积极性。

然而从根本和长远的角度看，"设县直辖"策略的好处很明显：

（一）从根本看，"设县直辖"会支持国君伸张他的权力意志，是有野心抱负的国君真心想选择的策略。

（二）从长远看，"设县直辖"如果能坚持推行，将导致公室稳固壮大、卿大夫家族臣服听命、国家竞争力显著提升（因为能够集中全国力量一致应对外部挑战）。

如果不考虑各个诸侯国的具体历史背景，假设决策是由国君与卿大夫群体共同商议后做出，并且国君还有相当决策权的话，可能的情形大概是这样：

第一，如果国君是史识短浅的庸主，认识不到"分封私邑在长期将削弱公室、设县直辖在长期将巩固公室"，将有利于选择"分封私邑"；如果国君是史识深刻的英主，能认识到上述发展趋势，将有利于选择"设县直辖"。

第二，如果国君是行事风格温和的弱主，决策时倾向于顺从卿大夫群体的意见，将有利于选择"分封私邑"；如果国君是行事风格强硬的强主，决策时能力排众议坚持己见，将有利于选择"设县直辖"。

第三，如果卿大夫群体中，史识短浅的庸臣占多数，认识不到"分封私邑在长期将分裂国家、设县直辖在长期将有利于提升国家竞争力"，将有利于选择"分封私邑"；史识深刻的贤臣占多数，能认识到上述发展趋势，将有利于选择"设县直辖"。

第四，如果卿大夫群体中，将私家利益放在首位的私家本位者占多数，将有利于选择"分封私邑"；将国家利益放在首位的国家本位者占多数，将有利于选择"设县直辖"。

第五，如果决策集团中，看重周王室成法旧制、厌恶创新风险的保守派占优势，将有利于选择"分封私邑"；如果决策集团中不在乎周王室成法旧制、愿意承担创新风险的改革派占优势，将有利于选择"设县直辖"。

第六，如果决策集团中，看重政策尽快见效的短期主义者占优势，将有利于选择"分封私邑"；看重政策长治久安的长期主义者占优势，将有利于选择"设县直辖"。

从我们对于春秋史的常识性认知来推测，国君是庸主、弱主，卿大夫是庸臣、私家本位者，决策者主体是保守派、短期主义者的情况是多数，国君是英主、强主，卿大夫是贤臣、国家本位者，决策者主体是改革派、长期主义者的情况是少数。也就是说，大多数诸侯国应该会选择"分封私邑"策略，而这也正是我们从文献记载里面看到的。但是，我们同样可以这样推测，选择了"设县直辖"的楚国、秦国，很可能就符合上面说的少数情况。

综合上述两个角度的分析，笔者认为，促使春秋时期第一个君集权诸侯国——楚国选择"设县直辖"策略的原因可能有如下四个：

第一，楚国君臣对周礼/分封制缺乏认同，在考虑新占领土治理策略时并不在意该策略是否符合周王室成法旧制。

第二，楚国君臣在总结周邦灭亡历史教训时，认为实行分封制是周邦灭亡的重要原因，所以楚国治理新占领土要采取与"分封私邑"反向的"设县直辖"策略，即使这样在短期意味着更大的难度和更高的创新风险。

第三，楚国卿大夫群体高度认同君主强势和集权，愿意服从和支持一位强势英主带领他们走一条"不服周"的另类发展道路。

第四，楚武王就个人风格而言是一位具有强烈野心抱负的英主，就政策风格而言是一位关注公室和国家长远发展的长期主义者，一位愿意承担创新风险的革新主义者。因此，楚武王能够看到选择"设县直辖"策略在长期将为王室带来的巩固作用和为楚国带来的竞争力提升，并且有决心面对和解决选择该策略在短期将要面临的困难和挑战。

基于上述这些因素，楚武王领导的楚国王室在攻灭第一个小国之后就毅然决定在其旧地实施公室直辖的县制，开始构建一个中央集权的国土治理体制，并以此为基石建立了春秋时期第一个中央集权体制的诸侯国。

限于文献记载的缺乏，笔者无法像上文分析楚国这样详细分析秦国采取"设县直辖"策略的原因。但是，由于秦人同楚人一样，也是一支历史悠久、拥有自己独特文化（比如前面提到的贵族丧葬人殉制度）、长期被周王室打压和驱使、长期在条件艰苦的戎蛮地区迁徙奋斗的族群，而且秦人建立直辖县制时的君主是秦武公，从其功业和谥号"武"来看应该是和楚武王一个类型的英主，所以笔者上文所列举的理由很可能也都适用于秦国。

实际上，在楚、秦先后建立直辖县制之后，晋文公领导的晋国公室敏锐地意识到了这种制度对于巩固壮大公室能够起到的作用，曾一度想要在晋国新占领土上设立由公室直辖的县，任命非世袭的官员进行管理。然而，晋国的县制改革被更强大的"分封私邑"潮流所裹挟，先前设置的直辖县后来也成为分封给卿大夫的私邑。这个情况再次提醒我们，类似楚国和秦国这样周礼分封观念薄弱、与周王室关系疏离甚至敌对的周边地区羁縻型封国，才是直辖县制萌发的合适土壤。

分权国卿大夫家族坚持集权，不断改革与时俱进

由于赵、魏、韩、齐等战国时的集权军国是从君臣分权型诸侯国的卿大夫家族生成的，而与王廷卿大夫家族无关，所以接下来我们的论述只涉及诸侯卿大夫家族，从春秋时期开始只涉及君臣分权型诸侯国的卿大夫家族。

对于西周时期的诸侯卿大夫家族，由于文献记载较少无法进行详细讨论，大概可以知道的是：

第一，由于西周时期诸侯国基本上不分封私邑给卿大夫家族，因此卿大夫家族直接统治的区域只有国都地区的宅邸和国都附近的少量禄田，基本上就是一个"中央"性质的政权。

第二，卿大夫家族的治权都集中于家主，家臣供家主驱使，是典型的君集权型政权。

第三，卿大夫家族的家臣数量不多，就其来源而言绝大多数都是宗法性家臣，也就是卿大夫家族里宗法地位较低的庶子以及其他小宗、旁支族人。

正如本文第四节所说的那样，到了春秋时期，诸侯国分成了两个类型：君臣分权型诸侯国公室开始分封边境地区新占领土给卿大夫家族建有中心城堡的大型私邑，而君集权型诸侯国公室用设县直辖的方法来统治新占领土。这样一来，楚国、秦国这种君集权型诸侯国的卿大夫家族也就不可能分封私邑给家臣，因此这些诸侯国的卿大夫家族也就一直是君集权型的政权了。

下面我们来看君臣分权型诸侯国的卿大夫家族 (以下简称分权国卿大夫家族)。在分封私邑之后，分权国卿大夫家族在政治地理角度来说不再是局限于国都地区的"中央"性质政权，而是横跨"中央"和"地方"的政权，其领土包括卿大夫家主领导家臣治理的国都地区宅邸以及边境私邑。

从权力结构来看，分权国卿大夫家族的"君"就是由卿大夫担任的家主，"臣"就是那些为家主服务、供家主役使的家臣，他们之间的关系就是一种君臣关系。某人在加入某个卿大夫家族成为家臣时，要对家主行"策名委质"礼，也就是将自己的名字正式写入家主的简册，向家主交纳象征性的质礼，并且向神灵宣誓效忠家主，从而确认家臣与家主之间一种契约式、封闭式的君臣关系。[1]实际上，到了春秋晚期，显赫卿族的家臣称其家主为"君"已经是一个较为普遍的现象。[2]

接下来，分权国卿大夫家族一方面继续任用家臣来直接治理大型私邑的中心城堡和周边大部分私邑土地，一方面把小部分私邑土地作为禄田分封给部分家臣，作为家臣自身收入的来源。在文献记载中从来没有出现春秋时期卿大夫家族的家主将有中心城堡的大规模私邑主动分封给家臣的记载。家臣通过分封的方式从家主那里获得大型私邑的唯一一个案例，是鲁国季氏家宰阳虎发动政变控制鲁国政权之后，迫使季氏将郓、阳关、讙这三个有中心城堡的大型私邑"分封"给了他，但阳虎仅仅1年后就事败出奔，并没有实现对上述大型私邑的长期拥有。

在家臣任职期间，家臣对于他的禄田当然是有直接治权的；如果某一个家臣的家族累世在同一个卿大夫家族服务，那么这个家臣的家族也当然能够世代从某块禄田取得收入。然而，禄田在性质上仍然是掌握在家主手中的土地，而不是家臣长期世袭、高度自治、

---

1 家臣向家主行策名委质礼的情况，参见姚晓娟（2011年）。
2 家臣称家主为君的例子，参见吕文郁（2006年）。

一般情况下无法收回的私邑；家臣如果不再担任职务，就要把禄田归还给卿大夫家族。此外，文献上有叛乱卿大夫带着边境私邑投奔敌国的记载，却从没有叛乱家臣带着禄田投奔敌国的记载。

到了春秋晚期，家主对家臣的俸禄控制得更加严格，逐渐用财货性俸禄替代禄田，使得家主与家臣的关系更加接近于后世君主和官僚的关系。比如说，孔子培养的弟子，他们担任卿大夫家臣时领取的都是以粮食为载体的财货性俸禄。[1]

因此，春秋时期的分权国卿大夫家族内部，领土统治权分配格局往精细来说是"君极强而臣极弱，非常接近于君集权"，如果笼统来说就是"君集权"，而且随着时间推移，集权程度越来越高。

基于这种领土统治权分配格局，家主和家臣之间的政事决策权分配格局也是"君集权"，具体点说就是"家主大权在握，家臣效忠家主"，具体体现在[2]：

第一，家主在家中权力极大，可以用集权君主惯用的赏罚手段控制家臣，并且可以直接决定家臣的生死，公室不得干涉。

第二，家臣不知有国，只知有家，只听家主命令，只为家主奔命，即使为此违抗国君也在所不辞。

到了春秋晚期，少数才干出众、野心抱负强的高级家臣试图通过暴力手段突破自己头上的政治前途天花板。比如说，他们或者担任家宰和其他宅邸家臣官职，利用任职期间积累的政治能量在中央宅邸发动叛乱，劫持家主从而控制家政（如鲁国季氏家宰阳虎作乱、鲁国叔孙氏内臣竖牛作乱）；或者长期担任邑宰和其他私邑家臣官职，利用任职期

---

1 关于春秋时期卿大夫家族不分封私邑给家臣，以及春秋晚期加强对家臣经济控制的情况，参见史磊（2010年）。
2 关于春秋时期家主-家臣关系的情况，参见史磊（2010年）、姚晓娟（2011年）。

间积累的政治能量在地方私邑发动叛乱，成立割据政权（如晋国赵氏中牟邑宰佛肸作乱、鲁国季氏费邑宰南蒯作乱、季氏费邑宰公山不狃作乱、孟氏成邑宰公孙宿作乱、叔孙氏郈邑马正侯犯作乱）。

但是，与西周时期治权从周邦下移至诸侯国、从周王室下移至王廷卿大夫家族，以及春秋时期治权从诸侯公室下移至诸侯卿大夫家族的历史进程不同，春秋时期治权并没有从卿大夫家主下移至家臣，因为见于记载的所有家臣叛乱都被其所在的卿大夫家族扑灭，叛乱邑宰占据的卿大夫私邑并没有变成家臣私邑，家主的集权强势地位虽然在春秋晚期受到了严峻挑战，但最终没有被削弱，反而在适当调整后得到了巩固和加强。

随着时间推移，各分权国显赫卿大夫家族的私邑规模越来越大，卿大夫家族间的博弈斗争日趋复杂以至于爆发大规模内战，家族各项政务的体量和难度也不断升高。面对越来越大的治理压力，分权国卿大夫家族的家主并没有通过将私邑分封给家臣的方式来将治理压力"承包"出去，而是不断扩充和优化其家臣队伍以应对挑战。因此，与西周时期的卿大夫家族相比，春秋时期的卿大夫家族家臣队伍在如下四个方面有了发展和升级[1]：

第一，家臣队伍分化为中央宅邸和地方私邑两支。

由于卿大夫家族在地理上横跨中央宅邸和地方私邑，因此家臣队伍也发展成为两部分，一部分家臣在家宰的领导下常驻中央，直接服侍家主，同时治理国都地区宅邸，我们可以叫他们"中央宅邸

---

[1] 关于春秋时期家臣队伍的发展，参见吕文郁（2006年）、史磊（2010年）、姚晓娟（2011年）。

家臣"；另一部分家臣在邑宰的领导下常驻地方，治理卿大夫家族的私邑，我们可以叫他们"地方私邑家臣"。

随着卿大夫家族，特别是显赫卿族的发展壮大，某个卿族的中央宅邸和地方私邑的距离可能非常遥远。比如说，晋国赵氏的国都宅邸在今山西省侯马市，与它的核心私邑晋阳（今山西省太原市）直线距离达到了270千米。

第二，家臣队伍规模不断扩大，分工不断细化。

随着中央和地方政务的细密化和复杂化，中央宅邸和地方私邑家臣队伍的规模不断扩大，职务分工也不断细化。比如说，中央宅邸家臣出现了家宰、司马、车右、乐工、御、祝、宗、卜、史、竖、寺人、饔人、司宫、圉人等职务，地方私邑家臣出现了邑宰、司徒、马正、工师等职务。家臣队伍中最有权势的是领导中央宅邸家臣团队的家宰，其次是领导地方私邑家臣团队的邑宰。

在家臣队伍中特别值得注意的官职是司马、马正，他们是卿大夫家族的私家军队的长官。由于卿大夫家族的领土包括中央宅邸和地方私邑，私家军队相应地也分为两支，一支驻扎在国都地区保卫中央宅邸，一支驻扎在地方保卫私邑。

第三，在中央设置家朝，在地方设置邑朝。

所谓"朝"，就是政权的君长和臣僚共同商议决策政事的专门场所。春秋时期，卿大夫家族普遍在位于国都地区的宅邸设立家朝，作为家主与中央宅邸家臣（以及来中央汇报工作的地方私邑家臣）商议决策政事的专门场所；在位于地方的私邑设立邑朝，作为邑宰（以及来地方巡视的家主或中央宅邸家臣）与其他地方私邑家臣商议决策政事的专门场所。

第四，非宗法性家臣比例逐渐提高，作用日益重要。

由于家臣队伍显著扩大，各项事务也更加繁难，仅靠宗法性家臣已经无法满足需求，因此春秋时期比较显赫的卿大夫家族都出现了非宗法性家臣。这种非宗法性家臣，有的来自其他卿大夫家族的"跳槽"家臣，有的来自除开家臣的国都地区其他士人。

到了春秋晚期，非宗法性家臣在家臣队伍中的比例越来越高，作用也越来越重要。非宗法性家臣与家主非亲非故，只能依靠自己的知识才干获得家主的任用，也只能依靠自己的工作业绩来获得升迁的机会，他们其实是战国时期集权军国中央朝廷的德才型官僚的前身。孔子自己曾经担任过鲁国季氏和齐国高氏的家臣，而他举办私学培养士人弟子，其学生最重要的一条出路也是去显赫卿族担任非宗法性家臣，比如仲由、冉求曾担任季氏家宰。

上述这些变化使得卿大夫家族的家臣队伍越来越像战国集权军国的官僚队伍，而这也为晋国、齐国的春秋卿大夫家族升级为战国集权军国做好了铺垫。

根据学者对于西周时期王廷卿大夫家族的研究，这些位于王畿的卿大夫家族在拥有了大型私邑之后，继续按照周礼分封分权的基本思路将私邑进一步分封给了长期供职于本卿大夫家族的高级家臣家族。[1] 也就是说，西周时期周王畿地区的分封，贯穿了周朝、周邦、王廷卿大夫家族、家臣四个层次。

然而，春秋时期的分权国卿大夫家族一方面在诸侯国层面积极推动诸侯公室比照西周王室分封王畿外围土地给王廷卿大夫家族的做法，将边境新占领土分封给自己作为私邑，另一方面在家族内部

1　关于西周时期王廷卿大夫家族分封家臣的情况，参见朱凤瀚（2004年）、李春利（2013年）。

并没有比照西周王廷卿大夫家族的做法，将得到的私邑进一步分封给家族中的高级家臣，而只是将少量土地授予家臣作为非世袭的禄田，并且逐步用财货性的俸禄替代了资产性的禄田。在此基础上，家主也没有将政事决策权下放至家臣，而是一直保持了君集权的地位。也就是说，春秋时期分权国的分封，只贯穿了周朝、诸侯国、诸侯卿大夫家族三个层次。

分权国卿大夫家族的家主鼓动诸侯公室分封私邑给自己所领导的家族，无论是从周礼的"面子"，还是从利益的"里子"来说，都是顺理成章的：这样做既符合周礼分封分权的大传统，又符合周王室分封私邑给王廷卿大夫家族的旧制；既能又快又好地解决诸侯国政权面临的"有效统治边境新占领土"问题，又能让自己家族作为一个整体得到实实在在的土地资源和领土统治权，这样的好事怎能不去推动呢？

然而，分权国卿大夫家族的家主接下来不把分得的私邑进一步分封给家臣，就不是那么简单了。从周礼的"面子"来说，家主这样做，既不符合周礼分封分权的大传统，也不符合西周王廷卿大夫家族分封私邑给家臣的旧制；从利益的"里子"来说，家主这样做，当然是维护家主领导的狭义卿大夫族的利益，但同时无疑损害了本可以按照西周旧制分到私邑的家臣的利益。这样一来，家臣理直气壮地反对甚至反抗家主就是可预期的了。实际上，无论是鲁国的季氏费邑宰南蒯叛乱、季氏家宰阳虎叛乱、季氏费邑宰公山不狃叛乱、叔孙氏郈邑马正侯犯叛乱、孟氏成邑宰公孙宿叛乱，还是晋国赵氏中牟邑宰佛肸叛乱，都占据了大型卿大夫私邑，试图将其变为自己的领土，可以说是"你不按照旧制分封私邑给我，那我就自己用暴力来夺取"。

那么，各国卿大夫家族的家主面对家臣的反对甚至反抗，为什么还要坚持不分封私邑给家臣？笔者认为，很重要的两个原因是：

一方面，家主们深刻吸取了西周时期周王室分封私邑给王廷卿大夫家族造成自身衰弱，以及春秋时期诸侯公室分封私邑给诸侯卿大夫家族造成自身衰弱的历史教训，特别是他们亲身参与的后一个历史进程。不难想见，当他们扮演卿大夫角色在朝廷治国理政时，经常盘算的就是如何巩固卿大夫集团在领土统治权和政事决策权方面的优势，以及如何防止傀儡化的国君伺机夺回权力。他们只要做一个简单的换位思考就能知道，如果自己把私邑分封给那些有才干、有野心的家臣，不用多久他们自己也会成为被家臣架空的傀儡。因此，他们就像春秋初年的楚武王、秦武公那样，虽然明知道选择继续维持和发展"君集权"体制在短期难度更大、收效更不确定，也要为了不重蹈西周王室和春秋诸侯公室的覆辙而坚持下去。

另一方面，家主们认真借鉴了第一批君集权型诸侯大国的成功经验，不断完善家族内部的集权政治制度，提高统治水平。这方面最典型的例子就是晋国卿族对楚国"设县直辖"成功经验的学习借鉴。

晋文公即位1年后（前635年），率军占领了南阳地区，作为南下中原争霸的前进基地。为了有效治理温、原、攒茅这些南阳地区的重要城邑，晋文公采取了"设县直辖"的策略，也就是公室任命非世袭的大夫来直接统治这些新占城邑。[1]笔者认为，晋文公在攻占

---

1 攒茅县是第一个见于文献记载的晋县。此外，晋义公任命赵衰、狐溱分别担任原人夫、温大夫，是传世文献关于晋国公室任命非世袭大夫治理晋县的最早记载。参见吕文郁（1992年）。

南阳后启动"设县直辖"改革，是在借鉴楚国、秦国的"设县直辖"成功经验。理由有三：

第一，晋文公设立的这一批公室直辖县，远离晋国都城，包括中心城堡及周围农业区，规模上并不整齐划一，很明显与前文所提到的楚/秦县属于同一类型，而与周县、齐县不同。

第二，当晋文公尝试设县直辖新占领土时，楚国、秦国的直辖县制度已经实行了将近半个世纪，这项巩固君集权、集中全国力量办大事的制度有力支持了楚成王、秦穆公的中原争霸事业，使得楚成王成功熬死齐桓公、斗败宋襄公，成为中原争霸大赛中最有希望成功的霸主候选人；使得秦穆公先后拥立晋惠公、俘虏晋惠公、拥立晋文公，在秦晋关系中占据主导地位，成为中原争霸大赛中新入场的"黑马"。当时晋文公的中心任务就是全力投入中原争霸事业，而他如果要称霸的话，首先要超越秦穆公，最终要击败楚成王。

第三，此外，晋文公团队在归国之前曾经去过楚国、秦国，并且得到楚成王、秦穆公的礼遇，有机会对包括直辖县制度在内的楚/秦政治制度进行深入了解。

然而，晋文公在南阳试点的"设县直辖边境公邑"改革与晋文公主推的"分封领土给有功卿大夫"改革是逆向而行的，不符合卿大夫家族的利益诉求。因此，没过多久以后，晋国的公室直辖县改革就停止了，此后在传世文献中出现的晋"县"，绝大多数时候是指卿大夫家族的直辖县，这种县是卿大夫家族私邑的一种形式。

不过，在春秋晚期，"公室设县直辖"这种方式偶尔还会被诸卿集团拿出来治理暂时还没有家族归属的晋国领土。比如说，前514年大夫族祁氏、羊舌氏被公室诛灭之后，他们的私邑被公室收回成为公邑。接下来，执政卿魏献子将这些私邑重新划分为十个县，随后任命了十位县大夫来治理这些名义上的"公室直辖县"。当然，"公室设县直辖"只是卿大夫家族没有就如何瓜分这些土地达成协议之前的权宜之计，它们最终还是成了卿大夫家族的私邑。

公室直辖县在晋国可以说是昙花一现，而卿大夫家族直辖县却在晋国蓬勃发展起来。晋国卿大夫家族继续借鉴楚国县制的成功经验，同时根据晋国的实际情况进行自主制度创新，不断发展完善直辖县制，并在此基础上进一步发展出直辖郡制。在这一时期，晋国卿大夫家族的地方私邑治理呈现出如下四个发展趋势：

第一，设县治理成为晋国各卿大夫家族治理其地方私邑的主流模式。比如说，前537年，楚灵王心腹谋臣薳启强说，当时晋国至少有49个卿大夫家族直辖县，其中卿族韩氏有7个县，大夫族羊舌氏有两个县。

第二，卿大夫家族直辖县在面积和人口规模上"整齐化"，越来越接近于1个规整的地方行政单位。比如说，上文提到的韩氏、羊舌氏的直辖县，其大小都是方百里左右，而且都要出一百辆战车。

第三，卿大夫家族直辖县的家臣团队"去宗法化""官僚化"，越来越接近于战国时期集权军国县的官僚队伍，这与我们上文所说的卿大夫家臣队伍的发展壮大历程是一致的。[1]

第四，有些卿大夫家族在直辖县制基础上进行进一步制度创

1　关于春秋晚期晋县的发展变化，参见陈剑（2009年）。

新，在最新占领的边境地区设立直辖郡。关于郡和县的区别有多种说法，但这些说法的共同点是，郡是卿大夫家族设立的直辖政治单元，因此是直辖县的进一步延伸。

晋齐卿族"化家为国"，构建第二批君集权大国

对于君臣分权型的中原各国来说，春秋时代是卿大夫家族发展、升级甚至转型成为独立国家的时代。这个历史进程的主角是家主担任诸侯朝廷卿官的显赫卿族，接下来的分析讨论都是以各国卿族为对象。

春秋时期卿族的演化路径，可以按照其升级转型达到的最高程度分为三条：

一、成功"化家为国"

属于这条路径的是晋六家卿族集团中的赵氏、魏氏、韩氏，以及齐卿族陈氏。这些卿家的统治实体在春秋早中期从大夫族升级成为卿族，在整个春秋时期不断发展壮大，到春秋晚期与其他卿族共同形成"多个强盛卿族长期共治国政"的卿族政治局面，随后致力于"化家为国"事业，在战国早期进一步升级成为独立诸侯国。

二、成功实现"卿族共治"

属于这条路径的是晋六大卿族中的范氏、中行氏、知氏，鲁三桓卿族集团，以及郑七穆卿族集团。这些卿族的统治实体在春秋早中期从大夫族升级为卿族，随后不断发展壮大，到春秋晚期与其他卿族共同形成"多个强盛卿族长期共治国政"的卿族政治局面，但未能继续升级为独立诸侯国。这其中，晋国范氏、中行氏、知氏曾致力于"化家为国"事业，但没有成功；而鲁三桓、

郑七穆则因为受到其母国地缘形势的限制，未能达到"化家为国"的层级。

三、成功升级为卿族

属于这一条演化路径的是各国大部分曾经存在过的卿族。在春秋时期从大夫族升级为卿族之后，这些卿族未能继续升级为卿族政治局面中的强盛卿族，随后由于家族后继无人，或者由于在政治斗争中失败而衰亡。

春秋时期卿族发展史中包含发展阶段最完整的一个案例，就是晋国卿族群体的升级发展：先是产生"六大卿族共治晋政"的卿族政治局面，然后六大卿家致力于"化家为国"，最终产生赵、魏、韩三个新诸侯国。根据笔者在专著《虎变》中的详细描述，晋国卿家的发展史大致如下：

一、晋文公时期：卿族政治的启动

如前所述，晋文公归国夺权成功之后，把内地原有公邑和边境新占领土都拿出来封赏有功诸卿，也就是主动将领土统治权让渡给卿大夫家族，特别是卿大夫家族中居于主导地位的卿族，建立了"君极弱而臣极强"的领土统治权分配格局。如前所述，晋文公也曾经在南阳地区试点"设县直辖"，但这次改革试点没有成功。

由于领土统治权对政事决策权的决定作用，所以从这时开始，各卿族作为一个整体在国家内政外交实践中主动夺取公室的政事决策权，使得整个国家的政治格局开始向"卿族政治"的方向发展。所谓"卿族政治"，就是卿族掌握国家领土统治权和政事决策权的主体甚至全部，公室在很大程度上被架空，国君只拥有非常有限的权力。

日后瓜分晋国的赵氏，就是在这一时期从大夫族升级为卿族。

二、晋襄公至晋厉公时期：卿族政治的成形和确立

在此期间，与卿族有关的政治进程主要有这样两个：

（一）每个卿族作为以增进私家利益为奋斗目标的个体，它们的兴起和衰落此起彼伏，卿族群体的成员组成和各自实力不断变化。具体说来，有些卿族一方面致力于在内政外交中建功立业，同时扩大自己的私邑、加强自己的经济军事实力，从而走向兴盛；另一些卿族由于自身不能持续推出优秀卿大夫人选而衰落退到大夫族，或者由于在政治斗争中落败而被彻底灭族。

（二）卿族集团作为一个有共同利益的整体，以领土统治权的绝对优势为基础，抓住晋灵公"婴孩幼主继位，诸卿长期摄政"的机会，持续夺取公室的政事决策权，直至取得绝对优势。这个"政事决策权从公室旁落至卿族"的过程有两个标志性事件：第一个是前607年执政卿赵宣子杀死试图夺回权力的晋灵公，第二个是前573年执政卿栾武子杀死试图夺回权力的晋厉公。这两次执政卿弑君事件之后，公室再也没有试图用暴力手段夺回权力，卿族政治格局完全确立。

三、晋悼公至晋平公前期：卿族开始结盟，"六大卿族共治晋国"局面形成

在此期间，卿族政治出现两个发展动向：第一是卿族集团开始形成；第二是"六大卿族共治晋国"局面形成并长期保持。

（一）两大分立的卿族集团开始形成。最迟到前560年晋悼公调整八卿领导班子时，范氏已经与中行氏结成同盟，而赵氏已经与韩氏结盟，日后内战中尖锐对立的范氏 中行氏-邯郸赵氏联盟和晋阳赵氏-魏氏-韩氏-知氏联盟的内核已经形成。

（二）"六大卿族共治晋国"局面形成并长期保持。从前548年开始，赵、魏、韩、知、范、中行六大卿族把持晋国政事的局面正式形成。六大卿族和六个卿官位置"一个萝卜一个坑"，每个卿族的族长都能确保世袭前任族长担任卿官，在此基础上形成了一个表面上和平稳定的"六大卿族共治晋国"局面，一直延续到前497年范氏、中行氏出奔之前。

四、晋平公中后期至战国初期：六大卿族全力"化家为国"，赵、魏、韩修成正果

在这期间，六大卿族变得越来越像独立的诸侯国，与此同时继续内斗和整合，最终赵、魏、韩三家取得"化家为国"的胜利。主要政治事件包括：

（一）晋楚弭兵，六家开启"化家为国"

前546年晋国、楚国在宋国都城外盟誓讲和，正式停止了将近一个世纪的晋楚斗争。六大卿族不再需要团结一致与楚国斗争，从此将主要精力投入到"化家为国"的事业之中，一方面积极开疆拓土增强本家族的经济军事实力，另一方面寻找机会削弱敌对卿族的实力。

（二）六大卿族内战，六家整合为四家

前497年内战爆发前，六大卿族已经分裂成晋阳赵氏-魏氏-韩氏-知氏集团和范氏-中行氏-邯郸赵氏集团这两个敌对集团，两者之间的矛盾不断集聚，最终在前497年导致内战。这场内战一直持续到前490年才宣告结束，最终范氏、中行氏在晋国境内的势力被铲除，晋国进入赵、魏、韩、知"四大卿族共治"的时代。

此次内战爆发之前，这六大卿族其实已经建成了六个与独立诸侯国没有多大区别的准国家政权（以下称为"准诸侯国"），虽然它们还没有拿到正式头衔，名义上还是"卿族"。准诸侯国的国君就是卿族的家主，臣下就是卿族的家臣队伍，领土就是位于国都地区的私城和位于地方的多处私邑，都城就是私邑中重点建设的核心城邑，军队就是私城和私邑中的私家武装力量的总和。但是，这六家有一个地方与同时代的君臣分权型诸侯国非常不同，那就是，它们都是君集权型的政权。

从某种"上帝视角"来说，六大卿族内战其实就是上天用实打实的战争来检验这六家"化家为国"的建设成果，可以说是第一次"化家为国成果大比武"，留下了水平较高的四家。

（三）四大卿族内战，四家整合为三家

四大卿家内战（晋阳之战）于前454年爆发，大概持续不到1年，最终知氏在晋国境内的势力被铲除，晋国进入赵、魏、韩"三大卿族共治"的时代。

此次内战爆发之前，在战国时人和汉人看来，赵、魏、韩、知这四家已经是和其他诸侯国同一档次的国家，虽然它们还没有拿到正式头衔，名义上还是"卿家"。这也就是为什么先秦文献特别是《战国策》以及诸子书中，都从赵简子之子赵襄子（前476年正式即位）开始对赵、魏、韩、知四大卿族以"国"相称，对其执政者以"君"相称。但是，这四家有一个地方与同时代的君臣分权型诸侯国非常不同，那就是，它们都是君集权型的政权。

从"上帝视角"来说，四大卿族内战其实就是上天用实打实的战争来检验这四家"化家为国"的建设成果，可以说是第二次"化家为国成果大比武"，留下了水平较高的三家。

（四）周王室册命三家，"化家为国"最终胜利

前403年，周王室册命赵、魏、韩三家家主为诸侯，这三家的"化家为国"事业取得了最终胜利。当然，这三个国家正式成立时，

都是君集权型的政权，和它们最开始还只是大夫族的时候只有规模上、水平上的区别，而没有本质上的区别。

回答：战国集权军国由先前集权政权正向变革而来

首先，我们用一个表格来简明概括一下（见下页），在周朝、周邦、君臣分权型诸侯国、君集权型诸侯国、分权国卿大夫家族这些政治场域内，君臣领土统治权分配格局的演变历程：

在这个初步总结梳理的基础上，本文的主要结论有如下四条：

第一，就治权中起决定性作用的领土统治权而言，战国时期的君集权军国，无论是循"从国到国"路径演化而来的楚、秦国，还是循"从家到国"路径演化而来的赵国、魏国、韩国、齐国，都是先前君集权政权正向发展的产物，而不是先前君臣分权政权反向变革的产物。

一般认为，从春秋时期到战国时期，周代分封产生的政治单位——诸侯国发生了一场从"君臣分权"到"君集权"的反向变革。通过这场深刻的政治体制变革，以分权分封制为基础的周代封国转变为以集权郡县制为基础的新型军国，这是"周秦之变"的主要内容。

然而，本文先前章节的分析表明，如果我们所说的"权"是指治权中处于基础地位的领土统治权的话，那么战国时期七大中央集权军国中，至少有六个——楚、秦、赵、魏、韩、齐——是来自"君集权"到"君集权"的正向发展，而不是从"君臣分权"到"君集权"的反向变革。具体说来有两条演化路径：

	西周早期	西周中期	西周晚期	春秋早期	春秋中期	春秋晚期	战国终局
周朝 君：周邦 臣：诸侯国	君臣分权 君强臣弱	君臣分权 君渐弱臣渐强	君臣分权 君弱臣强		君臣分权 君极弱臣极强 君仅剩共主名义		君衰亡 天下归臣
周邦 君：周王室 臣：卿大夫家族	君臣分权 君强臣弱	君臣分权 君渐弱臣渐强	君臣分权 君弱臣强		君臣分权 君弱臣强		君臣 一同衰亡
君臣分权型诸侯国（一）晋 君：诸侯公室 臣：卿大夫家族		君集权 领土狭小		君臣分权 君强臣弱 领土显著扩大 分封私邑	君臣分权 君极弱臣极强 晋文公急于称霸，为激励卿大夫而分封全部土地给有功卿大夫	君臣分权 君极弱臣极强 君剩共主名义 六大卿族开启化家为国	诸侯灭君
君臣分权型诸侯国（二）鲁、卫、郑、宋（以鲁为例） 君：诸侯公室 臣：卿大夫家族		君集权 领土狭小		君臣分权 君强臣弱 领土温和扩大 分封私邑	君臣分权 君强臣弱 君迫于霸政压力下放改事决策权，"领大夫统治权"格局与改事决策发生"君弱臣强"格局发生错位	君臣分权 君极弱臣极强 君剩共主名义 三大卿族夺取全部土地	君臣 一同衰亡
君臣分权型诸侯国（三）齐（姜姓） 君：诸侯公室 臣：卿大夫家族		君集权 领土狭小		君臣分权 君强臣弱 领土显著扩大 分封私邑	君臣分权 君渐弱臣渐强	君臣分权 君弱臣强 陈氏崛起	一臣灭君

	西周早期	西周中期	西周晚期	春秋早期	春秋中期	春秋晚期	战国终局
君权型诸侯国 楚、秦 君：诸侯公室 臣：卿大夫家族		君集权 领土狭小			早期领土急剧扩大，设县直辖 此后领土持续扩大，推广县制		君集权 军国 楚、秦
分权型卿族（一） 晋卿族赵、魏、韩 齐卿家陈氏 君：家主 臣：家臣		／			君集权 领土持续扩大 成为共治卿族 化家为国成功		君集权 军国 赵、魏、韩齐 （陈氏）
分权型卿族（二） 晋卿族范、中行、知氏 君：家主 臣：家臣		／			君集权 领土持续扩大 成为共治卿族 化家为国失败		／
分权型卿族（三） 鲁卿族三桓、郑卿族七穆 君：家主 臣：家臣		／			君集权 领土温和扩大 成为共治卿族 化家为国失败		／
分权型卿族（四） 其他卿族 君：家主 臣：家臣		／			君集权 领土温和扩大 未成共治卿族		／

（一）"从国到国"路径：第一批君集权大国（楚、秦）的诞生

楚、秦这两个集权军国，在西周时期始封时就是君集权型小诸侯国。到春秋早期，当它们面临统治大量新占领土的挑战时，选择"设县直辖"的应对策略，进一步加强"君集权"的领土统治权分配格局，正向发展成为第一批君集权型大国，到战国时期正向发展成君集权型军国。

（二）"从家到国"路径：第二批君集权大国（赵、魏、韩、齐）的诞生

赵、魏、韩、齐这四个集权军国，在春秋时期初创时就是君集权型卿族。这些卿族创立后，坚持其君集权属性，同时不断改革发展以应对统治新占领土的挑战，到战国时期正向发展成为第二批君集权型大国，也就是君集权型军国。

周代也的确发生了反向变革，但不是从"君臣分权"转为"君集权"，而是从"君集权"转为"君臣分权"。具体说来，晋、鲁、卫、蔡、郑、齐、陈、宋等八个中原诸侯国，在西周时期一直是君集权型诸侯国。到春秋早期，当他们面临统治大量新占领土的挑战时，选择了"分封私邑"的应对策略，从而将领土统治权分配格局从"君集权"反向转变为"君臣分权"，成了君臣分权型诸侯国，并且随着时间推移从"君强臣弱"演变为"君极弱臣极强"。最终，这类君臣分权型诸侯国要么由于母国规模小不够分家而停滞在卿族政治状态并衰亡（鲁、卫、郑、宋），要么由于母国规模较大而最终被"化家为国"的卿族更换公室（齐）或瓜分。

第二，春秋早期，各主要诸侯国在巩固君集权格局的"设县直辖"策略和导致君臣分权格局的"分封私邑"策略之间进行了战略抉择。诸侯国公室如何抉择，在很大程度上取决于该国的地理区位和建国历史背景：选择"设县直辖"策略的都是位于周边地区的

"羁縻型分封"诸侯国，选择"分封私邑"的都是位于中原地区的
"初创型分封"诸侯国。

在春秋早期，随着周王室管控的国际旧秩序的崩溃，各主要诸
侯国都趁机吞并周边小国开疆拓土，因此也都面临着同样的问题，
那就是如何有效统治边境新占领土：是采取"反向变革"策略，也
就是分封私邑给卿大夫，从而将领土统治权分配格局从"君集权"
转变为"君臣分权"；还是采取"正向发展"策略，也就是设县直
辖，从而巩固加强现行的"君集权"格局？

本文先前章节的分析表明：

"设县直辖"策略不符合周礼分封分权大传统，从短期来说筹
备实施难度大，政治风险大，不容易实现公私双赢；从长远来说将
使得公室稳固、卿族臣服、国家强盛。

"分封私邑"策略符合周礼分封分权大传统，从短期来说筹备
实施难度小，政治风险小，容易实现公私双赢；从长远来说将导致
公室衰弱、卿族壮大、国家分裂。

楚、秦这两个"羁縻型分封"诸侯国的贵族统治集团，由于其
地理区位和建国历史背景的原因，不尊崇周礼/分封制，高度认同
君主强势和集权，在总结西周灭亡历史教训时认为分封制是导致西
周灭亡的重要原因。他们认为，西周时期本国领土统治权的"君集
权"格局不仅是周王室严格管控诸侯国领土规模的实然结果，更是
接下来要继续坚持和发扬的应然安排。因此，楚、秦在春秋早期获
得了新占领土后，它们在英主楚武王、秦武王的引领和卿大夫的认
可支持下，选择用"设县直辖"策略来统治新占领土，而这个选择
也标志着这两个诸侯国与大多数诸侯国分道扬镳，正向发展成为第
一批君集权型大国。有意思的是，这两个君集权型大国，在秦晋殽

之战后就结成了战略同盟，联手对抗中原霸主，其联盟关系一直维持到战国中期。

晋、鲁、卫、蔡、郑、齐、陈、宋等"初创型分封"诸侯国的贵族统治集团，由于其地理区位和建国历史背景的原因，尊崇周礼/分封制，高度认同君臣分权共治，在总结西周灭亡历史教训时认为西周晚期诸王破坏分封制推行集权改革才是导致西周灭亡的主要原因。他们认为，西周时期本国领土统治权的"君集权"格局只是周王室严格管控国家领土规模的实然结果，而不是符合周礼分封分权精神的应然安排。因此，这些诸侯国在春秋早期获得了新占领土后，它们在卿大夫的引领和国君的纵容下，选择了用"分封私邑"策略来统治新占领土。这个选择的直接后果是导致这些国家内部出现了拥有私邑的卿大夫家族，而这些卿大夫家族中有赵、魏、韩、齐四家最终在春秋战国之际演变成为第二批君集权型大国。

总而言之，春秋早期围绕如何统治新占领土进行的战略抉择，是诸侯国演化过程中的关键节点，既标志着第一批君集权型大国（楚、秦）的形成，也开启了第二批君集权型大国（赵、魏、韩、齐）的孕育。

第三，在春秋早期就已成形的第一批君集权型大国（楚、秦），为第二批君集权型大国（赵、魏、韩、齐）的形成做出了重要贡献，那就是作为成功经验和正面教材，启发这些君集权型大国的前身——分权国卿大夫家族要走坚持君集权道路，通过改革发展而不是分封分权来应对新占领土不断扩大的挑战。

虽然楚国、秦国都是春秋早期成形的第一批君集权型大国，但是，楚国在春秋时期所取得的国内治理成就和国际政治成就显然远大于秦国：比如说，在整个春秋中期和晚期前段，"南王"楚国与"北霸"晋国之间的斗争是天下头等大事，而与此同时，秦国东进中原的道路被晋国封死，秦国也因此几乎从中原国际政治舞台上消失。因此，对于包括晋国在内的中原各分权国的卿大夫家族而言，正面启发更大的应该是楚国。

如前所述，晋国县制的发展历程，就是楚国正面启发晋国卿大夫家族坚持走君集权道路的最佳案例。这个历程大概可以分为两个阶段：

（一）晋国公室启动楚式直辖县制改革试点。晋文公占领南阳地区之后，就借鉴当时强势北上争霸的楚国的"设县直辖"成功经验，在南阳重要城邑温、原、攒茅基础上设立了一批楚式直辖县。然而，这次"设县直辖"改革试点与晋国公室主推的"分封私邑"改革相抵触，不久之后就在卿大夫家族阻挠下归于失败，改革中建立的楚式公室直辖县也成了卿大夫家族私邑。

（二）晋国卿大夫家族接力楚式直辖县制发展完善。晋国各卿大夫家族一方面成功阻止了公室的楚式直辖县制改革试点，另一方面在各自政权内部继续推进楚式直辖县制的发展完善，具体表现在：设县治理成为晋国各卿大夫家族治理其地方私邑的主流模式；这些卿大夫家族直辖县在规模上"整齐化"；治理这些直辖县的家臣团队"去宗法化""官僚化"；有些卿大夫家族在直辖县制基础上进一步发展出直辖郡制。

第四，因分封私邑而衰弱的西周王室以及春秋分权国诸侯公室，对于君集权型大国的兴起也做出了重要贡献，那就是作为失败教训和反面教材，警醒楚秦两国和分权国卿大夫家族不要再走分封分权的老路。

春秋早期楚、秦两国之所以决定要选择短期难度更大的"设县直辖"策略巩固和加强君集权体制，一个很重要的因素就是这两国的君臣、特别是君主认为，周邦之所以覆灭，最重要的一个原因就是西周王室在周朝和王畿都实行分封制，从而导致西周王室衰弱、王廷卿大夫家族强盛、王畿外诸侯国崛起。

春秋时期分权国卿大夫家族之所以决定要选择短期难度更大的"不分封私邑给家臣"策略巩固和加强集权体制，一个很重要的原因就是这些家族的家主非常清楚，他们所在母国的公室就是因为分封私邑给自己，才导致了公室不同程度的衰弱，如果他们再分封私邑给家臣，母国公室的今天就会是他们的明天。

总而言之，因为实施分封而衰弱的西周王室和春秋分权国公室，也是同时期坚持走"君集权"道路的诸侯国以及卿大夫家族的老师，只不过这些老师发挥作用的方式不是让学生"择其善者而从之"，而是让学生"择其不善者而改之"。

参 考 文 献

1. 古籍整理：

沈玉成译：《左传译文》，中华书局，1981年

黄永堂译注：《国语全译》，贵州人民出版社，1995年

白本松译注：《春秋穀梁传全译》，贵州人民出版社，1998年

《春秋左传正义》（整理本），北京大学出版社，2000年

黄怀信、张懋镕、田旭东：《逸周书汇校集注（修订本）》，上海古
　　籍出版社，2007年

李零：《丧家狗：我读〈论语〉》，山西人民出版社，2007年

韩兆琦编著：《史记笺证》，江西人民出版社，2009年

杨伯峻编著：《春秋左传注》，中华书局，2009年

杨伯峻译注：《论语译注》，中华书局，2009年

刘尚慈译注：《春秋公羊传译注》，中华书局，2010年

杨伯峻译注：《孟子译注》，中华书局，2010年

刘勋编著：《春秋左传精读》，新世界出版社，2014年

王国轩、王秀梅译注：《孔子家语》，中华书局，2016年

刘勋编著：《左传全文通识读本》，中华书局，2023年

2. 研究论著：

童书业遗著：《春秋左传研究》，上海人民出版社，1980年

王圻：《续文献通考》，现代出版社，1991年

晁福林：《霸权迭兴：春秋霸主论》，生活·读书·新知三联书店，

　　1992年

朱凤瀚：《商周家族形态研究》，天津古籍出版社，2004年

吕文郁：《周代的采邑制度（增订版）》，社会科学文献出版社，2006年

李峰：《西周的灭亡：中国早期国家的地理和政治危机》，上海古籍
　　出版社，2007年

李硕：《孔子大历史：初民、贵族与寡头们的早期华夏》，上海人民
　　出版社，2019年

刘勋：《称霸：春秋国际新秩序的建立》，中华书局，2019年

刘勋：《救世：子产的为政之道》，中华书局，2021年

刘勋：《春秋十日谈》，四川人民出版社，2023年

3. 学位论文：

戴庞海：《先秦冠礼研究》，郑州大学2005年博士学位论文

焦培民：《先秦人口研究》，郑州大学2007年博士学位论文

陈剑：《先秦时期县制的起源与转变》，吉林大学2009年博士学位
　　论文

李春红：《〈孔子家语·相鲁、始诛〉篇所记孔子事迹言论考》，曲阜
　　师范大学2009年硕士学位论文

史磊：《春秋家臣制度研究》，陕西师范大学2010年硕士学位论文

杨茂：《楚国人殉研究》，西南大学2010年硕士学位论文

姚晓娟：《周代家臣制度研究》，吉林大学2011年博士学位论文

李春利：《两周时期采邑制度的演变》，南开大学2013年博士学位
　　论文

雷鹄宇：《西周国家结构研究》，天津师范大学2014年博士学位论文

屈会涛：《春秋时代的卿族政治》，华东师范大学2014年博士学位

论文

4. 研究论文：

陈梦家：《战国度量衡略说》，《考古》1964年第6期

吕文郁：《春秋时代晋国的县制》，《山西师大学报（社会科学版）》
　　1992年第4期

杨朝明：《鲁国"一继一及"继承现象再考》，《东岳论丛》1996年
　　第5期

晁福林：《论"初税亩"》，《文史哲》1999年第6期

赵生祥：《秦公一号大墓保护复原工程的实施及其意义》，《秦都咸
　　阳与秦文化研究——秦文化学术研讨会论文集》，陕西人民教育
　　出版社，2001年

尉博博、王向辉：《春秋鲁国"一继一及，鲁之常也"辨》，《社会
　　科学论坛》2010年第10期

汪秀丽：《"子诛少正卯"案辨正》，《原道》第33辑，湖南大学出版
　　社，2017年

张海：《"邦"、"国"之别——兼谈两周铜器铭文所示西周王朝之国
　　家结构》，《青铜器与金文》第8辑，上海古籍出版社，2017年

王进锋：《西周时期的县》，《学术月刊》2018年第7期

杜勇：《西周"共和行政"历史真相新探》，《人文杂志》2019年第5期

王超翔：《试析秦人殉制度的演变》，《秦汉研究》第15辑，西北大
　　学出版社，2021年

阎步克：《先秦礼书中的"五十养于乡"、"五十而爵"——一个基
　　于"父老体制"的观察》，《中华文史论丛》2022年第1期